로라 스피니(Laura Spinney)

1971년 영국에서 태어난 저널리스트이자 소설가.
의과학사, 신경과학 등 다양한 분야의 글을 쓰는 논픽션 작가로
활동하며 『네이처』, 『내셔널 지오그래픽』, 『이코노미스트』,
『가디언』 등 주요 저널에 기고했다.
저자는 탁월한 탐사 기량을 바탕으로 당시의 언론 보도부터
공적 기록과 사적 사연, 학계의 최신 연구 성과까지 흩어진
데이터를 그러모아 스페인 독감을 바라보는 시야를 능숙하게
확장시킨다. 또한 스페인 독감이 어떻게 사람들의 기억 속에
자리했고, 나아가 어떻게 흐려졌는지를 추적하며 전염병을
기억하는 방식에 대한 새로운 논의를 펼친다. 요컨대
『죽음의 청기사』는 스페인 독감에 관한 가장 입체적이고
전방위적인 논픽션이다.
저서로 소설 『의사』(The Doctor), 『산 자』(The Quick),
유럽 중앙의 코스모폴리탄 도시 뤼 센트럴의 초상을 구술사의
방식으로 채록한 『뤼 센트럴 : 유럽 도시의 초상』(Rue Centrale:
Portrait of a European City)가 있다.

전병근

디지털 시대 휴머니티의 운명에 관심이 많은 지식 큐레이터.
'북클럽 오리진'을 운영하고 있다.
서울대학교 법학과를 졸업하고 동 대학원 정치학과에서
석사 학위를 받았다.
지은 책으로는 『요즘 무슨 책 읽으세요』, 『지식의 표정』,
『궁극의 인문학』이, 옮긴 책으로는 『21세기를 위한 21가지 제언』,
『다시, 책으로』, 『신이 되려는 기술』 등이 있다.

죽음의 청기사

죽음의 청기사

1918년의 '죽나니19', 스페인독감의 세계문화사

로라 스피니 지음 ✦ 전병근 옮김

일러두기
1. 각주는 각각 지은이의 주(○)와 옮긴이의 주(*)로 구분했습니다.
2. 표지 이미지는 빅토르 바스네초프(Viktor Mikhailovieh Vasnetsov)의 1887년 작 「묵시록의 네 기사」(Four Horsemen of the Apocalypse)입니다.

범유행병의 기억은
어떻게 역사가 되는가

1

작년 1월 하순쯤으로 기억한다. 국내에서 코로나19 첫 확진자가 나왔다는 소식이 들려왔다. 올 것이 온 건가. 내 불안의 눈금도 상승하기 시작했다. 몇 주 전 중국에서 폐렴 독감 환자가 나왔다고 했을 때만 해도 그러려니 했다. 그 후 확산세는 거침없었다. 어쩐다? 마음이 졸아들었다. 이제야 알게 된 것처럼 1년으로도 턱없이 모자란 장기전의 시작임을 예견해서가 아니었다. 어리석게도, 코앞에 둔 여행 계획이 무산될까 봐서 그랬다. 오래전 결제까지 마친 장거리 여행의 숙박과 항공편 티켓을 두고 저울질을 반복했다. 마음속 주문과는 거꾸로 시시각각 세계 곳곳에서 확진 소식이 들려왔다. 그 기세와 속도에 투항하듯 모든 걸 깨끗이 접었다.

허망함도 잠시, 이제는 가늠할 수 없는 안개 속에 빠져든 것 같았다. 이럴 수도 있는가. 이럴 수 있다는 걸 빌 게이츠가 이미 5년 전 공개 강연에서 예견했다는 사실도 그때 알았다. 꼼짝없이 갇힌 사람들 사이에서 카뮈의 『페스트』와 대니얼 디포의 『전염병 연대기』가 불려 나왔다. 나는 주제 사라마구의 『눈먼 자들의 도시』를 펴 들었다. 『눈뜬 자들의 도시』까지 찾아 읽었지만 눈앞의 답답함은 가시지 않았다. 전염병에 관한 논픽션을 찾아 읽기 시작한 것도 그 무렵이었다. 우리말로 나와 있는 책은 (그때만 해도) 드물어서, 아마존을 뒤졌다. '팬데믹'(범유행병)이라는 단어와 함께 스페인독감이 자주 눈에 띄었다. 마침 2018년이 스페인독감 발병 100주년이었던 탓이었다. 관련된 많은 책 중에서도 눈길을 사로잡은 게 로라 스피니의 『죽음의 청기사』였다. 죽음의 청기사는 『성서』의 「요한계시록」에 등장하는 네 명의 기사 중 하나다. 세상에 종말을 가져오는 네 가지 재앙 중 질병을 상징하는 것으로 해석된다. 무엇보다 범유행병이라고 하면 으레 떠올릴 질병이나 의학, 재난의 관점에서 범위를 확장해 사회문화사적인 접근을 취한 점이 매력적이었다. 그때 내 관심도 당장의 방역과 퇴치를 넘어 지금의 소용돌이가 우리 정신과 사회, 문화에 몰고 올 영향에 있었다. 이 기나긴 터널 끝에는 무엇이 우리를 기다릴까. 비운의 시인 아폴리네르의 요절에서 시작되는 책의 도입부도 호기심을 북돋웠다. 2020년 코로나19의 지루했던 터널을 이 책과 함께 지날 수 있었다. 안개가 조금씩 걷히는 듯했다.

2

역병은 인류의 기록에서 어렵지 않게 찾아 볼 수 있다. 호메로스의 『일리아드』속 죽음의 시작도 전쟁이 아닌 역병이었다. 아가멤논이 크리세스의 딸을 납치하자, 크리세스는 자신이 모시던 음악과 의학, 역병과 궁술의 신인 아폴론에게 복수를 간청한다. 그의 이야기를 듣고 아폴론이 감염의 활을 쏘아댔다. 처음엔 노새와 개가 죽어 갔고, 그다음이 사람이었다. 시신을 태우는 불길이 쉼 없이 타올랐다고 한다. 그리스 비극 『오이디푸스왕』속 슬픔에 빠진 왕의 첫 마디도 역병에 대한 절규였다. "온 도시가 악취로 가득 차고 건강을 비는 기도 소리와 비탄에 잠긴 울부짖음이 울려 퍼지는 까닭이 무엇이냐?" 그러자 사제가 답한다. "지금 이 도시는 참담합니다. 죽음의 노한 물결에 눌려 고개도 들지 못합니다. 곡식의 싹에도, 목장의 짐승에게도, 아이를 낳지 못한 여인에게도 죽음의 손이 뻗치고 있습니다. 전염병 때문에 집은 폐허가 되었고 오직 어두운 명부만이 탄식과 눈물로 가득 차 있을 뿐입니다." 고대 그리스부터 로마, 중세 유럽 흑사병, 근대 러시아독감에 이르기까지 1만 2000년 동안 인간과 독감은 공존하고 있었던 셈이다. 스페인독감 역시 돌발적인 재앙이 아니라, 오랜 인류 문명 진화사 속의 사건이었다.

저자는 막대한 통계 숫자 뒤에 가려진 갖가지 사연을 캐내 직조하는 방식으로, 여기저기 흩어져 있던 기억에 어떤 형체를 부여한다. 당시 언론의 보도와 픽션과 논픽션을 오가는 공적 사적 기록, 학계의 최신 연구 성과를 그러모아 "영광 혹은 공포의 여러 얼굴을 한 그 야수의 초상화"를 그려 보인다. 공간적으로는 북미와 유럽은 물론 중국, 러시아, 중앙아시아, 아프리카, 남아메리카, 알래스카와 도서 지역까지 아우르는가 하면, 시간적으로는 선사 시대부터 20세기 중후반까지 포괄한다. 탐문의 과정은 마치 솜씨 좋은 촬영감독이 드론을 동원해 한 편의 대하 다큐멘터리를 찍어 나가는 것 같다. 하늘 높이 떠서, 파노라마처럼 펼쳐지는 전경을 따라가다가 군데군데 멈추고는 특정 지역과 인물을 클로즈업한다. 그 사이사이에 이해를 돕는 역사적 사실과 과학적 정보를 모자이크처럼 배치하고 크고 작은 사건을 짚어 가되, 그동안 제대로 조명되지 않은 상징적 인물과 함축적 사건의 면면을 부각해 보여 준다.

독감의 기원을 찾아가는 이야기의 큰 구조는 마치 추리소설을 읽는 긴장감을 준다. 미국 중부 군부대에서 시작된 혐의의 초점은 프랑스 전장으로 옮겨 갔다가 중국 산시성 산악 마을, 다시 미국의 농지와 대도시를 오가며 지구를 한 바퀴 돈다. 어느덧 사건은 미궁에 빠지는 듯하지만 심증은 재앙의 '스모킹건', 바이러스가 종간 경계를 뛰어넘는 유출로 향한다. 방아쇠를 당긴 범인은 누구였던가. 유력 용의선상에 우리 인간이 오른다. 오래전부터 동물을 가축으로 길들이고 그에 의지해 살아오고, 바이러스를 품고 있는 동물 병원소를 교란시켜 우리 안으로 불러들인 것이 누구인가. "스페인독감이 돼지가 사람에게 옮긴 것이 아니라 그 반대"라는 대목에 이르러서는 마치 어두운 출생의 비밀을 알고 난 것만 같다.

병은 병에 그치지 않았다. 유산이 되고 역사가 되었다. 우드로 윌슨은 결정적인 순간에 리더십을 잃고 제2차세계대전의 불씨를 키웠는가 하면, 트럼프는 독감으로 숨진 할아버지의 유산으로 부동산 재벌이 되었고 훗날 대통령까지 된다. 코넌 도일은 아들을 잃고 표류하던 끝에 심령술에 빠졌고, 프로이트는 아끼던 딸을 잃고 죽음의 충동을 개념화했다. 문학예술계에는 새로운 회의와 비관주의가 고개를 들었다. 병마로부터 자유로운 사람은 드물었다. 거론되는 이름만 해도 F. 스콧 피츠제럴드, 어니스트 헤밍웨이, 토마스 만, 타고르, T. S. 엘리엇, 버지니아 울프, 사뮈엘 베케트, 프란츠 카프카……. 끝이 없다. 그러나 뭐니 뭐니 해도 가장 큰 관심을 끌 대목은 독감 이후일 것이다. 스페인독감은 어떤 명암을 드리웠던가. 우울증 환자와 갖가지 후유증, 고아가 급증한 반면 출산율과 기대 수명이 치솟으며 사람들은 더 건강해지기도 했다. 국가 차원의 보편적 공공 의료 복지가 확산되기 시작했고, 데이터의 중앙 보고 관리 체계나 세계보건기구 같은 국제기구도 자리 잡기 시작했다.

"밤중의 도둑같이" 닥친 병마 앞에서 일어난 천태만상은 남의 일 같지 않다. 타자에게 분노를 돌리고 희생양을 찾으려는 뿌리 깊은 집단적 사고라든가, 갖가지 무지와 몽매, 오만과 편견이 맞부딪치고 각종 음모론이 판을 친 것, 확산을 막기 위한 빗나간 수고와 가엾은 노력, 어이없는 희생이 그러하다. 이민자와 소수자에 낙인을 찍는 것은 물론 종교적 고정관념의 완고함이 피해를 부채질하는 것도 익숙한 장면이다. 혼란과 혼돈 속에서도 할 일을 하는 사람은 그때도 없지 않았다. 병마와의 싸움 최전선에서 분투했던 의료진과 종교인, 시민은 힘든 이웃을 돕는 '착한 사마리아인'의 의무를 저버리지 않았다. 저자는 숨은 희생자와 공로자에게 제자리를 찾아 준다.

3

우리는 두 차례에 걸친 세계대전을 잘 기억한다. 마르지 않는 우물처럼 지금도 전쟁에 관한 책은 하루가 멀다 하고 신간 목록에 이름을 올린다. 그런 전쟁들에 비하면 비슷한 시기의 쌍생아인 스페인독감도 희생과 피해의 규모는 세계대전 못지않다. 아니 이제야 알려지기 시작한 사실이지만 오히려 더 컸다. 범위도 훨씬 더 넓다. 그럼에도 우리의 기억은 왜 이 모양인가. 20세기 최대 규모의 떼죽음에 대한 집단적 망각은 어찌 된 일인가. (이번에야 일제강점기 조선도 '서반아감기'에서 자유롭지 않았음을 알았다. 1919년 조선총독부 발표에 따르면, 조선 인구 1705만 7032명 가운데 환자는 755만 6693명에 사망자는 14만 527명이었다.)

저자에 따르면 전쟁과 역병은 기억되는 방식이 다르다. 전쟁은 승자가 뚜렷한데 범유행병은 오직 완파된 자만 있다. 그래서 침묵 속에 묻히기 쉽다. 하지만 전쟁에 관한 집단 기억은 완전한 형태로 형성되었다가도 윤색되고 가공을 거치다 희미해져 가는 반면, 전염병은 기억은 더 느리게 쌓이지만 안정되고 나면 침식에 대한 저항성이 더 크다.

독일의 뇌과학자 한나 모니어는 기억을 두고 "되돌아보는 능력인 동시에 그보다 먼저 우리가 가고자 하는 곳을 내다보는 능력"이라고 했다. 기억의 시선은 언제나 미래를 향한다. 지금 굳이 100년 전 범유행병을 돌아보는 것도 결국에는 여전히 뿌옇게 흐린 우리의 앞날을 향한 노력의 확장이다. 저자는 "역사에 관한 한, 시선은 결코 하나로 모이지 않는다"라고 썼다. 이 주의 분산의 시대에 닥친 코로나19의 전개 과정을 봐도 그러하다. 우리는 무엇을 기억하고 무엇을 잊게 될까.

오이디푸스 시대 전염병은 사회의 부정과 불의를 돌아보게 했다. 지금은 무엇이 잘못되었나. 시시각각 위험을 키워 온 인수공통감염병을 오래 추적해 온 데이비드 콰먼은 그 원인으로 인간의 무분별한 개발주의와 팽창주의를 지목했다. 비슷한 맥락에서 코로나19가 시작된 이후 사회 재설계를 촉구하는 목소리가 높았다. 승자 독식 구조의 무한 경쟁과 성장주의, 사회 양극화를 성토하고, 늘어가는 사회 취약층과 다음 세대, 지구 환경을 걱정하는 이도 적지 않았다. 1년이 지난 지금은 어떤가.

저자는 말한다. "집단 기억을 만들기 위해 수많은 개개의 비극 사이를 오가며 실로 천을 짜느라 일벌처럼 바삐 움직인다. 바로 그 실이 우리의 의식 속에서 집단 기억을 강화하고 또 자유롭게 해 줄 것이다." 이 독서 체험이 우리의 집단 기억과 새로운 전망을 짜는 데에도 도움이 되기를 바란다.

2021년 봄, 옮긴이

스페인독감의 지구적 확산: 1918년 후반 2차 확산 경로

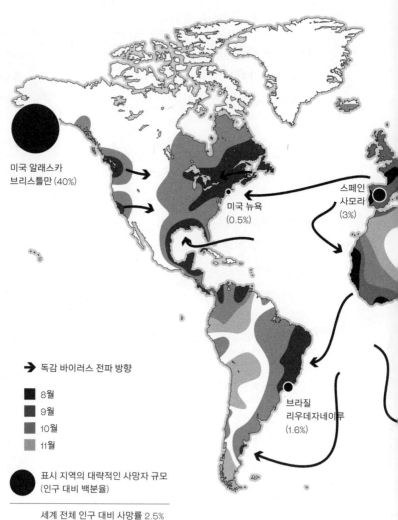

미국 알래스카
브리스틀만 (40%)

미국 뉴욕
(0.5%)

스페인
사모라
(3%)

독감 바이러스 전파 방향

■ 8월
■ 9월
■ 10월
■ 11월

● 표시 지역의 대략적인 사망자 규모
(인구 대비 백분율)

브라질
리우데자네이루
(1.6%)

세계 전체 인구 대비 사망률 2.5%
(보수적인 추정)

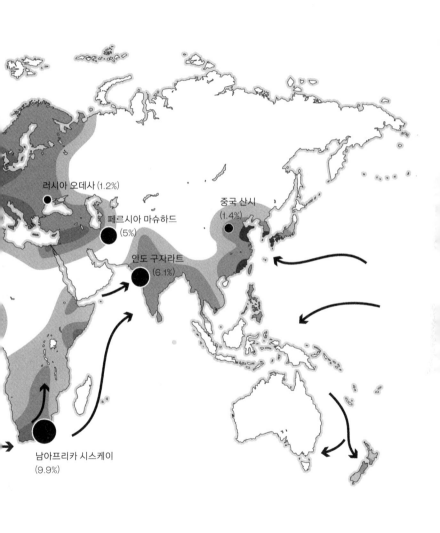

러시아 오데사 (1.2%)

페르시아 마슈하드 (5%)

중국 산시 (1.4%)

인도 구자라트 (6.1%)

남아프리카 시스케이 (9.9%)

머리말. 방 안의 코끼리*

1918년 범유행성 독감의 압축성은 당시 의사에게 큰 골칫거리였다. (……) 그것은 그 후로도 줄곧 역사가에게 큰 골칫거리였다.

— 테렌스 레인저, 『1918~1919년의 스페인 범유행성 독감』(2003)[1]

독일의 빌헬름 황제가 왕위에서 물러난 것은 1918년 11월 9일이었다. 파리의 거리는 환호로 물결쳤다. 사람들은 외쳤다.

"빌헬름에게 죽음을!"

"빌헬름을 타도하자!"

* 누구나 알고 있지만 아무도 말하지 않는 진실.

같은 시간, 그 도시의 제7구 고지대에서는 시인 기욤 아폴리네르가 침상에 누워 죽음을 기다리고 있었다. 프랑스의 아방가르드 운동을 이끈 주요 인물이면서, '초현실주의'라는 용어를 발명했으며, 파블로 피카소와 마르셀 뒤샹 같은 인물에게도 영감을 주었던 이 사내는 1914년 제1차세계대전에 자원입대했다. 머리에 포탄 파편을 맞는 상처를 입고 두개골에 드릴로 구멍을 내는 수술까지 받고도 살아 돌아온 그였지만 스페인독감 앞에서는 목숨을 내놓아야 했다. 그의 나이 38세였다. '프랑스의 죽음'이라고 선언되는 순간이었다.

그의 장례식은 나흘 후에 치러졌다. 평화협정 서명식이 있고 난 이틀 뒤였다. 운구 행렬은 성 토마스 아퀴나스 성당을 떠나 동쪽 페르 라셰즈 공동묘지로 향했다. "그러나 생제르맹 모퉁이에 이르렀을 때 운구 행렬이 평화협정을 축하하는 요란한 인파에 포위되었다." 아폴리네르의 친구이자 동료 시인이었던 블레즈 상드라르는 당시를 이렇게 회상했다. "수많은 남녀가 팔을 휘젓고 노래를 부르고 춤을 추고 키스를 주고받는가 하면, 유명한 전쟁 종식의 후렴구를 열광적으로 외쳤다. '안 돼, 당신은 갈 필요가 없어, 기욤. 안 돼, 당신은 갈 필요가 없어.'" 이 유명한 후렴구는 아이러니하게도 전쟁에서 패한 황제를 향한 것이었지만*

---

* 독일의 빌헬름, 프랑스의 기욤, 영어의 윌리엄은 어원이 같은 이름이다.

함성을 듣고 있던 아폴리네르 벗들의 가슴은 아픔으로 찢어질 듯했다.[2]

이 시인의 죽음은 20세기에 일어난 가장 큰 학살에 대한 집단적 망각의 은유로 읽힌다. 스페인독감은 지구상에서 3명당 1명, 그러니까 모두 5억 명의 사람을 감염시켰다. 1918년 3월 4일 첫 환자가 나온 이후 1920년 3월 어느 땐가 마지막 사례가 있기까지 모두 5000만 명에서 1억 명 가까이가 이 병으로 숨졌다. 세계 인구의 2.5퍼센트 내지 5퍼센트에 해당하는 수치였다. 추정치의 범위가 이만큼 크다는 것은 그 수를 둘러싼 불확실성도 크다는 사실을 반영한다. 대규모 인명 손실을 낳은 단일 사건으로는 제1차세계대전(1700만 명 사망)과 제2차세계대전(6000만 명 사망)을 넘어섰을 뿐 아니라, 어쩌면 두 전쟁을 합친 것보다 더 클 수 있는 규모였다. 스페인독감은 흑사병 이후, 어쩌면 인류 역사를 통틀어서도 가장 거대한 죽음의 해일이었다.

하지만 20세기 역사의 두루마리를 펼칠 때 우리는 무엇을 보는가? 두 차례의 세계대전과 공산주의의 흥망 그리고 아마도 더 극적인 탈식민주의의 몇몇 사건이리라. 그러면서도 우리는 그 모든 사건 중에서도 정작 가장 극적인 사건은 보지 않는다. 바로 우리 눈앞에 있는데도 말이다. 20

세기의 최대 재난이 무엇인지 물었을 때 스페인독감이라고 답하는 이는 거의 없다. 사람들은 독감의 소용돌이가 휩쓸고 간 숫자를 들으면 화들짝 놀란다. 어떤 이는 생각에 잠겼다가 잠시 후 그때 그 독감으로 숨진 종조할아버지며 부모를 잃고 시야에서 사라진 사촌들, 1918년에 지워져 나간 가계의 일원들을 떠올린다. 세계에서 100년이 넘은 공동묘지치고 1918년 가을(범유행병의 두 번째이자 최악의 파도가 세계를 휩쓴 때)에 생겨난 무덤이 모여 있지 않은 곳이 없다. 이는 사람들의 기억을 반영한다. 그럼에도 런던이 됐든 모스크바가 됐든 워싱턴 D.C.가 됐든 어디서도 그것을 기리는 기념비 하나, 기념물 하나 찾아볼 수 없다. 스페인독감은 개인적으로만 기억될 뿐 집단적으로는 기억되지 않는다. 역사적 재난이 아닌 수만 가지 별개의 사적인 비극으로만 기억될 뿐이다.

그 이유는 아마도 이 사건의 형태와도 관계가 있을 것이다. 제1차세계대전은 4년이라는 긴 시간을 끌었지만 그 명칭에도 불구하고 실제로 치러진 전쟁의 대부분이 유럽과 중동 지역에 집중되었다. 나머지 세계는 전쟁의 소용돌이 속으로 자신을 빨아들이는 뜨거운 바람은 느꼈지만 그 바깥에 머물렀다. 어떤 지역에서는 정말이지 세계대전이 아주 멀리 떨어져 있는 것처럼 보였다. 다시 말해 전쟁에는 지리적인 초점과 시간을 따라 전개되는 서사가 있었던 데 반해 스페인독감은 눈 깜짝할 사이에 온 지구를 삼켰다. 사망자의 대부분은 1918년 9월 중순부터 12월 중순 사이 13주 동안 발생했다. 공간적으로는 광범위했지만 시간적으로는 얕았다. 그에 비해 전쟁은 좁으면서도 깊었다.

2000년대 초반 영국 태생의 아프리카 역사가인 테렌스 레인저는 너무나 압축적인 사건은 다른 방식의 스토리텔링으로 접근해야 한다고 지적했다. 이런 사건의 이야기는 단선적인 서사로 충분치 않다면서, 오히려 남아프리카의 여성이 자기 공동체의 삶에서 중요한 사건을 논의하는 방식에 더 가까운 어떤 것이 필요하다고 했다. 그리고 그 방식을 이렇게 소개했다. "그들은 사건을 기술하고 난 다음에는 그 둘레를 따라 빙빙 도는데, 끊임없이 그 사건으로 돌아와서는 그것을 넓히고, 그 속에 과거의 기억과 장래에 기대하는 것을 추가해 넣는다."[3] 유대인의 경전인 『탈무드』도 비슷한 방식으로 짜인다. 각 면마다 오랜 텍스트의 세로 단이 주석으로 둘러싸이고, 그것이 다시 주석에 대한 주석으로 둘러싸여 나가는데, 그런 식으로 동심원이 계속해서 늘어나면서, 중심 생각이 시간과 공간을 거쳐 공동체의 기억이라는 직조물 속으로 편입된다.°

° 레인저가 스페인독감 역사에 페미니즘적 접근을 제안한 데는 다른 이유도 있었을 것이다. 아픈 사람을 돌본 이는 대개 여성이었다. 이들은 병실의 광경과 소리를 기록하고, 숨진 사람의 매장을 준비하고, 고아를 받아들였다. 이들이야말

모든 범유행병의 뿌리에는 질병을 유발하는 미생물과 인간 사이의 맞닥뜨림이 있다. 그러나 그 맞닥뜨림은 그런 일을 있게 한 사건과 그 뒤를 따라 일어나는 사건은 물론 그와 동시에 일어나는 무수히 많은 다른 사건, 즉 날씨와 빵 값, 균과 백인 남성, 정령에 관한 생각 같은 것과 함께 형체를 이루게 된다. 그다음에는 역으로 범유행병이 빵 값과 균과 백인 남성, 정령에 관한 생각에, 때로는 심지어 날씨에까지 영향을 미친다. 이는 생물학적인 현상인 동시에 사회적인 현상이기도 하다. 따라서 역사적 지리적 문화적 맥락에서 분리될 수 없다. 아프리카의 어머니와 할머니가 사건에 관한 경험을 이야기하는 방식은 바로 그와 같은 맥락적인 풍요로움에 중요성을 부여한다. 비록 그것이 영향을 주는 사건이 역사의 맥박 이상으로 지속되지는 않을지라도. 이 책에서 시도해 보려는 것도 그런 것이다.

시기상으로도 더없이 좋다. 스페인독감이 창궐한 후 수십 년에 이르도록 그것을 연구한 사람은 보험회사에서 일하는 계리사를 제외하면 역학자와 바이러스학자, 의학사학자뿐이었다. 그러나 1990년대 후반 이후 스페인독감에 관한 역사적 기록물이 쏟아졌고, 이러한 최근의 폭발적인 관심은 이 병이 갖는 학제적 성격으로 볼 때 두루 주목받을 만한 것이었다. 이제는 '주류' 역사학자는 물론 경제학자와 사회학자, 심리학자까지 관심을 보인다. 이들은 전공별로 자신의 시각을 서로 다른 측면에 집중해 왔고, 그 과정에서 스페인독감에 관한 우리의 이해를 바꿔 놓았다. 비록 그들의 결론이 전문가의 학술지에만 묻혀 있을 때가 너무 많지만, 이 책에서는 그것들을 다 함께 소환해 보려 한다. 그리하여 그 다양한 가닥을 한데 엮어 보다 일관성 있게, 영광 혹은 공포의 여러 얼굴을 한 그 야수의 초상화를 완성해 보일 것이다.

　오늘날 활용할 수 있는 정보는 학술적으로 더 다양할 뿐 아니라 지리적으로도 더 다채롭다. 덕분에 지구 전역의 재난상을 모두 파악할 수 있다. 지금까지 나온 스페인독감에 관한 설명의 대부분은 유럽이나 북미에만 초점이 맞춰졌다. 그럴 수밖에 없는 것이 오랜 시간 동안 데이터가 체계적으로 수집된 곳이 그 지역뿐이었기 때문이다. 1998년 전 세계의 스페인독감 전문가가 발병 80주년을 맞아 케이프타운에 모였을 때, 이들은 지구의 많은 부분, 즉 남아메리카와 중동, 러시아, 동남아시아, 중국 내륙 등지에서 일어난 일이 거의 알려지지 않았다는 데 의견을 같이했다. 유럽과 북미 중심의 설명은 두 가지 이유에서 전체 그림을 왜곡한다. 첫째, 두 대륙은 평균적으로 가장 낮은 사망률을 기록했다. 따라서 이들의 경험을 정형이라고는 할 수 없다.

둘째, 1918년 두 대륙은 유럽을 황폐화한 전쟁에 깊숙이 연루돼 있었다. 전쟁은 의심의 여지 없이 유럽 대륙에서 주요 사건이었다. 프랑스만 해도 전쟁에서 잃은 영혼이 독감보다 여섯 배 많았고, 독일은 네 배, 영국은 세 배, 이탈리아는 두 배에 달했다. 그렇지만 (아마 두 재앙에서 다 안전했던 남극 대륙만 제외하면) 다른 모든 대륙에서는 독감으로 죽은 사람이 전쟁으로 죽은 사람보다 더 많았다. 따라서 이 글을 쓰고 있는 지금, 그러니까 케이프타운 회의가 열린 지 20년 가까이 되었고, 대재앙의 100주년이 다가오는 시점에 이른 지금이 세계의 다른 지역에서 일어난 일을 재구성해 볼 호기라고 생각한다.

이 책은 독감을 이야기하면서 색다른 접근법을 취한다. 선사 시대부터 1918년에 이르기까지, 지구부터 인간에 이르기까지, 바이러스부터 사상에 이르기까지, 또 그 반대 방향을 오가며 이야기를 진행할 것이다. 그 중심에는 스페인독감이 어떻게 출현해 지구를 휩쓸고 물러났으며, 그 결과 인류를 어떻게 바꿔 놓았는지에 관한 이야기가 있다. 그러나 이야기 중간에 가끔씩 걸음을 멈추고 사람들의 경험 속에서 무엇이 공동체를 해체하고 다시 뭉치게 했는지도 살펴볼 것이다. 1918년 뉴욕의 이탈리아계 미국인과 알래스카의 원주민 유피크족, 페르시아의 사원 도시 마슈하드의 거주민은 바이러스를 제외하고 공통점이 거의 없었다. 나름의 문화 요인과 다른 요인이 합쳐지면서 각 지역마다 독감과 서로 다르게 맞닥뜨렸다. 따라서 앞으로 그려 보일 일련의 초상화를 통해 지구상의 다양한 지점에 있는 사회에서 전개된 재난을 추적하는 동안 범유행병이 갖는 심오한 사회적 성격이 뚜렷이 부각될 것이다.

이 초상화들은 그 전까지는 어둡게 그늘져 있던 지도의 영역으로 빛을 비추어, 1918년이 종전의 해가 아니라 바로 독감의 해였던 세계의 다양한 지역에서 스페인독감을 어떻게 경험했는지 보여 준다. 모든 것을 다 망라했다고는 할 수 없다. 아직도 수많은 사연이 이야기되지 않은 채로 남아 있기에 여기에는 단서가 따른다. 독감 이후 벌어진 광란의 축제로 출산율이 폭등한 곳은 리우데자네이루만이 아니었고, 재앙을 물리치려고 고대 종교 의식을 거행한 곳도 오데사만이 아니었던 것이 확실하다. 서로가 서로를 돕기 위해 엄격한 사회적 경계선을 잠시 넘어간 것도 인도 사람만이 아니었고, 피부색이 서로 다른 사람끼리 비난을 주고받은 것도 남아프리카만의 일이 아니었다. 가톨릭의 주교는 독감을 차단하기 위한 스페인 사람의 노력을 좌절시켰을지도 모르지만, 중국의 외딴 지역에 구호 물품을 가져다주는 사람은 선교사가 유일할 때가 많았다. 여기에는 한 가지 대단히 중요한 단서가 붙는다. 다시 한 번 말하지만 이야기의 화자가 유럽인이라는 사실이다.

스페인독감의 이야기는 이 책의 2부에서 6부까지 이어진다. 하지만 이 이야기는 그보다 더 큰 이야기의 일부로 읽혀야 한다. 더 큰 이야기란 인간과 독감이 1만 2000년 동안 어떻게 공존하고 공진화共進化해 왔는지에 관한 것이다. 따라서 1부 '방벽이 없는 도시'는 1918년까지의 이야기를 복기한다. 7부 '독감 이후의 세계'는 오늘날 우리 일상 속에 남아 있는 스페인독감의 발자취를 탐사한다. 인간과 독감은 지금도 여전히 공진화하고 있기에 8부 '로스코의 유산'은 미래의 전쟁(다음에 올 범유행성 독감)을 전망한다. 이 전쟁에서 우리가 동원할 신병기는 무엇인지, 우리의 아킬레스건은 무엇일지도 예상해 본다. 이 모든 이야기가 다 함께 독감의 일대기, 즉 독감을 연결고리로 한 인간의 이야기를 구성한다. 후기에서는 기억의 문제를 다룬다. 스페인독감의 충격이 그토록 심각했음에도 우리는 이를 왜 '잊힌' 재난이라고 부르는지 질문을 던진다.

사람들은 흔히 제1차세계대전이 낭만주의와 진보의 신앙을 죽였다고 말한다. 그러나 과학은 전쟁이라는 형식에서 산업적 규모의 살육을 가능케 한 반면, 스페인독감이라는 형태의 대규모 살육을 막는 데는 실패했다. 이 독감은 흑사병 이래 무엇보다 더 급진적으로 인류의 인구를 재편했다. 제1차세계대전의 경로에 영향을 미쳤을 뿐 아니라, 주장컨대 제2차세계대전의 발발에도 일조했다. 인도를 독립 쪽으로 더 가깝게 밀어붙였는가 하면, 남아프리카를 인종분리 정책으로 다가가게 했고, 스위스를 내전의 벼랑 끝으로 몰고 갔다. 그리고 우리를 보편적 의료 보장과 대체의학, 신선한 공기에 대한 애착, 스포츠에 대한 열정의 길로 인도했다. 또한 인간의 몸이 문제를 일으킬 수 있는 수많은 방식에 20세기 예술가들이 그토록 집착하는 것에도 적어도 부분적으로는 책임이 있어 보인다. 스페인독감을 논의할 때는 '아마도', '십중팔구' 같은 수식어가 필수적이다. 왜냐하면 1918년에는 독감을 진단할 방법이 없었고, 따라서 그게 그건지 확실히 알 수 있는 방법이 없었기 때문이다. 마치 14세기에 흑사병을 유발한 것이 림프절페스트인지 아니면 그 변종의 하나이거나 폐페스트인지 여부를 지금 우리가 확신할 수 없는 것과 같은 이치다. 그럼에도 1918년 범유행병이 20세기 전반기에 변화의 속도를 앞당겼으며 우리가 살아가는 현대 세계를 빚는 데 일조했다는 사실에는 논쟁의 여지가 없다.

만약 이 모든 것이 진실이라면, 어떻게 우리는 아직도 스페인독감을 제1차세계대전의 각주로만 생각하는 걸까?

정말 우리는 스페인독감을 잊었단 말인가? 테렌스 레인저는 그렇다고 생각했다. 하지만 그가 지금 살아 있다면 같은 주장을 반복하는 데 주저했을지도 모른다. 그렇다면 그 공은 많은 이의 지대한 협력에 돌아가야 한다. 역사가와 사회과학자를 포함한 과학자의 공헌이 없었다면 스페인독감은 더 이상 이야기될 수 없다. 과학이 들려주는 이야기는 텅 빈 듯하지만 사실은 보이지 않는 필적 속에 묻혀 있는 선사시대의 영역을 가로질러 역사학의 문턱까지 가 닿는다. 이 선사 시대의 영역은 1918년의 사건은 물론 그 후에 일어난 것에까지 영향을 미쳤다. 역사학은 그 희미한 필적이 해독 가능해지는 지점부터 이야기를 넘겨받는다. 여기에 다시 과학은 현재에서 나오는 빛을 더해 조명한다. 지금부터 또 다른 100년이 지난 후에는 과학과 역사학 자체가 변해 있을 것이다. 어쩌면 역사의 과학science of history(역사를 다루는 과학)이라는 것이 있을지도 모른다. 과거에 관한 이론들이 컴퓨터 처리된 역사적 데이터 뱅크에 비추어 검증받는 과학 말이다.[4] 그런 종류의 접근법은 우리가 범유행병과 같은 복잡한 현상을 이해하는 방식을 혁명적으로 바꾸어 놓을 가능성이 크지만 아직은 걸음마 단계다. 그래도 우리가 이미 확실하게 말할 수 있는 것이 한 가지 있다. 1918년 범유행병의 200주년이 되었을 때 역사가들은 보다 많은 공백을 메웠을 것이다. 과학이 비추는 빛 또한 더욱더 밝아져 있을 것이다.

I

방벽이 없는 도시

1장. 기침과 재채기

기원전 412년 겨울 동지 무렵의 어느 때였다. 당시에는 북부 그리스였던 지금의 터키 마르마라 해안의 항구 도시 페린토스에서 주민들이 기침에 호되게 시달렸다. 증상은 더 있었다. 사람들은 인후염에 통증, 연하 장애(삼키기 어려움), 양다리 마비, 야맹증까지 호소했다. 히포크라테스라는 이름의 의사는 이 모든 증상을 받아 적었다. 이로써 '페린토스의 기침'은 (아마도) 독감을 묘사한 첫 번째 기록이 되었다.

'아마도'라는 단서를 단 이유는 증상 중의 어떤 것은 독감 같지 않아 보이기 때문이다. 야간 시력 손상과 사지 마비가 그렇다. 이런 증상까지 포함된 바람에 후대 의료 역사가들이 어려움을 겪었다. 나중에야 히포크라테스가 독감의 정의를 우리와 다르게 내렸다는 사실을 알게 되었다. 분명히 히포크라테스는 유행병이라는 뜻의 에피데믹epidemic°이라는 단어를 의학적인 의미로 사용한 최초의 인물이었다. 그 전까지는 안개부터 소문, 내전에 이르기까지 한 나라 안에서 퍼져 나가는 것이면 무엇이나 에피데믹이라고 불렀다. 히포크라테스는 이 단어를 질병에만 특정해서 사용했고, 그다음에는 질병을 재정의했다.

고대 그리스인은 질병의 기원을 영적인 것으로 생각했다. 그러니까 어떤 종류의 못된 짓에 대한 신의 벌이라는 식이었다. 의사도 반은 사제이면서 반은 마법사였다. 이들의 역할이란 성 잘 내는 신들을 기도나 주문, 희생물로 달래는 것이었다. 히포크라테스는 질병의 원인이 육체적인 것이며, 환자의 증상을 관찰함으로써 원인을 알아낼 수 있다고 주장했다. 그와 그의 제자들은 질병을 분류하기 위한 체계를 도입했다. 흔히 그가 서양 의학의 아버지로 불리는 것은 이 때문이다. 그는 오늘날에도 여전히 의학의 축을 이루는 진단과 치료라는 개념을 정립했다.°°

히포크라테스는 질병이 사람의 몸 안에서 순환하는 '체액', 즉 흑담즙, 황담즙, 점액, 혈액 사이에 불균형이 일

° 단어 자체의 뜻은 '사람들에게 붙어 있는'이다.
°° 또한 그는 「히포크라테스 선서」라고 하는 의료 윤리의 규약을 후대에 남겼다. 덕분에 우리는 새로 자격을 취득한 의사로부터 '해를 끼치지 않겠다'는 약속을 받는다.

어난 결과라고 생각했다. 만약 어떤 사람이 무기력 증세를 보이면 점액(담)이 너무 많아서이고, 치료하는 방법은 감귤류 과일을 먹는 것이었다. 또 다른 그리스 외과 의사이면서 히포크라테스보다 500년 후 사람인 갈레노스는 이 모델을 더 정교하게 다듬었다. 그는 지배적인 체액에 따른 기질로 사람을 범주화할 수 있다고 제안했다. 이에 따르면 흑담즙은 우울한 유형과 관련이 있고, 황담즙은 화를 잘 내는 다혈질 유형과 관련이 있다. 점액질 인간은 느긋하고 희망에 찬 낙관적인 유형이다. 그가 제시한 표현들은 지금도 우리가 그대로 사용하고 있지만 그 토대가 된 해부학과 신체 기능에 관한 이해 방식은 더 이상 받아들여지지 않는다. 그럼에도 갈레노스식 의료 개념은 족히 1500년 동안 유럽을 지배했고, '미아스마'miasma*, 즉 해로운 공기가 체액의 불균형을 촉발할 수 있다는 그의 개념은 20세기에 와서도 세계 몇몇 지역에서 여전히 인기가 높았다.

히포크라테스가 내린 유행병의 정의 또한 살아남지는 못했다. 그가 말한 유행병이란 어떤 장소에서 그 지역 주민이 병에 걸려 있는 일정 기간에 체험하는 모든 증상이었다. 그는 그런 환경에서 나타나는 별개의 질병을 구분하지 않았다. 나중에야 유행병이라는 용어는 한 가지 질병하고만 관련지어졌고, 그다음에는 미생물, 그다음에는 한 종

---

* '오염'이란 뜻의 고대 그리스어에서 유래되었으며, 근대 이전 의료 학설에서 질병의 원인으로 여겨졌다.

류의 미생물과 관련지어졌다. 그러나 이런 식의 정제 과정도 중세 시대에 와서야 진행되기 시작했다. 페스트라는 범유행병이 사람들의 생각을 바꾸어 놓았던 것이다. 이렇게 볼 때 페린토스 사람들은 근대적인 용어로 독감과 디프테리아, 백일해까지 한꺼번에 앓고 있었던 셈이었다. 아마도 비타민A 섭취 부족이 원인이었을 것이다.

왜 우리가 2400년 전 그리스에서 일어난 독감의 발병에 관심을 가져야만 하는가? 그것은 독감이 얼마나 오랫동안 인간의 질병이었는지, 그리고 맨 처음 독감이 어떤 과정을 통해 인간의 질병으로 자리 잡게 되었는지 알기 위해서다. 만약 독감의 기원에 관해 더 많은 것을 이해한다면 발병의 시점과 규모, 강도를 결정짓는 요인을 정확히 찾아내는 데에도 도움이 될 것이다. 또한 그럴 경우 1918년에 일어난 일을 설명하는 것은 물론 미래의 유행병을 예측하는 데에도 도움이 될 것이다.

아마도 페린토스의 기침이 최초의 범유행성 독감은 아니었을 것이다. 역사 기록은 기원전 412년 이전까지는 그 주제에 관해 침묵하고 있지만, 그렇다고 이전 시대에 있었던 독감에 관해 이야기할 수 있는 것이 전혀 없는 것은 아니다. 인간과 마찬가지로 독감도 자신의 몸 안에 기원에 관한 정보를 품고 있다. 우리나 독감이나 모두가 진화를 거쳐 온 과거의 산 기록이다. 가령 인간의 꼬리뼈만 해도 오래전 나무 위에 살았던 우리 조상의 흔적이다. 꼬리가 쓸모없어지면서 자연선택은 화학적 신호가 배아 발달 과정에서 꼬리가 더 자라기 전에 척추 연장의 스위치를 끄는 개인을 선호했다. 아주 가끔은 장애가 일어나 제시간에 신호가 작동하지 않는 경우도 있다. 의학 문헌을 보면 꼬리를 달고 태어난 아기의 출생 사례가 50건 정도 보고된 적이 있다. 우리 안에 잠재하는 수목 생활 영장류를 일별하는 순간들이다.

독감 바이러스에 꼬리가 달린 것은 아니다. 하지만 그 기원을 보여 주는 다른 단서들이 안에 있다. 바로 기생이다. 기생이란 다른 살아 있는 유기체, 즉 '숙주' 안에서만 생존할 수 있다는 뜻이다. 바이러스는 혼자 힘으로 증식할 수 없기 때문에 숙주의 세포에 침투해 그 세포의 증식 기관들을 납치해야만 한다. 그런 다음에 바이러스의 자손이 그 숙주를 떠나 새로운 숙주를 감염시켜야 한다. 그렇지 않으면 바이러스는 원 숙주와 함께 수명을 끝내게 되는데, 이것이 독감의 최후이다. 우리 조상의 생존이 나무 사이를 건너다니는 능력에 달려 있었던 것처럼 독감의 생존 역시 숙주에서 또 다른 숙주로 옮겨 다니는 능력에 좌우된다. 바로 여기서부터 독감 이야기는 흥미로워진다. 그것은 기생충이기 때문에 생존 여부가 자기 자신의 행동은 물론 숙주의 행동에도 달려 있다. 오랫동안 과학자들은 독감의 과거에 관해 무지한 상태에 있었지만 기원전 412년 이전에 사람들이 무엇을 하고 있었는지는 어느 정도 알고 있었다.

독감은 기침이나 재채기에 의해 공기 사이로 분사되는 감염된 점액의 비말을 타고 사람에게서 다른 사람으로 전파된다. 콧물은 아주 효과적인 미사일이다. 미사일은 풍동wind tunnel* 안에서 설계되어야 하는데 콧물 미사일 역시 그런 식으로 설계된다. 하지만 몇 미터 이상은 날아가지 못하는 까닭에 독감이 퍼지려면 사람들이 아주 가까이 모여 살아야 한다. 인류 역사에서 대부분의 시간 동안 인간은 수렵과 채집 생활을 했고 멀찍이 떨어져 살았다. 하지만 약 1만 2000년 전 유라시아 대륙 어딘가에서 살던 수렵꾼이 야생 양 무리 둘레에 울타리를 세우고 가축이라는 것을 발명하면서 모든 것이 변했다. 식물도 농작물로 재배되기 시작했다. 이 두 가지 발전은 대지가 이제 한층 높아진 밀도의 인구를 먹여 살릴 수 있게 되었다는 것을 의미했고, 이로써 사람은 한데 모여 살면서 서로 경쟁하고 협력하며, 어디서나 인간 사회의 모든 독창적인 특성을 발휘할 수 있게 되었다. 그 수렵꾼의 혁신, 이른바 농업혁명은 새로운 시대를 열었다.

---

* 초고속 비행체를 개발할 때 사용되는 것으로 비행 시 발생하는 공기역학적 힘을 측정하는 시설.

농업 덕분에 새로운 방식의 집단생활이 가능해졌지만 이런 생활은 새로운 질병, 그러니까 홍역과 천연두, 결핵, 독감과 같은 '군집성 질병'을 초래했다. 그 전에도 인류는 언제나 감염성 질병에 취약했다. 가령 한센병과 말라리아는 농업혁명이 있기 오래전부터 인류를 괴롭혀 왔다. 이 질병들은 소규모로 흩어져 살던 사람들 사이에서 생존하는 데도 적응했다. 그럴 수 있었던 비결 중 하나는 한번 감염된 숙주가 회복이 되더라도 완전한 면역을 갖지는 못하게 해 또다시 감염될 수 있게 하는 수법이었다. 또 하나는 병을 옮길 사람이 드물 때 또 다른 숙주인 이른바 '동물 병원소病原巢'로 물러나는 식이었다. 이 두 전략을 활용해 감수성 숙주susceptible host**의 보유고를 충분히 큰 규모로 유지할 수 있었다.

군집성 질병은 달랐다. 농업 사회의 사람들을 빠른 속도로 감염시켜 희생자를 죽음에 이르게 하거나 재감염에 면역이 된 상태로 내버려 두었다. 다른 동물에게 감염시킬 수도 있었지만 사람을 감염시키는 정도로 잘 되지는 않았다. 그중 어떤 것은 사람에게 적응을 너무도 잘한 나머지 인간 종에만 기생하게 되었다. 이런 질병이 살아남기 위해서는 수천 명 내지 수만 명에 이르는 희생자가 나올 규모의 사람이 필요했다. '군집성 질병'이라는 이름이 붙게 된 것

** 감염이 잘 되는 숙주.

은 그 때문이다. 이런 질병은 농업혁명 이전이라면 살아남지 못했겠지만 농업혁명 이후에는 인류의 인구 증가에 연동해 진화적인 성공을 거두게 되었다.

이런 질병이 농업 이전에는 생존하지 못했다면 대체 어디에서 왔을까? 단서는 앞서 말한 동물 병원소이다. 우리는 동물만 감염시켜 질병을 유발하는 미생물이 있다는 사실을 안다. 가령 새와 파충류만 감염시킬 뿐 사람에게는 옮겨 갈 수 없는 말라리아 유형이 있다. 우리는 동물과 인간 둘 다 감염시키는 미생물이 있다는 것도 안다. 독감이 이 범주에 속한다. 또한 우리는 사람만 감염시키는 미생물이 있다는 사실도 안다. 가령 홍역이나 볼거리, 풍진 같은 경우가 그렇다. 오늘날 학문적인 시각에서 볼 때, 이처럼 다양한 감염성 질병의 범주는 동물에게만 전염되던 질병이 점차 사람에게만 옮겨 가는 질병으로 바뀌는 진화적 경로에서 각각의 단계를 나타낸다. 보다 정확히 말하면, 과학자들은 질병 유발 미생물이 이런 전이 과정을 완료하기 위해서는 다섯 단계를 거쳐야 한다고 말한다.[1] 홍역 같은 질병은 모든 단계를 다 거쳤다. 다른 것들은 전체 경로의 중간 지점에 교착된 상태에 있다. 하지만 이 과정을 고정된 것으로 생각해서는 안 된다. 대단히 역동적이다. 에볼라가 그 점을 잘 보여 줬다.

에볼라 바이러스 병은 주로 동물이 걸리는 병이다. 자연적 병원소는 아프리카 숲속에 서식하는 큰박쥐로 추정되는데, 이 박쥐가 사람이 야생 동물 고기로 포획하는 다른 숲속 동물(사람은 박쥐도 먹는다)에게 병을 옮길 수 있다. 최근까지만 해도 에볼라는 몸 상태가 좋지 않은 사람에게만 감염되는 병으로 여겨졌다. 가령 야생 동물 고기와 접촉해 병이 전파된다고 해도 그런 경로로 감염된 사람은 주변의 몇몇 사람만 감염시킬 뿐 '발병'은 흐지부지 끝이 났다. 그러나 2014년 서아프리카에서 발생한 유행병을 통해 에볼라가 사람들 간에도 쉽게 전염되는 능력을 얻었다는 사실이 밝혀진 후로는 모든 게 바뀌었다.

이를테면, 바이러스가 종 간 장벽을 뛰어넘기란 쉽지 않다. 실은 '뛰어넘기'jump라는 말 자체가 이 경우에는 완전히 틀린 단어다. 오히려, 이 또한 여전히 은유이기는 하지만, '새 나가는'oozing 과정이라는 것이 사실에 가깝다. 세포는 상이한 숙주 안에서 서로 다르게 만들어지는데 그 속에 침입하려면 각각 다른 도구가 필요하다. 따라서 인간 감염 질병으로 바뀌는 경로를 따라 단계마다 거기에 맞는 특정한 일련의 분자 변화가 뒷받침되어야 한다. 하지만 그런 변화를 얻기란 그야말로 복불복이다. 바이러스는 수없이 많은 복제를 시도한 끝에야 비로소 필요한 변화를 낳는 변이를 일으켜 이 관문을 통과할 가능성을 얻는다. 그러나 그 결과로 바이러스의 진화적 적응도가 개선되면, 즉 인간에 대한 전파력이 좋아져 자기 증식을 더 많이 할 수 있게 되면, 자연선택은 그런 변화를 선호할 것이다(그렇지 않다면 그 반대가 된다). 그 뒤를 이어 다른 변화가 일어날 수 있고, 그런 변화가 누적되면 바이러스는 인간 질병이 되는 경로를 따라 한 걸음 더 전진하게 되는 것이다.

독감의 자연적 병원소로는 일반적으로 조류, 특히 물새류가 꼽힌다. 어떤 종이 어떤 병원균의 보유고 역할을 함으로써 얻는 큰 이득은 그 병에 자신은 걸리지 않는다는 것이다. 그 둘은 너무나 오랫동안 공진화한 결과 바이러스가 숙주에게 지나치게 큰 손상을 입히지 않고 면역 반응을 유발하는 일도 없이 자신의 수명 주기를 마칠 수 있다. 가령 오리는 독감 바이러스에 심하게 감염되고도 아무런 증상을 보이지 않을 수 있다. 오리는 농업혁명 이후 인간이 가축으로 길들여 마을에서 함께 생활한 동물 중 하나다. 돼지도 마찬가지인데, 돼지는 조류 질병이 인간 질병으로 바뀌는 과정에서 잠재적 매개자로 여겨진다. 돼지의 세포는 사람과 조류의 세포가 가진 특징을 둘 다 가지고 있기 때문이다. 이 세 종은 천년 동안이나 함께 붙어 살면서, 독감 바이러스에게 종 사이를 오가는 실험을 위한 이상적인 실습실을 제공했다. 독감은 사람도 감염시키지만 처음에는 그 과정이 그리 수월하지 않았을 것이다. 점차 시간이 지나면서 독감 바이러스는 감염성을 높이는 데 필요한 분자 도구를 축적했고, 마침내 어느 날 '유행병'이라는 이름에 걸맞은 발병을 일으켰다.

여기서 유행병이라는 말은 현대적인 의미를 담고 있다. 다시 말해, 특정 집단 중에 특정 질병의 발병 사례 수가 종종 급작스럽게 증가한다는 뜻이다. 반면에 '풍토병'endemic은 그 집단에서 늘 발견되는 병이다. 군집성 질병은 풍토병과 유행병 둘 다 될 수 있다. 한 지역에 늘 머물러 있지만 가끔씩 돌발하는 경우가 그렇다. 이 경우 문제의 병이 어떤 것이냐에 따라 두 용어의 정의가 다소 불분명해지고 가변적이 된다. 예를 들어, 우리가 겨울마다 보게 되는 계절성 독감이 비교적 약하게 발병했을 때는 풍토병 유형의 병이라고 부르는 반면, 유행병이라는 용어는 새로운 종류의 바이러스가 출현해 보다 치명적인 형태의 독감을 유행시켰을 때에 한해서만 사용할 수 있을 것이다. 물론 이런 구분에 모든 사람이 동의하지는 않을 것이다.

최초의 군집성 질병이면서 최초의 유행병이었던 것에 관한 기록은 없다. 그러나 그것은 대단히 치명적이었을 가능성이 크다.° 가령 지금까지 인류 역사에서 가장 치명적인 군집성 질병에 속하는 천연두가 적어도 3000년 전 이집트에도 있었다는 사실을 우리는 알고 있다. 얼굴에 마 맛자국이 있는 미라들이 발견되었기 때문이다. 그러나 천 연두가 유행병으로 발병한 것(으로 유력시되는 사례)에 관한 최초의 기록은 기원전 430년에 와서야 나타났다. 당 시 히포크라테스와 같은 시대 사람이었던 투키디데스는 아테네 신전에 주검이 쌓여 있었다고 묘사했다.

유행성 독감이 처음으로 발병한 것은 언제일까? 지난 1만 2000년 사이 어느 시점이라는 것은 거의 확실하고, 유 력한 시점은 최초의 도시가 생겨나 질병이 퍼지기 위한 이 상적 조건이 갖춰진 5000년 전 언제쯤일 것이다. 그때에 도 그 병은 끔찍한 것이었음에 틀림없다. 이렇게 말하면 이 해가 잘 안 될 것이다. 요즘은 일반적으로 독감을 치명적인 병으로 보지는 않기 때문이다. 그러나 지금도 매년 독감 철 이 되면 많지는 않아도 일정 비율의 사람은 심하게 앓는다. 이런 불운한 개인의 경우는 급성호흡곤란증후군으로 발전 한다. 이때는 숨이 차고 혈압이 오르는가 하면 낯빛이 푸르 스름한 기운을 띤다. 곧장 병원으로 옮기지 않으면 사망에 이를 가능성이 대단히 높다. 간혹 폐에서 출혈까지 일어나 면서 코와 입에서 피가 나게 된다. 급성호흡곤란증후군은 최초의 범유행성 독감이 발병했을 때 벌어졌을 대학살의

° 예컨대 2014년의 에볼라 유행병은 앞으로도 계속 남아 '군집성 질병'의 자격을 얻을지 모른다.

한 장면이다.

하지만 그에 관한 기록은 없다.°° 따라서 우리로서는 그것이 언제 어디에서 일어났는지 알 수 없다. 지금의 이라크인 우루크가 좋은 후보지였을 수 있다. 5000년 전 세계 최대 도시로 여겨지는 우루크로 말하자면 벽으로 둘러싸인 6제곱킬로미터 넓이(런던의 금융 중심 행정구역인 시티오브런던 면적의 두 배에 이르는 규모)의 공간에 약 8만 명의 주민이 살고 있었다. 면역을 가진 사람은 아무도 없었다. 아무도 다른 누구를 도와줄 수 없었다. 많은 사람이 죽어 갔을 것이다. 틀림없이 다른 범유행성 독감이 그 뒤를 따랐을 것이다. 이번에는 아마 전보다는 약했을 것이다. 바이러스의 특성상 처음의 것과 그 뒤의 것들은 서로 달랐지만 그럼에도 유사한 점이 많아서 생존자가 점차 조금씩 면역을 키워 갈 수 있었을 것이다. 그리하여 독감은 서서히 오늘날 우리가 알고 있는 병과 더욱 비슷해 보이게 되었다. 그 과정에서 엄청난 수의 생명이 대가를 치러야만 했다.

기원전 3세기에 그리스 철학자 에피쿠로스는 이런 기록을 남겼다. "다른 것으로부터 안전을 얻는 것은 가능하다. 그러나 죽음에 관한 한 우리 인간은 모두가 방벽이 없는 도시에 산다."[2] 독감은 인간의 질병이 된 순간부터 인류의 역사를 빚기 시작했다. 물론 히포크라테스가 독감에 관

<hr />

°° 최초의 완성된 문자 체계는 4500년 전이 되어서야 출현
했다.

한 최초의(그렇게 유력시되는) 기록을 남긴 것은 나중의 일이었지만, 그 후에도 기록된 그것이 우리가 아는 독감인지 여부를 확신하기란 어렵다. 그사이에 유행병과 질병의 개념이 바뀌었을 뿐 아니라 독감 자체가 다른 이름들로 불려 왔기 때문이다. 이는 독감의 원인에 관한 생각의 변화를 반영하는 것이기도 했다. 게다가 독감은 다른 호흡기 질환과 혼동되기 십상이었다. 가장 흔하게는 일반 감기, 보다 심각한 병으로는 티푸스와 뎅기열과 같은 것이 발병 초기에 독감과 유사한 증상을 보여 헷갈리기 일쑤였다.

역사의 시간이 사람의 말들 사이에 숨겨 놓은 덫에 유의해 조심조심 추적하는 역사가들조차 기원전 212년 시칠리아에서 로마와 시라쿠사의 군대를 쑥대밭으로 만든 것이 독감이라고 짐작했다. 리비우스는 『리비우스 로마사』에서 "죽음과 장례식이 일상적인 광경이었다"라고 썼다. "사방에서 밤낮으로 망자를 위한 곡성이 들려왔다."[3] 9세기에 샤를마뉴 대제의 군대를 휩쓴 것도 대제 자신은 이탈리아열병으로 알았지만 사실은 호흡기질환이었는지도 모른다. 유력한 유행성 독감은 12세기 유럽에서 기록된 것이 있긴 하지만 진정으로 신뢰할 만한 최초의 기록은 16세기가 되어서야 나타난다. 잉글랜드 왕국의 여왕 메리 1세의 재임기였던 1557년 유행병이 돌면서 국민의 6퍼센트가 목숨을 잃었다. 훗날 '피의 메리'로 알려진 그녀가 화형시키고 싶어 했던 것보다 더 많은 수의 개신교 신자가 이때 유행병으로 희생됐다.

16세기 유럽은 발견의 시대가 한창이었다. 유럽인은 배를 타고 신세계에 상륙했는데, 그곳 원주민에게는 면역체가 없는 신종 질병도 함께 데려갔다. 원주민은 유럽인처럼 동물에서 기원한 유행병을 앓으면서 처음엔 끔찍하지만 서서히 길이 드는 과정을 겪지 않았기 때문에 면역체가 없었다. 신세계의 동물상動物相이 구세계에 비해 길들이기가 쉽지 않았던 데다가 일부 주민은 그때까지도 수렵채집인이었다. 독감은 1493년 크리스토퍼 콜럼버스가 신세계로 가는 두 번째 항해에 나섰을 때 배에 묻어 갔을지 모른다. 그가 서인도 제도에 정박한 후 앤틸리스 제도의 아메리카 원주민 상당수가 떼죽음을 당한 것도 그 때문일 수 있다. 그해 카리브해 지역 사람은 그보다 수천 년 앞서 우루크 같은 유라시아 대륙의 도시에서 일어난 것과 비슷한 무언가를 겪었다. 이번만큼은 한 집단이 건재했다. 정복자들이었다.

오랫동안 역사가들은 감염성 질병을 역사의 주요인으로 보지 않았다. 질병이 미치는 영향이 인구 집단에 따라 이처럼 큰 차이가 날 것이라고는 조금도 의심해 보지 않앗다. 20세기 바로 직전까지도 유럽 역사가는 스페인 정복자 에르난 코르테스가 지금의 멕시코 땅에서 다윗과 골리앗 이야기처럼 놀라운 방식으로 아스테카 왕국을 정복한 과정을 이야기하면서도 정복에 필요한 대부분의 일을 유행병인 천연두가 해치웠다는 사실은 언급하지 않았다.[4] 역사가들이 볼 때 독감은 정복 과정의 유순한 방해꾼, 혹은 보다 어두운 몇 달 동안에 져야만 했던 십자가에 불과했다. 그들은 아메리카나 오스트레일리아, 태평양 제도 원주민의 가슴속에 파고들었던 두려움은 물론, 그 사람들이 그 두려움을 백인 남성의 도래와 얼마나 밀접히 관련지어 생각했는지도 전혀 파악하지 못했다. "모든 사람 사이에 확고한 믿음이 있었다. 최근 몇 년 사이에 생긴 것인데, 백인 남성의 방문이 있고 난 후부터 유행성 독감이 이전보다 훨씬 잦고 치명적이 됐다는 것이다"라고 19세기 바누아투 제도의 타나를 방문했던 사람이 기록했다. "이런 인상은 타나에만 국한되지 않는다. 내가 오해한 것이 아니라면, 태평양 지역 전반에 걸쳐 보편적인 것이었다." 역사가들이 자신의 실수를 깨닫고 난 후, 어떤 역사가는 그 군집성 질병의 이름을 바꿔 부르기 시작했다. 제국의 질병이라는 이름이었다.[5]

　　역사가의 실수를 뼈저리게 깨닫게 한 것은 고기후학

자古氣候學者의 연구였다. 고기후학자는 퇴적물과 화석, 나이테 같은 것을 연구해 지구의 기후가 과거에는 어떠했는지 그리고 그 원인은 무엇인지 이해하려고 애쓴다. 가령 그들은 후기 로마 시대에 세계 기온이 낮아진 것을 발견하면, 당시 유스티니아누스 페스트°로 인해 막대한 넓이의 농지가 방치되면서 숲이 다시 커지기 시작했다는 견해를 제시한다. 수목은 대기 중에 있는 이산화탄소를 빨아들이는데, 이런 재조림 덕분에 엄청난 양의 이산화탄소 가스가 숲에서 처리되면, 그 결과로 지구의 기온이 내려간다(오늘날 우리가 목격하고 있는 온실효과의 반대 과정이다).

그와 비슷하게, 16세기 코르테스나 페루의 잉카 제국을 정복한 프란시스코 피사로, 지금의 미국 땅으로 들어간 첫 유럽 원정대를 이끈 에르난도 데 소토가 아메리카 대륙에 초래한 엄청난 떼죽음이 인구 격감을 낳고, 이로써 소小빙하기를 초래했을 수도 있다.[6] 그 영향은 19세기에 가서야 비로소 더 많은 유럽인이 그 땅에 도착해 다시 정화 작업을 시작하면서 되돌려졌다. 그러나 이 소빙하기는 인간의 질병이 지구 차원의 기후까지 영향을 준 마지막 사례로 남을 가능성이 크다. 앞으로도 또 다른 범유행병이 발생할 수는 있겠지만, 농업이 점점 기계화되고 세계 인구가 기하급수적으로 늘어나는 점까지 감안하면 수천만 명의 농부

° 6세기 유럽과 아시아에서 2500만 명의 사망자를 낳은 범유행성 림프절페스트.

가 사망한다 해도 지구의 대기에는 아무런 자국도 남길 수 없을 것이다. 적어도 고기후학자가 감지할 수 있을 정도의 자국에는 미치지 못할 것이다.

전문가들이 의견을 같이하는 최초의 범유행성 독감, 즉 여러 나라나 대륙을 아우르는 범유행병은 1580년 아시아에서 시작해 아프리카와 유럽, 그리고 어쩌면 아메리카 대륙까지 퍼져 나간 것으로 보인다. 여기에는 단서가 필요하다. 앞으로 보게 되겠지만, 범유행성 독감의 기원과 전파 방향을 밝혀내는 것은 쉬운 일이 아니다. 이 말은 역사적 범유행성 독감의 원천에 관한 모든 단정적인 발언을 에누리해서 들어야 함을 뜻한다. 특히 유럽인은 적어도 19세기부터, 과거 자신의 동족이 신세계 구석구석에 치명적인 질병을 남겼던 사실은 잊은 듯, 새로운 역병이 돌 때마다 그 역병이 중국 혹은 유라시아 스텝 거주민이 사는 고요한 지대에서 불어오는 것으로 속단해 왔기 때문이다.

당시 보고에 따르면, 이 최초의 범유행성 독감은 북쪽에서 남쪽으로 퍼져 6개월 만에 유럽 전역을 뒤덮었다. 로마에서는 8000명의 사망자를 기록했다. 대략 10명당 1명 꼴이었으니 말 그대로 대량 살상decimate*이었다. 스페인의 몇몇 도시도 비슷한 비운을 맞았다.[7] 1700년과 1800년 사이에는 두 번의 범유행성 독감이 있었다. 1781년 두 번째

---

* 고대 로마 군대의 처벌 방식으로 열 명 중 한 명을 제비뽑기해서 죽인 데서 유래한다.

독감이 최고조에 달했을 때 상트페테르부르크에서는 하루에 3만 명이 앓아누웠다. 그 무렵 대다수 사람이 그 병을 '인플루엔자'influenza라 부르고 있었다. 이런 이름을 처음 만든 사람은 병의 원인을 별의 언력 혹은 '기운'influence 탓으로 돌린 14세기 이탈리아인이었는데, 이 단어는 여러 세기가 지나서야 유행어가 됐다. 물론 지금도 우리는 이 단어를 사용하지만 말의 개념적 정박지는 어디론가 쓸려 가 버렸다. 마치 '멜랑콜리'melancholy**나 '냉담한'phlegmatic*** 이라는 단어가 그렇듯이.

군집성 질병이 진화의 여정에서 성공의 정점에 이른 것은 19세기에 이르러서였다. 이제는 지구 전역에 위세를 떨치게 되었다. 때는 산업혁명의 세기였고, 그와 더불어 세계의 많은 지역에서 도시가 빠르게 팽창했다. 이 도시들은 바야흐로 군집성 질병의 온상이 되었고, 그 피해로 인해 자체 인구만으로는 지탱할 수 없을 정도였다. 감염으로 잃은 사람의 빈자리를 채우기 위해 시골에서 건강한 농민이 끊임없이 유입되어야 했다. 전쟁 또한 유행병을 함께 몰고 왔다. 분쟁은 사람을 배고프고 불안하게 만든다. 또 사람을

** 지금은 우울증을 뜻하지만 어원은 '멜랑콜리아'이며, 그리스어에서 '검다'는 뜻의 멜라노스(melanos)와 '담즙'을 뜻하는 콜레(khole)가 합쳐진 의술어로 담즙 과다에서 생기는 흑담즙병을 뜻했다.
*** 담을 가리키는 플램(Phlegm)에서 파생된 말로, 히포크라테스의 4체액설에서 점액질 체질이라는 뜻이다.

살던 곳에서 내쫓고 불결한 수용소로 몰아넣는가 하면, 동네 의사를 징발해 간다. 분쟁은 사람을 감염에 취약하게 만든 다음 대규모로 움직이게 해 결국 새로운 곳에 병을 옮기게 한다. 18세기와 19세기에 일어난 모든 분쟁에서 전쟁터의 부상보다 질병 때문에 목숨을 잃은 사람이 더 많다.

19세기에는 두 차례의 범유행성 독감이 있었다. 첫 번째는 1830년에 발병한 것으로 규모 면에서는 아니어도 혹독함에서는 스페인독감에 견줄 만했다. 두 번째는 이른바 '러시아'독감으로 1889년에 시작되었다. 이름과 달리 발원지는 우즈베키스탄의 부하라인 것으로 추정되었다. 상황 측정이 가능한 첫 사례였다. 적어도 어느 정도까지는 그랬다. 그즈음엔 과학자들이 전쟁에서 강력한 힘을 발휘한 무기 통계학을 질병과의 싸움에서 어떻게 활용할 수 있을지 파악한 상태였기 때문이었다. 초기 역학자들의 노력 덕분에, 우리는 러시아독감이 100만 명이 거주하는 지역 어딘가에서 발원했으며, 그것이 세계를 세 번의 파도 속에 휩쓸어 넣었음을 안다. 첫 번째의 약한 파도는 혹독한 두 번째 파도를 예고했고, 세 번째 것은 첫 번째 것보다 훨씬 약했다. 환자 다수가 폐렴으로 발전했는데, 사망에 이를 때도 많았다. 이 독감은 노인과 아주 어린 층은 물론(여기까지는 일반 독감 철의 사정과 같다) 30~40대의 목숨까지 앗아 갔다. 많은 환자가 초기 공격에서 살아남은 후에도 우울증을 비롯한 신경계 합병증을 앓는 것을 보고 의사들은 동요했다. 노르웨이 화가 에드바르 뭉크도 그중 한 명이었는지 모른다. 어떤 이는 그의 유명한 「절규」가 독감으로 우울해진 생각에서 떠오른 것이라고 해석했다. "어느 날 저녁 나는 길을 따라 걷고 있었다. 도시가 한쪽에 있었고 그 아래는 피오르였다." 훗날 뭉크는 그렇게 적었다. "나는 피곤을 느꼈고 아팠다. 멈춰 서서 피오르 너머를 봤다. 해가 지고 있었다. 그리고 구름이 피처럼 붉게 변하고 있었다. 나는 비명 소리가 자연을 뚫고 지나가는 것을 느꼈다. 내 생각엔 비명 소리를 들은 것 같았다."[8] 뭉크가 이 글을 썼을 즈음엔 범유행병이 끝나 있었다. 1000년에 걸친 인간과 독감 사이의 투쟁도 그러했다. 그다음 세기, 20세기에는 과학이 그 군집성 질병을 영원히 정복할 것이었다.

2장. 라이프니츠의 단자

과학이 감염병을 영원히 정복할 것이라는 당시의 생각은 그로부터 100년이 지난 세계, 에이즈라는 범유행병에서 아직도 벗어나지 못한 세계를 살아가는 우리로서는 터무니없어 보인다. 하지만 20세기에 접어들 때만 해도 많은 사람이 그렇게 믿었다. 적어도 서방에서는 그랬다. 그들이 그토록 낙관적일 수 있었던 주된 이유는 세균 이론germ theory 때문이었다. 세균이 질병을 일으킨다는 통찰 말이다. 세균(박테리아)의 존재는 수백 년 전부터 알고 있었다. 네덜란드 렌즈 세공사 안토니 판 레이우엔훅이 연못의 물 한 방울 위에 확대경을 대고 생명체가 바글대고 있는 모습을 관찰한 것이 계기였다. 그러나 사람들은 그것을 무해한 외형질의 일종으로만 여겼을 뿐 사람을 병들게 만들 수 있을 거라고는 생각하지 않았다. 세균과 질병 사이를 연결한 것은 독일의 로베르트 코흐와 프랑스의 루이 파스퇴르였다. 이들의 활약이 시작된 것은 1850년대였다. 두 사람이 발견한 것은 너무나 많아서 일일이 나열할 수 없을 정도이지만 그중 하나를 들자면, 코흐는 시인과 예술가의 '낭만적' 질병으로 여겨졌던 결핵이 당시 널리 믿어 온 것처럼 유전되는 병이 아니라 세균 때문에 생기는 병임을 보여 주었고, 파스퇴르는 살아 있는 유기체가 무생물에서 자연스럽게 생성될 수 있다는 통념을 무너뜨렸다.

세균 이론은 개인위생hygiene과 공중위생sanitation에 관한 더 오랜 생각들과 합쳐지면서 군집성 질병에 관한 연구의 흐름을 바꿔 놓기 시작했다. 식수를 정화하고 청결도를 높이기 위한 캠페인이 발족됐다. 백신 접종 프로그램도 도입됐다. 여기에 저항이 없지는 않았다. 놀랄 것도 없이, 병균을 몸속에 주입해 질병으로부터 보호받는다는 생각에 사람들은 멈칫했다. 그럼에도 이런 노력은 구체적인 성과를 낳았다. 이전 세기의 전쟁에서 전투보다 질병에 목숨을 잃은 사람이 더 많았던 추세가 이제 뒤집혔다. 전쟁 무기의 살상력은 여전히 커져 갔지만, 군의관이 감염을 통제하는 능력도 점점 나아져 갔다. 이런 말로 공중위생의 성공을 주장하는 근거로 삼는 것이 이상하게 들릴 수도 있겠으나 군의관은 세균 이론을 실행에 옮긴 선구적 집단에 속했고, 현장에서 얻은 이들의 전문 지식은 민간 의사에게 전해졌다. 20세기 초 도시는 마침내 자활이 가능한 안정된 인구를 갖게 되었다.

그 결과 1900년대 초반 몇십 년은 과학과 합리주의에 대한 믿음이 높았다. 세균과 질병이 연결돼 있다는 사실을 발견한 데 대한 흥분이 채 가라앉지 않았고, 그러다 보니 모든 병의 원인을 세균으로 보려는 유혹마저 있었다. 거침없는 기질로 '과학의 악령'이라 불린 러시아의 일리야 메치니코프가 그랬다. 파스퇴르가 파리에 있는 자신의 연구소로 데려온 인물이었던 그는 노화도 세균 탓으로 돌렸다. 메치니코프는 식세포 작용食細胞作用을 발견한 공로로 1908년 노벨상을 받기도 했다. 식세포 작용이란 사람의 혈액 안에 있는 면역 세포가 해로운 세균을 삼켜 없애는 메커니즘을 말한다. 하지만 그는 이와 함께 우리 몸의 장 속에 있는 세균이 동맥을 굳게 하는 독성 물질을 분비해 신체 노화의 원인이 된다고 의심했다. 이런 그의 믿음을 두고 꽤나 많은 사람이 비웃었다. 그 후 그는 100세 이상의 수명으로 유명한 불가리아의 마을에 사로잡혔는데, 이곳 주민의 장수 비결이 평소에 마시는 신 우유, 특히 우유를 시게 만드는 '좋은' 박테리아에 있다고 믿었다. 그는 생애 마지막 몇 년 동안 엄청난 양의 신 우유를 마셨지만 1916년 71세의 나이로 숨을 거뒀다.[1]

그러나 바이러스는 여전히 수수께끼였다. 라틴어로 'virus'(비루스)는 독 혹은 강력한 진액 같은 것을 뜻한다. 20세기로 접어들 무렵 사람들이 바이러스를 이해한 방식도 그와 비슷했다. 브라질 작가 알루이시우 아제베두가 1890년에 발표한 그의 소설 『빈민가』O Cortiço에서 "브라질, 움트는 꽃 하나하나, 윙윙대는 청파리 하나하나가 음탕한 바이러스를 나르는 불타는 지옥"이라고 썼을 때, 그는 아마도 독성 분비물을 염두에 두고 있었을 것이다. 그러나 과학자들이 그와 같은 정의에 의문을 제기하기 시작했다. 그것은 독소인가 아니면 유기체인가? 액체인가 입자인가? 산 것인가 죽은 것인가? 바이러스가 처음 발견된 것은 1892년이었다. 러시아 식물학자 드미트리 이바놉스키가 담배에서 발생하는 병의 원인이 바이러스라는 사실을 밝혀낸 것이다. 그도 바이러스를 보지는 못했다. 그가 알아낸 것은 병의 원인인 감염체가 지금껏 알려진 어떤 박테리아보다 더 작다는 사실이었다. 너무 작은 나머지 어떤 수단으로도 볼 수가 없었다.

이바놉스키의 발견이 있었던 1892년은 러시아독감이

○ 지금은 일반적으로 우리 장 속의 미생물이 우리 몸에 무해하거나 유익하다고 여겨진다.

유럽 전역에서 기승을 부리던 해였다. 바로 그해에 코흐의 지도 학생인 리하르트 파이퍼가 독감을 일으키는 박테리아를 찾아냈다. 박테리아가 독감에 책임이 있다고 본 파이퍼의 판단은 옳았다. 그러나 헤모필루스 인플루엔자로도 알려진 파이퍼의 바실루스Pfeiffer's bacillus*는 실제로 존재하고 질병도 일으키지만 독감의 원인은 아니었다.°° 그때만 해도 독감이 관찰의 한계를 넘어 어딘가에 존재하는 분류 불가능한 무엇, 즉 바이러스의 소행일 거라고는 아무도 생각하지 못했다. 그런 생각은 1918년까지도 변함없이 이어졌다. 실제로 바이러스는 1918년 사람들의 정신세계에서 아주 작은 귀퉁이만 차지하고 있었다. 보이지를 않으니 확인을 위한 시험 검사도 없었다. 이 두 가지 사실은 스페인독감의 엄청난 충격을 이해하는 데 결정적으로 중요하다. 앞으로 이 책에서 설명하겠지만, 그런 상황에 변화가 일어난 것은 범유행병의 결과였다. 변화가 있기까지는 시간이 필요했다. 제임스 조이스는 철저히 근대적인 소설이라 할 그의 작품 『율리시스』(1922)에서 이렇게 썼다. "구제역이라는 질병. 코흐의 준비로 알려진. 혈청과 바이러스." 이때 아마도 그는 아제베두와 똑같이 바이러스에 관한 생각을 했을 것이다.[2]

---

* 파이퍼가 찾아낸 막대균에 붙여진 이름.
°° 파이퍼의 이런 실수는 파이퍼의 바실루스라는 명칭에 기생하며 지금까지도 후대 과학자에게 경고 혹은 웃음거리로 남아 있다.

파스퇴르와 코흐의 신봉자들은 세균 이론을 사면팔방으로 퍼뜨렸고, 결국 질병에 관한 갈레노스식 개념을 점차 대체하기에 이르렀다. 이 과정에서 요구된 정신적인 태도의 변화는 히포크라테스가 2000년도 더 전에 촉발했던 것보다 훨씬 곤혹스러웠기 때문에 사람들이 받아들이는 데에도 시간이 걸렸다. 19세기 중반 두 차례의 콜레라 파도가 런던을 휩쓸었을 때만 해도 주민들은 이를 불결한 템스강에서 올라오는 미아스마 탓으로 돌렸다. 존 스노라는 이름의 의사가 전염병으로 숨진 사례를 지도에 표시하는 일을 포함한 눈부신 탐지 작업을 벌인 끝에 발병원의 궤적이 도시 내 특정한 식수 펌프로 연결돼 있음을 밝혀냈고, 공기가 아닌 물이 콜레라를 퍼뜨렸다고 올바르게 추론했다. 그는 자신의 결론을 1854년에 출간까지 했다. 그러나 시 당국은 1858년 대악취 사건°이 일어난 직후에야 기술자 조지프 배절제트에게 의뢰해 도시에 적절한 하수 처리 시스템을 설계하게 했다. 그럼에도 사람들은 미아스마를 없애면 콜레라도 근절될 거라고 믿었다.

이와 함께 세균 이론은 질병에 관한 개인의 책임 개념에도 큰 영향을 미쳤다. 이 점에 관해서는 일찍이 히포크라테스도 놀랍도록 근대적인 생각을 갖고 있었다. 그는 사람들이 건강에 좋은 생활방식을 택하지 않았을 때 일어나는

° 갑작스러운 폭염 때문에 처리되지 않은 하수의 악취가 템스 강둑 위로 진동한 사건.

병에는 스스로 책임이 있다고 믿었다. 다만 병이 유전적인 것일 때는 그 사람의 책임이 아니라고 봤다. 그러나 그런 경우에도 선택의 여지는 있었다. 히포크라테스는 치즈를 예로 들었다. 그는 치즈를 먹을지 말지 여부는 자신이 물려받은 몸의 체질에 관한 지식에 비추어 선택해야 한다고 주장했다. 그는 이렇게 썼다. "치즈가 모든 사람에게 똑같이 해를 끼치는 것은 아니다. 어떤 사람은 양껏 먹어도 전혀 해가 없을 수 있다. 그렇기는커녕 잘 맞는 사람은 치즈를 먹으면 오히려 놀랍도록 튼튼해진다. 그렇지 않은 사람에게는 해롭다."[3]

중세 시대 사람들은 병에 관한 책임을 대부분 여러 신 혹은 하느님에게로 넘겼다. 그 후로는 운명론이 수백 년 동안 이어졌다. 근대 과학이 부상했던 시기에도 마찬가지였다. 1838년 프랑스 작가 조르주 상드가 결핵을 앓고 있던 연인 프레데리크 쇼팽을 스페인의 마요르카섬으로 데려간 것도 지중해 날씨가 그녀의 "가련하고 우울한 천사"의 증상을 완화시켜 주기를 바랐기 때문이었다. 그렇다고 병의 완치까지 기대한 것은 아니었다. 그녀가 생각하기에 결핵은 불치병이었다. 그녀는 그 병이 자기에게 옮을 거란 생각도 하지 않았다. 하지만 그 무렵 무엇 때문에 결핵에 걸린다는 생각은 이미 사람들 사이에 파다했고, 두 연인이 팔마에 도착했을 때도 그곳 주민들이 두 사람과 엮이기 싫어한다는 사실을 알 수 있었다. 격분한 상드가 친구에게 편지를 써서 사정을 이야기하자 친구는 그곳을 떠나라고 하면서 이런 이유를 덧붙였다. 결핵은 "그런 위도에서는 극히 드문 병인 데다 전염된다고 여기기 때문이야!"[4]

19세기에 와서도 여전히 사람들은 범유행병을 지진과 같은 신의 행위로 여겼다. 하지만 세균 이론이 나오면서 그것을 통제할 수도 있다는 생각을 하게 되었다. 이러한 발견은 또 다른 일련의 새로운 사고를 불러일으켰는데, 바로 찰스 다윈이 『종의 기원』(1859)에서 소개한 진화론이었다. 다윈은 처음 자연선택을 이야기했을 때 자신의 생각을 인간 사회에 적용하려고는 하지 않았다. 그러나 당시 사람들은 그렇게 받아들였고, 자연선택은 우생학이라는 '과학'의 탄생으로 이어졌다. 우생학자들은 인류가 생존 경쟁을 벌이는 다양한 '인종'으로 이뤄져 있으며, 정의상, 최적의 인종은 번성하는 반면 '퇴화한' 인종은 투지와 자기규율이 부족한 탓에 빈곤과 불결 속에서 살게 된다고 믿었다. 이런 사고방식은 세균 이론과 교묘하게 맞아떨어졌다. 즉 가난한 사람과 노동자 계급이 티푸스나 콜레라, 그 밖의 치명적인 질병에 월등히 많이 걸린다면 그 또한 그들의 잘못이라 할 수 있는데, 파스퇴르가 그런 질병은 예방할 수 있다고 가르쳤기 때문이라는 식이었다.

우생학은 19세기 후반 전 세계의 이민 정책과 공중보건 정책에 영향을 주었다. 독일 인류학자들은 자국의 아프리카 식민지에서 인간 '유형'을 범주화하느라 바빴는가 하면, 미국의 몇몇 주에서는 정신적인 질환이 있다고 판정된 사람을 강제로 불임이 되게 했다. 아이러니하게도 미국의 우생학자는 일본인을 인종적으로 열등하다고 보고 자국에 들이려 하지 않았지만, 일본에서는 말할 것도 없이 일본인을 우수한 인종이라고 여겼다.[5] 지금은 우생학이 금기시되지만 1918년에는 주류였으며, 이러한 사고방식은 스페인 독감에 관한 사람들의 반응까지 강력하게 규정했다.

"다른 세대 간의 정신은 라이프니츠의 단자°만큼이나 서로 간에 침투가 불가능하다"라고 프랑스 작가 앙드레 모루아는 썼다. 그렇더라도 우리는 1918년과 현재 사이에 드러나는 명확한 차이점 몇 가지를 부각시켜 볼 수 있다. 당시 세계는 전쟁 중이었고 이 전쟁은 1914년부터 이어져 온 것이었다. 전쟁의 원인은 주로 유럽에 있었다. 그것은 대륙의 대제국 열강 사이의 긴장이었다. 발견의 세기는 1914년까지 결실을 거두어, 당시 유럽인은 역사상 어느 때보다 많은 지구상의 지역을 식민화한 상태였다. 그 정점에서 시작

° 라이프니츠는 그의 저서 『단자론』(Monadologie)에서 "단자는 외부와 교섭하는 창을 가지고 있지 않다. 따라서 서로 작용하는 법이 없고 일체의 변화는 전적으로 자발적 독립적으로 자기 안에서 생긴다"라고 했다.

된 탈식민화의 오랜 과정은 유럽의 제국들을 해체하고 식민지들을 해방시킬 것이었다. 그러나 1918년은 또한 마지막 식민지 전쟁 중 하나에서 마지막 전투 중 하나가 일어난 해이기도 했다. 바로 미국 인디언 전쟁에서 북미의 유럽 정착민이 원주민과 싸워 결국 승리한 것이다.

장차 국정 수반이 될 니콜라에 차우셰스쿠와 넬슨 만델라가 태어난 해가 1918년이었다. 훗날 반정부 작가가 된 알렉산드르 솔제니친, 영화감독 잉마르 베리만, 여배우 리타 헤이워스도 그해 출생자다. 동년생인 막스 플랑크는 양자 이론에 관한 연구로 노벨 물리학상을 받았고, 프리츠 하버는 비료와 폭발물 제조에 중요한 물질인 암모니아를 생산하는 법을 발명한 공로로 노벨 화학상을 수상했다.° 구스타프 홀스트의 『행성』은 런던에서 열린 초연에서 극찬을 받은 반면, 호안 미로의 작품은 바르셀로나의 첫 단독 전시에서 웃음거리가 되었다.

영화에는 소리가 없었고 전화는 드물었다. 장거리 통신은 주로 전보에 의존했으며 중국의 어떤 지역에서는 전령 비둘기를 활용했다. 상업용 여객기는 없었지만 잠수함은 있었고 증기선은 평균 12노트(시속 약 20킬로미터)에 조금 못 미치는 속도로 대양을 오갔다.[6] 많은 국가가 잘 개발된 철도망을 갖추고 있었지만 그렇지 않은 나라도 많았다.

° 그해 노벨 위원회는 의학과 문학, 평화 부문의 수상자를 내지 않기로 결정했다.

국토 면적이 프랑스의 세 배나 되는 페르시아*도 철도 길이는 12킬로미터에 불과했다. 또한 이 나라는 도로 길이가 300킬로미터나 되면서 자동차는 한 대뿐이었으니, 왕이 타고 다니는 차였다. 포드는 보급용 차량 모델 티T를 출시했지만 미국에서조차 자가용은 아직 사치품이었다. 가장 흔한 교통수단은 노새였다.

그 세계는 우리에게 익숙한 동시에 지독히 낯설기도 하다. 가령 세균 이론이 영향을 미치기 시작했음에도 사람들의 건강은 지금보다 훨씬 취약했다. 산업화된 선진 세계도 마찬가지였다. 건강 악화의 주된 원인은 여전히 압도적으로 감염병이었다. 현대인의 주 사망 원인인 만성 퇴행성 질환이 아니었다. 1917년 제1차세계대전 참전을 선언한 미국에서 징집된 병사를 대상으로 집단 검진에 착수했고, 이는 미국 역사상 최초의 국가 신체 검사였다. 그 결과는 '끔찍한 사례'로 알려졌는데, 이때 검사를 받은 370만 명의 남성 중에서 약 55만 명이 부적격 판정을 받았다. 나머지의 절반 가까이는 신체 결함이 있었고 그 결함 중 상당수가 예방이나 치료가 가능했다.

우리에게 '페스트'란 대단히 구체적인 어떤 것을 뜻한다. 바로 림프절페스트, 그리고 그 변종인 폐페스트와 패혈성 페스트이다. 이 셋은 모두 페스트균이라는 이름의 박테

---

* 1935년에 국명을 이란으로 바꿨다.

리아가 일으킨다. 하지만 1918년만 해도 급작스럽게 닥치는 위험한 질병은 무엇이든 '페스트'라고 불렸다. 그동안 '진짜' 페스트('흑사병'이라는 이름 아래 중세 유럽을 황폐화한 그 병)는 그때까지도 유럽 대륙에 남아 있었다. 그러나 영국에서 페스트가 마지막으로 출현한 것과 같은 시기에 스페인독감도 함께 퍼진 것은 심상치 않아 보인다.[7] '중년'이라는 말의 뜻도 지금과 달랐다. 당시 유럽과 미국 신생아의 기대수명은 50세를 넘지 않았다. 세계의 다른 많은 지역은 그보다 훨씬 낮았다. 가령 인도 사람과 페르시아 사람은 서른 번째 생일을 축하할 수 있으면 운이 좋은 편이었다.

심지어 부유한 나라에서도 출산은 대체로 가정에서 이뤄졌고 욕조는 부자만 쓸 수 있었으며, 국민 중 무시하지 못할 정도의 수가 문맹이었다. 보통 사람은 감염의 개념까지는 이해했어도 메커니즘은 알지 못했다. 세균 이론이 발표된 지 이미 반세기 정도가 지난 때였음을 감안하면 이런 사실이 놀라워 보일 수도 있다. 하지만 현대인이라고 사정이 다를까. 1953년 DNA 구조가 발견되면서 분자유전학이라는 분야가 탄생했다. 이로 인해 건강과 질병에 관한 우리의 이해는 또 한 번 근본적인 변화를 겪었다. 그렇지만 그로부터 반세기 뒤인 2004년 미국의 일반 시민을 상대로

벌인 설문조사는 아직도 많은 사람이 유전자가 실제로 무엇인지 혼동하고 있음을 보여 주었다.[8]

1918년까지도 의사의 수련은 땜질식이었다. 그나마 1910년부터 미국에서 에이브러햄 플렉스너가 엄격하게 표준화한 의학 교육 캠페인을 벌이기 시작했다. 건강보험은 들어 본 사람이 거의 없었고, 보건의료는 일반적으로 개인이 부담하거나 자선단체에서 제공했다. 항생제는 아직 발명되기 전이었으며, 사람들이 일단 아프면 할 수 있는 일도 지금에 비하면 별로 없었다. 사정이 그렇다 보니 파리와 베를린조차 질병이 사람들의 삶 속에서 차지하는 비중은 미미했다. 질병은 전쟁 이야기로 뒤덮인 신문 지면의 뒤쪽에 숨어 있었다. 질병은 우주의 암흑물질이었다. 너무나 친밀하고 익숙한 나머지 공개적으로는 이야기조차 되지 않았다. 그리하여 공포를 낳았고 그 뒤에는 체념이 따랐다. 종교가 위안의 주요 원천이었다. 부모는 자신의 자녀 중 적어도 몇몇을 먼저 떠나보내는 데 익숙했다. 사람들은 죽음을 지금과 아주 다르게 여겼다. 죽음은 주기적인 방문객이었다. 따라서 두려움도 덜했다.

스페인독감은 바로 이런 세계를 배경으로 터져 나왔다. 자동차는 알았지만 노새에 더 편함을 느꼈던 세계, 양자 이론과 마녀를 동시에 믿었던 세계, 근대와 전근대 양쪽에 걸쳐 있던 세계, 그래서 어떤 이는 초고층 빌딩에 살면서 전화를 사용하지만 어떤 이는 중세 시대의 조상처럼 살았던 세계. 하지만 그들에게 막 쏟아져 내릴 페스트에 관한 한 근대적인 것이라고는 없었다. 아니 철저히 고대에 속했다. 첫 번째 사망자가 나왔을 때부터, 세계는 지구상의 18억 인구 모두가 우루크 같은 고대 도시로 수천 년을 이동한 것만 같았다.

II

범유행병의 해부

II

현명한 소비의 혜택

3장. 연못의 파문

1918년 3월 4일 아침이었다. 미국 캔자스의 미군 캠프 편스턴에서 식사 당번병 앨버트 지첼이 목구멍이 아프고 열과 두통이 있다고 의무실에 보고했다. 그 뒤로 점심때까지 의무실은 그와 비슷한 환자를 100명 이상 상대해야 했다. 그 후 몇 주 사이에도 그런 환자가 너무 많아 캠프의 의무 원장은 환자 전원을 수용하기 위해 격납고가 필요하다고 건의했다.

지첼이 '스페인독감'에 걸린 첫 번째 사람은 아닐 수도 있다. 1918년에 시작해 바로 지금까지도 계속해서 사람들은 그 범유행병이 실제로 어디에서 시작됐는지를 두고 추측을 이어 왔다. 그렇지만 지금 우리는 그의 사례가 공식적으로 기록된 첫 번째 발병 사례 중 하나였음을 알고 있다. 그래서 합의에 따라 (편의상) 일반적으로 이 사례를 병의 시작을 알린 신호로 여긴다. 비유해서 말하면, 그 후로 50만 명의 다른 환자가 앨버트의 뒤를 이어 의무실을 찾게 될 것이었다.

미국이 제1차세계대전에 참전한 것은 1917년 4월이었다. 그해 가을 전국에서 주로 시골 출신 청년들이 군 캠프에 모여들었다. 미국원정군AEF에 충원되어 훈련을 받기 위해서였다. 존 '블랙 잭' 퍼싱 장군이 유럽으로 이끌고 갈 군대였다. 펀스턴 캠프도 그런 캠프 중 하나였다. 그곳에서 병사들을 다른 미군 캠프로 보내거나 아니면 직접 프랑스 주둔 캠프로 파견했다. 1918년 4월이 되자 독감은 이미 범유행병으로 커져 있었다. 미국 중서부 지역과 병사들이 배에 오른 동부 해안 도시는 물론, 배에서 내린 프랑스 항구 도시까지 병이 퍼졌다. 4월 중순 무렵에는 서부 전선의 참호까지 확산됐다. 그달 서유럽의 날씨는 계절에 맞지 않게 더웠지만, 얼마 있지 않아 독일 군대는 '블리츠카타르'Blitz-katarrh*로 아우성치게 되었다. 이 병이 당시 독일 제2군의 위생 책임자였던 리하르트 파이퍼(파이퍼균에 자신의 이름을 빌려준 그 미생물학자)의 관심을 사로잡았음은 물론이다. 독감은 서부 전선에서 프랑스 전역으로, 다시 영국과

---

* 독일어로 '번개 감기'라는 뜻. 걸리면 곧바로 죽는다고 해서 붙여진 이름이다.

이탈리아, 스페인으로 빠르게 번져 갔다. 5월 말을 앞두고는 스페인 국왕 알폰소 13세가 마드리드에서 그의 총리와 내각 각료들과 함께 독감으로 앓아누웠다.[1]

5월에 접어들어서도 독감은 지금의 폴란드 브로츠와프인, 독일 브레슬라우(평화로운 시기에 파이퍼가 위생국장을 맡았던 도시), 그다음엔 동쪽으로 1300킬로미터나 떨어진 러시아 항구 도시 오데사에서까지 보고됐다. 러시아의 볼셰비키 신임 정부가 3월에 중앙동맹국**과 브레스트-리토프스크 조약을 체결하고 전쟁에서 발을 빼자, 독일은 러시아 전쟁포로를 풀어 주기 시작했다. 당시 인력이 모자랐던 독일은 처음에는 신체가 건강한 사람은 잡아 두었지만, 여러 적십자 협회의 후원하에 병약자를 하루에 수천 명씩 석방했다. 러시아에 독감을 옮긴 것도 아마 이 '진짜 좀비들'이었을 것이다.[2]

북아프리카에 독감이 상륙한 것도 5월이었다. 독감은 그달이 끝나기 전에 아프리카 주변을 돌아 봄베이(지금의 뭄바이)까지 가 닿았다. 인도부터는 동쪽으로 여행이 시작됐다. 하지만 어느 지점에선가 독감은 되돌아오는 독감과 만났을 수도 있다. 4월에 이미 동남아시아에서도 발병 보고가 있었기 때문이다.[3] 얼마 있지 않아 이번엔 중국이었다.

** 제1차세계대전 때 연합국의 반대 진영에 속했던 독일 제국, 오스트리아-헝가리 제국, 오스만 제국, 불가리아 왕국 등 동맹 관계의 나라를 말한다.

6월 1일 자『뉴욕타임스』는 "기이한 범유행병이 북중국을 휩쓸다"라고 보도했다. 뉴욕 사람들은 바로 그날 모닝커피를 홀짝이던 중에 중국의 북부 도시 톈진에서 독감 환자가 2만 명, 베이징에서는 수천 명이 더 발생했다는 사실을 알게 되었다. 중국의 수도에서 "많은 지역의 은행과 비단 가게가 여러 날 문을 닫았으며, 경찰은 직무를 제대로 수행할 수 없었다." 5월 말에는 일본에서 독감이 폭발했고, 7월에는 오스트레일리아에 도착했다. 그리고 독감은 비로소 물러나는 것처럼 보였다.

여기까지가 범유행병의 첫 번째 파도였다. 그래도 이번은 비교적 유순했다. 마치 계절 독감처럼 혼란을 초래하긴 했지만 거대한 공황까지는 아니었다. 하지만 유럽의 전쟁터에서는 군사 작전에 심각한 지장을 주면서 큰 피해를 입혔다. 브레스트-리토프스크 조약의 서명이 있은 후 동부 전선이 사라지자, 이번 전쟁을 기획하고 설계한 독일의 에리히 루덴도르프 장군은 미국 군대의 상륙을 사전에 제압하기 위해 남은 주 전선인 서부 전선에 총공세를 펴기 시작했다. 그는 이번 '황제의 전투'*를 독일의 승리를 위한 마지막 기회로 보았고, 동부 전선으로부터 막 풀려난 부대들을 자신의 지휘 아래 두었다. 공세는 초기에 몇 차례 성공을

* 1918년 3월에서 7월까지 진행된 독일군의 마지막 공세. 1916년 총사령관에 오른 에리히 루덴도르프는 황제와 의회 간섭 없이 나라를 이끌 '제3차 최고위원회'를 결성했고 전쟁에서 재량권을 행사했다.

거뒀지만 결국 실패했다. 양측 병력 모두 독감으로 약해진 상태였다. 그해 봄 프랑스 군대 4분의 3이 아파서 쓰러졌고, 영국 병력의 절반 이상도 마찬가지였다. 전 부대가 마비 상태였고 임시로 지은 야전병원마저 초만원이었다. 전선의 상황은 끔찍했다. "우리는 고열 속에 방수포 한 장만 깐 채 옥외에 누워 있었다." 전쟁에서 살아 돌아온 영국 일병 도널드 호지는 당시를 그렇게 회상했다. 독일 쪽으로 말하자면 90만 명이 활동 불능 상태였다.

연합군 측 선동대는 독감으로 인한 상황을 자기편에 유리하게 돌리려고 애썼다. 독일군의 진지 위로, 자국군이 병을 치료해 줄 수 없다면 영국군이 해 주겠노라는 내용의 전단지를 뿌려 댔다. 전단지는 독일 도시 상공에도 투하됐다. 1970년대 초 영국 기자 리처드 콜리어가 스페인독감의 목격담을 모집했을 때 프리츠 로스라는 이름의 독일 남성으로부터 편지를 받았는데, 이 남성은 학생 시절 콜론에서 그 전단지를 주웠던 사실을 기억했다.

독일의 시민들은 1916~1917년 '순무의 겨울'turnip winter° 이래 아사 지경에 있었다. 로스라는 남성이 떠올린 전단지 내용을 번역하면 대략 이랬다. "여러분은 얌전히 주기도문을 외고 계십시오. 두 달 후면 여러분은 우리가 될

° 연합군의 해상 봉쇄에다 감자 작황의 실패가 겹치면서 식량 사정이 극도로 나빠져 순무로 겨울을 나야 했던 절박한 시기.

테니까요. 그러면 여러분은 근사한 고기와 베이컨을 갖게 될 것이고, 그러면 독감은 여러분을 가만 놔두고 떠날 것입니다."

대체로 말하면, 실제로 독감은 그해 여름 독일 시민을 가만 놔두고 떠났다. 그러나 유럽에서 독감이 완전히 사라진 것은 아니었다. 7월 말, 잠복해 있던 독감이 빈에서 콘스탄티노플(지금의 이스탄불)로 돌아가는 중이던 오스만 제국의 육군 장교 무스타파 케말을 습격했다. 당시 케말은 서부 전선에서 독일 측 전선을 사열하고 오는 길이었는데, 자신이 본 것에서 별다른 감명을 받지 못했다. 동맹국인 독일 황제를 만난 자리에서 그는 직설적으로 말했다. 자신은 중앙동맹국이 전쟁에서 패할 것으로 내다본다고.°

8월이 되자 독감은 모습을 바꾸어 다시 돌아왔다. 이 것은 두 번째 파도이면서 가장 치명적인 파도이기도 했다. 장소는, 이번에도 역시 연구자 사이에 합의된 대로는, 8월 하반기 대서양 주변의 세 지점에서 퍼져 나갔다. 그 세 곳이란 시에라리온의 프리타운과 미국 보스턴, 프랑스 브레스트다. 이번에는 독감이 마치 바다 한가운데에서 끊어오른 것 같았다. 혹시 버뮤다 삼각지였을까. 물론 그렇지는 않았다. 영국 해군 함정이 프리타운으로 독감을 전파했고,

---

° 이 투르크인 장교는 독감에서 회복된 후 승승장구해 터키 공화국의 최고지도자가 되었고, 그의 이름 앞에는 '투르크인의 아버지'라는 뜻의 경칭인 '아타튀르크'가 붙게 되었다.

유럽에서 출항한 증기선이 보스턴으로 실어 날랐는가 하면, 브레스트의 경우에는 계속해서 유입되고 있던 미국 원정군 부대나 해상 전투 훈련을 위해 그곳에 도착한 프랑스 신병들이 독감을 옮겼을 것이다. 실제로 당시 많은 프랑스 국민은 독감이 스위스에서 프랑스로 들어왔다고 생각했다. 반면 스위스인은 자신들이 국경의 검역 강화에 최선을 다했음에도 인접한 독일과 오스트리아로부터 독감이 유입됐다고 믿었다. 스위스는 전쟁에서 중립이었지만 참전국들과 협정해 아프거나 부상을 당한 전쟁포로를 받았고, 끊임없이 유입되는 포로를 알프스산맥에 있는 강제수용소에 수용했다.

마흔세 살의 정신분석가 카를 구스타프 융이 지휘관으로 복무했던 곳이 바로 그런 수용소로, 그림 같은 산속 마을인 샤토데에 있는 영국 장교 포로를 위한 곳이었다. 전쟁이 끝나 가던 몇 달간 이곳 수용소의 기강은 느슨해졌고 포로에게는 면회객까지 허용되었다. 융의 전기 작가 한 명은 다음과 같은 일화를 전하는데, 아마 사실은 아닌 듯싶다. 어느 날 융은 면회 온 영국 장교의 부인과 이야기를 하고 있었다. 대화 도중 부인이 말하기를, 자신의 꿈속에 나오는 뱀들은 언제나 병을 뜻했는데, 한번은 자신이 거대한 바다뱀에 관한 꿈을 꾼 적이 있다고 했다. 나중에 수용소에서 독감이 발생했을 때, 융은 그때 일을 떠올리며 꿈이 예언적일 수 있음을 보여 주는 증거로 여겼다.[4] 융의 수용소에 독감이 처음 나타난 때는 7월이었다. 스위스 수용소에서 집으로 돌아간 프랑스 병사 중에 독감 사망자가 발생했다는 보도는 8월 2일까지 있었다.[5]

보스턴과 프리타운, 브레스트에서 시작된 두 번째 파도가 밖으로 퍼져 나가는 데에는 군부대의 이동이 일조했다. 9월 초 군인 수송선 리바이어던호를 타고 프랑스에서 뉴욕으로 귀환하던 젊은 해군 차관보 프랭클린 델러노 루스벨트도 독감 증세를 보이기 시작해 결국 들것에 실려 뭍으로 옮겨져야 했다. 그로부터 2개월에 걸쳐 독감은 북동부 해안에서 북미 전역으로, 그다음에는 중앙아메리카와 남아메리카를 관통했다. 남미 역시 감염 경로는 바다였다.° 남미 지역의 경우 봄에 불어닥친 첫 번째 파도는 겪지 않았지만, 9월 16일 영국 우편선 데메라라호가 감염자를 태운 채 브라질 북부 해안 도시 헤시피에 정박한 후 첫 사례가 보고됐다.

프리타운에서 독감은 서아프리카 해안을 따라 강과 식민지 철도망을 타고 내륙으로 퍼져 갔다. 내륙 철도망의 종점부터는 감염된 개인이 자전거로 카누로 낙타로 혹은

° 카리브해 지역도 마찬가지였다. 다만 이곳 마르티니크섬의 경우 11월 말까지는 화를 면했지만 우편선이 오면서 병이 퍼지고 말았다. 당시로선 너무나 흔한 일이었다.

걸어서 가장 먼 공동체까지 병을 옮겼다. 많은 항구까지 연결된 좋은 철도망이 갖춰졌던 남아프리카는 전염병 확산에 무방비했다. 9월, 독감은 케이프타운에 이르렀다. 그곳에 가기 전 프리타운에 들렀던 군인 수송선 두 척이 매개였다. 두 항구를 오가던 야로슬라프호와 베로네즈호가 당시 프랑스에서 복무를 마친 남아프리카 원주민 파견대* 소속 2만1000명 중 1300명가량을 태우고 입항했다. 배가 도착했을 때 감염자를 격리하기 위한 기본 예방 조치는 취해졌다. 하지만 감염자 전원의 상태를 파악하지는 못했고, 그중 일부는 문제가 없다는 오진을 받아 집으로 가는 기차에 오를 수 있었다. 독감은 남아프리카에서 빠른 속도로 아프리카 남부를 관통해 위쪽 잠베지강 너머까지 확산됐다. 아프리카의 뿔**에 다다른 것은 11월이었다. 당시 아비시니아(에티오피아의 전신)의 섭정이었던 하일레 셀라시에 1세는 수도 아디스아바바에서 독감으로 1만 명이 숨졌다고 전하면서 이렇게 기록했다. "그렇지만 나는, 중병을 앓고 난 후, 하느님의 선하심으로 죽음을 면했다."[6]

9월 5일에는 세르게이 디아길레프의 발레단 발레 뤼스***가 런던의 콜로세움 극장에서 『클레오파트라』를 공

---

* 영국의 요청에 따라 1916년 프랑스 항구 노동자로 구성된 부대로 다양한 비전투 활동에 복무했다.
** 아프리카 대륙 북동부 끝의 뿔처럼 튀어나온 소말리아 반도.
*** 프랑스어로 '러시아 발레단'이란 뜻. 1909년 러시아 미

연했다. 훗날 수석 무용수이자 안무가인 레오니드 마신은 자신도 독감에 걸릴까 봐 공포에 떨어야 했다고 당시를 회고했다. "나는 로인클로스loincloth*밖에 입은 게 없었다. 극중에서 내가 '죽은' 후에는 얼음처럼 차가운 무대 위에 몇 분을 꼼짝 않고 누워 있어야 했다. 그사이 한기가 내 뼛속까지 스며들었다. (……) 그것까지는 나쁠 게 없었다. 하지만 다음 날 나는 극장 앞에 늘 서 있었던 엄청난 거구의 남자 경찰관이 독감으로 죽었다는 사실을 알았다."[7]

9월 말이 되었을 때 독감은 유럽 대부분 지역으로 퍼졌고 군사 작전은 또 한 차례 소강상태에 빠졌다. 결핵을 앓고 있던 프란츠 카프카는 10월 14일 프라하에서 독감에 걸려 병상에 누운 채 창문 너머로 오스트리아-헝가리 제국이 몰락하는 장면을 목격했다. 그의 전기 작가 중 한 명은 이렇게 기록했다. "카프카가 독감에 걸린 바로 그날 아침, 가족들은 흔치 않은 소리에 잠이 깼다. 무기가 철커덕대는 소리와 요란한 구령 소리였다. 커튼을 열자 심상치 않은 모습이 눈에 들어왔다. 전 소대가 거리의 어두운 쪽에서 완전한 행군 대열로 나타나더니 구시가지 광장 구역을 조직적으로 통제하기 시작했다."[8] 물자 공급이 처참한 지경에 이

술 평론가이자 작가인 세르게이 디아길레프가 세운 발레단. 20세기 초 전 세계를 무대로 활동하면서 음악, 패션, 미술 등 다양한 예술에 큰 영향을 끼쳤다.

* 고대의 간단한 복식으로 바느질을 하지 않고 천을 허리에 둘러 끝을 허리에 끼워 고정시킨 옷.

르면서 현실성이 대단히 커진 혁명의 위협을 차단하기 위해 군이 동원되었고, 체코를 독립 국가로 선언하려는 운동은 점점 힘을 더해 가고 있었다.

폴란드의 근대사에는 이 나라가 겪었던 스페인독감의 슬픈 메아리가 남아 있다. 1918년 재결합되기 전까지, 이 나라는 더 힘이 센 이웃 나라인 독일과 오스트리아, 헝가리에 분할 점령되면서 지도상에서 완전히 지워졌다. 근대에 와서 폴란드의 땅은 이 세 점령국으로부터 독감의 두 번째 파도를 넘겨받았다. 확장하던 독감의 전선이 바르샤바의 비스와강에서 만났는데, 이곳은 그해 연말 영토가 재봉합될 폴란드의 지리적 심장부였다.[9] 바로 이곳 바르샤바의 한복판에서 얀 스테츠코프스키° 역시 독감으로 쓰러졌다.

가을 파도가 러시아의 남서쪽에서 북동쪽으로 넓게 대각선으로 퍼져 간 것을 보면 그때까지도 귀환 도중에 있던 전쟁포로가 여전히 독감의 감염원이었음을 시사한다. 그렇지만 독감은 며칠 혹은 몇 주 동안 국경을 빙 돌아가며 다양한 지점에서 광활한 러시아 영토로 유입되었을 가능성이 크다. 런던『타임스』는 이미 8월에 독감이 티푸스와 천연두, 수막염, 폭증하는 '정신 이상'insanity과 함께 페트로그라드(지금의 상트페테르부르크)에 있었다고 보도했다. 미

° 독일과 오스트리아의 축복과 함께 점령지였던 폴란드 영토에 수립된 과도 정부의 지도자.

국 역사가 앨프리드 크로스비는 미국원정군이 북쪽에 있는 백해의 아르한겔스크항을 감염시켰다고 적었다. 미국원정군은 9월 4일 반볼셰비키 세력을 지원하기 위해 그곳에 도착했는데,[10] 새로 구성된 모스크바의 인민보건위원회는 9월이 다 가기도 전에 전국에서 발병 보고를 받았다.

러시아 내전과 시베리아 횡단 철도, 그리고 페르시아의 지배권을 둘러싼 영국과 러시아의 분쟁, 이른바 '그레이트 게임'The Great Game, 이 모든 것이 북아시아 전역으로 독감이 확산되는 데 일조했다. 불운했던 페르시아로 독감이 들어간 경로는 여러 갈래였는데, 전파 측면에서 가장 효과적인 쪽은 이슬람 성지인 마슈하드를 거쳐 가는 북동부 노선이었다. 독감은 9월에 인도에 도착했고, 10월에 다시 중국으로 왔다. 10월 마지막 며칠 사이에는 일본으로 건너가, 하라 다카시 총리까지 감염시키는 바람에 총리는 천황 알현*마저 취소해야 했다.°

11월 5일 뉴욕에서는 스페인독감이 끝났다고 선언했지만, 전쟁으로 황폐해진 유럽에서는 아직도 가시지 않은 상태였다. 식량과 연료 부족까지 겹쳐 독감 발병은 계속 늘어졌다. 밀라노의 프랑스 영사는 날씨가 추워지면서, 얼음처럼 차가운 안개 속에서 우유를 사기 위해 줄을 서야 했

---

* 즉위식 직후 두 번째 의식으로 내각이 알현하는 '조켄노기'(朝見の儀)를 말한다.
° 그는 독감에서는 살아남았으나 그로부터 3년 후 암살당했다.

던 주부들이 독감의 손쉬운 먹잇감이 되고 있다고 기록했다.[11] 아일랜드 독립운동가이자 여성 참정권 운동가였던 모드 곤이 영국 감옥에서 석방된 후 더블린으로 돌아갔을 때의 일이었다. 그녀는 시인 W. B. 예이츠에게 자신이 빌려준 집을 돌려 달라고 했다. 당시 임신한 아내가 무거운 몸에 독감까지 앓고 있었기에 예이츠는 곤의 요청을 거절했다. 그러자 그토록 오랫동안 예이츠의 뮤즈였으며, 한때 그가 "사뿐히 밟으소서 그대 내 꿈 밟는 것이니"라는 시구까지 바쳤던 그녀는 이제 그에게 증오의 편지를 퍼부었다. 곤의 딸의 회상에 따르면, 두 사람은 더블린의 세인트스티븐 그린 공원에 나와 있던 "보모와 유모차 사이에서" 끔찍한 충돌 장면을 연출하기도 했다.[12]

기이하게도, 독감은 그해 가을 적어도 한 사람의 생명은 구했으니, 실라르드 레오라는 젊은 헝가리 물리학자였다. 그는 자신이 속한 오스트리아 쿠프슈타인의 연대에서 훈련을 받다가 병에 걸린 후 병가를 얻어 부다페스트의 고향집으로 돌아갔다. 그곳에서 병원으로 실려 갔는데 "세탁소를 닮은" 병동에 놓인 침대 사이에는 젖은 시트가 쳐져 있었다.[13] 이 습기 치료법이 그의 회복에 도움이 됐을 리는 만무했다. 하지만 병원에 있는 동안 그는 부대 지휘관으로부터 편지를 한 통 받았다. 연대의 나머지 대원이 이탈리아 전선에서 벌어진 비토리오 베네토 전투*에서 모두 전사했다는 내용이었다. 그 후 실라르드는 미국으로 건너가 핵분열 문제를 연구해 핵폭탄 개발의 주역 중 한 명으로 알려지게 되었다.**

11월 9일에는 독일 황제가 하야했다. 11일 휴전협정이 체결되자 세계 곳곳에서 축하의 환호가 터져 나왔다. 군집성 질병에는 최적의 조건에 가까워진 순간이었다. 페루의 수도 리마에서도 수천 명이 거리로 쏟아져 나왔고 그때부터 며칠 동안 독감이 폭죽처럼 잇따랐다. 나이로비의 적십자에서 준비한 휴전협정 축하 무도회도 케냐에 그와 비슷한 효과를 낳았다. 런던에서는 시인 에즈라 파운드가 "휴전이 대중에게 미친 영향을 살펴보기 위해" 비 오는 거리를 쏘다니다 앓아누웠다. 그도 처음에는 그냥 감기인 줄로만 알았다.[14]

1918년 12월쯤에는 세계 대부분의 지역이 다시 한 번 독감에서 해방되었다. 지구상에서 이 살인적인 가을 파도

---

* 이탈리아 베니스 북쪽 비토리오 베네토 인근에서 1918년 10월 24일부터 11월 3일에 걸쳐 이어진 전투. 이탈리아의 승리는 이탈리아 전선의 종전을 가져왔고, 오스트리아-헝가리 제국의 해체를 촉진시켜 제1차세계대전의 종전으로 이어졌다.

** 실라르드는 1933년 핵 연쇄 반응을 발견해 핵에너지를 이용할 수 있는 길을 연 데 이어, 1939년 아인슈타인과 함께 루스벨트 미국 대통령에게 편지를 보내 핵무기 개발을 건의했고 이것이 받아들여짐에 따라 맨해튼계획을 추진했다.

를 피할 수 있었던 곳은 극히 드물었다. 그래도 없진 않았다. 남극 대륙과 남대서양 한복판 세인트헬레나의 작은 섬들과 아마존강 하구 마라조섬, 오스트레일리아의 큰 섬 등이었다. 이 경우는 인간이 자기방어를 위해 할 수 있는 게 별로 없었던 원칙에서 빛나는 예외로, 엄격한 해상 격리 덕분에 독감이 완벽하게 차단될 수 있었다.

오스트레일리아 당국은 1919년 초에 검역을 해제했다. 결국 이 결정은 너무 빨랐던 것으로 드러났다. 그 뒤 세 번째 파도가 덮쳤기 때문이다. 이 파도는 독성으로 보자면 첫 번째와 두 번째 사이의 중간 정도 수준이었다. 바이러스가 마침내 발판을 마련한 후, 1918~1919년 남반구 여름 사이에 1만 2000명이 넘는 호주인이 목숨을 잃었다. 하지만 경계를 늦춘 것은 그들만이 아니었다. 세 번째 파도는 세계 전역의 공동체가 아직도 두 번째 파도의 충격에서 비틀대던 중에 들이닥쳤다. 1월 마지막 주 뉴욕에서 독감은 최고조에 달했고, 그 무렵 평화협상이 한창이던 파리에도 상륙했다. 바이러스는 지정학적 국경까지 초월했다. 굳이 증거가 필요하다면 여러 나라의 협상 대표가 앓아누웠다는 사실이 그 증거였다.

어떤 이는 1919~1920년 겨울에 북부 국가를 강타한 유행을 네 번째 파도로 간주했다. 이 무렵 세상을 떠난 독일의 정치학자 막스 베버와 캐나다 물리학자 윌리엄 오슬러(폐렴을 두고 '노인의 벗'이라는 이름을 붙인 인물)의 사인도 스페인독감이었는지 모른다. 그렇지만 이른바 네 번째는 일반적으로 정식 기준에서는 범유행병에서 제외된다. 대부분의 사람은 1919년 5월에 이르러 북반구에서는 세 번째 파도와 이 범유행병이 끝났다고 본다. 그렇지만 남반구는 고난의 시기를 몇 달 더 겪어야 했다. 유행병의 확산에도 북쪽과 시차가 있었기 때문이다.

브라질은 독감 파도를 1918년 가을 한 차례만 겪고 지나갔다. 그러나 칠레는 그 후 두 번째 파도에 일 년 내내 시달렸고, 뒤이어 페루의 수도를 휩쓴 최악의 파도는 1920년 초에 불어닥친 세 번째 파도였다. 페루 아마존 깊숙이 자리 잡은 도시 이키토는 오늘날에도 여전히 강과 항로로만 접근할 수 있는 곳인데, 이러한 고립성 때문에 1918년 후반에 일어난 단 한 번의 접촉만으로 온 도시가 독감에 휩싸였고, 의료 지원의 접근성이 열악한 사정과 합쳐져 엄청난 피해를 입을 수밖에 없었다. 당시 아마존 고무 무역의 중심지였던 이키토의 사망률은 수도 리마의 두 배를 기록했다.[15]

마지막 파도에 사망자가 급증한 것은 태평양 반대쪽 일본도 마찬가지였다. '후기 범유행병'°은 1919년 말에 시작해서 1920년까지 이어졌다. 1920년 3월 18일, 도쿄에

° 일본인은 1918년 가을에 닥친 '초기 범유행병'과 구분하기 위해 이렇게 불렀다.

서 북쪽으로 500킬로미터 떨어진 쇼나이에 사는 농부는 일기장에 다음과 같이 기록했다. "게이시로가 감기에 걸려 기침을 한다. 그래서 그는 가논지 마을 남쪽에 있는, 감기를 멎게 해 주는 신쇼쿠神職의 신령한 그림을 찾아가 감기를 낫게 해 달라는 기도를 올렸다."[16] 이 일기의 앞뒤 날짜 기록들을 보면 이 농부의 식구인 게이시로는 스페인독감을 앓고 있었다. 만약 그렇다면 그 식구는 마지막 감염자 중 한 명이었음에 틀림없다. 그때쯤 스페인독감이 끝이 났기 때문이다.

4장. 밤중의 도둑같이

스페인독감에 걸린 사람 대다수는 일반 독감 정도의 증상 밖에 겪지 않았다. 인후염, 두통, 열 같은 것이었다. 1918년 봄에 앓아누웠던 사람은 대부분 일반 독감에 걸렸을 때와 마찬가지로 나았다. 드물게 중증으로 변한 사례도 있었고, 이 중 일부는 사망하기도 했다. 분명히 슬픈 일이었지만 예상하지 못한 일은 아니었다. 매년 겨울이면 같은 일이 반복돼 왔으니까.

그렇지만 8월이 되어 병이 다시 찾아왔을 때 그 병을 둘러싼 일은 더 이상 예사롭지 않았다. 이제는 일반 독감으로 시작해서 보다 해로운 무엇으로 빠르게 발전해 갔다. 독감 자체도 더 위중해진 데다 폐렴에 의한 합병증까지 앓게 될 가능성이 컸다. 실제로 대부분의 사망 원인이 세균성 폐렴이었다. 환자는 이내 호흡 곤란을 느꼈다. 광대뼈 위로 두 개의 적갈색 반점이 나타난 후에는 몇 시간 안에 양쪽 귀 사이 얼굴까지 온통 같은 색으로 물들었다. "급기야 피부색이 백인과 구분하기 힘든 지경이 되도록"이라고 어느 미국 육군 군의관은 적었다.[1]

의사들은 이런 냉각 효과를 '헬리오트로프 청색증'*이라고 이름 붙였다. 마치 수많은 보르도 와인 상인이 그러듯, 의사들은 환자의 피부색을 최대한 정밀한 용어로 묘사하려고 애썼다. 그들은 색조의 미세한 변화가 환자의 진단에 필요한 정보를 제공한다고 믿었다. 어떤 의사는 "몹시 탁한, 불그스름한 자두색"이라고 표현하기도 했다. 환자의 피부색에 붉은 색조가 지배적인 한 낙관의 여지는 있었다. 하지만 "약간의 헬리오트로프색이라든가 라벤더색, 붉은 빛이 도는 연보라색을 섞어 표현하기 시작하면" 환자의 예후는 실로 암울했다.[2]

푸른색은 점점 어두워져 검게 변했다. 검은색은 맨 처음 신체의 끝 부분(손톱과 발톱을 포함한 손발)에서 나타나 팔다리로 퍼진 다음, 급기야 배와 가슴까지 스며들었다. 환자는 의식이 있는 한 죽음이 자신의 손가락 끝으로 들어와서 온몸을 가득 채우는 것을 지켜볼 수 있었다. 11월 8일

---

* 헬리오트로프는 연보라색 꽃이 피는 정원 식물이며, 청색증은 산소 부족으로 혈액이 검푸르게 변하는 증세를 말한다.

블레즈 상드라르가 생제르맹 거리 202번지에 찾아갔을 때였다. 수위가 아폴리네르 부부 둘 다 병에 걸렸다는 사실을 알려 주었다. 상드라르는 계단을 뛰어 올라가 문을 쾅쾅 두드렸다고 그때를 회상했다. 누군가 문을 열고 안으로 들어오게 했다. "아폴리네르는 반듯이 누워 있었다." 그는 이렇게 회상했다. "그는 완전히 검었다."[3]

아폴리네르는 다음 날 숨을 거뒀다. 검은 기운이 한번 자리 잡고 나면 죽음은 며칠 혹은 몇 시간 안에 찾아왔다. 유족의 슬픔은 주검의 겉모습 때문에 더 커졌다. 검게 변한 얼굴과 손 때문만이 아니었다. 흉부마저 무섭게 부풀어 올랐다. "시신은 대단히 빠르게 부패했고 흉부는 말 그대로 들어 올려져 있었다. 그래서 우리는 가없은 형제를 두 차례나 내리누르고는 곧바로 관 뚜껑을 닫아야만 했다." 당시한 생존자는 그렇게 썼다.[4] 병리학자들이 부검을 했을 때, 흉부 안에는 폐가 붉게 부어올라 있었고, 출혈로 인한 응혈이 생긴 데다 표면에는 희미한 분홍색 거품이 뒤덮여 있었다. 독감의 희생자는 자기 자신의 체액에 빠져 죽은 셈이었다.

독감에 걸린 임신부는 유산과 조산을 겪는 일이 놀랄 만큼 잦았다. 사람들은 곧바로 코와 입에서 피를 흘렸다. 1918년 9월 29일에는 이름도 어울리는 리바이어던호

(당시 세계에서 가장 큰 선박 중 하나)가 뉴저지의 호보켄 항을 떠나 프랑스로 향했다. 9000명의 군 인력과 배의 승무원이 타고 있었다. 배가 항구를 떠나자마자 독감이 발병하기 시작했고 일주일 후 브레스트에 입항했을 때 환자는 2000명에 달했다. 배 안에서 숨진 사람도 90명 가까이 됐다. 항해 도중 승객들이 목격한 광경은 단테의 『신곡』「지옥」에서 묘사되는 것만큼이나 참혹했다. 군부대용 객실의 침대 사이 공간은 너무 협소한 나머지 환자를 돌보는 간호사가 그 사이로 피를 밟고 다닐 수밖에 없었다. 환자에게 위층 침대를 줄 수가 없어 반쯤 의식이 있는 사람은 그 대신 갑판에 내다 눕혔다. 하지만 그곳도 얼마 있지 않아 피와 토사물로 미끄러웠다. "그날 밤 동안의 상황은 실제로 본 사람이 아니면 형언할 수 없다." 배에 타고 있었던 한 미군 병사는 이렇게 기록했다. "신음 소리와 겁에 질린 사람들의 절규는 치료를 요구하는 사람들의 아우성과 뒤섞여 혼란을 더했다."[5]

스페인독감은 신체의 모든 조직에 영향을 미쳤다. 사람들은 독감에서 퀴퀴한 짚 냄새가 난다고 했다. 어떤 간호사는 "그 전에도 그 후로도 그런 냄새는 맡아 본 적이 없다"라고 회상했다. "지독했다. 이 바이러스에는 독이 있기 때문이다." 이가 빠졌다. 머리카락도 빠졌다. 심지어 아무런 기색도 없다가 서 있던 자리에서 쓰러지는 사람도 있었다. 섬망 증세는 흔했다. "환자들은 몹시 흥분했고 불안해했다. 사방으로 날뛰어 자해하는 것을 막기 위해 침대에 묶어둘 필요가 있었다." 베를린의 한 의사는 그렇게 기록했다. 파리의 또 다른 의사는 직관과 반대로 열이 발생하고 난 후에야 섬망 증세가 나타나는 것 같았다고 썼다. 그는 환자들이 세상의 종말이 임박했다는 느낌에 사로잡혀 불안해하는가 하면 격렬하게 흐느껴 운 일화를 적기도 했다.[6] 자살에 대한 보고도 있었다. 환자들이 병원 창문으로 뛰어내린 경우였다. 아이들 또한 비극적인 환경 속에서 죽어 갔지만, 성인은 "뛰어내렸다"leaping라고 묘사된 반면 아이는 "떨어졌다"fell라고 적혀 있었다. 스위스의 루가노 인근에서는 라기라는 이름의 변호사가 면도칼로 자신의 목을 그었는가 하면, 시티오브런던에서는 일하던 사무원이 어느 날 회사에 나타나지 않았다. 그는 출근 대신 기차를 타고 잉글랜드 남부 해안의 웨이머스로 가 바다에 몸을 던졌다.[7]

사람들은 어지럼증과 불면증, 청각과 후각 상실, 흐려진 시력 같은 증상을 호소했다. 독감은 시신경에도 염증을 일으킬 수 있다. 잘 알려진 증상 중 하나는 색채 지각이 손상되는 것이다. 관련 증거는 많다. 많은 환자가 의식을 되찾는 과정에서 세계가 얼마나 색이 바래고 흐릿해 보이는

지 언급했다. 그 현상은 마치 환자 얼굴이 청색증을 나타낼 때 모든 색이 빠져나간 것처럼 보이는 것과 같았다. 생존자인 미국인 캐서린 앤 포터는 자전적 단편소설 「창백한 말, 창백한 기수」에서 이렇게 묘사했다. "창가의 긴 의자에 앉아, 푸른 빛깔이 다 빠져나간 하늘 아래로 무채색 햇빛이 눈 위로 비스듬히 쏟아지는 것을 보는 것 자체가 우울한 경이였다."[8]

그러나 가장 두려운 것은 독감이 도착한 방식이었다. 독감은 아무런 경고도 소리도 없이 닥쳤다. 독감의 특징은 감염성이 높은 잠복기를 거친 후에야 증상이 나타나기 시작한다는 것이다. 감염이 되어 다른 사람을 감염시킬 수 있는 상태에서도 최소한 하루, 때로는 더 긴 시간 동안 환자는 멀쩡해 보일 수 있다. 만약 1918년에 이웃이나 친척이 기침하는 것을 듣거나 바로 눈앞에서 쓰러지는 것을 봤다면 우리는 이미 자신도 감염됐을 가능성이 충분함을 알 것이었다. 뭄바이의 한 보건 관리 말을 인용하자면, 스페인독감의 도래는 "밤중의 도둑과도 같았고, 그 시작은 빠르고도 음험했다."[9]

독감 시대의 사랑

1918년 8월 페드루 나바가 리우데자네이루에 도착했을 때 그의 나이는 열다섯이었다. 그가 이곳에 온 것은 이 도시 북부의 고급스러운 동네 티후카에 사는 안토니우 에네스 지수자 '아저씨'와 함께 살기 위해서였다. 실제로 에네스 지수자는 나바의 아버지 조제의 사촌이었다. 1911년 아버지가 돌아가시는 바람에 남은 식구들은 경제적인 어려움에 처해 살던 도시를 떠나야 했다. 나바가 제대로 공부를 해야 할 때가 되자 어머니는 나바를 에네스 지수자 아저씨에게 보내 돌보도록 했다.

나바는 우아하면서도 쾌활한 리우의 친척들에게 이내 빠져들었다. 특히 이 집의 방문객인 에우제니아 '아주머니'의 질녀 나이르 카르도주 살레스 호드리기스라는 이름의 소녀에게 매료되었다. 반세기도 더 지나 쓴 자신의 회고록에서 그는 그때의 눈부신 나이르를 묘사하며 밀로의 비너스에 비유했다. "윤기가 흐르는 피부, 붉은 꽃잎 같은 입술, 아름다운 머리카락." 그리고 그는 두 사람이 에스파뇰라espanhola*로 알려진 유행병에 관한 이야기를 들었던 그날 밤을 완벽하리만큼 생생하게 떠올렸다.[10]

때는 9월 말이었다. 에네스 지수자의 집에서는 평소처럼 저녁 식사 자리에서 신문을 큰 소리로 읽게 했다. 기

* 스페인의 소유격으로 여기서는 스페인독감을 가리킨다.

사 중에는 리우에서 유럽으로 향하던 배 라플라타호에서 156명의 사망자가 나왔다는 보도도 있었다. 그 배에는 브라질 의료 선교단도 타고 있었다. 병이 시작된 것은 아프리카 서부 해안의 다카르를 떠난 지 이틀 뒤였다. 하지만 아프리카는 멀리 있었고 배는 아직도 한참을 더 가야 했다. 그게 식사 중인 그들에게 무슨 걱정거리였겠는가? 그날 밤 보도에서 빠진 것은 영국 우편 배달선 데메라라호의 항해 상황이었다. 어쩌면 검열 때문일 수도 있고, 아니면 언론사에서 기삿거리가 되지 않는다고 봤을 수도 있다. 데메라라호는 브라질로 오던 길에 다카르에도 정박했다. 이 배는 9월 16일 브라질 북부 헤시피항에 도착해 독감 환자들을 태운 채 이제 남쪽 리우로 향하고 있었다.

나바는 저녁 식사 후 아주머니와 함께 열린 창가로 가서 앉았다. 그는 친절하게 아주머니의 등을 긁어 주었다. 나이르도 그들 곁에 앉았다. 그녀가 열대야를 생각하고 있을 때 그는 그녀를 생각했다. 시계가 자정을 치자 다들 창문을 닫고 방을 나왔다. 그러나 나이르는 잠시 멈춰 서서 자신들이 '스페인' 병에 대해 걱정해야 할지 물었다. 몇 년 후 나바는 그때의 장면을 이렇게 회상했다. "우리 세 사람은 베네치아산 거울이 붙어 있는 복도에 서 있었는데, 우리 모습이 거울 속으로 다중 반사되어 무한히 계속되는 두 개

의 거대한 터널 속에서 정신을 잃을 것만 같았다." 에우제
니아는 그녀에게 걱정할 것 없다고 말했다. 그러고는 각자
잠자리에 들었다.

데메라라호는 10월 첫 주 리우항에 입항했다. 아무
런 제지도 없었다. 바이러스에 오염이 된 채로 수도*에 도
착한 선박으로만 치자면 이 배가 처음이 아닐 수도 있었다.
하지만 적어도 도착 시점으로만 보면 이때부터 독감이 도
시의 빈민 구역으로 확산되기 시작했다. 10월 12일 토요일
이었다. 리우 시내의 지아리우스 클럽에서 댄스파티가 열
렸다. 이 클럽은 리우의 커피 산업 거물들과 다른 유력 인
사들이 자주 찾는 곳이었다. 다음 주가 되자 클럽을 찾았던
유명 손님 상당수가 앓아누웠다. 나바의 학교 친구 중에도
환자가 많았다. 월요일 아침 대학교에 가니 같은 학번 학생
46명 중 11명만 등교해 있었다. 그날 수업이 끝난 후 학교
당국은 캠퍼스를 무기한 폐쇄했다. 나바는 방과 후 길에서
어정버정하지 말고 곧장 집으로 가라는 말을 듣고 아빌라
대로 16번지 아저씨네 집으로 갔다. 이미 그곳에도 식구 중
세 명이 아침부터 앓아누워 있었다.

도시는 유행병에 완전히 무방비 상태였다가 불시에
습격을 당했다. 의사들이 살인적인 진료 일정을 소화한 후
에 집으로 돌아오면 더 많은 환자가 그들을 기다리고 있었

---

* 당시 브라질의 수도는 리우데자네이루였고 1960년에 브
라질리아로 이전했다.

다. "아게노르 포르투는 조금이라도 쉬려면 캔버스 천 자루를 승용차 위에 덮고 차 안에 숨어 누워 있어야 했다고 내게 말했다." 음식, 특히 우유와 계란이 부족했다. 카리오카°는 공황 상태에 빠졌고, 신문은 점점 열악해지는 도시 상황을 보도했다. "세간에는 먹을 것에 굶주린, 기침 증세를 보이는 요양 환자들이 떼 지어 빵집과 창고, 바를 공격했다는 이야기가 돌았다. (……) 특권층(상류 계급과 정부 인사)을 위해 따로 남겨 둔, 닭고기를 채워 넣은 잭프루트*가 침을 흘리는 사람들 눈앞에서 경호를 받으며 수송되었다는 이야기도 있었다."

배고픔은 아빌라대로의 주택까지 공격했다. "나는 저 생기 없는 동반자를 알게 되었다." 나바의 기록은 이렇게 이어진다. "하루는 걸쭉한 생선 육수로, 또 하루는 맥주와 와인과 증류주, 마지막 남은 올리브유로 때운 후의 세 번째 날 새벽을 나는 아직도 기억할 수 있다. 아침 식사는 없었다. 먹을 것도 마실 것도 없었다." 일흔한 살의 에네스 지수자는 챙 넓은 모자를 쓰고 호신용 지팡이와 고리버들 바구니를 든 채 집을 나섰다. 굶주린 식구들을 위해 구할 수 있는 것이 있는지 알아보기 위해서였다. 요양 중인 조카 에르네스투가 "헝클어진 수염에 창백한 낯빛을 하고" 따라갔다. "몇 시간이 지난 후 그들이 돌아왔다. 에르네스투는 마

° 리우데자네이루 주민을 가리키는 말.

* 열대 과일의 일종.

리 비스킷** 한 봉과 약간의 베이컨, 캐비아 통조림 하나를, 아저씨는 연유 열 통을 들고 왔다." 이 소중한 물품은 에우제니아 아주머니가 엄격하게 배급했다. "아빌라대로의 집은 마치 제리코의 그림 「메두사」에 나오는 난파 후의 뗏목 같았다."

그때 뜻밖의 손님이 집에 나타났다. 나바의 외할아버지였다. 그는 지나가던 길에 들렀다고 말했다. 인접한 미나스제라이스에서 오는 길이었다. 이곳도 유행병이 막 시작된 터였다. 그는 다른 것보다 관광 명소인 프라이아 베르멜라 해변과 팡지아수카르산을 구경시켜 달라고 했다. 손자는 마지못해 함께 나섰다가, 헤프블리카 광장을 보고 놀라 걸음을 멈췄다. 도심에 있는 광활한 공공장소가 달처럼 텅 비어 있었다. "그런 광경을 나는 46년이 지난 후인 1964년 4월 1일에 다시 볼 수 있었다. 하지만 그때는 혁명 중이었다."

그때 그는 하늘을 올려다보았다. 잿빛 부석 돔 안에서 태양이 때 묻은 황색 얼룩으로 보였다. "햇빛이 눈 안의 모래알 같았다. 눈이 아팠다. 우리가 들이쉰 공기도 말라 있었다." 장이 꾸르륵 울렸고 머리가 쑤셨다. 집으로 오는 전차 안에서 깜박 잠이 들었다가 서 있던 계단이 발밑으로 꺼져 내리는 악몽을 꿨다. 깼을 때는 이마가 불덩이처럼 뜨거

***

** 밀가루, 설탕, 식물성 오일로 만든 바닐라 향의 쿠키.

웠고 온몸이 떨려 왔다. 할아버지가 그를 집으로 데려갔다. 집에 오자 그는 완전히 무너져 내렸다. "나는 계속해서 계단에서 굴러 떨어졌다. (……) 환각과 식은땀, 설사의 나날이 시작됐다."

　나바가 앓아누웠을 때 리우는 신생 공화국의 수도였다. 1889년 군부의 쿠데타로 황제 페드루 2세의 통치는 끝이 났다. 그 전년에 단행된 노예제 폐지와 함께 자유로운 신분이 된 흑인과 '물라토'* 노예가 도시로 대거 유입되어 극빈자 도심 속 빈민가인 코르티수°로 이주했다. 코르티수에는 대개 상수도와 하수구, 제대로 된 환기 장치가 빠져 있었다. 도시 외곽에서 확장을 거듭하고 있던 판자촌인 수부르비우에서 사는 것보다는 생활 여건이 나았지만 코르티수가 눈에는 더 잘 띄었다. 백인 중산층 시민은 그 지역이 정규 도시에 기생한다고 여겼다. 알루이시우 아제베두는 그것이 불러일으키는 두려움을 자신의 소설 『빈민가』에 다음과 같이 담아냈다.

　2년 동안 그 빈민가는 나날이 커지면서 힘을 얻고 신입자를 빨아들였다. 이웃에 사는 미란다는 저 거칠고 거침없이 자라는 세계에 대해 놀라움과 두려움이 점점 커져만 갔다. 저 인정사정없는 정글은 그의 창문 밑

---

* 백인과 흑인 부모 사이에 태어난 혼혈인.
° 포르투갈어로 '벌집'이라는 뜻.

에서 자라나 구렁이보다 더 굵고 위험한 뿌리를 내리고는, 모든 것을 헤집고, 마당의 토양을 뚫고 지나 집의 지반까지 흔들 기세였다.

1902년 브라질 대통령 프란시스쿠 지파울라 호드리기스 아우베스는 집권 후 리우를 현대적인 공화주의 문명의 시범 사례로 바꾸겠다는 목표로 야심찬 도시 재건 사업을 시작했다. 기막힌 도시라는 뜻의 이 '시다지 마라빌료자' 구상에 코르티수의 자리는 없었다. 아우베스는 그 지역을 주민이 생물학적인 저주를 받아 "영양실조와 감염의 악순환에 갇힌" 질병의 둥지로 간주했다.[11] 그곳은 완전히 휩쓸려 나갔고 주민도 쫓겨났다. 거기에 있던 600채의 집은 웅장한 대로인 아베니다 히우브랑쿠를 닦을 자리를 내주기 위해 파괴되었다. 1920년 미국의 여행 작가 해리엇 차머스 애덤스는 이 도시를 묘사하면서 이렇게 썼다. "도시의 이 지역은 그 후로 더없이 멋지게 변해, 해안과 해안을 잇는 넓은 거리를 산들바람이 쓸고 지나간다."[12] 하지만 한때 리우만의 특징이었던 서로 다른 계급 간의 편한 뒤섞임과 즐거움을 추구할 때의 어울림(특히 음악과 춤에 관한한)은 흘러간 이야기가 되었다. 이제 카리오카의 삶에서 부유한 사람과 가난한 사람 사이에 건널 수 없는 협곡으로 나뉘지 않은 영역이라고는 찾아볼 수 없다.

대통령은 도시에서 감염병을 퇴치하는 사업에도 착수했다. 이 일에는 의사 오즈와우두 크루스의 도움을 받았다. 크루스는 1904년 공중보건위원회의 위원장을 맡아 천연두를 막기 위해 백신 접종 의무화 캠페인을 지시했다. 그때만 해도 브라질 국민 대다수가 세균 이론이라고는 모를 때였다. 공중위생에 국가가 관여한 것은 많은 사람이 처음 겪는 일이었다. 때문에 심상치 않게 받아들여졌고, 급기야 가난한 카리오카들이 폭동을 일으켰다. 이른바 '백신 반란'에서 그나마 폭력 사태라고 볼 만한 것은 한 번 남짓에 그쳤다. 이 사건은 보다 넓은 차원의 계급투쟁이 표출된 것이었다. 도시가 누구에게 봉사해야 하는지, 브라질 대중인지 아니면 유럽 엘리트인지를 묻는 투쟁이었다.[13]

10년 후에는 브라질 국민 대다수가 백신 접종을 받아들였다. 하지만 크루스에 대한 반감은 1917년 그가 사망한 후에도 가시지 않았다. 이듬해에 불어닥친 새로운 질병의 위협에 대한 카리오카의 반응을 틀 지운 것도 그가 남기고 간 앙금이었다. 그해 10월 12일 독감이 지아리우스 클럽의 고상한 손님들에게 퍼진 날, 우거지상이라는 뜻의 풍자 잡지 『카레타』는 기껏 '노인 살인자'에 불과한 병 때문에 생긴 위험을 당국이 과장하려 든다고 우려하며, 이를 빌미로

'과학적 독재'와 국민의 인권 침해가 자행될 수 있다고 주장했다. 언론은 카를루스 세이들 공중보건국장을 허둥지둥하는 관료로 묘사했고, 정치인은 미생물이 공기를 통해 전파된다는 그의 말을 헛소리로 몰면서, "다카르의 먼지가 이 멀리까지 왔을 수 있다"라고 우겨 댔다. 유행병에는 "세이들의 악마"라는 별명까지 붙였다. 10월 말이 되어 주민의 절반이 넘는 50만 명의 카리오카가 병에 걸렸을 때까지도 여론 주도층에는 여전히 이 병이 독감이라고 의심하는 사람이 있었다.[14]

그 무렵 시내에는 너무나 많은 시신이 매장도 되지 않은 채 방치돼 있었다. 사람들은 시신이 초래할 위생상의 위험을 걱정하기 시작했다. 한 시민은 이렇게 회상했다. "창문 너머로 길 위에 시신이 바다를 이루고 있는 걸 볼 수 있었다. 사람들은 공공 지원 기관에서 와서 수거해 갈 수 있도록 죽은 사람의 발을 창틀에다 받쳐 두곤 했다. 하지만 지원 활동은 더뎠고 공기까지 오염되는 시기가 닥쳤다. 시신들이 부풀어 오르면서 썩기 시작했다. 많은 사람이 시신을 길에다 버리기 시작했다."[15]

"경찰국장이 거의 자포자기 지경에 이르렀을 때, 유명한 카니발 단원인 자만타가 한 가지 해결책을 가지고 왔다"라고 나바는 전한다. 자만타는 낮에는 유력 일간지 『코헤이우 다 마냐』(카니발에 대해 부정적인 논조를 싣는 신문이었다)에서 일하는 조제 루이스 코르데이루 기자였는데, 밤이 되면 딴사람, 즉 "자신과 같은 야행성 보헤미안에게 잘 맞을 것 같아 그저 재미로 트램tram* 모는 법을 배운 개구쟁이"로 변신했다.

그 무렵 『코헤이우 다 마냐』는 전염병으로 인한 직원들의 결근으로 평소 마감 시간을 맞추지 못한 데 대한 사과를 하고 있었다. 자만타는 자신의 색다른 역량을 발휘할 때라고 생각했다. "그는 상사들에게 수하물용 트램 차량 한 대와 2등석 트램 차량 두 대를 요청해 도시 북쪽에서 남쪽까지 쓸고 다녔다." 그는 소름 끼치는 짐을 차에 실은 채 텅 빈 암흑의 거리들을 지나 리우 북부 카주의 상프란시스쿠사비에르 공동묘지로 향했다. 거기서 그는 "유령 열차 혹은 드라큘라의 배를 닮은" 불길한 트레일러에서 짐을 내려놓은 다음 또다시 한 바퀴를 돌기 위해 차를 돌렸고, "이미 해가 높이 떴지만 아랑곳하지 않았다."

카주 공동묘지 입구의 종소리가 쉴 새 없이 울려 댔다. 인근에 사는 주민들은 거의 미칠 지경이었다. 시신이 쌓여 가는 속도를 무덤 파는 인부가 쫓아갈 수 없었다. 너무나 많은 주검이 매장을 기다리고 있었다. 시간을 아끼느라 무덤을 얕게 파기도 했다. "어떤 때는 너무 얕게 묻어서 땅 위

---

* 카니발의 이동무대로 사용하는 전기차.

로 발 하나가 불쑥 솟아오르곤 했다"고 작가 넬슨 호드리기스는 회상했다.[16] 무덤을 파 본 경험이라고는 일천한 아마추어 인부를 헐값에 쓰기도 했다. "그다음엔 재소자가 왔다"라고 나바는 썼다. 한마디로 "난장판이었다." 적체된 시신을 해소하느라 기결수까지 동원되었다. 무시무시한 이야기가 퍼져 나갔다. 보석 때문에 손가락과 귓불을 자른다는 둥 젊은 여성의 치마를 들춘다는 둥 산 채로 묻었다는 둥 심지어 시간증屍姦症 소문까지 돌았다. 병원에서는 매일 밤 정시에 더 이상 손을 쓸 수 없는 환자에게 '신성 가옥'에 속히 이를 수 있도록 '자정의 차'midnight tea를 제공한다는 말도 돌았다. 신성 가옥이란 관 장수들이 공동묘지를 미화해서 부르는 말이었다.

　이런 소문이 사실이었을까, 아니면 일종의 집단 환각이었을까, 아니면 공포에 질린 나머지 제멋대로가 된 도시의 상상일까? 어느 쪽이 진실이든 그건 중요하지 않다고 나바는 결론지었다. 충격은 어차피 같았으므로. 공포는 도시를 바꿔 놓았고, 그것은 종말 이후의 모습을 띠었다. 축구 선수는 빈 객석을 두고 시합을 했다. 아베니다 히우브랑쿠는 버림받았으며, 모든 밤의 유흥은 중단되었다. 길에서 인기척이라도 느꼈다 싶으면 순식간에 사라졌다. 사람들은 언제나 줄달음쳤고, 피처럼 붉은 하늘을 뒤로한 검은 실루엣에, 뭉크의 「절규」처럼 일그러진 얼굴을 하고 있었다. "그렇다 보니 그때를 살았던 사람들의 기억이란 무채색일 수밖에 없다"라고 나바는 썼다. 그 역시 다른 환자들이 이야기한 색채 지각의 기이한 왜곡을 경험했는지도 모른다. "이른 아침 빛의 흔적도, 하늘의 파란 음영도, 해질녘 노을도, 은색 달빛도 없다. 모든 것이 잿빛 회색 아니면 끔찍한 적색으로 덮여 있는 듯 보이고, 이것은 비와 장례, 점액과 카타르catarrh*의 기억을 데려온다."

수척해진 모습으로 병상에서 일어나 나바는 길 쪽으로 난 창가에 가서 앉았다. "불과 한 시간 만에 나는 바랑지 메스키타 길을 따라 내려가는 운구 행렬을 세 번이나 봤다." 하인이 와서 그가 흠모했던 소녀 나이르가 지금 위중한 상태라고 전했다. 그는 간신히 계단을 올라가 그녀의 방문 안을 살펴보고는 깜짝 놀랐다. 얼굴의 빛나던 광채도 윤기가 흐르던 피부도 온데간데없었다. 그녀의 입술은 갈라진 데다 거무죽죽했고, 머리카락은 칙칙했으며, 관자놀이는 앙상하게 꺼져 있었다. "그녀는 너무나 많이 변해 다른 사람이 된 것만 같았다. 마치 어떤 악령이 그녀를 괴롭히고 있는 것 같았다."

나이르는 11월 1일 숨을 거뒀다. 이날은 만성절萬聖節**이었다. 이즈음 유행병은 수그러들었고 리우의 생활은

정상으로 돌아오고 있었다. 그날은 비가 억수처럼 쏟아졌다. 하얀 휘장을 드리운 영구차가 사라져 가는 광경이 "마치 수족관 속"의 장면 같았다. 영구차에는 에르네스투가 동행했다. 그는 이날 밤 집으로 돌아와 다른 사람들에게 말하기를, 관이 물에 잠긴 무덤 속에 내려졌다고 했다. 5년이 지난 후 에우제니아 아주머니가 나이르의 유골을 수습하러 갔다. "뼈는 조금도 썩지 않은 채 미라처럼 색만 검게 변해 있었다." 무덤 파는 인부는 습기가 차 산소가 들지 않는 상태에서 시신이 그대로 보존되었던 것이라고 설명해 주었다.

나이르는 땅속에 다시 매장되었고, 2년이 지나 그녀의 깨끗한 유골은 가족묘로 이장되었다. 나바에게 영원히 남아 있는 그녀의 이미지는 하얀 드레스 차림의 "대리석 신부"였다. 아빌라대로 16번지의 베네치아산 거울 속에 무한정 반사되던 그 모습은 하얀 관 속에 누워 슬픈 미소를 띤 채 입술이 살짝 벌어져 있었다. "그녀는 이제 먼 과거에 속했다. 포에니전쟁만큼이나 고대 이집트 왕조만큼이나 미노스왕만큼이나 처량하게 방황하던 맨 처음 인간만큼이나 머나먼 과거." 50년이 넘는 시간의 거리를 지나온 이 퇴역 의사는 그녀에게 작별 인사를 건넸다. "상냥한 여인이여, 편히 잠드소서."

III

만후, 이것은 무엇인가?

5장. 11번 병

생명에 대한 새로운 위협이 출현했을 때 가장 서둘러야 하
는 일은 이름을 붙이는 것이다. 이름을 붙이고 나면 호명을
할 수 있기 때문이다. 그런 다음에야 그것에 대한 해결책이
제안될 수 있고 제안이 채택되거나 거부될 수 있다. 따라서
이름을 붙이는 일이야말로 위협을 통제하기 위한 첫걸음
이다. 비록 이름에 따라붙는 것이라고는 통제할 수 있다는
환상뿐이라고 해도. 그렇다 보니 이름 붙이기를 서두르게
된다. 문제는 발병 초기 며칠 동안에는 질병을 관찰하는 사
람들 눈에 전체 그림이 보이지 않을 수 있다는 점이다. 병
의 성격이나 기원을 잘못 이해할 수도 있다. 이로 인해 그
후에도 계속해서 온갖 문제가 발생하게 된다. 에이즈만 해

도 흔히 동성애자 관련 면역 결핍증으로 부르는 바람에 동성애자 공동체에 낙인이 찍혔다. 앞으로 살펴보겠지만 돼지독감만 해도 돼지가 아닌 사람 사이에 전염이 된다. 그런데도 어떤 나라에서는 2009년 돼지독감 발병 이후 지금까지도 계속 돼지고기 수입을 금지한다. 반대로 어떤 병은 이름보다 '더 커질' 수 있다. 가령 에볼라는 원래 중앙아프리카의 에볼라강에서 딴 것이었지만 2014년 서아프리카 전역에 유행병을 일으켰다. 지카 바이러스는 훨씬 더 멀리까지 퍼져 나갔다. 이 바이러스의 이름은 1947년 맨 처음 발견된 우간다의 숲 이름을 따라 붙인 것이었는데 2017년에는 아메리카 전 지역에 중대한 위협이 되었다.

이런 문제를 어느 정도 방지하기 위해 세계보건기구 WHO에서는 어떤 질병에 이름을 붙일 때 특정 장소나 사람, 동물, 음식을 지칭하지 않도록 명시한 지침을 발표했다. '치명적'이라든가 '알려지지 않은'과 같은 공포를 유발하는 단어도 쓰지 않도록 했다. 그 대신 '호흡기 질병'과 같이 증상을 포괄적으로 기술하는 단어와 '청소년의'나 '해안의'와 같이 보다 특정한 수식어, 그리고 병을 일으키는 원인(병원체)의 이름을 결합해서 사용하도록 했다. 동일한 용어를 사용해야만 하는 질병 사이에서 구분해야 할 필요가 있을 경우에는 1, 2, 3과 같이 임의적인 꼬리표를 붙여 사용하도록 했다.

　세계보건기구 운영위원회는 해결하기 어려운 이 문제를 두고 오랫동안 고심했다. 가령 사스SARS는 중증severe 급성acute 호흡respiratory 증후군syndrome의 영문 약자인데, 이 이름이 어떤 사람을 기분 나쁘게 할 거라고는 쉽게 상상하기 어렵다. 그런데도 그런 일이 실제로 있었다. 2003년 이 병의 발병으로 피해를 입은 곳 중 하나가 홍콩이었는데, 이곳의 어떤 사람에게는 그 명칭이 불만스러웠다. 왜냐하면 홍콩에는 특별special 행정administrative 지역region의 영문 약자인 'SAR'가 접두어로 붙는 공직명이 있기 때문이다. 그런가 하면, 병의 동물 숙주이면서 잠재적인 감염원에 관한, 어떤 면에서는 유용한 정보가 포함된 것이라고도 할 수 있는 원숭이두창Monkey pox 같은 이름도 현행 세계보건기구 지침에서는 제외된다. 운영위원회는 그리스 신 이름을 따서 붙이는 방안(아마 히포크라테스는 경악했을 것이다) 혹은 남녀 이름을 돌아가며 사용하는 방안(태풍에 이름을 붙이는 방식)까지 고려했지만 결국 둘 다 기각했다. 1960년대에 중국이 채택한 숫자 표기법을 고려했을 수도 있다. 병명으로 인한 공황 상태를 막기 위해 천연두, 콜레라, 페스트, 탄저병을 각각 질병 1부터 4까지 번호로 부르는 방식이었다. 그러나 결국 너무 급진적인 수정

작업은 벌이지 않기로 했다. 현행 지침은 병명 과정에서 최악의 잘못을 방지하도록 설계되어 있지만 그래도 여전히 과학자들이 창의력을 발휘할 여지는 남아 있다.[1]

물론 1918년에는 이러한 지침이 존재하지 않았다. 더욱이 그해 독감이 터졌을 때는 세계 전역에서 거의 동시다발로 일어났다. 세균 이론을 수용했던 사람과 그렇지 않은 사람 간에 구분이 없었다. 그렇다 보니 사람마다 질병 자체에 관한 개념부터 놀랍도록 다른 경우가 많았다. 넓게 봤을 때 질병이란 건강의 결여로 정의된다. 따라서 어떤 일련의 증상을 병으로 인정할 것인가 말 것인가는 건강에 대한 각자의 기대치에 좌우된다. 가령 시드니 같은 부유한 메트로폴리스에 사느냐, 오스트레일리아 오지의 원주민 마을에 사느냐에 따라 그 기대치는 아주 많이 다를 수 있다. 1918년에 세계는 전쟁 중이었다. 많은 정부로서는 파괴적인 질병의 원인을 다른 나라에 전가할 동기(평소보다는 더 강한 동기라고 해 두자)가 있었다. 그런 환경 속에서 질병은 요지경처럼 다양한 이름을 갖게 될 가능성이 대단히 크다. 실제로 일어난 상황도 정확히 그러했다.

그해 5월 독감이 스페인에 도착했을 때 국민 대다수는, 어느 나라 국민이나 대개 그렇듯 국경 너머에서 왔을 거라고 추정했다. 이 경우에는 스페인 국민의 생각이 옳기도 했다. 그때 이미 미국에서는 이 병이 두 달째 돌고 있었고, 프랑스에서는 최소한 몇 주 동안 계속돼 온 문제였다. 하지만 스페인 국민은 그런 사실조차 몰랐다. 참전국 내부에서 사기가 떨어지는 것을 막기 위해 독감 뉴스를 검열하고 있었기 때문이다(프랑스 군의관은 암호로 이 병을 '질병11'이라는 뜻의 말라디 옹즈maladie onze라 불렀다). 6월 29일이 되어서도 스페인 보건청장 마르틴 살라자르는 유럽 어디에서도 유사한 병이 있었다는 보도를 본 적이 없다고 마드리드의 왕립의학학술원에 보고했다. 그러면 스페인 국민은 누구를 탓해야 할까? 대중가요가 답을 제시했다. 독감이 상륙했을 때 마드리드에서는 돈 후안의 전설을 각색한 오페레타 『망각의 노래』가 인기였다. 극 중에는 「나폴리의 병사」라는 제목의 기억하기 쉬운 곡이 있었고, 마드리드 사람들은 시선을 끄는 병이 출현하자마자 재빨리 '나폴리의 병사'라고 이름 붙였다.

당시 스페인은 전쟁에서 중립이었다. 따라서 언론도 검열을 받지 않았다. 이곳 신문들은 나폴리의 병사가 남긴 피해의 참상을 때맞춰 보도했다. 스페인의 혼란상을 담은 뉴스는 해외로도 퍼져 나갔다. 6월 초 파리 시민은 사흘 만에 마드리드 시민 3분의 2가 병에 걸렸다는 사실을 알게 되었다. 이때까지도 이들은 앞서 플랑드르와 샹파뉴의 참호에서 독감 때문에 일어난 참상을 모르는 상태였다. 프랑스와 영국, 미국 국민은 이 병이 스페인보다 자국에 더 오래전부터 퍼져 있었다는 사실은 깨닫지 못한 채 '스페인독감'이라고 부르기 시작했다. 여기에는 얼마간 각국 정부가 그렇게 몰아간 면도 있었다.

당연하게도, 이런 이름표는 오늘날 스페인 문헌에는 등장하지 않는다. 사실상 유일한 예외는 스페인 작가들이 그에 관한 불만을 글로 나타낼 때뿐이다. 가르시아 트리비뇨라는 이름의 의사는 스페인어 의학 저널 기고문에서 이렇게 푸념했다. "이 점을 분명히 해 두겠다. 나는 선량한 스페인 사람으로서 '스페인 열병'이라는 개념에 대해 항의한다." 스페인의 많은 사람이 이 명칭을 '검은 전설', 즉 16세기 당시 유럽 제국 간의 경쟁 과정에서 생겨난 반스페인 선전의 최신판일 뿐이라고 봤다. 검은 전설은 16세기 중남미 대륙을 정복한 스페인인을 실제보다 훨씬 잔혹하게 묘사했다(그들이 정복한 아메리카 원주민을 사슬로 묶은 것은 사실이었지만, 전설에서 주장한 것처럼 원주민 아이들을 개에게 먹이로 주었을 것 같지는 않다).[2]

전쟁터에서 한층 멀리 떨어진 사람들은 유행병의 명명법에 관한 유서 깊은 규칙을 따랐다. 그것은 눈에 띄는 타자를 탓하는 것이었다. 세네갈에서 그것은 브라질 독감으로 불렸고, 브라질에서는 독일 독감이었는가 하면, 덴마크인은 '남부에서 왔다'고 생각했다. 폴란드 국민은 볼셰비키 병이라 불렀고, 페르시아인은 영국인을 탓했다. 일본인은 스모 시합에서 처음 유행병이 발병한 후부터 이 병을 '스모 독감'이라고 부르고 스모 선수를 욕했다.

어떤 이름은 그 나라 국민과 독감의 역사적 관계를 반영했다. 가령 남로디지아(지금의 짐바브웨)의 영국인 정착민은 이 독감을 비교적 사소한 병으로 생각했다. 그래서 관리들은 이번 병이 예전과 같은 것 아닌가 하는 세간의 의심을 불식하기 위해 새로운 병에 라틴어로 '진짜'라는 뜻의 단어 'vera'를 덧붙여 '인플루엔자 (베라)'influenza (vera)라는 이름표를 붙였다. 이것과 논리는 같지만 다른 해결책으로, 독일 의사들은 국민에게 이번에 닥친 새로운 공포가 건강 염려증이 있는 사람 사이에 총애받는 '최신 유행' 독감이라고 설득할 필요가 있겠다는 생각에서 '유사pseudo 인플루엔자'라고 불렀다. 그렇지만 '백인 남성의 질병'이 초래할 수 있는 파괴력을 직접 목격한 지역*에서는 병의 정체에 관해 아무런 내용이 없는 이름이 붙여지는 경우가 많았다. 가령 '두목'이라든가 '떼죽음의 시대'처럼 '대재난'을 뜻하는 무수한 단어는 예전에 발생한 범유행병에도 사용되었던 표현이었다. 이들은 천연두나 홍역, 독감도 따로 구분해

---

* 유럽 제국의 침략을 받은 중남미.

서 부르지 않았고, 심지어 기근이나 전쟁까지 같은 단어로
부르는 경우도 있었다.

어떤 지역 사람은 판단을 유보했다. 시에라리온 프리
타운의 한 신문은 이번 질병에 관해 더 많은 것이 알려지기
전까지는 만후manhu라고 부르자고 제안했다. 히브리말로
'이게 뭔가?'라는 뜻의 만후는 이스라엘 민족이 갈라진 홍
해를 건널 때 하늘에서 떨어진 이상한 것을 보고 서로 했던
질문이었다.° 또 다른 이들은 뭔가를 기념하는 이름을 붙
였다. 가나의 케이프코스트 주민은 그 지역에서 스페인독
감으로 죽은 첫 희생자인 모리 마을 출신 사람의 이름을 따
서 모우리 코도Mowure Kodwo라고 불렀다.[3] 아프리카 전역
에서는 그 병이 발병하던 무렵에 태어난 또래 집단의 이름
에 영원히 각인되었다. 가령 나이지리아의 이그보족 사이
에서는 1919년에서 1921년 사이에 태어난 사람을 독감 해
의 집단이라는 뜻의 오그보 이펠룬자ogbo ifelunza로 불렀
다. '인플루엔자'의 변형으로 보이는 '이펠룬자'라는 단어
는 그해 가을 처음으로 이그보족의 어휘 목록에 편입되었
다. 그 전까지만 해도 이들에게 그 질병에 해당하는 단어는
없었다.

점차 시간이 지나면서, 문제의 유행병은 여러 지역에
서 각각 발생한 것이 아니라 모두 지구 차원에서 하나가 확

° 만후라는 단어에서 '하늘이 내린 빵'이라는 뜻의 만나
(manna)가 나왔다.

산된 것임이 분명해졌고, 이에 따라 단일 명칭에 합의해야
할 필요가 생겼다. 이때 채택된 이름은 이미 당시 지구상의
최고 강대국(세계대전의 승전국)이 사용하고 있던 것이었
다. 이제 그 범유행병은 스페인독감(이스판카, 에스파뇰
라, 라 그리프 에스파뇰, 디 스파니셰 그리페)*으로 알려지
게 되었고, 역사적 오류는 영구불변으로 남게 되었다.

---

* 차례로 스페인독감이라는 뜻의 이탈리아어, 포르투갈어,
프랑스어, 독일어.

6장. 의사들의 딜레마

이제 독감의 이름은 붙여졌다. 이로써 적은 얼굴을 갖게 되었다. 하지만 1918년 의사에게 독감이라는 말은 무엇을 의미했던가? 가장 진보적인 의사의 경우 그 말은 기침과 열, 그리고 크고 작은 통증을 포함한 여러 증상의 모음이었고, 병원균의 이름은 발견자인 리하르트 파이퍼의 이름을 따서 붙인 '파이퍼의 바실루스'였다. 만약 환자가 의사의 상담실로 와서 몸 상태가 좋지 않다고 호소하면 의사는 임상 검사를 해 볼 것이다. 그는 환자의 체온을 잰 다음 증상을 묻고, 광대뼈 위에 적갈색 반점의 기미가 있는지 살펴볼 것이다. 이 정도만 해도 환자가 독감을 앓고 있다는 심증을 굳히는 데는 충분할 수 있다. 그러나 의사가 깐깐한 유형이어서 더 확신을 얻고 싶다면 환자의 담(기침으로 토해 낸 가래를 뜻하는 고상한 단어)의 샘플을 채취해 영양소가 든 겔 위에 두고 배양한 후 현미경으로 자세히 들여다볼 것이다. 그는 파이퍼의 바실루스가 어떤 것인지 이미 알고 있을 터인데(파이퍼 자신이 1890년대에 그것을 촬영한 바 있다) 그런 것을 봤다면 사안은 일단락된 것이다.

문제는 파이퍼의 바실루스가 환자의 목구멍에서 흔하게 발견되기는 해도 그것이 독감의 원인은 아니라는 사실이다. 1918년의 의사들이 자신의 배양액 중 일부에서 그 균을 발견했지만 모든 배양액에서 검출한 것은 아니었다. 이것은 저 위대한 로베르트 코흐의 '가설', 즉 그가 특정 미생물이 특정 질병의 원인이라고 확정 짓기 위한 요건으로 제시한 네 가지 기준 중에서 첫 번째 항에 반하는 것이었다. 첫 번째 기준이란 원인이라고 의심되는 미생물이 그 병에 걸린 모든 유기체 속에 풍부하게 발견되어야 한다는 것이었다. 말할 것도 없이 독감의 원인은 바이러스다. 하지만 바이러스의 크기는 박테리아의 20배 정도밖에 안 된다. 너무 작아서 현미경으로도 보이지 않는다. 이 말은 바이러스가 독감의 원인이라고 의심한다 해도 확인할 방법이 없다는 뜻이다. 이 점이 1918년 의사들의 고민거리였다. 독감의 원인을 몰랐고, 따라서 확신을 갖고 병을 진단할 수도 없었다. 이 딜레마는 또 다른 딜레마를 낳았다.

사람들은 봄에 범유행병의 파도가 밀려들 때만 해도 이를 독감이라고 꽤 쉽게 확신했다. 하지만 가을 파도가 닥쳤을 때는 그것이 같은 병인지 강하게 의심했다. 심지어 아메리카와 유럽 사람은 페스트라고는 직접 본 적도 없으면서 그 몹쓸 병이 자신들 한복판으로 침입했다고 두려워하기 시작했다. 더운 나라에서는 독감을 발열과 두통으로 시작되는 같은 증상의 뎅기열로 착각했다. 피부가 푸르스름하게 변하는 콜레라일지 모른다는 이야기도 돌았고, 콘스탄티노플의 하미디예 아동병원의 한 의사는 이 병이 그 어떤 병보다 더 나쁜 것이라면서, "이름만 페스트가 아닐 뿐 실제로는 그보다 더 위험하고 치명적인 재앙"이라고 주장했다.[1]

어떤 의사들은 자신이 상대하고 있는 것이 티푸스라고 생각했다. 이 역시 독감과 같은 발열과 두통, 전신 권태 증상으로 시작하기 때문이었다. 티푸스는 오래전부터 사회를 붕괴시키는 질병으로 여겨져 왔다. 이 병은 나폴레옹의 군대가 모스크바에서 퇴각할 때도 극심한 피해를 입혔고, 1945년 베르겐-벨젠 강제수용소에서도 발병했다. 그때 일기를 쓴 어린 작가 안네 프랑크도 이 병으로 숨진 것으로 추정된다. 러시아가 내전에서 헤어나지 못하고 있던

1918년, 페트로그라드의 한 의사는 "마치 그림자가 행인의 뒤를 따르는 것처럼 (독감은) 레닌의 공산주의를 따라다닌다"라고 썼다.[2] 당시 러시아는 티푸스와 독감 두 가지 유행병을 동시에 겪고 있었다. 러시아 의사들은 둘을 구분하는 데도 쩔쩔매기 일쑤였다. 적어도 환자 몸에서 눈으로 식별할 수 있는 티푸스 발진 증상이 나타나기 전까지는 별수가 없었다.

칠레 의사들은 독감의 가능성조차 고려하지 않았다. 1918년 칠레 지식인들은 우울하게도 나라가 몰락할 상황에 처했다고 믿었다. 경제는 비틀대고 있었고 노동 쟁의는 갈수록 고조되고 있는 데다 국민 중 일부는 정부가 외국 강대국의 입김에 너무 휘둘린다고 믿었다. 이때 새로운 병이 침입하자, 일군의 저명한 칠레 의사는 이를 티푸스라고 추정했다. 이미 이웃 나라들에서 독감이 돌았다는 보도를 봤으면서도 그랬다. 의사들은 가난한 사람과 노동자를 탓했다. 이들을 '불행을 자초하는 자'라고 부르면서, 이들이 방치하고 살아가는 비참한 위생 조건과 그에 따른 행동이 병의 원인이라고 했다.

티푸스는 이가 옮긴다. 이 말은 사람의 숨결로 전파되는 독감보다 병을 옮기기가 훨씬 어렵다는 뜻이다. 그렇기 때문에 칠레 의사들은 군중집회를 금지할 이유가 없다고 봤다. 1918년 12월 최정예 조종사인 다고베르토 고도이 중위가 안데스 산맥을 넘는 첫 비행을 마쳤을 때 수도 산티아고에서는 열광한 사람들이 거리로 쏟아져 나와 영웅을 환영했다. 그로부터 오래지 않아 도시의 병원들은 병실 부족을 이유로 환자를 돌려보내야 했다. 그러는 사이 방역단원들은 상상 속의 티푸스 유행병과 전쟁에 돌입했다. 가난한 사람이 사는 집으로 쳐들어가 모든 사람의 옷을 벗기고 몸을 씻기고 체모까지 밀었다. 파랄과 콘셉시온 지역 도시에서는 수천 명의 노동자를 강제 퇴거시키고 가옥을 불태웠다. 이런 전략은 오히려 유행병을 악화했을 가능성이 컸다. 집을 잃은 사람이 떼거지로 서로에게는 물론 비바람에 노출되도록 만들었기 때문이다.

1919년 칠레가 여전히 범유행병에 사로잡혀 있을 때 한 젊은 여성이 로스안데스에 있는 맨발의 가르멜 수도회*에 들어갔다. 이 예수의 데레사(신참자는 자신을 그렇게 불렀다)는 몇 달도 되지 않아 병에 걸렸고, 1920년 4월 죽음의 위험 속에서 종교적 서원을 한 후 숨을 거뒀다. 데레사는 훗날 성인으로 추대되었고, 영어권에서는 칠레의 수호성인, 안데스의 데레사로 알려졌다. 역사책에는 그녀가 티푸스 때문에 사망했다고 나온다. 하지만 실제 사인은 스페

---

* 16세기 아빌라의 데레사 성녀와 십자가의 성 요한이 구(舊) 가르멜회를 개혁해 나온 수도회. 맨발에 샌들만 신는 전통이 있다.

인독감이었다고 믿을 만한 충분한 이유가 있다.[3]

중국 산시성의 경우는 당시 의사들이 처했던 딜레마를 극명하게 보여 준다. 그 무렵 세계의 많은 지역이 그랬던 것처럼, 고립되어 접근조차 어려운 마을에서 호흡기 질병을 파악하기란 얼마나 어려운지를 보여 주기 때문이다. 이런 곳에 사는 주민은 가난하고 영양결핍에 시달리거나 다른 질병을 동시에 앓는 경우가 많았다. 또한 '외래' 의약품에도 반감을 보이는가 하면 신중한 과학적 노력에 협조하는 분위기와도 거리가 멀었다.

잠정적인 진단

산시성은 중국 내몽골과 접경한 지역이다. 사방이 산과 강으로 둘러싸여 있고 절벽과 협곡, 바위투성이의 고원이 펼쳐져 있어 늑대와 표범의 천연 서식지이기도 하다. 이곳을 굽이굽이 관통하는 만리장성은 과거 유목 민족의 공격을 방어하려던 노력의 잔재이면서, 고비사막에서 불어오는 모래폭풍과 더불어, 국경 맨 끝에 자리 잡고 있는 산시성의 위치를 상기시킨다. 1918년 산시성 사람들은 주로 마을에 살았지만, 벼랑을 파고 들어간 동굴에서도 살았다. 마을 주변은 성벽을 쌓아 요새화하고 옛날식 대포로 방어했다. 이곳 사람들은 지질학적으로나 지리적으로, 또한 외부인과의 오랜 분쟁으로 고립되어 있었는데 이 모든 것이 흔적을 남겼다. 선조의 고대 문명에 대한 자부심이 대단했던 이들은 스스로 보수적이라 여겼다. 보수적인 다른 중국인까지 그렇게 생각할 정도였다.

1911년 혁명은 마지막 왕조인 청을 무너뜨리고 새로운 공화국을 출범시켰다. 베이징과 상하이, 톈진 같은 거대 도시는 격변에 휩싸였고, 신문화운동은 4000년 동안 이어져 온 중국 사회의 조직 규범에 도전했다. 특히 중국 전통 의학에 대한 경멸감이 두드러졌다. 신문화운동의 지도자 중 한 명이었던 천두슈*는 "우리나라 의사들은 과학을 이해하지 못한다"라고 썼다. "그들은 인체 해부에 관해서는 아무것도 모를 뿐만 아니라 의약의 분석에 관해서도 아는 게 없다. 세균성 중독이나 감염만 해도 그들은 그런 것을 들어 본 적도 없다."[4] 그러나 1918년에는 이런 생각이 몇몇 대도시를 넘어 다른 곳까지는 미처 스며들지 못한 상황이었다. 산시성의 많은 주민만 해도 여전히 청 왕조를 유일하게 정당한 통치자로 인정했고, 눈앞에 닥친 병을 귀신과 용이 사악한 바람의 형태로 날려 보낸 것이라고 믿었다. 주기적으로 찾아온 불행처럼 이번에도 병으로 많은 사람이 쓰러지자 사람들이 보인 첫 번째 본능적인 반응은 불만에 찬 신령들을 달래는 것이었다.

---

* 중국의 트로츠키주의 혁명가이자 언론인.

혁명은 새로운 공화국을 낳았지만, 현실에서 국가는 서로 경쟁하는 지방 군벌의 손에 넘어갔다. 공화국의 지도자인 위안스카이는 군벌들을 어느 정도까지 베이징의 견제 아래 둘 수 있었다. 하지만 1916년 그가 사망한 후에는 다시 격동기가 시작되었고 군벌들은 지배권을 놓고 전투를 이어 갔다. 산시성의 성장은 혁명 전사 출신의 옌시산이었다. 그는 혁명 이전 잠시 일본에서 살았다. 당시 일본은 중국과 달리 일찍부터 '서구의' 과학적인 사상을 받아들인 상태였다. 옌시산이 일본 병원에 입원했을 때의 일이었다. 그곳에서 그는 생전 처음으로 의약품과 엑스레이를 접했고, 그때 조국이 세계 다른 나라에 비해 얼마나 뒤처져 있는지를 직접 목격했다. 그는 유교적 가치가 마치 살 속에 박힌 낚싯바늘처럼 조국을 과거에 묶어 두는 독소라고 믿게 되었다. 이 '계몽' 군벌은 필요하다면 피를 흘려서라도 이 낚싯바늘을 제거하고 산시성을 20세기로 견인하기로 결심했다.

산시성은 지리적으로 주변부에 속했고 지형도 천혜의 요새였기 때문에 탐욕스러운 이웃에게 가질 수 있는 두려움이 다른 군벌보다는 덜했다. 덕분에 그는 자신의 에너지를 야심 찬 개혁 사업에 쏟아부을 수 있었다. 1917년 그는 변발과 아편 흡연, 전족°을 금지했다. 전족 해방을 위한

° 여성의 발을 인위적으로 작게 만들기 위해 천 등으로 묶는 풍습.

협회, 조기 발전 협회 같은 진보적인 단체도 속속 생겨났다. 이와 함께 새로운 규정을 실행에 옮기기 위해 지역 청년까지 동원됐다. 자그마한 소녀들이 패거리를 이뤄 위반자를 찾아 거리를 다니며 이렇게 외쳤다. "나쁜 녀석, 착하게 굴지 못해?" 하지만 옌시산의 모든 개혁은 인기가 없었다. 그중에서도 가장 인기가 없는 것은 질병을 통제하기 위한 조치였다. 천연두와 결핵은 이 지역의 풍토병이었고, 페스트와 콜레라, 장티푸스 같은 유행병도 태풍이 지나가는 지역에서는 강풍만큼이나 자주 휩쓸고 지나갔다. 그것이 주는 엄청난 충격에도 불구하고, 병이 유행병 수준으로 퍼지기 전에 환자를 격리하려는 옌시산의 노력은 주민으로부터 소리 없이 외면당했다. "아프거나 죽어 가는 친척에게 등을 돌릴 정도로 대놓고 불효를 저지를 사람은 별로 없었다"라고 그의 전기 작가는 썼다.[5] 부모나 연장자에 대한 존중심을 뜻하는 효심은 유교에서 가르치는 규범의 중심축이었다.

이러한 저항을 극복하기 위한 전투를 벌여 나가는 과정에서 옌시산은 미국 선교사에게 의지했다. 이들은 산시성에서 유일한 서구식 의료의 제공자였다. 선교사의 상당수가 1900년 의화단 운동[°°] 때 대량 학살당했지만 그 후에도 몇몇 용감한 영혼은 희생자의 자리를 대신하기 위해 이

°° 서양과 일본의 영향력에 반대해 일어난 중국인의 무장 봉기.

곳으로 왔다. 옌시산은 그들(펀양에서 아메리칸 병원을 운영한 퍼시 왓슨과 작가 어니스트 헤밍웨이의 삼촌이기도 한 월로비 '닥터 윌' 헤밍웨이 같은 사람)을 존경했다. 새로운 유행병의 첫 신호가 나타났을 때 이들은 노새에 안장을 얹고서 첫 환자가 나왔다고 보고된, 대개는 외딴 지역까지 찾아가 위생과 격리와 매장에 관한 자신의 근대적 생각을 실행에 옮겼다.

1918년 10월 선교사들이 재개한 것도 그런 일이었다. 스페인독감이 산시성에 찾아왔을 때 옌시산은 경찰 병력을 자신이 직접 지휘할 수 있게 했다. 훗날 왓슨은 "온 가족이 희생자였다"라고 기록했다. "병이 침입한 가족 중에 치명률case fatality rate*이 80~90퍼센트에 이르지 않은 곳이 없었다. 화를 면한 이는 대부분 어린아이였다." 이런 내용도 덧붙였다. "보수적으로 추산해도, 중국 의원이 그 병을 낫게 하지 못할 거라고 믿는 중국인은 온 성을 통틀어 20명도 안 되었다."[6] 어쩌면 그가 과장했을 수도 있다. 그러나 핵심을 짚은 말이었다. 산시성의 인구는 당시 약 1100만 명이었다. 주민은 자신들의 유서 깊은 방식으로 대응했다. 한 선교사는 이렇게 보고했다. "그들은 우리 마당 바로 북쪽에 있는 절에서 용신을 데려다가 요란한 소음과 고함, 북소리와 함께 집집마다 다니면서, 용이 이 소리를 타고 도

---

* 전체 환자 중 사망자 비율.

시에서 악귀를 제거해 주기를 기도했다."[7]

왓슨의 노력이 그것보다 더 효험이 있었는지는 알기 어렵다. 하지만 그로부터 3주가 되기 전에 스페인독감은 물러갔다. 몇 달 동안 평온이 뒤따랐다. 그러고 나서 1919년 1월 7일 산시성에서 다시 왓슨에게 전보가 날아들었다. 옌시산이었다. 성도인 타이위안의 북서쪽 산간 지역에서 새로 병이 발생했으니 조사해 달라는 요청이었다. 당시 왓슨이 머물던 펀저우는 타이위안 남서쪽으로 100킬로미터쯤 떨어져 있었다. 왓슨은 경험 있는 페스트 퇴치 팀과 함께 이번에는 펀저우에서 닷새 거리에 있는 왕차핑이라는 마을을 향해 출발했다. 교통수단은 짐 나르는 노새였다. 언덕진 이 지역의 겨울은 매서웠다. 마을은 수없이 많았지만 규모는 작았다. 마을마다 평균 가족 수가 서너 명이었다. 주민들은 산꼭대기까지 땅을 일구며 살았다. 왓슨이 새로운 발병지의 중심에 도착했을 때 그는 그 병이 전혀 새로운 게 아니라는 사실을 알았다. 이미 한 달 전인 12월에 첫 사망자가 나왔지만 3주가 넘도록 보고가 되지 않았던 것이다. 그사이에 병은 왕차핑에서 다른 아홉 개 마을로 퍼진 상태였다. 추측해 볼 수 있는 경로는 다양했다. 환자를 방문한 친척 혹은 시신을 묻기 위해 고용한 사람, 아니면 결국 자신도 병에 걸리고 만 중국인 의사일 터였다.

선교사들은 집에서 집으로 옮겨 다니던 중에 문간에 놓아 둔 가위와 마주쳤다. 귀신을 쫓아내거나 "아마도 귀신을 두 동강 내기 위한" 것으로 보였다. 병이 퍼진 마을 아홉 곳 중 한 곳에서 부모를 잃은 아이 두 명이 어떤 부부에게 입양된 일이 있었다. 이 부부는 자신들은 병을 피했다고 생각했다. 왓슨의 기록에 따르면, "이 아이들이 병에 걸리자 부부는 처음에는 아이들을 절에 보내 거기서 죽게 하기로 결정했다. 하지만 결국 그 남자와 아내는 차마 그렇게는 할 수 없어 아이들을 침구에 싸서 캉炕°한 쪽 끝에 두었다고 말했다. 다음 날 아이들은 죽고 말았다."

왓슨은 새롭게 돌기 시작한 병이 무엇인지 확신할 수 없었다. 그는 왕차핑 지역이 지난 10월 스페인독감에 감염됐다는 사실을 알고 있었다. 그리고 그때 독감의 "강도는 중간 정도"였지만 사람들이 그들의 유일한 연료원인 수숫대, 즉 고량高粱*을 아끼기 위해 캉 위에 모여 있는 바람에 악화되었다는 사실에 주목했다. 그렇지만 새로운 병이 다른 병인 폐페스트일 가능성도 있었다. 페스트의 세 가지 변종은 모두 예르시니아 페스티스라는 한 가지 균이 일으키는 데 반해 증상은 다르게 나타난다. 림프절 유형은 림프절이 통증과 함께 확연히 부어오르는 가래톳 증상이 특징이

° 중국 북부 지역에서 쓰이는 난방 장치로 벽돌이나 진흙으로 만든 취침용 온돌 바닥.

* 고량주의 주 원료이지만 땔감이 부족할 경우 에탄올 연료로 전용되기도 한다.

다. 패혈증 유형은 혈액이 감염됐을 때 일어난다. 폐 유형은 오한과 혈담을 동반한다. 폐페스트는 셋 중에서 가장 치명적일 뿐 아니라 감염성도 가장 높다. 공기를 통해 전파될 수 있기 때문이다.

왕차핑에서 첫 사망자가 발생한 것은 12월 12일이었지만, 11월 28일 같은 구의 다른 마을에서도 나이 든 여성이 숨진 사실을 왓슨은 알게 되었다. 그는 이 여성이 스페인독감으로 사망했을 거라고 확신했다. 그녀는 코피를 많이 흘렸는데, 이는 스페인독감의 특징적 증상이지만 폐페스트에는 해당되지 않았다. 그녀의 시신은 전통에 따라 가족이 추모할 수 있도록 마당에 뚜껑을 연 채 놓아 둔 관 안에 열흘간 안치되었다. "왕차핑에서 사망한 첫 번째 환자가 발병 이전에 자신이 운반하던 목재를 수집했던 곳이 바로 이 마당이었다"라고 왓슨은 기록했다.

이로써 그는 가을에 돈 유행병과 12월에 발병한 병 사이의 직접적인 연결고리를 찾아냈다. 따라서 그는 지금 자신이 상대하고 있는 것이 스페인독감의 새로운 파도(아니면 이전 파도의 끝자락)일 가능성이 크다고 생각했다. 그러나 그런 진단을 내리는 데는 아직도 주저했다. 나중에 발병한 것은 왕차핑의 경우 대단히 전염성이 높고 치명률도 높았다. 살아 있는 환자에게 노출된 사람의 80퍼센트가량이 병에 걸렸고 그중에서 회복된 사람은 아무도 없었다. 유형도 독감보다는 페스트의 특징에 더 가까웠고, 이전 발병 때와 증상도 달랐다. 문제를 푸는 유일한 방법은 부검을 하는 것이었다. 하지만 왓슨은 그 방법이 현명하지 못하다고 보았다. 시신을 훼손하는 일은 청 왕조하에서 엄격히 금지돼 왔고, 그때까지도 보수적인 중국인에게는 모욕적인 일이었다. 그뿐 아니라 왓슨은 그곳 사람을 자기편에 두고 싶어 했다. 그래야 그의 방역 격리 조치에도 사람들이 순응할 것이기 때문이었다.

그와 그의 조수들은 조심스럽게 흡인 주사기를 사용해서 환자로부터 약간의 가래와 폐 조직 샘플을 채취할 수 있었다. 왓슨은 자신들이 방역복과 마스크, 고글을 착용한 채 산동네에 모습을 드러냈을 때, "우리가 중국인이 갖고 있는 귀신이나 유령 관념을 줄이는 데는 별 도움이 안 되겠다는 걱정이 일었다"라고 회상했다. 그들이 필요한 것을 확보하고 나면 시신을 묻는 매장 조가 들어왔다. 이번에는 마스크와 가운에다 시신을 부릴 쇠갈고리로 무장한 상태였다. 샘플을 의사가 현미경으로 검사했을 때는 페스트균이라고는 조금도 보이지 않았다. 그렇지만 폐 조직 안에 보이는 붓거나 부풀어 오른 흔적은 스페인독감으로 인한 피해와 대단히 유사해 보였다.

'새로운' 유행병은 1월 25일쯤 끝이 났다. 그때까지 발생한 사망자의 3분의 2는 왓슨이 오기 전에 생긴 것이었다. 옌시산은 왓슨에게 감사의 표시로 펀저우에 있는 아메리칸 병원에 땅을 기증했다. 또 왓슨의 중국인 직원 두 명에게는 질병과의 싸움에서 보여 준 공로에 대한 감사로 훈장을 수여했다. 선교사에 대한 옌시산의 존경에는 화답이 따랐다. "그의 폭넓은 관심과 추진력 있고 패기 넘치는 인성은 시어도어 루스벨트와 닮은 데가 있다"라고 펀저우 지원단의 일원은 평했다.[8] 그 후로도 다른 유행병이 성을 휩쓸었고, 점차 시간이 지나면서 왓슨은 옌시산 성장의 근대화 노력이 끼친 영향을 자기 나름의 실용적인 잣대로 측정해 보았다. 그것은 발병의 첫 신호가 출현했을 때 얼마나 많은 마을이 즉각 자체 격리를 조직화하는지 헤아려 보는 것이었다. 비록 세부적인 사실은 제시하지 않았지만 그는 결과에 만족했을 것임에 틀림없다. 1930년대까지 산시성은 중국에서 모범적인 성으로, 옌시산은 모범적인 성장으로 여겨졌던 것이다.

7장. 하느님의 분노

"방콕에서의 일이었다. 영국대사관의 의사 T. 헤이워드 헤이스는 그의 소중한 장미꽃들이 거의 다 시들어 죽어 버린 것을 보고서 충격을 받았다." 영국 저널리스트 리처드 콜리어가 전하는 이야기다. 포르투갈에서는 불가사의하게도 올빼미가 파라뉴스다베이라까지 날아들었다. 이곳은 그전까지만 해도 올빼미라고는 몰랐던 산악 마을이었다. 새들이 창턱마다 날아들어 부엉부엉 울고 끽끽 비명을 질러 댔다. 낮 동안에는 하늘이 어두워졌는데, 그 뒤에 폭풍우가 따르지 않자, 몬트레알의 어떤 신앙치료사가 역병의 시기가 닥칠 거라고 예언했다.[1]

공포는 사람의 경계심을 높인다. 그렇지 않았으면 눈

치도 채지 못했을 것에 유의하게 만들고, 어떤 연관에 주의를 기울이게 하는가 하면 다른 것은 무시하게 만들고, 그 전에는 터무니없다며 무시했던 예언을 떠올리게 한다. 중세 연대기 저자는 1340년대 후반 흑사병이 유럽에 도착하기 전 몇 달 동안 메뚜기가 떼 지어 날아들거나 믿기 어려울 정도로 큰 우박 덩어리가 폭풍처럼 몰려왔으며, 도마뱀과 뱀이 하늘에서 비처럼 쏟아졌다는 목격담이 이어졌다고 이야기한다. 이런 무시무시한 사건은 그 후 머지않아 훨씬 거대한 악을 몰고 올 대기의 오염을 알려 주는 증거였다. 그 악이 페스트였다.[2] 이런 이야기는 중세 사람들이 질병의 원인으로 생각했던 미아스마, 다시 말해서 나쁜 공기 개념과 잘 들어맞았다. 그 후 1918년까지 세균 이론은 대체로 미아스마 이론을 대체해 왔지만 갈레노스의 사고방식은 여전히 인간 정신의 어두운 은거지에 숨어 있었고, 이제 다시 부활을 누렸다.

어떤 이는 독감이 전쟁터에 남은 시신에서 나온 유해한 증기 때문에 일어난 것이라고 주장했다. 아일랜드에서는 신페인당*의 공중보건국장 캐슬린 린이 당 위원회에 그렇게 설명했다. 그는 열병 공장이 "플랑드르에서 전력으로 가동되고 있다"면서 "매장되지 않은 시신 수백만 구로부터

* 아일랜드의 재통일을 목표로 한 정당이며 1998년 평화협정이 체결되기 전까지 무장투쟁을 벌인 북아일랜드공화국군(IRA)의 정치조직이었다.

144

유독한 물질이 끊임없이 공기 중으로 올라와 바람을 타고 전 세계로 날아가는 것"이라고 했다.[3] 또 다른 이는 인위적인 요인이 있지 않은지 의심했다. 전쟁을 벌이고 있는 나라 중 한두 곳이 구상하고 있는 비밀 생물학전 프로그램 때문이라는 추측이었다. 특별히 이상할 것도 없었다. 인류 사회에서 생물학 전쟁은 그리 빛나는 일은 아니지만 오랜 역사를 갖고 있다. 첫 번째 사례는 14세기에 일어났다고 볼 수 있다. 당시 흑해의 카파항(지금의 우크라이나 페오도시야)을 포위하고 있던 몽골 군대는 자신들이 페스트에 감염됐다는 사실을 알고서 시신을 도시 성벽 너머로 던져 넣었다. 페스트가 도시를 휩쓸었고, 간신히 화를 면한 극소수가 병균을 몸에 지닌 채 서쪽으로 달아났다. 이제 독일 제약 회사 바이엘에서 제조한 아스피린 팩을 모두가 구하려고 애쓰는 상황에서, 연합국 사람들은 아스피린이 그 속에 담긴 내용물의 전부인지 의심했다. 워싱턴 D. C.에서는 비상선단 운영단Emergency Fleet Corporation의 보건위생국장인 필립 돈 중령이 미국 해안으로 접근한 독일 유보트에서 고의로 독감을 뿌렸을 가능성을 제기한 발언이 신문을 통해 반복해서 전파됐다. 언론의 인용에 따르면, 그는 "독일인이 유럽에서 풍토병을 퍼뜨리기 시작했다. 그들이 미국이라고 특별히 점잖게 대할 이유가 없다"라고 말했다.[4]

이런 음모론은 전선 양쪽의 병사가 다 같이 파리처럼 쓰러지고 있다는 사실이 분명해지면서 헤이스의 장미처럼 쪼그라들었다가 사라졌다. 하지만 보이지 않는 손을 함축하는 또 다른 이론이 자리를 잡았다. 그렇지 않고서야 이 병의 숨 가쁜 잔혹을 어떻게 설명할 수 있단 말인가? 발병 아주 초기부터 분명해 보였던 사실은 나이 많은 사람과 아주 어린 사람 외에도 한창나이의 사람, 그러니까 이삼십대, 그중에서도 특히 남성이 잘 걸린다는 것이었다. 여성은 잘 걸리지 않는 듯 보였지만 운이 없게도 임신을 할 경우에는 보이지 않는 방패가 사라지면서 아기와 자신까지 줄줄이 목숨을 잃었다. 한창나이인 중간 집단에서 사망률이 가장 높은 나이는 28세였다. 이 말은 가족의 기둥이 쓰러진다는 것을 의미했다. 여기에는 전쟁에서 살아남은 병사도 포함되었는데 이는 공동체의 심장을 도려내는 일이었다. 오스트리아 화가 에곤 실레는 그런 잔혹을 증언하는 작품을 남겼다. 그가 「가족」이라고 제목을 붙인 미완성 그림이었다. 이 작품은 그와 그의 아내 에디스, 그리고 갓 태어난 아들을 그린 것이었다. 하지만 그림 속의 가족은 존재하지 않는 가족이었다. 에디스는 첫 아기를 임신한 지 6개월 만인 1918년 10월에 사망했기 때문이다. 그로부터 사흘 후 실레도 숨을 거뒀다. 「가족」은 그사이에 그린 그림이었다.

그의 나이 28세였다.

또 한 가지가 있다. 복수심에 찼거나 앙심을 품은 어떤 세력의 소행이 아니라면 그 병이 희생자를 선택하는 과정에서 보여 준 무작위성은 어떻게 설명할 수 있을까? 물론 젊고 건강한 사람이 가장 많이 희생당했다. 하지만 왜 어떤 마을은 몰살을 당한 반면 그 옆 마을은 상대적으로 별 탈 없이 지나갔을까? 왜 같은 집안에서도 어떤 식솔은 살아남고 비슷한 처지의 다른 식솔은 사라졌을까? 1918년에 나타난 이러한 복불복의 양상은 당시로선 설명이 불가능했다. 그 때문에 사람들은 극심한 혼란에 빠졌다. 그 느낌을 당시 리옹에 살았던 프랑스 의사 페레올 가보당은 콜리어에게 이렇게 묘사했다. 그것은 자신이 전선에서 경험했던 '복통'과 전혀 달랐으며, 이번 것은 "더 분산된 불안, 그 도시의 주민 전체를 사로잡은 어떤 규정할 수 없는 공포의 느낌"이었다고 했다.[5]

이 병의 무작위성을 보여 주는 가장 극명한 사례 하나는 남아프리카공화국에서 일어났다. 이 나라의 중심적인 산업 대단지 두 곳은 비트바테르스란트 (혹은 줄여서 란트) 금광과 굴지의 기업 드비어스가 지배하는 킴벌리 다이아몬드 광산이었다. 두 곳을 사이에 두고 이 두 경제 집단은 철도망의 확장을 주도적으로 이끌었다. 철도망은 아프리카 남부 전역에 걸쳐 검은 촉수를 뻗어 나갔고 주린 배 속으로는 값싼 이주 노동자를 쉴 새 없이 빨아들였다. 열차는 항구 도시 케이프타운과 더반에서 출발해 내륙 지방 구석구석까지 깊숙이 파고 들었고, 거기서 아프리카 청년을 잔뜩 삼킨 후에는 북쪽으로 1000킬로미터를 달려가 싣고 온 화물을 광물 천지인 심장부에 토해 냈다.

기차는 거칠고 투박했고, 북쪽까지 이틀간의 여정 사이사이 외딴 역에 설 때마다 안은 점점 더 붐볐다.° 하지만 가는 동안의 형편이 아무리 나빴다고 해도 앞으로 닥칠 일에 비하면 맛보기에 지나지 않았다. 광산의 복합시설에 도착하면 남자들은 이미 과밀 상태인 기숙사로 배치됐다. 기숙사라고 해 봐야 벽 안에 콘크리트로 침상을 지어 넣은 것이었다. 씻을 곳은 마땅치 않았고 음식은 귀했다. 사생활이라고는 없었다. 침침한 조명에 환기도 나빠 기숙사는 광부들의 마른기침 소리로 가득했다. 킴벌리와 란트에는 폐렴까지 성행했다. 병원체인 세균이 광부의 작업장인 비좁고 습한 지하 공간에 만연했기 때문이다. 한번 감염이 되어 약해진 폐는 대개 다시 공격을 받기 쉽다. 다시 말해 두 곳의 노동자는 이미 새로운 호흡기 질환에 극도로 취약한 상태였던 것이다. 그러나 서류상으로는 다른 곳과 똑같은 정도로 취약하다고 되어 있었다.

° 스와티어로 기차를 가리키는 음봄벨라(mbombela)는 작은 공간에 있는 많은 사람이라는 뜻이다.

금광과 다이아몬드 광산 두 곳 모두 남아프리카공화국에서 유행병이 돌던 초기에 감염이 됐다. 우리가 당시 상황을 알 수 있는 이유는 광산을 소유한 회사들이 회계와 법무상의 목적을 위해 직원을 지속적으로 추적한 기록이 남아 있기 때문이다. 독감은 먼저 란트에 상륙했다. 약 일주일 만이었다. 광부들은 자신을 주기적으로 헤집어 놓던 유행병인 폐렴과 다른 무언가에 직면했음을 곧바로 알아차렸다. 이번 병은 신참과 고참을 가리지 않았기 때문이다. 다만 병에 걸린 사람 대다수가 건강을 회복했다. 당국은 안도의 숨을 내쉬었다. 그런 다음, 이번에는 독감이 킴벌리 쪽으로 번져 가는 것을 비교적 차분히 지켜봤다. 하지만 차분함은 이내 공포로 바뀌었다. 킴벌리의 사망률이 란트에서 기록한 수치의 35배나 급상승한 것이다. 2500명이 넘는 다이아몬드 광부(킴벌리 노동 인력의 4분의 1 가까이)가 그해 가을에 목숨을 잃었다. 보건 관리들은 그 원인을 설명할 수 없었다(나중에 보겠지만 지금은 설명할 수 있다).

1987년에는 미국인의 43퍼센트가 에이즈를 비도덕적인 성적 행동에 대한 신의 벌로 봤다.[6] 1918년의 사람들은 유행병이 신의 행위라는 믿음에 의지하기가 훨씬 더 쉬웠다. 신비주의적인 다윈 이전 시대가 여전히 기억 속에 살아 있을 때였고, 4년간의 전쟁이 사람의 심리적 방어 기제까지 무너뜨린 상태였기 때문이었다. 사람들은 그런 믿음에 확신을 더해 줄 증거를 찾았고 또 발견했다. 그보다 일년 전 포르투갈 파티마의 어린이 선지자인 자신타와 프란시스쿠 마르투, 이들의 사촌인 루시아 산투스는 성모 마리아가 자신들에게 여러 차례 모습을 보였다고 주장했다. 이제 마르투의 동기들이 독감으로 허약해지자 그들은 새로운 현시를 사람들에게 알렸다. "성모께서 그들에게 나타나 간단한 말씀으로 모든 의문의 여지를 해소해 주셨으니, 성모께서는 먼저 프란시스쿠를 위해 오고, 머지않아 자신타를 위해 오겠다고 하셨다." 그들의 전기 작가는 이렇게 적었다. "바싹 마르고 열이 난 그들의 입술은 밀려드는 미소에 못 이겨 갈라졌다." 아이들은 사전에 정해진 순서대로 숨을 거두었고, 묻힌 곳은 가톨릭의 순례지가 되었다.[7]

그러나 스페인독감이 신으로부터 온 벌이라면 사람들은 무슨 죄로 벌을 받았던가? 여기에는 수많은 이론이 제시됐다. 무의미한 전쟁은 물론이고, 자신이 속한 사회적 지위에 따라서는 하층 계급의 타락 때문이라거나 식민지 지배자의 원주민 착취 탓이라는 등의 이유를 제시했다. 하지만 어떤 이에게 이번 독감은 그보다 훨씬 심각한 죄에 대한 징벌이었다. 그 죄란 사람들이 하나의 참된 길에서 집단

적으로 벗어나기로 한 결정이었다. 가령 스페인의 어느 도
시가 그랬다.

중요한 승리

스페인의 도시 사모라°는 북서부 카스티야와 레온 지역의
두에로강을 가로지른다. 대단히 종교적인 이곳은 오늘날
까지도 성주간聖週間*이 되면 두건을 쓴 맨발의 참회자들이
침울한 행진을 벌이는 것으로 유명하다. 1914년 이곳 시민
들은 바야흐로 새로운 주교를 영접해야 할 때가 되었음을
알고서 사흘간 종을 울렸다. 정작 주교 본인은 그로부터 몇
달 후에 도착했다. 특별 전세 기차가 도착한 역에는 환영
인파가 가득했다. 폭죽이 터졌고 기쁨에 가득 찬 군중이 그
를 따라 대성당까지 가서 그곳에서 주교가 취임 선서를 하
는 장면을 지켜봤다. 교회 공인 신문인 『엘 코레오 데 사모
라』는 새로운 주교에게 복종을 약속했고 그의 웅변과 젊음
을 칭송했다.

주교의 이름은 안토니오 알바로 이 바야노였다. 그는
38세의 나이에 이미 눈부신 이력을 자랑했다. 과달라하라
의 신학교에서 학생으로 있을 때는 손을 댄 모든 과목에서
빛을 발했다. 23세에 형이상학과의 학과장을 맡았고 스페

° 인상적인 요새화 덕에 '잘 에워싼 곳'으로 유명하다.

* 기독교에서 거룩한 주간으로 지키는 부활절 일요일 전의
일주일.

인에서 가장 중요한 대교구인 톨레도의 성당참사회 의장직을 둘러싼 치열한 경쟁에서 이긴 후 스페인의 대주교인 산차 추기경의 눈에 들었다. 그는 1913년 주교로 서임되었고, 사모라에 도착하기 전에는 톨레도 신학교에서 학무장을 역임했다.

알바로 이 바야노는 그가 맡게 된 새 교구에 전하는 취임 서신에서 인간이 하느님과 진리를 적극적으로 추구해야 하며 그 둘은 하나라고 말했다. 또한 과학이 하느님을 외면하기로 작심하고 앞으로 나아가는 것처럼 보이는 것에 놀라움을 표시했다. 그는 이성의 빛은 연약한 것이라면서, "근대 사회는 하느님의 법을 멸시하는 것을 진보로 오인하고 있다"라고 했다. 그는 하느님을 거부하거나 "심지어 가능하다면 하느님을 제거하고 싶어 하는 어둠의 세력이 있다"라고도 했다. 이 서신에는 뉴턴의 만유인력의 법칙부터 컴퍼스와 전기를 이용한 앙페르의 실험에 이르기까지, 과학에 관한 언급이 다양하게 등장한다. 다만 이러한 것이 그의 손에서는 단지 하느님에게 끌리거나 거부하는 인간의 영혼을 묘사하기 위한 은유로만 사용되었을 뿐이다.[8]

한때 위대했던 스페인 제국도 쇠퇴기를 맞았고, 1898년의 미국-스페인 전쟁으로 제국의 마지막 보석인 푸에르토리코, 필리핀, 괌, 그중에서 가장 가치가 있는 쿠바까지 잃게 되었다. 스페인 제국은 19세기의 위대한 과학적 음악적 발전에는 기여한 바가 거의 없었다. 스페인 문학의 황금기도 오래전의 일이었다. 스페인은 여전히 본질적으로 농업 사회였고, 어떤 마을과 도시의 생활 여건은 흑사병 시절 유럽의 지배적인 수준과 크게 다르지 않았다. 인구의 절반은 글을 읽을 줄 몰랐다. "마드리드의 스페인 사람은 기계류나 산업화에 익숙해 있지 않다"라고 미국 작가이자 출판인이었던 로버트 매가먼은 말했다. "고층 건물은 있지만 무너질 것만 같고, 엘리베이터는 있어도 고장이 잦아 추락할까 봐 걱정하게 된다. 수세식 화장실은 있지만 1급 호텔조차 막힐 때가 많고 지저분하다. 스페인 사람은 근대화되지 않았다."9

1918년 가을 나폴리의 병사가 스페인을 다시 찾아왔을 때, 처음 출현한 곳은 동부 지역이었지만, 주교를 따라 열차 선로를 타고 사모라까지 갔다. 스페인에서 9월은 사람들이 모여드는 달이다. 농부는 작물을 수확하고, 군은 신병 모집에 나서는가 하면, 결혼식과 종교적 축제가 열린다. 가장 인기 높은 스페인 놀이인 투우는 말할 것도 없다. 각지에서 모여든 젊은 신병이 사모라에 집결해 일상적인 포격 훈련에 참가했다. 그달 중순 『엘 코레오 데 사모라』는 무심하게 다음과 같이 보도했다. "전선에는 콜레라, 스페인에는 독감 그리고 반도의 이 작은 구석에는 축제가 한창이다." 그런 다음 신병들이 앓아눕기 시작했다.

아픈 병사를 11세기 성내에 자리 잡은 막사에 격리시키려던 시도는 실패로 돌아갔다. 민간인 사상자 수도 늘어났다. 그로 인해 인력도 부족해지면서 추수에도 차질이 빚어졌고 이미 제약이 많았던 음식 사정은 더 나빠졌다. 언론의 논조도 이제 낙관적일 수 없었다. 명목상으로는 교회에서 독립된 신문인 『에랄도 데 사모라』가 9월 21일 도시의 비위생적인 상태를 개탄했다. 사모라는 '돼지우리'와 비슷해서, 부끄럽게도 사람들이 아직도 동물과 생활공간을 함께 쓰고 있었으며, 많은 집이 별도의 화장실과 상수도를 갖추고 있지 않았다. 이 신문은 오랜 주장을 반복했다. 무어인이 청결에 대한 혐오를 스페인에 물려주었다는 얘기였다. 신문은 "옷을 세탁하는 데에만 비누를 사용하는 스페인 사람이 있다"라고 질타했다.

범유행병의 첫 번째 파도가 스페인을 휩쓰는 동안, 마르틴 살라자르 보건청장은 보건 체계가 관료주의적이고 예산이 부족해 질병 확산을 막는 데 무능하다며 개탄했다. 비록 지방의 보건위원회에서 자신의 지휘를 따르기는 했지만 그들은 집행할 힘이 없었고, 이내 이른바 대중의 '끔찍한 무지'에 직면했다. 대중의 무지란, 가령 감염된 사람이 마음대로 돌아다니면 병을 옮길 수 있다는 사실을 이해하지 못하는 것을 말한다. 이제 나폴리의 병사가 다시 찾아오자, 전국지인 『엘 리베랄』은 위생 독재°를 촉구했고, 병이 심해지면서 다른 신문도 덩달아 같은 주문을 반복했다.

사모라에서는 두 지방 신문이 대중의 무지를 퇴치하는 데 전력을 기울였다. 가령 이들은 감염의 개념을 사람들에게 설명하려고 노력했다. 독감은 "아픈 사람에게서 건강한 사람으로 언제든지 옮겨 갈 수 있다"라고 『엘 코레오 데 사모라』가 독자에게 말했다. "그것은 절대 자발적으로 일어나지 않는다." 이 지역의 의사들도 거들었다. 하지만 늘 도움만 되는 것은 아니었다. 루이스 이바라 박사는 지면을 통해 이 병이 성적인 무절제 때문에 혈액 안에 불순물이 쌓인 결과라고 설명했다. 이는 과도한 색욕이 체액의 불균형을 촉발할 수 있다는 중세 시대 사고의 변형이었다. 신문들은 지방의 보건위원회로부터 감염을 최소화하기 위한 지침을 받아 지면에 소개했다. 대표적인 것이 사람이 많은 곳을 피하라는 것이었다. 하지만 무엇보다 이런 지침의 소개는 교회의 활동에 관한 한 일종의 정신적 방어막 역할을 했다. 적어도 온건하고 세속적인 시민의 눈에는 그렇게 보였다. 『엘 코레오 데 사모라』는 시장이 추후 공지가 있을 때

° 질병 억제 프로그램을 위에서 아래로 지시하는 것.

까지 대규모 집회를 금지한 결정을 지지하는 기사를 시내 교회의 미사를 앞둔 시점에 맞춰 한 차례 실었다.

신문들은 또한 당국에서 발병의 심각성을 평가절하하고 있으며 사람들을 보호하는 노력도 부족하다고 비판했다. 중앙 정치인에 대해『엘 코레오 데 사모라』는 "그들은 우리를 육군도 해군도, 먹을 빵도 건강도 없는 상태에 방치했다. (……) 그런데도 사임하거나 사임을 요구하는 사람은 아무도 보이지 않는다." 지방 정치인은 그들대로 감염병 병원에 대한 예산 지원 요청을 오랫동안 무시해 왔는가 하면, 이제 와서도 도시 위생을 강화하는 조치를 취하라는 지방위원회의 권고를 묵살하고 있었다. 인근 수력발전 댐의 가동이 중단되면서 정전이 발생했을 때,『엘 코레오 데 사모라』는 "아무리 깜깜해도 사모라 시민의 굶주림과 집 주변에 널린 오물은 모두가 볼 수 있을 만큼 뚜렷했다"라며 조롱의 수위를 한층 높였고, 그날 밤 가장 어두웠던 곳은 시청 안이라며, 그들은 투우에는 계속해서 돈을 쏟아부으면서 배고픈 주민을 위한 위생과 음식에는 무관심하다고 비아냥댔다.

9월 30일 알바로 이 바야노 주교는 보건 당국을 무시한 채 페스트와 역병의 수호성인인 성 로코를 기념하는 9일 기도°를 지시했다. 그는 사모라 시민에게 닥친 악이

° 9일 연속으로 올리는 저녁 기도.

"우리의 죄와 배은 탓이며, 그로 인해 영원한 정의의 응징의 팔이 우리에게 내려진 것"이라고 설명했다. 9일 기도의 첫째 날, 그는 산에스테반 교회에서 시장과 다른 유력 인사들이 참석한 가운데 대규모 군중을 상대로 성찬을 베풀었다. 또 다른 교회에서는 모인 사람에게 성 로코의 유물들을 경배하게 했다. 그 말은 모두가 줄을 지어 유물에 입을 맞췄다는 뜻이었다.

그뿐 아니라 9월 30일에는 마리아의 종 수녀회의 도시테아 안드레스 수녀가 병영 내 병사들을 간호하다가 사망했다는 보도가 있었다. 부음 기사에서 도시테아 수녀는 하루 4시간 이상을 자지 않고, 많은 시간을 쏟아 아픈 병사가 음식을 거르지 않도록 돌보았으며, 자신의 순교를 평안과 열성으로까지 받아들인 "고결하고 모범적인 수녀"로 묘사되었다. 수녀원장은 그녀의 장례식에 많은 사람이 참석해 주기를 요청했고 신문들은 그대로 전했다. 전통에 따라 참석 요청에 따른 사람에게는 주교가 60일 동안의 대사大赦*를 베풀 것이라는 사실도 알렸다. 그러나 참석자 수는 수녀원장이 기대했던 것만큼 많지는 않았던 것으로 보인다.

---

* 교회가 정한 조건을 채우면 잠벌을 면해 주는 것. 고해성사를 통해 죄를 용서받았어도 죄에 따른 벌, 곧 잠벌(暫罰)은 여전히 남는다. 잠벌은 이 세상에서 용서를 받지 못한 소죄와 용서를 받은 죄에 대한 보속을 다하지 못하여 연옥에서 받는 벌이다. 이 잠벌을 면제해 주는 것이 대사이며 교황이나 주교가 줄 수 있다.

장례식 다음 날『엘 코레오 데 사모라』가 시민들이 감사할 줄 모른다며 호되게 비판했다. 그런가 하면 주교는 9일 기도 참석률에 흡족해하며, "가톨릭이 올린 가장 중요한 승리 중 하나"라고 평했다.

가을 파도가 절정에 다가가면서 시민의 두려움과 당혹감은 사회 불안으로까지 치달을 조짐을 보였다. 의사들이 회복을 앞당길 수 있다며 추천한 우유는 품귀 현상을 보이면서 가격이 천정부지로 치솟았다. 지역 신문 기자들은 다른 지역의 도시보다 사모라 시민이 더 많이 사망하는 것처럼 보인다는 점에 유의했고, 독자에게도 그렇게 알렸다. 이와 함께 신문들은 거듭거듭 도시의 처참한 위생 상황을 문제 삼았다. 가령 주민들은 대수롭잖게 쓰레기를 길에 버렸고 아무도 개의치 않았다.

오랫동안 기다려 온 위생 독재는 10월이 되면서야 발효됐다. 이제 당국은 위생 요건을 준수하지 않는 사업장에 폐쇄를 강제할 수 있게 되었다. 가령 닭을 가둬 놓지 않는 시민에게는 벌금을 물릴 수 있었다. 지방 보건위원회는 시 행정 담당자들에게 독감 사망자 기록에 소홀할 경우 무거운 벌금을 물리겠다고 으름장을 놨다. 하지만 일일 미사는 병이 최악으로 치닫던 그달에도 계속해서 열렸다. 불안한 시민들이 교회에서 잠깐의 안식이라도 구하려 들면서 미사 참석자 수는 오히려 더 늘어났다. 고통은 하느님의 뜻이며 그의 자비로만 끝날 수 있음을 시인하는 기도문인 「잠시 동안의 페스트」가 로마네스크식 교회 벽 주변으로 메아리쳤다.

사람들은 낙담했다. 이 공포가 결코 끝나지 않을 것이고 이제는 풍토병이 되어 버렸다는 좌절감에 빠져들었다. 알바로 이 바야노 주교는 10월 20일 자 회람 서신에서 과학이 스스로 무능을 증명해 보였다고 썼다. "곤경에 빠진 그들을 지켜보노니, 땅 위에는 어떤 보호나 구호도 받을 길 없어, 사람들은 서로 거리를 둔 채 환멸에 찬 눈을 돌려 대신 하늘을 바라본다." 그로부터 4일 후 성모 승천을 기리는 행진이 거행됐다. 사모라 주변 시골 곳곳에서 시내로 사람들이 모여들었고 대성당은 가득 찼다. "주교의 말 한마디만으로도 거리를 사람으로 채우기에 충분했다"라고 한 신문은 보도했다. 지방 당국에서 대규모 집회를 금지하기 위해 새로운 행정권을 발동하려 하자, 주교는 교회 일에 간섭한다고 비난했다.

다른 도시와 마을처럼, 사망자를 애도하는 교회의 타종을 중단시키는 결정이 내려졌다. 끊임없는 종소리가 사람들을 놀라게 할까 봐 내려진 조치였다. 하지만 이미 다른 곳에서는 장례 행렬마저 금지된 상태였다. 사모라는 그 정도는 아니었다. 타종으로 인한 소음은 침묵에 고개 숙였지만 추모객은 계속해서 좁은 거리를 지나갔다. 평소에도 관 (아이용은 흰색)은 대다수 주민에게는 분에 넘치는 사치였지만, 이제는 관을 짜기 위한 나무조차 구하기가 어려웠다. 부풀어 오르고 검게 부패한 망자의 주검은 수의로만 싸인 채 마지막 영면의 장소로 옮겨졌다. 사람들은 재단을 정화하기 위해 향을 태우는 의식을 본떠 길에다 화약을 뿌리고 불을 붙였다. 그러다 보니 다가오는 장례 행렬은 매캐한 검은 연기 사이로, 가끔은 서늘한 가을철 두에로강에서 올라오는 안개와 뒤섞여 희미하게만 알아볼 수 있었다. 한 역사가는 "도시가 온통 불이 난 것처럼 보였을 것"이라고 썼다.[10]

11월 중순이 되면서 최악의 시간은 지나갔다. 주교는 신도들에게 병이 지나간 것은 하느님의 자비 덕분이라는 내용의 서신을 보냈다. 그는 숨진 생명에 대한 슬픔을 표현하는 한편, 여러 차례의 9일 기도와 미사에 참석함으로써 "하느님의 정당한 분노"를 달랜 이들과 다른 사람에게 봉사하는 과정에서 목숨을 잃은 사제들을 칭찬했다. 또한 믿음이 가장 미온적인 신도들까지 마지막 예식을 유순히 받아들인 것에 위로를 받았다고 썼다.[11]

주교가 그 서신을 썼을 때 사실 유행병은 끝나지 않았

다. 이듬해 봄이 되면 가을 파도보다는 약하지만 병은 재발할 터였다. 기자들의 지적이 옳았다. 사모라는 스페인의 다른 어떤 도시보다 더 나쁜 상황을 겪었다. 그럼에도 주민들은 주교에게 책임을 돌리는 것 같지 않았다. 여기에는 아마 이곳 사람들이 사모라의 첫 주교였던 아틸라노의 전설과 함께 성장했다는 사실도 한몫했을 것이다. 아틸라노는 10세기에 그의 죄를 회개하고 도시의 페스트를 물리치기 위해 성지로 순례를 떠났던 인물이었다. 사모라 주민 중에는 알바로 이 바야노 주교를 적극 두둔하는 사람들까지 있었다. 이들은 주교가 시청의 타성에 직면해서도 시민을 위로하기 위해 최선을 다했다고 주장했다. 하지만 정말 문제가 됐던 것은 무능했던 보건 체계와 위생에 관한 교육 부실이었다. 1919년이 끝나기도 전에 이 도시는 주교에게 선행의 십자가를 수여했다. 유행병이 도는 동안 시민들의 고통을 끝내기 위해 그가 기울인 영웅적 노력을 인정한 것이었다. 그 후에도 그는 1927년 선종할 때까지 사모라의 주교로 남아 있었다.

IV

생존 본능

8장. 분필로 문에 십자가 그리기

방역선. 고립. 격리. 이는 인류 역사에서 아주 오래된 개념이다. 인간은 감염병을 옮기는 주체가 무엇인지 그 본질을 이해하기 훨씬 전부터, 심지어 그것을 하느님의 행위라고 여기기도 훨씬 전부터 이런 것을 실행해 왔다. 엄격한 의미에서 인간이라고 할 수 있는 단계 이전부터 인간은 자신을 감염원으로부터 떨어져 있게 하는 전략을 지니고 있었는지도 모른다.

이 책에서 스페인독감의 증상을 기술한 내용을 읽는 동안 여러분 자신에게서 혐오감이라는 물리적 반응이 일어나는 것을 감지했을 수도 있다. 오랫동안 과학자들은 혐오감이 인간만의 독특한 반응이라고 생각했다. 그러나 이제는 이것을 동물의 왕국 어디에서나 일어나는 기본적인 생존 기제로 여기게 되었다.[1] 우리는 혐오스러운 것을 피하는데, 그런 기피 반응은 감염이 위협으로 다가올 때 많은 종에게서 관찰되는 현상이다. 카리브해 닭새우는 고도의 사회성을 가진 생물이지만 다른 개체가 치명적인 바이러스에 감염되어 있는 경우에는 굴을 함께 사용하는 것을 거부한다. 야생에서 사는 침팬지 무리가 서로 접촉을 피하는 이유는 불쾌한 분쟁은 물론, 감염을 피하기 위해서일 가능성이 크다. 감금 상태에 있는 병든 오소리도 자기 굴로 물러나거나 흙으로 굴을 막는 식으로 혐오 반응을 예상한, 혹은 그런 것 같은 행동을 보였다.

혐오감은 이처럼 가장 기본적인 의미에서, 동물이 사망한 개체를 위생적으로 처리하도록 이끄는 기제일 수 있다. 꿀벌은 아주 세심하게 죽은 동료를 벌집 밖으로 끌어내고, 코끼리는 동종의 일원이 죽은 것을 보면 반드시 나뭇가지나 흙으로 덮어 주고서야 지나가려는 경향을 보인다. 코끼리 관찰자인 신시아 모스에 따르면 이런 일화도 있다. 우간다의 한 공원에서 코끼리 도태 작업을 벌인 후에 관리인이 동물들로부터 잘라낸 귀와 발을 나중에 핸드백과 우산 꽂이로 팔려는 생각으로 창고에 모아 두었다. 그러자 어느 날 밤 코끼리들이 창고로 쳐들어와서 발과 귀를 묻었다.[2]

학자들의 합의된 견해에 따르면 인류가 시신을 체계적으로 묻기 시작한 것도 처음으로 일정한 장소에 정착해서 모여 살기 시작했을 때였다. 그 전까지만 해도 시신을 비바람에 노출된 그대로 내버려 둔 채 떠났다.

　　침팬지와 마찬가지로 인간 집단도 아마 수천 년 동안은 서로의 세균을 멀리하며 지내 왔을 것이다. 하지만 정착 생활이 점점 자리를 잡으면서 감염을 물리치기 위한 새로운 전략을 생각해 내야 했다. 무시무시한 방역선, 그러니까 감염된 지역 둘레에 선을 긋고 그 안에서 아무도 밖으로 나오지 못하게 하는 조치는 효과적이지만 가혹했다. 때로는 그 안에서 환자가 죽어 가는 고통을 무릅써야 했기 때문이다. 17세기 영국 더비셔의 이얌 마을에서는 페스트에 감염된 사실을 알고 난 직후 그 주변에 방역선을 설치했다. 방역선이 해제됐을 때는 그곳 주민 절반이 죽어 있었다. 다만 병은 더 퍼지지 않았다. 다음 세기 합스부르크에서는 감염된 동유럽 사람이 서유럽에 들어오는 것을 막기 위해 도나우강에서 발칸반도까지 방역선을 세웠다. 감시탑과 검문소는 물론 무장한 농민이 순찰까지 하면서 감염 의심자가 눈에 띄면 방역선을 따라 설치해 둔 검역소로 보냈다. 방역선은 20세기에 와서 시들해졌다가 2014년에 되살아났다. 당시 에볼라 유행병이 서아프리카에 닥치자 감염된 세 나라는 감염원으로 추정되는 접경 지역 주변에 방역선을 설치했다.

유행병을 억제하기 위한 또 다른 접근법은 환자나 감염 의심자를 자기 집에 강제로 고립시키는 것이다. 이것도 효과적일 수는 있지만 감시하는 데 비용이 많이 든다. 실행의 측면에서 그보다 효율적인 방법은 환자나 감염이 의심되는 개인들을 특정 장소에 모아 놓고 감염 기간보다 더 오래 잡아 두는 것이다. 격리를 맨 처음 생각해 낸 것은 15세기 베니스 사람들이었다. 이들은 레반트*에서 도착한 배를 의무적으로 40일간° 닻을 내리고 머물게 한 후에야 배를 타고 온 사람들이 뭍에 오를 수 있도록 허용했다. 하지만 격리의 개념은 그보다 훨씬 이전으로 거슬러 올라간다. "그 살갗에 생긴 어루러기가 희기는 하나, 우묵하게 들어가지도 않고 털도 희어지지 않았으면, 사제는 그 병자를 한 주간 격리시켜 두었다가 칠 일째 되는 날에 진단해 보고 그 병이 더하지 않아 살갗으로 더욱 번지지 않았으면, 다시 그 병자를 한 주간 격리시켜 두어야 한다"라고 『성서』(「레위기」13장 4~5절)에 기록되어 있다.

기차와 비행기가 일상화하기 전까지만 해도 대부분의 장거리 여행은 해로로 완결되었으므로 항구가 질병의 일반적인 진입 경로였다. 그래서 격리 병원인 '라자레토'

---

* 동부 지중해 및 그 섬과 연안 제국.
° 이탈리아어로 'quarantena'는 40일이라는 뜻.

도 부두 가까이나 뭍에서 조금 떨어진 섬에 지어졌다. 이곳은 대체로 일반 감옥과 유사했다. 건축 구조는 물론 '수감자'를 대하는 방식에서도 그랬다. 하지만 19세기에 이르러 기업가 정신이 왕성한 상인들이 이곳 수감자가 전속시장**에 해당한다는 사실을 깨달았고, 어떤 도시에서는 당국과 협상 끝에 식당과 카지노, 다른 여흥거리까지 제공할 수 있게 만들었다. 물론 모든 가격은 비싸게 책정되었다.°°

　　20세기에 와서 질병 통제는 더 복합적인 문제가 되었다. 감염은 이제 항구를 통해서만 유입되는 것이 아니었다. 도시만 해도 규모가 큰 곳은 인구가 수백만 명에 달했다. 그런 곳에 사는 사람은 자신의 일정한 사회관계망을 넘어서는 사람과 서로 알지도 못할 뿐만 아니라 반드시 같은 언어로 말을 하는 것도, 같은 믿음을 공유하는 사이도 아니었다. 이러한 근대적 도시에서 감염을 막기 위한 조치는 중앙 권위체에 의해 하향식으로 취해져야 했다. 그리고 성공을 거두려면 그 권위체에는 세 가지가 필요했다. 첫째는 시기적절하게 발병 사례를 파악한 다음 감염의 이동 방향을 확정 짓는 능력, 다음은 질병이 어떻게 전파되는지 (수인성 전염인지, 공기를 통한 전염인지, 곤충을 매개로 한 전염인

** 선택의 여지 없이 특정 상품을 사지 않을 수 없는 소비자층.
°° 당시 라자레토 중 많은 곳이 지금은 상류층을 위한 호텔이 되었다. 그러니 그때에 비해 많이 변하지는 않았다고 할 수 있겠다.

169

지) 이해해서 차단 가능성이 높은 방법을 알아내는 능력, 마지막으로 주민들이 그러한 방안에 확실히 따르도록 하는 수단이었다.

다음 단락에서 보다 상세히 기술할 이 세 가지 요소가 모두 확보될 경우 방역 조치는 더없이 효과를 볼 수 있었다. 하지만 해트트릭*은 드물었다. 한 가지 혹은 그 이상이 빠질 때가 많았다. 이 말은 당국의 노력이 부분적으로만 효과를 발휘했거나 아예 효과가 없었다는 뜻이다. 1918년 스페인독감이 퍼지는 과정에서도 가능한 모든 순열 조합이 다 일어났다. 우리는 이제 특히 두 가지 사례를 집중해서 살펴볼 것이다. 뉴욕시와 페르시아의 도시 마슈하드다. 발병 초기에만 해도 이 두 도시에는 둘 다 보도할 만한 사례가 없었다. 하지만 둘의 닮은 점은 여기에서 끝이 난다. 두 도시에서 겪은 스페인독감의 경험을 틀 지운 것은 당국의 억제 노력 이외에 다른 요인이 많았지만, 독감이 두 도시에 준 충격의 차이는 충격적이었다. 마슈하드의 독감 사망률이 뉴욕의 10배 가까이나 됐던 것이다.

감염지에 깃발 꽂기

중세의 참혹한 페스트는 질병 감시라는 개념을 낳았다. 이 개념은 진행 중인 유행병까지는 아니더라도 최소한 다음

---

* 축구 시합에서 한 선수가 3점을 올리는 것.

170

에 닥칠 병에는 때맞춰 대응하기 위해 발병에 관한 데이터를 모으는 것을 말한다. 당시에는 무엇보다 질병에 관한 보고 내용이 부실했다. 진단은 모호했고 수치는 개략적이었다. 하지만 시간이 가면서 조금씩 데이터의 양과 정확성이 나아졌다. 의사들은 환자와 사망자 수 외에도 그들이 어떤 사람이고, 어디에서 살며, 언제 처음 증상을 호소했는지 기록하기 시작했다. 그리고 이런 데이터를 수집하고 분석함으로써 범유행병이 어디서 와서 어떻게 확산되는지에 관해 아주 많은 것을 알 수 있음을 깨달았다. 20세기에 접어들었을 때에는 이미 수많은 나라에서 질병의 보고를 의무화했고, 유행병은 국경을 가리지 않는다는 사실에 대한 인식이 자리를 잡았다. 1907년 유럽 국가들은 국제공중위생사무소를 파리에 설치해 중앙 질병 자료보관소로 활용하는 한편 선박 검역에 관한 국제 규칙을 감독하도록 했다.

만약 1918년에 어떤 의사가 보고할 만한 병을 진단했다면 그는 지역이나 주, 국가 보건 당국에 그 사실을 신고해야만 했다. 비록 실제로 처벌받는 경우는 드물었지만, 어길 경우의 처벌 내용에는 벌금과 함께 의사 면허 취소까지 들어 있었다. 신고 의무가 있는 질병은 공중보건에 심각한 위협을 주는 것으로 간주된 병에 국한했는데, 그러다 보니 가령 미국에서는 1918년 초만 해도 천연두와 폐결핵, 콜레라는 신고 대상이었지만 독감은 빠져 있었다. 질병 보고 체계가 잘 조직되어 있다고 자랑하는 나라 중에서도 의사가 독감을 곧바로 신고하게 되어 있는 나라는 극히 드물었다. 요컨대, 스페인독감은 삽시간에 세계를 장악할 수 있는 상황이었다.

지역별로 발병 사실이 보고된 것은 주로 신문의 보도나, 이번 병이 특별히 악성이라는 사실을 안 양심적인 의사들 덕분이었다. 그럼에도 상황의 전모를 파악하고 있는 중앙 정부는 거의 없었다. 각지의 점을 연결할 수 있는 능력이 없다 보니, 유행병이 도착한 날짜와 감염이 시작된 경로, 전파의 속도와 방향에 관해 무지했다. 다시 말해, 경보 체계가 갖춰져 있지 않았다. 뒤늦게나마 독감도 신고 의무가 있는 질병에 포함시키긴 했지만, 사람들의 오랜 본능을 일깨워 위기에 대비하도록 했을 때는 너무 늦은 상태였다. 병이 이미 안쪽에 들어와 있었던 것이다.

예외는 있었다. 하지만 행운의 비결은 주로 지리적 위치가 섬이어서 유행병에서 멀리 떨어져 있었다는 것뿐이었다. 당시 아이슬란드는 인구가 10만 명도 되지 않았다. 독감이 섬 한가운데 상륙하자 삽시간에 소문이 퍼졌다. 주민들은 섬의 북쪽 지역으로 통하는 주 도로에 방어벽을 세웠고, 다리가 없는 빙하 강이 도로를 가로지르며 동쪽 진입을 막아 자연 방벽을 이룬 곳에는 보초를 두었다. 급기야 당국은 입항 선박에 모두 격리 조치를 내렸고, 이 모든 조치가 합쳐진 결과 아이슬란드 국민 3분의 1 이상이 스페인 독감의 피해를 입지 않을 수 있었다.

오스트레일리아는 시간적으로나 공간적으로나 유행병이 먼 거리를 지나 왔다. 이곳 당국이 유럽에서 독감이 돈다는 소식을 처음 접한 것은 1918년 북반구 여름이었다. 9월로 접어들면서는 치명적인 두 번째 파도로 인한 끔찍한 소식들도 알게 되었다. 독감이 아프리카와 아시아까지 지나 계속 확산되는 것을 지켜보면서 그들도 결국 10월 18일 자국의 모든 항구에 격리 절차를 도입했다(뉴질랜드는 따라 하지 않았다). 그 덕분에 11월 휴전을 축하하기 위해 기쁨에 찬 군중이 시드니 마틴플레이스에 모였을 때 사람들은 바이러스 걱정이라고는 조금도 없이 축제를 즐기는, 세계에서 거의 유일한 특권을 누렸다. 그 후 1919년 초에도 세 번째 파도가 닥쳤지만, 가을 파도의 유입을 호락호락 허용했다면 희생자 수는 훨씬 컸을 것이다.

필리핀은 섬이라는 지리적 조건 속에서도 유행병으로부터 보호받지 못했다. 독감이 처음 발병했을 때 이곳을 점령 중이던 미국인은 첫 번째 사망자가 마닐라항에서 고생하는 항만 노동자였음에도 병이 외부에서 들어왔을 거라고는 생각하지 않았다. 필리핀의 토착 질병이라고 추정하고는 이름도 필리핀어로 독감에 해당하는 단어인 트란카조라 불렀을 뿐, 1000만 명에 이르는 주민을 보호하려는 시도는 전혀 하지 않았다. 유일한 예외가 마닐라 교외의 주둔 기지였다. 이곳에서는 필리핀인이 미국의 전쟁 수행에 합류하기 위해 훈련을 받고 있었는데, 그 주변에 격리 구역이 마련됐다. 필리핀 제도의 몇몇 외딴 지역에서는 유행병이 도는 동안 마을의 95퍼센트가 병으로 쓰러졌고, 국민 중 8만 명이 목숨을 잃었다.[3]

남태평양의 두 인접한 제도인 미국령 사모아와 서사모아는 운명이 극명하게 엇갈렸는데, 이는 당국에서 감염 경로를 옳게 파악했을 때와 잘못 파악했을 때 어떤 결과가 벌어지는지를 보여 준다. 미국령 사모아를 점령 중이던 미국 당국은 위협이 영토 밖에서 온다는 사실 외에도, 원주민이 오래 고립돼 살았던 탓에 백인 정착민보다 유행병에 더 취약하다는 사실까지 알았다. 그에 따라 감염을 막기 위해 엄격한 격리 조치를 취했고, 덕분에 미국령 사모아는 화를 면할 수 있었다. 반면, 뉴질랜드 통치하에 있었던 서사모아에는 그런 운이 따르지 않았다. 오클랜드에서 출항한 증기선을 통해 독감이 뉴질랜드에 상륙한 후 당국은 필리핀의 점령자와 똑같은 실수를 저질렀다. 독감을 섬 안에서 일어난 토착병이라고 본 것이었다. 비극이 잇따랐다. 서사모아인 네 명 중 한 명 꼴로 목숨을 잃었고, 앞으로 보겠지만, 이 참사는 섬의 미래까지 극적으로 바꿔 놓았다.

물론 스페인독감에 대한 보고는 세계 어디서나 제대로 이뤄지지 않았다. 그것은 독감의 이름만 봐도 알 수 있다. 세계는 그 병이 스페인에서 유래했다고 생각했다. 하지만 사실 스페인에서 죽음의 천사를 보냈다고 비난할 자격이 있었던 나라는 단 한 곳밖에 없었다. 바로 이웃 포르투갈이었다. 불의는 또 다른 불의를 낳는다고 했던가. 세계의 희생양이 된 데 발끈한 스페인에서 포르투갈에 화살을 돌렸다. 스페인과 포르투갈은 전쟁 기간 동안 수천 명에 이르는 국민을, 전쟁터에 나간 노동자를 대신할 일용 노동자로 프랑스에 제공했다. 이 노동자들이 국경을 넘어오면서 바이러스까지 옮겨 왔을 것임이 분명한데도 스페인 사람들은 포르투갈 사람에게만 책임을 물었다. 철도역에 위생 방역선을 설치하는가 하면, 포르투갈 승객을 태운 열차 객실은 문을 봉쇄했다. 다른 칸에 타고 있는 '비감염' 스페인인과의 접촉을 막기 위한 조치였다. 마드리드에서 북서쪽으로 150킬로미터 떨어진 중요 환승역인 메디나델캄포에서는 도착하는 포르투갈인 여행객마다 고약한 냄새가 나는 소독제를 뿌리고 8시간까지 붙잡아 두었다. 항의하는 사람에게는 벌금을 부과하거나 심지어 수감하기도 했다. 1918년 9월 24일 스페인은 급기야 포르투갈로서는 분기 탱천하게도 국경의 출입을 전면 봉쇄했다. 하지만 무의미한 조치였다. 그때는 이미 독감이 사모라 성내 막사까지 침투한 상태였기 때문이다. 나폴리의 병사는 어느새 돌아와 있었다.

확산 차단하기

유행병은 산불처럼 '땔감'에 의존한다. 여기서 땔감이란 병에 걸리기 쉬운 개인을 말한다. 초기의 몇몇 감염자가 산불로 치면 '불똥'에 해당하는데, 이들로부터 확산 규모는 기하급수적으로 커진다. 이들 역시 감염에 취약한 개인으로 이뤄진 거대 집단에 둘러싸여 있기 때문이다. 하지만 시간이 지나 사람들이 병에 걸려 사망 혹은 회복하거나 면역이 생기면서 감염 대상 집단은 줄어들게 된다. 따라서 유행병의 경과를 그래프로 나타내 세로축을 '신규 확진자 수', 가로축을 '시간'으로 하면 종 모양의 평균 분포 곡선을 그리게 된다.

이것이 유행병의 고전적인 유형인데, 여기에는 무한한 변형이 있을 수 있다. 가령 곡선의 높이와 폭이 다양할 수 있고, 꼭짓점이 하나 이상일 수도 있다. 그래도 기본 형태는 알아볼 수 있다. 이 말은 수학적 용어로 기술될 수 있다는 뜻이다. 21세기에 와서 유행병의 수학적 모델링은 대단히 정교해졌지만 이미 1918년에도 과학자들은 그런 방식으로 생각하기 시작했다. 그보다 2년 전 영국 말라리아 전문가이자 노벨상 수상자인 로널드 로스는 '발생 이론'을 통해 시간에 따른 감염자 비율과 감염 대상자 비율 그리고 둘 사이 전환율°을 계산하는 데 도움이 되는 일련의 미분 방정식을 제시했다. 이때 발생이란 로스의 정의에 의하면 세균이든 소문이든 유행이든 일정 집단 속에서 확산되는 모든 것을 뜻한다.

　　로스의 이론은 다른 사람들의 연구 성과와 함께 그동안 사람들이 오랫동안 본능적으로 이해하고 있었던 것을 구체적인 숫자로 표현했다. 즉 병에 걸릴 수 있는 개인의 밀집도가 일정 한계점 이하로 떨어지면 발생이 감소하기 시작한다는 사실이다. 유행병은 방해가 없는 한 자기 경로를 따라 진행되다가 사라지게 되어 있다. 하지만 밀집도를 줄이는 조치(이른바 '사회적 거리 두기'라는 집단적 대응)는 종결을 앞당기고 사상자 수를 줄일 수 있다. 예컨대 유행병 곡선 아래쪽 면적을 감염에 따른 재난의 총량을 반영한 것이라고 본다면, 곡선이 높고 넓을 때(방해가 없을 때)와 곡선이 낮고 좁을 때(방해가 있을 때) 면적의 차이를 비

° 어떤 질병의 경우 감염된 개인이 회복 후에 다시 감염 대상자 집단에 속할 수도 있었다.

교해 보기 바란다. 이 면적의 차이는 공중보건 기반이 마비되어 환자가 치료를 받지 못하고 의사와 간호사가 탈진 상태에 내몰리며 시신은 영안실에 적체되는 경우와 비록 한계 상황까지 가긴 했지만 아직 환자 유입을 감당할 수 있어 기능이 작동되는 시스템 간의 차이를 말해 준다고 할 수 있다.

1918년 스페인독감이 신고 대상이 되고 범유행병이라는 사실이 인정되자마자 사회적 거리 두기 조치라는 비상 수단이 동원됐다. 최소한 그럴 여력이 있는 나라는 그렇게 했다. 학교와 극장, 예배 시설이 폐쇄되었고 대중교통의 사용도 제한되었으며 대중 집회는 금지됐다. 항구와 철도역에는 격리 조치가 내려져 환자를 가려내 병원으로 보냈고, 병원에서는 이들을 일반 환자와 분리 수용하기 위해 격리 병동을 따로 마련했다. 또 공공정보 캠페인을 통해 사람들에게 재채기를 할 때는 수건을 사용하고 규칙적으로 손을 씻도록 했다. 이와 함께 사람이 많이 모인 곳을 피하되 창문은 계속해서 열어 두도록 했다(세균이 덥고 습한 조건에서 증식하는 것으로 알려졌기 때문이다).

이런 조치는 그 전에도 시도된 적이 있고 이미 검증된 것이었다. 그러나 보다 실험적인 조치도 있었다. 스페인독감은 사실상 파스퇴르 이후 시대에 겪는 첫 범유행성 독감이었다. 그 전에 일어난 1890년대 러시아독감만 해도 리하르트 파이퍼가 병의 원인에 해당하는 미생물을 알아냈다고 선언한 것은 병이 이미 상당히 퍼진 후였기 때문이다. 그의 모델은 1918년에도 여전히 의료계에서 지배적이었지만, 말할 것도 없이 틀린 것이었다. 정확한 진단 검사를 할수 없는 상황에서 보건 전문가들은 감염체가 무엇인지는 물론 어떤 경우에는 심지어 병의 정체를 두고도 의견 일치를 보지 못해 진퇴양난에 빠져 있었다.

가령 어떤 곳에서는 입 위에 겹으로 된 가제 마스크를 착용하도록 권고했다. 아마도 당시 일본에서는 자신의 세균으로부터 타인을 보호하기 위해 마스크를 착용하는 관행이 시작됐을 가능성이 커 보인다. 하지만 보건 관리들은 마스크가 실제로 감염을 줄이는지를 두고 의견이 엇갈렸다. 또한 살균제 사용을 두고서도 견해가 나뉘었다. 1918년 후반 가을 파도가 깊숙이 밀려들었을 때(파리 전역의 지하철역과 극장이 표백제에 흠뻑 젖어 있었을 때) 한 기자가 파스퇴르 연구소의 에밀 루 소장에게 살균제가 효과가 있는지 물었다. 루 소장은 깜짝 놀라면서 "전혀 소용없다"고답했다. "무균실 안에 사람 스무 명을 두고 독감 환자 한 사람을 넣어 보세요. 그 사람이 재채기를 해서 콧물이나 침한 방울만 주변 사람에게 닿으면 아무리 무균실이라 해도 감염되고 말 겁니다."[4]

오래전부터 학교에 들어갈 정도가 되는 나이의 아이들은 유행병의 이상적인 매개체로 간주되어 왔다. 계절 독감이 선호하는 희생자 군에 속하는 데다 매일 만나서 어울려 놀고 콧물 통제도 제대로 안 되는 경향이 있기 때문이다. 그렇다 보니 유행성 독감이 돌 때마다 학교가 문을 닫는 것은 무릎 반사처럼 자동적인 반응에 속했다. 1918년에도 상황은 마찬가지였다. 하지만 좀 더 생각 있는 몇몇 사람이 휴교 소동에 반대해 자기 목소리를 높였고, 앞으로 살펴보겠지만, 가끔은 논쟁에서 이기기도 했다. 관찰력이 뛰어난 이들은 두 가지 사실에 주목했다. 하나는 이번 독감의 주요 목표물이 취학 연령의 아이들이 아니라는 것, 다른 하나는 설사 아이들이 병에 걸린다 해도 감염 경로가 가정인지 학교인지 아니면 그 사이 어느 곳인지 불분명하다는 것이었다. 학교가 아닐 경우에 학교 문을 닫는 것은 아이들을 보호하지도 확산을 막지도 못한다는 주장이었다.

가장 열띤 논쟁은 백신 접종을 둘러싼 것이었다. 사실 백신 접종은 세균 이론보다 더 오래전부터 있었다. 에드워드 제너가 1796년에 우두 백신을 한 소년에게 접종해서 예방에 성공했다. 따라서 항원°의 정체를 모르고도 효과적인 백신을 만드는 것은 분명히 가능한 일이었다. 결국 파스퇴

° 면역 반응을 끌어내려는 미생물.

르는 광견병이 바이러스에 의해 일어난다는 사실을 모르고도 광견병 백신을 만들어 냈다. 1918년 정부 연구소에서는 파이퍼의 바실루스를 비롯해 호흡기 질환의 원인으로 생각되는 다른 박테리아 예방 백신을 대량으로 생산했다. 어떤 것은 실제로 생명을 구하는 것처럼 보이기도 했다. 하지만 대부분은 효과가 없었다. 백신 주사를 맞은 사람도 계속해서 병에 걸리고 사망했다.

백신 중 일부가 효과를 발휘한 이유는 그것이 수많은 환자의 사망 원인이었던 폐렴을 일으킨 2차 병균 감염을 차단했기 때문이란 사실을 지금 우리는 안다. 그러나 당시만 해도 의사들은 자기 나름의 독감 이론에 따른 결과로 해석했다. 어떤 의사는 백신의 효과를 두고 파이퍼의 바실루스가 범인임을 보여 주는 증거라고 지목하기도 했다. 다른 의사는 백신이 효능을 보이는 것이 합병증을 상대로 한 것일 뿐 원질환을 공략한 것이 아님을 본능적으로 알아차렸고, 원질환의 정체는 여전히 오리무중이라고 봤다. 서로 욕설이 오가는가 하면 공식적으로 부인하기도 했다. 미국의학협회는 회원들에게 백신을 신뢰하지 말라고 권고했고, 언론은 논란의 전모를 보도했다. 논쟁은 오히려 역효과가 났다. 오래된 조치, 즉 환자와 건강한 사람을 격리하는 방법은 효과가 있기는 했지만, 어디까지나 사람들이 순응하는 한해서만 그러했다.

사람들의 순응을 끌어내기

격리를 비롯한 다른 질병 억제 전략은 개인의 이익보다 집단의 이익을 우선한다. 앞서 말했듯이, 집단이 아주 클 때에는 억제 전략이 하향식으로 강제되어야 한다. 하지만 중앙 권위체에 집단 이익을 위해 행동할 권한을 위임할 경우 두 가지 문제를 낳을 수 있다. 첫째, 집단 이익도 여러 가지가 우선순위를 다툴 수 있다. 가령 돈을 벌 필요성과 군대를 모집할 필요성이 경합할 수 있다. 그럴 경우 권위체의 집행력이 부정되거나 약해질 수 있다. 둘째, 개인의 권리가 유린될 위험이 있다. 특히 권위체가 수중의 조치를 남용할 경우에 더 그렇다.

미국의 독감 이야기를 쓴 역사가 앨프리드 크로스비는 이러한 집단 이익의 경합을 이유로 범유행병 상황에서는 민주주의가 도움이 안 된다고 주장했다. 국가 안보와 경제 성장, 공중보건의 요구는 나란히 함께 가는 경우가 드물다. 그렇다 보니 앞의 두 가지를 옹호하는 선출직 대표는 자기 직무에만 충실할 경우 셋째 요구를 경시하게 된다. 예컨대, 프랑스에서는 내무부와 의학원을 포함한 강력한 권위체가 극장과 영화관, 교회, 시장의 폐쇄를 지시했지만 지켜진 경우는 드물었다. 중앙 부처의 지방 사무소에서 "대중을 화나게 할까 두려운 나머지" 조치를 강행하지 않았다.[5] 반면, 최상위에 권력이 집중되어 있다고 해서 질병 억제가 보장되는 것도 아니었다. 일본의 경우 소규모 과두 집단의 지배에서 신생 민주주의로 옮겨 가는 과도기 상황에서 관련 당국이 공공 회합 장소의 폐쇄를 검토조차 하지 않았다. 도쿄의 경찰관은 당시 상황을 지켜보며, 당국이 당시 일본의 식민지였던 한국에서는 모든 대중 집회, 심지어 예배까지 금지했지만 "일본에 있는 우리는 그렇게 할 수 없다"라고 탄식했다. 딱히 이유는 제시되지 않았다.

1918년에는 개인 또한 걱정할 만한 이유가 있었다. 19세기 마지막 수십 년, 그러니까 아주 가깝게 기억하는 기간 내내 공중보건 캠페인은 사회의 주변부 집단을 겨냥했다. 우생학과 세균 이론이 고약한 방식으로 결합되던 시절이었다. 인도가 대표적인 경우였다. 인도의 영국 식민지 총독부는 원래 원주민 보건 문제에는 자유방임적 태도를 취했다. 그들을 손을 쓸 수 없을 정도로 비위생적이라고 봤기 때문이다. 하지만 1896년 림프절페스트가 발병하자, 이 치명적인 병이 자신들의 이익까지 해칠 수 있는 위협임을 깨닫고는 반대편 극단으로 치달았다. 감염을 뿌리 뽑기 위해 무자비한 캠페인에 나선 것이다. 가령 푸네의 경우 환자들이 병원에 격리되었고, 대부분 살아 돌아오지 못했다. 그들의 친척까지 '보건 캠프'에 분리 수용되었다. 그들이 살던 집의 바닥까지 파헤쳐졌고, 쓰던 일상용품은 훈증 소독되거나 소각되었다. 소방차가 얼마나 많은 양의 석탄산을 집 안으로 살포했던지, 어떤 세균학자는 집 안에 들어가려면 우산을 써야 했다고 보고했다.[6]

'극빈자'에 대한 부정적인 인식에 갇혀 있던 영국 당국은 페스트가 쥐벼룩에 의해 전파된다는 사실을 믿으려 하지 않았다. 적어도 병이 돌기 시작한 초기 며칠 동안에는 그랬다. 그렇지 않았다면 사람보다는 수입되는 상품을 검사하고, 집을 소독하기보다는 그 안의 쥐를 소탕하는 것이 더 나은 전략임을 알 수 있었을 것이다. 이런 조치의 최종 상대였던 인도인 눈에는 병원이 "고문 장소이자 실험 재료 제공소"로 보이게 되었다.[7] 그 결과 1897년 푸네 페스트위원회의 월터 찰스 랜드 위원장이 인도의 차페카 삼형제에게 살해당하는 일까지 벌어졌다. 이로 인해 삼형제는 교수형에 처해졌는데, 오늘날 이 도시에는 그들을 자유의 투사로 기리는 기념물이 서 있다.

비슷한 침해 사건이 세계 다른 지역에서도 속출했다. 오스트레일리아에서는 혼혈 원주민 아동을 부모로부터 떼어내 백인 가정에 두는 정책이 시행되었다. 본래 '순수' 원주민은 멸종되고 말 운명이지만 '우월한' 백인종과 섞인 후손은 백인 사회에 동화됨으로써 구조될 수 있을 거라는 발상에서 나온 조치였다(당시 원주민은 백인 자신이 그들 한가운데 들여온 유행병으로 대거 죽어 가던 상황이었는데도 그렇게 했다). 그런가 하면 아르헨티나에서는 아프리카계 사람을 도시에서 완전히 제거하는 프로그램이 시작되었다. 이들이 다른 시민의 건강에 위협이 된다는 이유에서였다. 브라질 정부도 이런 조치를 고려했지만 최종적으로는 실행 불가능해 보인다고 판단했다. 브라질 국민 대다수가 아프리카인의 후손이었기 때문이다.

1918년 보건 당국들이 다시 한 번 질병 억제 조치를 시행하겠다고 선언한 것은 이런 배경에서 나왔다. 유형은 나라마다 다양했지만 일반적으로 강제적인 것과 자율적인 것의 혼합이었다. 당국은 시민들에게 손수건을 사용하고 밤에는 창문을 열라고 했다. 그러나 그렇게 하지 않더라도 별다른 불이익을 받지는 않았다. 감시 경찰관이 거리에서 침을 뱉는 것을 막았고, 그래도 반복하는 사람은 벌금을 물리거나 감옥에 넣을 수도 있었다. 정치 집회나 운동 경기에 참석하는 식으로 대중 집회 금지를 위반할 경우에는 경찰관이 경찰봉을 들고 떼를 지어 난입해 모임을 해산시킬 수도 있었다. 격리 규제나 방역선을 위반했을 때에는 실제로 아주 혹독한 처벌을 각오해야 했다.

많은 사람이 제한 조치를 따랐다. 당시만 해도 민권 운동이 일어나기 전이어서, 당국은 시민의 사생활에 간섭할 권한이 더 많았다. 지금 같으면 사생활을 해치거나 침범하는 것처럼 보였을 조치도 좀 더 용인되는 분위기였다. 특히나 그때는 전쟁으로 애국심이 한껏 고조된 상황이었다. 예를 들면 1918년 미국에서는 양심적 병역 거부자뿐 아니라 감염 억제 조치에 따르지 않으려는 사람까지 싸잡아 '게으름뱅이'로 욕을 먹었다.

하지만 방역 조치의 주요 표적이 된 사회 주변부 집단 내에서는 그런 조치가 또 다른 트로이의 목마라는 의심이 있었고, 많은 이가 그에 맞서 조용히 저항했다. 가령 남아프리카에서는 1918년 11월부터 시작된 백신 접종 프로그램이 광범위한 거부 운동에 부닥쳤다. 흑인과 백인 모두 세균 이론에 대한 이해가 허술한 나머지,『트랜스카이언 가제트』의 한 기고자는 수천 명의 사람이 "예방접종 주사약에는 엄청난 수의 균이 들어 있다는 말을 들으면 조용히 웃고는, 짐짓 그런 줄로 믿는 척해 그 말을 하는 의사의 장단을 맞춰 준다"라고 썼다. 하지만 그 외에도 흑인은 왜 백인이 갑자기 자신들의 건강을 그토록 염려하는지 자문해 볼 수밖에 없었다. 유언비어를 퍼뜨리는 사람 사이에서는 백인 남성이 목정맥에 찔러 넣는 긴 바늘이 자신들을 죽이려는 것이라는 말까지 돌았다.

시간이 흐르면서 처음에는 방역 조치를 잘 따랐던 사람 사이에서도 피로감이 나타나기 시작했다. 그러한 조치는 사람들의 일상생활에 필요한 활동을 막았을 뿐 아니라, 조치를 따랐을 때의 효능마저 드문드문 눈에 띌 뿐이었다. 모범이 되어야 할 사람들마저 제 역할을 잊었다. 샌프란시스코 시장은 휴전협정 축하 행진을 관람하던 중 마스크가 벗겨지자 대롱거리게 놔뒀다. 방역을 위한 규제 이면의 논리도 때로는 종잡을 수 없었다. 뉴올리언스의 가톨릭 사제인 밴도 신부는 시 당국에서 상점은 영업을 허용하면서 교회 문은 닫게 했다고 항의했다. 그런 차이와 그로 인해 생겨난 불만은 그때마다 어김없이 신문을 통해 보도되었다.[8]

신문은 1918년 당시 대중과의 주요 소통 수단으로, 방역 조치에 대중을 따르게 하든 그것에 실패하든 여론의 향배를 좌우하는 데 결정적인 역할을 했다. 신문은 종종 독자에게 세균 이론을 교육하고 공중보건 메시지를 전달하는 데 앞장섰을 뿐 아니라 그에 대한 자신들의 의견도 숨기지 않았다. 여러 신문이 다양한 견해를 표출했고 그것이 혼선을 빚기도 했다. 언론의 태도는 의사나 방역 당국과 마찬가지로 온정주의적이었다. 전시 검열에 구속받지 않는 나라에서도 범유행병 규모의 진상에 관한 정보는 제대로 전달하는 경우가 드물었다. 대중을 믿을 수 없는 상대라고 여긴 탓이었다. 당시만 해도 대중이 "생각 없는 무리"라는 관념이 훨씬 강했고, 자칫 공황을 촉발할까 봐 두려워했다. 대중은 어떤 식으로든 "이끌기"가 너무나도 어렵다고 여겨졌다. 당시 팽배했던 태도를 영국 신문 『가디언』은 그로부터 몇 년 후 다음과 같이 요약했다. "하지만 현대적인 도시 주민에게 기차나 전차 여행을 피하라고 하고, 젊은 세대에게 사진을 포기하라고 하고, 실업자에게 영양가 있는 음식을 충분히 섭취하고 걱정을 피하라고 하는 조언이 도대체 무슨 소용이 있겠는가?"[9]

이탈리아의 유력 신문인 『코리에레 델라 세라』는 독감으로 인한 일일 사망자 수를 집계해 보도하는 언론 본연의 입장을 취했다. 하지만 시 당국이 강제로 중단시켰다. 시민 사이에 불안을 조성한다는 이유였다.[10] 언론이 그 문제에 계속 침묵을 지킬 경우에 훨씬 큰 불안을 낳을 수 있다는 사실을 당국은 깨닫지 못한 것처럼 보였다. 결국에는 거리와 마을 곳곳에서 시신이 쏟아져 나오는 것을 사람들도 볼 수 있었다. 시간이 지나면서 신문사의 기자와 인쇄 인력, 트럭 운전수, 배달 소년까지 병에 걸렸고, 언론사는 자체 검역에 들어갔다. 그럴수록 방역 규정에 대한 호응도는 큰 수준으로 격감했다. 사람들은 다니던 교회로 다시 돌아갔고, 불법 경마 시합에서 소일거리를 찾았으며, 마스크를 집에 내버려 두었다. 바로 그때 공중보건의 기반(구급차량과 병원, 무덤 파는 인부)이 비틀대다 붕괴되기 시작했다.

제국의 대도시

1918년 뉴욕은 원자화된 근대 도시의 전형이었다. 인구 560만 명에 세계 최대 메트로폴리스의 자리를 놓고 런던과 다퉜고, 몇 년 안에는 따라잡을 기세였다. 이처럼 빠르게 팽창할 수 있었던 요인은 이민이었다. 1880년부터 1920년 사이에 2000만 명 이상이 더 나은 삶을 찾아 미국에 상륙했다. 뉴욕은 이들의 주요 진입 항구였다. 대다수는 남부와 동부 유럽에서 온 사람이었다. 고향에서 멀리 떠나온 이민자가 으레 그렇듯 새 도시에 동화되는 데는 시간이 걸렸다. 1918년 뉴욕은 하나의 세계 안에 여러 세계가 공존했다.

따라서 이 유행병의 2차 파도가 그해 7월 뉴욕에 출현했을 때 이 도시의 보건국장인 로열 S. 코플랜드가 직면한 것은 완전히 현대적인 난제, 즉 이리저리 뒤섞인 공동체로부터 단일한 집단적 대응을 끌어내는 것이었다. 이 공동체들은 공간적으로는 한 곳에 겹쳐 산다고 해도 공통의 언어를 사용하지 않는 경우가 많은 데다 정체성도 거의 제각각이었다. 그뿐만이 아니었다. 뉴욕은 유럽으로 파견되는 부대의 병사가 배에 오르는 주요 항구였기 때문에 도시에 효과적인 격리 조치를 취할 가능성도 낮았다.

코플랜드는 안과 의사인 동시에 동종요법* 의사였다. 그때는 동종요법이 '대체의학'으로 불리기 전이어서 둘을 겸하는 것이 그다지 놀랍게 여겨지지 않았다. 더욱이 그가 보건국장에 임명된 것은 불과 4월의 일이었다. 이 미시간 출신의 "전형적인 낙천주의자에다 『성서』를 곧잘 인용하며, 진부한 말을 쏟아 내는 자기개발형 미국 소년"이었던 그는 그래도 맡은 일은 해낼 실용적인 사람으로 보였다. 하지만 그해 여름과 초가을 그는 늑장을 부렸다.[11] 항만 당국은 7월부터 입항 선박에 대한 감시를 강화했지만, 8월 12일 병균으로 완전히 감염된 상태였던 노르웨이 선박 베르겐스피오르드호가 도착했을 때 승객 11명을 브루클린의 병원으로 옮기고도 격리 조치는 하지 않았다. 9월 17일까지 유행병은 활발히 퍼졌고, 독감과 폐렴 환자가 곳곳에서 보고되었다. 그달 남은 기간에도 내내 코플랜드는 위험을 경시했다. 마침내 10월 4일 그가 유행병을 공식 인정했을 때는 이미 리바이어던호를 비롯해 균에 감염된 군인 수송선이

---

* 인체에 질병 증상과 유사한 증상을 유발시켜 치료하는 대체의학의 일종.

오래전부터 대서양을 오가며 치명적인 화물을 퍼뜨리고 있던 터였다.

코플랜드는 군부대가 이동하는 문제에 관계된 영역에서는 시장으로서 권한에 한계를 느꼈음에 틀림없다. 당시 우드로 윌슨 대통령은 군 고위 장교들의 조언에 따라 군의관의 의견은 무시한 채 부대 수송을 계속 진행하도록 고집했고, 코플랜드 시장은 대통령의 뜻에 방해가 되지 않도록 유행병 선언을 미뤘을 수도 있다. 하지만 유행병 선언을 하고 난 후에는 생명을 구할 수 있는 세 가지 결정을 내렸다. 첫째, 공장과 상점과 영화관의 시작 시간에 시차를 두도록 해 출퇴근 혼잡 시간대를 없앴다. 둘째, 도시 전역에 비상 보건 센터 150곳을 설치해 환자 발생 시 신고와 간호를 조정하는 가정 청결 시스템을 확립했다. 세 번째는 학교 수업을 계속 유지한 것인데, 이 조치는 격렬한 논쟁을 불러일으켰다.[12]

처음에는 그도 이웃한 매사추세츠와 뉴저지처럼 모든 공립학교의 문을 닫게 하려고 했다. 그러나 시 보건국의 진취적 성향의 아동위생부장인 조지핀 베이커가 그를 설득해 주저앉혔다. 그녀는 아이들은 학교에서 조사한 후에 증상이 보이면 치료하는 편이 더 수월할 거라고 주장했다. 또한 먹을 것도 학교에서는 적절히 배식되는 반면 집에서는 그렇지 않은 경우가 많을 뿐 아니라, 학생은 중요한 공중보건 정보를 집에 가서 전달하는 역할도 한다고 했다. "저는 제가 이 도시의 6~15세 아동을 '독감'의 위험으로부터 지켜 낼 수 있을지 알고 싶습니다." 베이커의 말이었다. "제가 그것을 해낼 수 있을지는 모르겠지만 꼭 한 번 기회는 갖고 싶습니다."[13] 코플랜드는 그녀에게 기회를 주었고, 그 대가로 적십자와 전 보건 국장들을 비롯한 인사로부터 쏟아진 격렬한 비난을 감수해야 했다. 그러나 그와 베이커는 추후 불명예를 회복할 수 있었다. 그해 가을 독감에는 취학 연령 아동이 감염된 경우가 사실상 전무했다.

코플랜드가 벌인 캠페인은 당시 애국심의 요구와 전쟁 노력에 의해 반복해서 짓눌렸다. 10월 12일 유행병이 최고조에 달했을 때였다. 병원은 심각한 과밀 상태였고, 외과 병동까지 독감 병동으로 바뀌었는가 하면, 체육관과 시의 첫 홈리스 쉼터마저 넘치는 환자 수용을 위해 개조해야 했다. 마침 10월 12일은 콜럼버스 기념일*이었다. 이날을 기념하기 위해 '연합국 거리'°를 따라 윌슨 대통령을 필두로 2만 5000명이 행진을 벌였다.

또한 코플랜드는 기업인과도 협상을 벌여야 했다. 다른 도시의 보건국장과 달리 그는 오락 시설을 폐쇄하지

---

* 크리스토퍼 콜럼버스의 아메리카 대륙 발견을 기념하는
미국 국경일로 10월 둘째 월요일.
° 5번가를 잠정적으로 바꿔 부른 이름.

192

않았다. 다만 엄격한 규제 조치를 취했다. 가령 어린이는 출입을 막게 했다. 10월 20일 찰리 채플린의 영화『어깨 총』°°이 개봉되었을 때, 스트랜드시어터의 매니저인 해럴드 에델은 인상적인 흥행 성적에 고무되어 관객에게 찬사를 보냈다. "우리는 사람들이 이 영화를 보기 위해 말 그대로 목숨을 건 모험을 했을 거라는 점이『어깨 총』에 대한 가장 놀라운 평가라고 생각합니다."[14] 불행히도 에델은 이 말이 보도되기 일주일 전에 숨지고 말았다. 사인은 스페인 독감이었다.

코플랜드 시장에게도 유리한 점은 있었다. 뉴욕은 20년 전 결핵(특히 공공장소에서 침을 뱉는 습관)에 전쟁을 선포한 후에 치른 경험 덕분에 공중보건 캠페인 기술에는 훈련이 되어 있었다. 9월 말이 됐을 때는 독감을 예방하고 치료하는 법에 관한 권고문도 준비를 마친 상태였다. 하지만 권고문은 영어로만 인쇄되었다. 뒤늦게 다른 언어로 된 소책자를 제작해 보이스카우트 대원들을 시켜 맨해튼의 로어이스트사이드**의 다세대 주택가를 다니며 나눠 주게 한 것은 10월 하반기나 되어서의 일이었다. 그때는 이미 최악의 상황을 지난 상태였다.

1918년 뉴욕에 사는 이민자 중에서 가장 최근에 도착했고, 가장 가난하면서도 가장 빠르게 늘어나고 있는 집단

°° 떠돌이가 독일 황제를 납치하는 내용.
** 뉴욕에서도 가난한 이민자가 많이 살던 지역.

이 이탈리아계였다. 1880년부터 40년에 걸쳐 약 450만 명이 이곳에 와서 다수가 그대로 살았다. 이들이 모여 사는 곳은 뉴욕의 로어이스트사이드와 해군 공창 주변 브루클린 지역과 이스트할렘 지역을 아우르며 하나의 '리틀 이탈리아'를 이루고 있었다. 이들은 주로 공장이나 저임금 작업장, 건설, 철도 현장에서 일을 하면서 주거 환경이 열악한 다세대 주택에 입주해 살았는데, 당시 뉴욕은 세계에서 나폴리 다음으로 이탈리아 사람이 많이 사는 도시였다.

주로 남부 이탈리아 시골 농부 출신인 이 이민자들은 도시 생활에 익숙하지 않았다. 특히 호흡기 질환에 취약했다. 그런 사실을 지금 우리가 아는 것은 1909년 이탈리아에서 미국으로 귀화한 의사였던 안토니오 스텔라 덕분이다. 호흡기 질환 전문가인 그는 이탈리아계 미국인을 위해 의미 있는 사업을 추진했던 인물이었다. 그는 웨스트 110번가에 있는 이탈리안 병원이나 자신의 진료 상담실에서 환자를 보는 때가 아니면 시내 환자 다발 지역을 직접 찾아갔다. 가끔 그의 남동생이 동행할 때도 있었는데, 조지프 스텔라라는 이름의 이 예술가는 자신이 본 것을 스케치했다. 그는 당시 뉴욕을 "유럽의 야심이 병들고 시들어 가는 거대한 감옥"에 비유했다.[15]

범유행병이 닥치기 오래전부터 스텔라는 리틀 이탈

리아에서 호흡기 질환, 특히 결핵의 발병률이 높다는 것과 이탈리아계가 뉴욕 이민자 후손 집단 중 사망률이 최고라는 사실에 주목했다. 그는 로어맨해튼에서도 폐결핵 다발 지역으로 악명 높은 '폐 구역'Lung Block에 직접 들어가 조사한 후에는 문제가 훨씬 축소돼 보고되었다고 확신했다. 정확한 발병 규모는 시 보건국에서 알고 있는 것의 20배는 될 거라는 게 그의 생각이었다. 그는 이렇게 표현했다. "칼라브리아 출신의 튼튼한 청년, 시칠리아의 건장한 어부, 아브루초와 바실리카타 출신의 팔팔한 여성이라도 이 다세대 주택에서 6개월만 살면 지금 뉴욕 거리를 따라 힘겹게 걷고 있는 창백하고 무기력하고 왜소한 사람으로 바뀌는 것은 일도 아닐 것이다."[16]

스텔라는 질병이 이미 주변부로 밀려난 집단에게 한 번 더 낙인을 찍는다는 사실을 아주 잘 알고 있었다. 이번에는 심한 외국인 혐오 감정이 이탈리아 이민자로 향하고 있었다. 불결하고 지저분하고 열정에 휘둘리는 인간으로 취급당하면서 범죄와 알코올 중독, 공산주의는 물론 다른 사회적 질병의 숙주라는 과도한 비난까지 받고 있던 터였다. 이 존경받는 의사는 골동품과 다마스크 직물* 수집이 취미일 정도로 교양이 있는 사람이었다. 부유층과 인기 테너 엔리코 카루소 같은 유명 인사를 고객 환자로 둔 그가

---

* 실크나 리넨으로 양면에 무늬가 드러나게 짠 고급 직물.

볼 때에는 동화同化야말로 이민자를 선입견으로부터 보호하는 최선의 방안이었다. 그 자신이 제2의 고향으로 삼은 뉴욕은 그런 사실을 반복해서 증명해 왔다. 새로운 이민 물결이 닥칠 때마다 이민자는 어떤 인종적 고정관념뿐 아니라 특정 질병과 연결 지어졌다. 1830년대에 콜레라는 가난한 아일랜드계 이민자가 뒤집어썼고, 19세기 말 결핵은 '유대인 병' 혹은 '양복쟁이 병'으로 알려졌다. 1916년 대서양 연안 도시에서 소아마비가 퍼졌을 때는 이탈리아계 사람이 욕을 먹었다. 방문 간호사들은 사망자에게 입맞춤을 하는 이탈리아 사람의 관례를 경멸했고, 그들은 간호사를 문전 박대했다.

스텔라가 보기에 이민자의 건강 문제는 대부분, 토박이가 즐겨 말하듯이 이민 올 때 가져왔다기보다 미국에 와서 얻은 것이 분명했다. 근원적인 문제는 빈민가의 공동주택에서 밀집해서 사는 것이었다. 그가 기록한 최악의 경우는 인구 밀도가 제곱킬로미터당 12만 명에 달했다. 당시 유럽에서 가장 밀도가 높다는 도시보다도 높았다. 오늘날 지구상에서 가장 밀도가 높은 곳 중 하나로 꼽히는 뭄바이 슬럼가 다라비와도 별 차이가 나지 않을 정도였다. 시칠리아 출신 이민자가 모여 사는 이스트 13번가의 어떤 곳은 방 하나당 평균 열 명이 살았다. 그러나 스텔라는 동시에 이민자의 낙후된 생활 방식이 그들의 취약성을 더 악화시키고 있다는 사실도 알고 있었다. 다수가 문맹이었고 영어도 할 줄 몰랐다. 미신적인 데다 배타적이었고 권위를 불신했다. 그들의 민간요법이란 것도 어느 정도 고쳐지기는 했지만, 늑대 뼈는 이제 더 이상 구할 수 없어 제외되었을 뿐, 도시의 틈새에서 대용품을 찾거나 창가 화단에 그런 것을 길렀다. 계속해서 마녀와 성모 마리아의 치유 은총을 믿었고, 악마의 눈을 물리치기 위해 침을 뱉었다.

스텔라의 생각에 무엇보다 위험한 것은 이 도시의 농민들이 갖고 있는 파치엔차** 문화였다. 어차피 일어날 일은 일어나기 마련이라는 믿음은 질병마저 그냥 내버려 두게 만들었다. 이들은 이탈리아에 있을 때 사제와 지주에게 품었던 것과 똑같은 의심을 가지고 이곳 의사를 대했고, 병원을 죽음의 장소로 여겼다. 스텔라가 자문도 했던 맨해튼의 벨뷰 병원은 마리오 푸조의 소설 『행운의 순례자』The Fortunate Pilgrim에도 등장한다. "신앙심 깊은 가난한 사람들은 그 문 안으로 들어갈 때 성호를 그었다." 사실 스텔라는 푸조의 작품에 나오는 바바토 박사의 모델이었는지도 모른다. "'의사 선생님 이렇게요' 혹은 '의사 선생님 저렇게요' 하고 환자들이 쏟아내는 입에 발린 공손한 말 뒤로 그들이 어떻게 느끼고 있는지를 그는 아주 잘 알고 있었다.

** 인내, 참을성을 뜻하는 이탈리아어.

그는 그들의 불행에 기대어 살고 있었고, 그들의 고통이 그의 이윤이었다. 그들이 절박한 필요와 죽음의 두려움 속에 있을 때 그가 찾아왔고, 그들을 구해 주며 돈을 요구했다. 여전히 원시적인 사고에 머물렀던 그들은 치료의 기술을 마술이자 신적인 것이라 느꼈고, 사거나 팔아서는 안 될 것으로 여겼다." 의사의 봉사에 값을 지불하는 근대적 관행은 그들에게 낯선 것이었다.

당시 뉴욕에서 이탈리아어로 발행된 주요 일간지는 『일 프로그레소 이탈로아메리카노』였다. 발행 부수가 하루 10만 부에 가까웠던 이 신문은 당시 문맹률이 높았던 공동체에서 신문이 흔히 읽히던 방식대로 읽혔다. 하루 일과가 끝난 후에 글을 조금은 읽을 줄 아는 노동자 한 명이 아주 힘겹게 여러 번 읽고 난 다음에 그가 이해한 내용을 다른 사람에게 전달하고, 들은 사람은 다시 집으로 돌아가는 만원 지하철 안에서 그것을 사람들과 나누거나 거기에 자기 의견을 보태는 식이었다. 『일 프로그레소 이탈로아메리카노』의 기자들은 독자가 여전히 몸의 열을 줄이려고 감자를 썰어 손목에 감싸고, 악귀가 들어오지 않도록 밤에는 창문을 닫아 둔다는 사실을 알았다. 그래서 유행병이 도는 동안 그런 미신적인 관행을 멀리하고 보다 '정통적인' 방향으로 유도하기 위해 당근과 채찍의 방법을 사용했다. 당근은 친절한 조언이었다. "절대 아이의 입에 키스를 해서는 안 된다. 아이와 하는 키스는 최대한 피해야 한다." 채찍은 법이었다. "위생 수칙을 양심적으로 지키지 않거나 침이나 가래를 뱉을 때 손수건을 사용하지 않는 사람을 처벌하라는 대단히 엄한 지시가 내려졌다. 이런 지시를 어기는 사람은 벌금과 징역형에 처해질 예정이다."

코플랜드가 학교 문을 닫지 않기로 한 결정을 발표했을 때 지지의 목소리를 낸 몇 안 되는 신문 중 하나가 『일 프로그레소 이탈로아메리카노』였다. 이탈리아 가족은 아이를 곁에 두려는 경향이 강했다. 가령 점심시간에도 아이를 집으로 데려가는 식이었다. 하지만 이 신문이 지적했듯이, 교실에서 벗어난 아이는 길에서 아무런 감독 없이 지내기 일쑤였다. 반면 학교에서는 교사가 아이를 지켜보고 있다가 첫 증상이 나타나면 곧바로 알아볼 수 있었다. "그뿐 아니라 많은 일반 가정보다는 학교의 위생과 환기 관리 상태가 더 낫다"라고 신문은 덧붙였다. 코플랜드가 베이커의 계획을 승인했을 때도 사실은 이탈리아 이민자를 염두에 두었을지 모른다. 그로부터 몇 년 후 코플랜드의 아들은 아버지의 당시 결정을 두둔하며 이렇게 설명했다. 로어이스트사이드의 어떤 곳은 사람들이 "방 둘, 욕실 하나인 집에 10~15명이 북적대며 살았다. 욕조는 석탄을 쌓아 두는 곳으로 쓰였다. 더운물은커녕 찬물마저 모자랄 때가 많았다. 사람들은 잠도 교대로 자야 했다. 이런 상황에서 학교가 문을 닫는다면 훨씬 큰 감염 위험에 노출될 게 뻔했다."

10월 말 무렵에는 코플랜드 자신이 독감에 걸렸지만 그는 아무에게도 알리지 않고 위기관리의 직무를 계속해서 수행했다고 그의 아들은 증언했다. 11월 5일 코플랜드는 유행병이 물러갔다고 선언했다. 물론 1919년 초 재발을 피할 순 없었다. 훗날 왜 뉴욕이 같은 동부 해안의 다른 대도시보다 피해가 덜했다고 생각하는지 묻는 질문에 그는 우리 시는 다행히 앞서 결핵과 20년 전쟁을 치른 경험이 있었고 그 결과 공중보건 기반이 탄탄했던 덕분이라고 답했다.[17] 뉴욕 시민 대다수는 위생 원칙에 익숙했을 뿐 아니라, 새로운 독감의 확산 경위는 몰랐어도 당국이 자신들의 건강 문제에 개입하는 것을 자연스럽게 받아들였던 것이다. 그가 언급하지는 않았지만 방역에 도움이 되었을 법한 요인은 또 있었다. 독감의 봄철 파도가 뉴욕에 일찍 찾아와 오랫동안 머문 것이 시민들에게 얼마간의 면역을 생기도록 했을 수 있었다는 점이다.[18]

우려했던 것과 같은 이탈리아 이민자에 대한 역풍은 없었다. 다른 이민자 집단도 독감으로 비난받지는 않았다.[19] 어떤 이는 사람들의 손가락질이 시작되기도 전에 유행병이 너무 빨리 지나가 버렸을 뿐이라고도 했다. 그러나 다른 이유도 있었을 것이다. 비록 모든 사람이 독감에 취약한 상태이긴 했지만 특히 이탈리아인이 대다수 사람에 비해 더 취약했다. 공식 자료에 그렇게 나타났다. 독감이 신고 대상으로 지정됐을 때 코플랜드가 공동주택으로 보낸 검열관에는 의사 말고도 비의료기관에서 온 조사원과 일반인도 있었는데, 이들은 사망자 수를 헤아리고 장례를 준비하는 데 필요한 시간에만 맞춰 현장에 도착할 때가 많았다. 검열반을 가동한 지 2주 후 그는 그들에게 추가 임무를 맡겼다. 그들이 발견한 환자의 위생 여건을 기술하게 한 것이다. 덕분에 당국은 그때까지 파악하고 있었던 이민자의 생활에 대한 개략적인 그림에 생생한 세부 사항을 더할 수 있었다. 또한 뉴욕 사람들은 결핵에 시달리는 빈민가를 잠깐이라도 들여다보는 전에 없던 기회를 가질 수 있었다.

사람들의 관심을 이탈리아 이민자의 운명으로 이끄는 데는 『일 프로그레소 이탈로아메리카노』도 제 몫을 했다. 10월 말 이 신문은 라파엘레 데 시모네라는 남성의 딱한 사연을 소개했다. 이 남성은 자신의 한 살배기 아기를 위한 관을 제공해 줄 장의사를 찾을 수가 없었다. 작은 시신은 며칠 동안이나 집에 그냥 방치돼 있었고, 급기야 다른 네 자녀까지 걱정이 된 아기의 아버지가 도움을 요청한 것이었다. 그는 어떤 상자라도 맞는 것이 있다면 숨진 아이를 그 안에 담아 공동묘지로 가져가, 필요하면 자신이 직접 무덤까지 파서 묻겠다고 하소연했다(며칠 후 이 신문은 그가 결국 목재를 구입한 후 절망감 속에서 손수 관을 짰다고 보도했다).

군이 심각한 피해를 본 것도 아마 이탈리아 이민자에게 유리하게 작용했을 것이다. 미국 육군은 전투보다 독감으로 잃은 병사가 더 많았는데(여기에는 저 죽음의 수송도 책임이 있었다), 숨진 병사의 다수가 외국 태생이었다. 어떤 이탈리아인은 미국이 공식 참전하기도 전에 유럽으로 가서 전투에 참여했다. 당시 미국 육군에 소속된 이탈리아계 남성은 모두 30만 명으로 추산되었다.

범유행병 기간에는 뉴욕 시내에서 모든 공적인 장례식이 금지되었고, 배우자만 관을 장지까지 옮길 때 동행할 수 있었다. 그러나 당국은 10월 27일 그리니치빌리지에 있는 폼페이의 성모 교회에서 거행된 체자레 카렐라 상병의 장례식만큼은 눈감아 준 것 같다. 카렐라 상병은 전쟁에서는 살아 돌아왔지만 스페인독감으로 목숨을 잃었다. 그의 관이 교회까지 운구되는 동안 대규모 군중이 모여들어 지켜봤다. 관은 이탈리아 국기로 감싸였고, 그 위에는 꽃다발과 함께 카렐라가 이탈리아 육군 경보병 부대인 베르살리에리 부대원으로 쓰고 다녔던 검은 들꿩 깃털 장식의 챙 넓은 모자가 놓였다. 장례 행렬이 지나가는 길에는 줄줄이 창문 아래로 성조기와 이탈리아 국기가 드리워졌다.『일 프로그레소 이탈로아메리카노』에 따르면, 교회를 가득 메운 청중을 향해 강론을 하면서 사제는 "가슴속에 신앙심과 애국심을 가진 이탈리아 신부만이 할 수 있는 것으로"라는 표현을 썼다. 그 후 회중은 퀸스의 캘버리 공동묘지까지 운구 행렬에 동참했다. 장지에 이르렀을 때는 불행히도 매장을 기다리는 관이 밀려 있었다. 이틀 후 코플랜드가 갔을 때도 그 수는 200개나 됐다. 보건국장이 방문한 다음 날 존 하일런 뉴욕 시장은 75명의 장정을 캘버리로 보내 밀린 관을 다 묻게 했다.

어쩌면 코플랜드는 자신도 모르는 사이에 이탈리아 이민자를 미국 사회에 동화되는 방향으로 한 발 더 가까이 다가가게 했는지도 모른다. 그는 9월 독감을 신고 대상 질병으로 지정한 후 며칠이 지나° 공유 숙소에 사는 독감 환자 전원이 입원 치료를 받도록 의무화했다. 여기에는 말할 것도 없이 다세대 공동주택도 포함됐다. 병원이라면 질색하던 이탈리아인들이 어떤 반응을 보였는지 기록으로 남은 것은 없다. 다만『일 프로그레소 이탈로아메리카노』9월 25일 자에 한 가지 흥미로운 기사가 보도된 적이 있다.

° 유행병으로 공식 선언하기 전이었다.

이탈리아 이민자 공동체가 마침내 자신들의 "무기력한 혼수상태"에서 깨어나 브루클린에 이탈리아인을 위한 새 병원을 짓기 위한 기금 마련에 열정적으로 참여했다는 내용이었다.

사실은 그해 가을 뉴욕에서 토착민의 편견이 산발적으로 표출된 사례는 주로 독일계 이민자를 겨냥한 것이었다. 헛소문 중에는 병사 사이에 독감 균을 퍼뜨린 죄를 지은 것으로 밝혀진 간호사와 의사가 새벽에 총살됐다는 것도 있었다. 『일 프로그레소 이탈로아메리카노』는 독감에 관한 그런 소문을 차단하는 데 꼼꼼한 자세를 대체로 잘 유지했다. 하지만 이 신문도 속아 넘어간 적이 있었다. 롱아일랜드의 한 학교 밖에서 어떤 남성이 아이들에게 책을 나눠 주면서 책의 지면을 긁으면 윌슨 대통령과 다른 유명 인사들 사진이 나온다고 했다는 이야기는 이 신문도 그냥 지면에 소개하고 말았다. 그것에 의심이 든 교장이 책을 수거해서 보니 뒷장에 "독일 제작"이라고 찍혀 있었고, 교장은 책에 독감 균이 있는지 검사를 맡겼다(결과는 잠시 후에).

독감은 또한 이탈리아 이민자가 자신들을 위한 새로운 강력한 전사로 코플랜드를 끌어들이는 계기가 되었다. 이제 그는 스텔라를 비롯한 다른 이민자 대변인이 수년간 주창해 온 개혁에 지지를 보내면서, 빈민가 집주인에게 전쟁을 선포하는 한편, 공공주택 개선을 위한 캠페인에 나섰다. 코플랜드는 이민자가 이민국에 와서 따돌림 당하는 것을 피하려면 모국에서 출발하기 전에 의료 검진을 받아야 한다고 주장했다. 또한 우수한 농민이 미국에서 "가난한 도시 행상인"으로 근근이 살아가야만 하는 안타까운 상황을 개탄했다. 유행병이 선언된 일 년 후 뉴욕 주의회는 코플랜드 시장이 요구한 "독감 및 기타 호흡기 질환 억제와 통제"에 관한 대규모 연구 사업에 5만 달러°를 책정했고, 코플랜드는 계속해서 시의 공중보건 구조를 전면 개혁했다. 여기에는 상점과 공장에서 이탈리아어와 이디시어*로 강연을 실시하는 기획도 포함되었다.[20]

　　뉴욕의 첫 번째 공공주택 사업은 1934년 로어이스트사이드에서 시작되었다. 당시 시장은 피오렐로 라 과르디아라는 인물이었다. 이탈리아계 이민자의 아들이자 엘리스섬의 이민자 입국 관리소 통역 출신으로, 첫 아내가 26세 나이에 결핵으로 숨진 상처가 있었다. 1936년 첫 사업을 공개하면서 그가 내건 구호는 "옛것은 허물고 새것을 건설하자"였다. "썩고 낡아빠진 쥐구멍 같은 방, 돼지우리 같은 집, 온갖 질병과 화재에 속수무책인 건물은 없앱시다. 햇볕이 들게 하고 하늘이 통하게 합시다. 그러면 새날이 밝아 올 것입니다."

° 현재 가치로 약 90만 달러.

* 중앙 및 동부 유럽의 아슈케나즈 유대인이 사용했던 언어.

바람 속의 병

아마드 카밤 알살타네가 마슈하드에 도착한 것은 1918년 1
월이었다. 테헤란에서 사막을 가로지르는 열흘간의 여정
이었다. 아마 부지런히 말을 몰았을 것이다. 나는 참배의
언덕에 잠시 멈춰 섰을 그를 상상한다. 이곳에서 순례자는
순교자의 무덤을 처음 일별하게 된다. 그는 햇빛에 반짝이
는 황금 돔을 내려다보며 생각에 잠겼을 것이다. 그는 자신
앞에 엄청난 과제가 기다리고 있다는 사실을 알았다. 정부
에서 무정부 상태의 지경에 이른 도시를 책임지도록 그를
보낸 것이었다.

당시 마슈하드는 페르시아의 광활한 북동부 호라산
에 있는 유일한 도시였다. 시아파 무슬림의 성지로서 매년
전 세계 시아파 세상에서 찾아온 순례자의 수가 이 도시 인
구인 7만 명에 달했다. 이곳을 찾는 이유는 예언자 무함마
드의 영적 계승자로 간주되는 열두 이맘* 중 여덟 번째인
이맘 레자의 신성한 사원에서 기도를 올리기 위함이었다.
그러나 동시에 이곳은 사프란과 터키석 산업의 중심이었
고 아름다운 카펫으로도 유명했다. 그로 인해 영국령 인도
에서 서방으로, 페르시아에서 러시아로 통하는 무역로에
서 중요한 기착지이기도 했다.

이곳에서 900킬로미터나 떨어진 테헤란의 정부는

---

* 이슬람교의 지도자.

마슈하드에 권위를 거의 행사할 수 없었지만, 이곳 역시 페르시아 전국의 나머지 지역을 집어삼킨 정치적 경제적 위기의 영향으로부터 안전할 수 없었다. 반세기가 넘도록 페르시아는 제국들의 이익이 격돌하는 전쟁터였다. 영국과 러시아가 카스피해와 아라비아해 사이의 거대한 영역에 대한 통제권을 놓고 싸워 온 이른바 '그레이트 게임'의 배경 무대였다. 1918년에 이르러 페르시아 정부는 힘을 잃고 거의 파산 지경에 있었다. 그 무렵 페르시아는 사실상 강대국의 보호국이었다.

그보다 10년쯤 앞선 1907년, 영국과 러시아에서 페르시아를 세 구역으로 분할하는 협정을 체결했다. 북부는 러시아령, 남부는 영국령, 그 중간은 중립 지역으로 나누는 협정이었다. 이 불안한 휴전협정은 1914년 전쟁이 일어날 때까지만 유지되었다. 페르시아는 전쟁이 나자 곧바로 중립을 선언했지만 큰 차이가 없었다. 이곳은 다시 대리전의 무대가 되었다. 영국과 러시아는 오스만 제국을 상대로 같은 편에서 전쟁을 수행했다. 당시 오스만 제국은 동맹국인 독일과 함께 북서쪽에서 페르시아를 위협하고 있었다. 영국이 볼 때 페르시아는 왕관의 보석인 인도를 적국으로부터 보호하기 위한 핵심 완충지였다. 그래서 차르의 제국 군대가 러시아 혁명으로 무너져 페르시아 북부 지역에 권력의 공백이 생기자 그곳에 대한 우려가 대단히 높아졌다. 러시아가 브레스트-리토프스크 조약에 서명하자마자 영국은 페르시아 동부 지역 전체를 점령했다. 이로써 그 전까지 줄곧 강대국의 소중한 정보 수집소였던 마슈하드는 1918년 봄을 기점으로 훨씬 가치 있는 군사 기지가 되었다.

그렇지만 1918년의 마슈하드는 머물기에 편한 곳이 아니었다. 그곳은 사실상 주변 산악 지대 부족들이 통제하는 점령 도시였다. 이 부족들은 오래전부터 노새나 말을 타고 사원으로 향하는 순례자를 약탈하는 습관이 있었는데, 이제는 버젓이 공격조를 마슈하드 안까지 들여보내고 있었다. 순례자는 계속해서 그곳으로 모여들었지만 그 수가 이제 러시아에서 오는 병사 때문에 늘고 있는 형편이었다. 러시아 병사의 상당수는 북부 지역에서 볼셰비키와 전투를 벌이던 중 부상당한 이였다. 여기에 기근까지 있었다. 강수량이 부족해 추수가 두 번 연속으로 흉작을 기록한 데다 점령 부대가 병사에게 줄 곡물을 징발해 가는 바람에 기근은 더 극심해졌다.[21]

카밤은 도시에 치안을 회복하기 위한 일에 착수했다. 그는 능숙한 협상가라는 평판이 자자했지만 일을 바로잡기 위해 필요하다면 힘을 사용하는 데도 거침이 없어, 몇몇 부족장을 체포해 수감한 후 이슬람법인 샤리아에 따라 처벌받게 했다. 얼마 있지 않아 공개 처형은 마슈하드의 정기적인 일상사가 되었다. 부족 중 일부는 영국의 요구에 따라 평화롭게 잔류했는데 영국으로서는 자신들의 부대 징발용으로 이들이 필요했다. 다른 부족과는 카밤이 협상을 했다. "미제 상태에 있던 하자라 부족장 사이이드 하이다르와의 어려운 협상을 총독이 만족스럽게 타결했다"라고 영국 총영사인 그레이 대령은 보고했다. 카밤이 이곳에 도착하고 몇 달 후의 일이었다. 그는 하이다르와의 협상 과정에서 그의 모든 혐의를 취하하는 대신 소총 200정을 넘겨받기로 설득한 듯했다.[22]

물자 공급 상황은 해결하기가 더 어려웠다. 1918년 봄 무렵 주페르시아 미국 공사인 존 로런스 콜드웰은 페르시아 사람들이 풀과 죽은 (그것도 도살된 것이 아닌) 동물, 심지어 인육까지 먹고 있다고 보고했다. 빵 가격은 1916년 이래 네 배나 뛰었지만 임금은 제자리였고, 육류는 마슈하드에서 더 이상 구할 수 없었다. 버려진 아기를 사원이 거두어들이고 있었고 길에는 사람들이 드러누워 있었다. 어떤 이는 전신국에서 피난처를 구했는데, 이는 어려운 시기의 오랜 관습에서 나온 행동으로, 전신국을 피난소로 택한 것은 아마도 자신들의 탄원이 전신을 통해 테헤란의 황궁까지 직접 전달될 거라는 보다 최근의 믿음에서 비롯한 것일 터였다.

　6월이 되자 기근은 최악의 상황에 이르렀다. 그 무렵 영국 총독부는 하루 수천 명에게 음식을 제공했다. 배식은 영사관 뜰 밖에서 이뤄졌다. 그럼에도 어떤 이는 영국의 구호 노력이 그 전에 그들이 징발해 간 가축에 비하면 쥐꼬리만 하다고 주장했다.[23] 그레이 자신이 보낸 전문에 따르면, 라마단 기간 중에 마슈하드의 유명한 설교자는 공개적으로 영국을 비판하고 신의 보복이 있을 거라고 위협하기도 했다. 이제는 티푸스와 장티푸스 혹은 둘 다가 마슈하드에서 기승을 부렸다.° 6월 말에 가까워지자 보다 북쪽 지역인 러시아 아시가바트에서 콜레라가 발병했다는 소식이 날아들었다. 그레이는 인도에서 오는 면역 혈청 공급 물자를 사들이면서 도시의 비참한 위생 상황을 개탄했다. "식수 공급 보호를 위해 이뤄진 게 아무것도 없다." 7월이 되자 다음 추수가 흉작이 아니라는 게 분명해지면서 기근 구호 노력이 다시 완화되었다. 하지만 영국은 여전히 콜레라 걱정으로 가득한 나머지 라마단이 끝난 후 지금은 파키스탄인 곳에서 마슈하드로 향하는 전통적인 성지 순례에 많은 사람이 나서는 것을 막으려고 애썼다.[24] 그때까지도 그들이 걱정했던 것은 수인성 유행병이었다. 하지만 바로 그때 공기를 매개로 한 역병이 들이닥쳤으니 스페인독감이었다.

° 당시 이 도시에서 일어나는 모든 질병에 대한 진단 자체가 혼돈 속에 있었다.

독감균은 아마도 지금은 투르크메니스탄인 트란스카스피아에서 돌아오던 어느 러시아 병사와 함께 북동부 모퉁이의 코페트다그산맥 사이로 감아드는 거친 길을 따라 들어왔을 것이다. 8월 셋째 주에 일어난 발병이 차가운 돌풍이 불기 시작한 시기와도 겹쳐 주민들은 이 독감을 사악한 바람의 병이라고 불렀다. 두 주도 되기 전에 그레이는 모든 가정과 사업장이 독감에 습격당했으며 영국이 징발해 시내에 집결시켜 뒀던 병사들의 피해도 극심하다고 보고했다. 한심한 수준의 도시 의료 시설이 이제 한눈에 드러났다.

병상이 열두 개인 영국 영사관의 병원과 조제실을 제외하고 마슈하드에는 민간용 재래 의료 시설이 두 곳 더 있었다. 둘 다 근대식 기준으로 보면 작았다. 하나는 사원에 있었고, 다른 하나는 미국 선교사가 운영하는 곳이었다. 19세기부터 사원에는 자체 병원이 있었다(그보다 더 오래전에도 일종의 의료 시설은 있었다). 주로 순례자를 위한 곳이었는데 이따금씩 이곳에서 치유의 기적이 일어났다는 소식이 전해지기도 했다. 하지만 선교사 의사인 롤라 E. 호프먼이 1916년 마슈하드에 도착해서 그곳을 방문했을 때는 "사람들이 죽을 때가 돼서야 가는 곳"이었으며, "아무리 둘러봐도 판유리 하나 찾아보기 어렵고, 시트나 베갯잇

이 없는 목재 침상에 바닥은 더럽고 난로도 없는 곳"이었다.[25]

장로교 선교사가 마슈하드 같은 이슬람 성지에 들어가려 했다는 사실이 놀라워 보일지도 모른다. 그러나 수년 후에 그곳으로 간 또 다른 선교사 윌리엄 밀러는 자신들의 충동을 놀랍도록 단순한 말로 설명했다. "마슈하드는 이슬람 신앙의 중요한 구심점이므로 그곳에 그리스도의 기치를 올리는 것이 기독교인의 책무로 보였다."[26] 1894년 모험의 첫 주자는 루이스 에셀스틴 목사였다. 그는 폭동을 촉발했고, 친절한 현지 사람이 밖으로 탈출시켰으나 1911년 다시 돌아왔다. 이때는 페르시아어를 할 줄 알았고 계속 머무를 수 있었다. 5년 후 호프먼이 와서 합류했을 때, 그는 기독교인이 그곳에서 용인되었던 것은 단지 그들이 제공한 의약품 때문이라는 사실을 재빨리 간파했다.

1918년에도 마슈하드는 여전히 중세였다. 하지만 진흙으로 된 벽은 허물어지는 중이었다. 이곳은 수 세기 동안 순례자가 죽으러 와서 차례로 묻혀 온 묘지의 도시였다. 이곳의 오래된 무덤이 이따금씩 무너져 내려 상수도로 흘러들곤 했는데, 이 상수도는 인근 산악에서 흘러내린 물을 도시 안으로 끌어들이는 카나트라는 이름의 인공 수로 형태를 띠었다. 물은 덮개 없이 중앙대로의 한가운데를 따라 흘러내려 갔는데, 이 대로는 순례자와 상인과 낙타와 노새가 끝없이 몰려오는 곳이기도 해, 별도로 벽이 쳐진 하수 처리 시설이 없는 상태에서 오염되기 쉬웠다. 1918년 페르시아에도 세균 이론이 알려져 있었지만 국민의 문해율은 5퍼센트에 불과했다. 식수에 관한 한 대다수 사람은 여전히 종교적 가르침을 따랐다. 흐르는 물이고 1코르(350리터)가 넘는 양이면 깨끗하다고 믿었다. 그래서 이들은 솥과 얕은 냄비, 당나귀와 자신들까지 개방된 카나트와 아주 가까운 곳에서 씻었다.

테헤란의 페르시아 정부는 전국적인 위생 기반 시설을 갖추기 위한 시도를 여러 번 했다. 그중에는 유행병을 봉쇄하기 위한 격리 체계 구축도 포함돼 있었다. 하지만 그때까지 번번이 실패로 돌아갔다. 자금이 부족했기 때문이다. 영국과 러시아는 자신들의 정치적 상업적 목적을 위해서라면 언제든지 그런 시도를 뒤엎을 수 있었다. 그런 기반 시설이 작동하려면 국가가 단합해야만 했다. 그러나 1918년에는 불가능한 일이었다. 위생을 개선하려는 마슈하드 지역 차원의 노력 역시 실패로 돌아갔다. 1917년 이곳에서 콜레라가 터졌을 때 카밤의 전임자는 위생위원회를 세웠다. 위원회는 공동묘지의 도시 성 밖 이전과 유행병 신고제 도입 등 장기 개선 방안을 권고했지만 실행된 것은 하나도

없었다.[27]

마슈하드는 신성한 도시였으므로 사원 관리자가 거대한 권력을 행사했다. 그 힘은 영적인 것이었을 뿐만 아니라 재정적인 것이기도 했다. 막대한 규모의 부동산을 사원이 보유하고 있었기 때문이다. 1918년 이슬람교의 사고는 유행병에 관한 한 여전히 19세기 교의에 기반을 두고 있었다.[28] 감염의 개념을 수용하기는 했지만 어느 선에서 그쳤다. 이들이 가르친 일반 수칙은 역병에 걸린 지역 안의 사람은 달아나서는 안 되며, 밖에 있는 사람은 그때까지 건강하다면 그 근처에 가지 말아야 한다는 것이었다. 그렇지만 그들의 처방에는 숙명론적인 요소도 있었다. 역병은 믿는 자에게는 순교이며 불신자에게는 고통스러운 징벌이라는 것이었다. 대부분의 페르시아인은 병이 들면 약초 의사인 하킴에게 도움을 구했는데 이들은 상호보완적인 것처럼 보이는 두 가지 의료 체계를 따랐다. 하나는 갈레노스 의학이었고 다른 하나는 쿠란이 질병에 대한 최선의 방어책을 제공한다는 믿음이었다. 질병을 체액의 불균형 탓으로 돌리고 식단의 변화를 처방한 것은 첫 번째 원리에 따른 것이었고, 질병의 원인을 정령의 일격으로 파악하고 기도문을 팔에 묶도록 추천한 것은 두 번째 원리에 따른 것이었다.

에셀스틴의 선교사들은 기근 동안 영국 영사관에서

음식을 나눠 주는 일을 돕느라 바쁘게 움직였다. 에셀스틴은 가끔 붉은 턱수염을 수술용 가운 안에 밀어 넣은 채 호프먼의 조수로 봉사할 때도 있었는데, 두 사람 다 티푸스에 걸렸다. 에셀스틴은 목숨을 잃고 러시아 공동묘지에 묻혔다. 호프먼은 살아났지만 독감에 걸리고 말았다. 카밤이 공중보건에 대한 첫 조사를 실시한 것이 바로 이 시점이었다. 영국의 도움을 얻는 한편, 볼셰비키의 침공에 대한 현지 주민의 두려움도 활용해 시의 공공기관 대부분에 대한 통제권을 장악하고 휴면 상태에 있던 위생위원회도 부활시켰다. 위원회는 전년도에 콜레라가 유행하던 기간에 발표했던 권고안을 차례차례 되살렸다(사실 그 밖에 다른 무엇을 할 시간적인 여유가 거의 없었다). 권고안에는 적어도 유행병이 계속되는 동안에는 도시 안에서 시신을 매장하는 것을 금지하는 항목도 들어 있었다. 주변 지역에서 마슈하드로 시신을 들여오는 것 역시 불허됐다. 위생 검사관이 도시 성곽 안에서 일어나는 모든 매장을 감독하는 것도 권고안에 포함되었다.

9월 18일 카밤은 사원 관리인들에게 서신을 보내 권고 사항의 실행을 요청했다.[29] 그가 관리인에게 요구한 내용은 수세기 동안 계속돼 온 전통을 중단해 달라는 것이었다. 이 요구는 그들의 성스러운 경전에 도전하는 것으로 해석될 수도 있었다. 따라서 그는 반박당할 가능성까지 예상했음에 틀림없다. 그러나 익히 알려진 그의 설득의 힘은 이번에도 통했다. 바로 그날 사원의 행정청장으로부터 답신이 날아들었다. 그는 위원회에서 사용한 어떤 단어와 표현이 사원의 존엄성을 모욕하는 것으로 보여 탐탁지 않게 생각하지만 그럼에도 총독에 대한 개인적인 존중심에서 요청에 응하겠다고 말했다. 그런 다음 그는 하급자에게 서신을 보내 해야 할 일을 알려 주었다. 아마도 그 자신이 닥친 재난의 규모에 놀랐을 수도 있다. 그래선지 위원회의 검사관이 매장을 감독하는 것을 허락했음은 물론 그의 급여까지 사원에서 지급하는 데 동의했다. 그는 무덤의 깊이가 최소한 1미터는 되도록 지시했다. 이와 함께 그 안에 시신을 안치한 후에는 "시신에서 유해한 공기가 올라오는 위험을 없애기 위해" 두꺼운 흙과 석회층으로 덮게 했다. 새로운 규정을 어기는 사람은 누구든지 혹독한 처벌을 받을 것이었다.

이는 일종의 돌파구였다. 그렇게 볼 수도 있었다. 하지만 바람의 병을 잠재울 것 같지는 않았다. 더욱이 그렇게 뒤늦은 상황에서는 확실히 아니었다. 유행병은 마슈하드에서 제 갈 길을 갔다. 최악의 상황은 9월 21일이 되어서야 끝이 났다. 그 무렵 호라산과 그 인근의 시스탄이 완전히 감염된 상태였고, 독감은 이제 서쪽으로 방향을 틀어 부지런히 테헤란으로 향하고 있었다. 마슈하드로부터 독감은 순례자, 상인, 병사와 더불어 전국 각지로 퍼져 나갔다. 9월 말쯤 됐을 때는 도시 안에서 거의 빠져나간 듯했다. 물론 도시 외곽에는 아직 시달리는 곳이 있었다. 그 시점에 마슈하드 사람의 삶에서 유일하게 한 가지 편해진 점이 있었다. 순례자에 대한 습격과 공격이 뜸해진 것이었다. 노상강도에 대한 카밤의 불관용 정책이 효과를 내기 시작했을 수도 있지만 독감이 산악 지대에 초래한 재앙이 그만큼 컸다는 불길한 신호일 가능성이 컸다.

병상이 100개도 안 되는 도시에서 전체 주민의 3분의 2에 해당하는 약 4만 5000명이 독감으로 앓아누웠다. 당시 마슈하드뿐 아니라 페르시아 전체에서 살아남은 사람의 마음 상태가 어떠했는지는 이 도시의 최고 점성술사가 9월 말경 공공 집회에서 한 말을 보면 짐작할 수 있다. 이곳에서 점성술사는 본질적으로 신비주의자였는데, 페르시아인은 위기가 닥칠 때마다 이들에게 도움을 청했다. 이들의 신임은 이슬람교의 예정설에 대한 믿음으로 뒷받침되었다. 마슈하드의 최고 점성술사는 며칠 전 테헤란의 최고 점성술사가 한 예언을 이어받아, 내년에는 영국 정부가 폐지되고 1920년에는 1909년에 폐위된 현재 샤의 부친이

복위하며, 1921년에는 오랫동안 기다려온 열두 번째 이맘인 마흐디가 귀환해 세상의 모든 악을 물리칠 것이라고 말했다.

10월이 되어 시아파 성월聖月인 무하람이 시작되었고 아슈라에서 절정을 이루었다. 시아파 달력에서 가장 신성한 행사인 아슈라는 세 번째 이맘인 후세인*의 순교를 기리는 날이었다. 몇 년 후 윌리엄 밀러 선교사는 당시 마슈하드에서 목격한 무하람 행렬을 다음과 같이 묘사했다 "허리까지 벗은 남자들이 무리를 지어 쇠사슬로 맨 등을 때리며 지나갔다. 그다음에는 머리를 베는 남자들이 왔는데, 이들은 자신의 이마를 칼로 그어 피가 흰 가운을 타고 흘러내리게 하겠다는 맹세를 한 사람이었다."[30] 군중은 이것을 지켜보면서 큰 소리로 애통해했다. 예수 수난극에 해당하는 제례극 타지예의 시연이었다. 무하람은 진행되는 그달 도시의 모든 에너지를 빨아들이는 주요 행사이지만 1918년에는 조용히 지나갔다고 그레이는 기록했다. "최근 도시의 병 때문에 행렬에 참가한 사람 수가 평소에는 미치지 못했다."

1918년 12월 호프먼은 결국 아메리칸 병원을 닫았다. 독감이 도는 위기에도 계속해서 혼자 운영하느라 탈진한

---

* 시아파가 무함마드의 계승자로 믿는 이맘 알리의 아들로 680년 카르발라에서 수니파에 저항하다 순교했다고 전해진다.

데다 자신이 티푸스와 독감에 걸린 탓이었다. 마땅히 누려야 할 휴식을 취하기 전에 그는 간신히 펜을 들어 고향의 교회에 보내는 마지막 편지를 썼다. 병원 확장을 위한 기금과 두 번째 의사가 필요하다는 내용이었다. 편지에서 그는 마슈하드에서 의료를 통한 복음 전파의 가능성에 대해 열변을 토했다. 이 지역의 모든 길이 이어지는 마슈하드에서 이곳으로 오는 순례자에게 육신은 물론 영혼의 건강을 제공할 수 있을 거라고 했다. 기금은 적절하게 지급되었다.

카밤은 1921년 레자 칸 장군이 영국을 등에 업고 단행한 쿠데타의 와중에도 살아남았다. 이어 새로운 샤의 지지를 얻어 총리로 다섯 차례 재임했다. 마침내 샤는 마슈하드를 직선형 도시 계획에 따라 재건에 착수해 현대식 도로로 테헤란과 연결하는 한편 그곳에 있던 무덤들을 철거했다. 1947년까지 그곳에 머무른 호프먼은 도시의 변화상을 다음과 같이 기록했다. "수백 년 된 뼈가 삽으로 떠져 손수레에 던져지고 아무런 표시도 없는 구덩이 속으로 버려졌으며, 묘비는 도로의 갓돌과 보도로 사용되었다."[31]

9장. 플라세보 효과

19세기 후반 유럽이나 미국에서 어떤 사람이 아플 때 할 수 있었던 일은 지금과 별반 다를 게 없었다. '정규' 의사에게 가서 진료를 받을 수도 있었고, 아니면 동종요법 의사나 자연요법 의사, 접골사나 신앙요법 의사를 찾아갈 수도 있었다. 양다리를 걸치거나 다섯 곳 다 찾아갈 수도 있었다. 다른 점이라면 그때는 지금과 달리 정규 의사에게 특별한 지위가 주어지지 않았다는 것이다. 어떤 의술이든 '정통'의학이라든가 '대체'의학이라든가 구분이 없었다. 의사의 의술도 그저 사람들이 따르는 여러 의술 중 한 가지일 뿐이었다. 20세기 초에 와서야 정규 의사가 '비정규' 의술인의 경쟁 도전을 물리쳤다. 유럽에서는 주로 보건에 관한 국가의 규제 강화를 통해, 미국에서는 일련의 치열한 법적 투쟁을 거쳐 이뤄졌지만 결과는 어느 쪽이나 동일했다. 정통의학이 대중과 접촉할 수 있는 기회를 독점하게 된 것이다. 1918년에 이르러서는 반론의 여지 없이 주류로 자리 잡았다.

그래서 스페인독감이 발병했을 때도 산업화한 세계에 사는 사람 대부분이 정규 의사에게 치료를 청했다. 의사가 줄 수 있었던 것은 무엇이었을까? 물론 효과가 확인된 백신이라고는 없었다. 저 기회주의적인 세균으로 인한 감염을 치료하는 항바이러스성 의약품이나 항생제 같은 것도 없었다. 최초 신약이 진료소에 공급된 것은 1960년이었다. 제2차세계대전이 끝나기 전까지는 아무것도 구할수 없었다. 숨을 쌕쌕거리는 창백한 얼굴의 환자를 마주한의사들은 뭐라도 해야 한다고 느꼈고, 그들이 택한 접근법은 다중약물요법*이었다. 약장을 통째로 던진 것이다.

1918년 정규 의사의 약장에는 무엇이 들어 있었던가? 그때도 여전히 "혼합물과 식물 추출물, 그 밖의 검증되지 않은 치료법"의 시대였다.[1] 임상 의약 개발은 걸음마 단계에 있었다. 어떤 약은 동물이나 사람을 상대로 한 시험을 거쳤지만 다수는 그렇지 못했다. 인체 시험이 실시되는 경우에도 소규모이기 십상이었다. 오늘날 우리가 듣는 것과 같은 고비용의 정교한 의약 시험, 가령 '맹검법'盲檢法**이

---

* 한 환자에게 동시에 여러 종류의 약제를 함께 쓰는 일.
** 편향성을 막기 위해 끝날 때까지 실험자 또는 피험자에

라든가 위약僞藥 대조군 통제*** 같은 것은 들어 본 적도 없었다. 의약품이 순수하고 불순물이 섞이지 않도록 의무화한 입법은 최근의 일이다. 그런 의약품이 이미 개발된 나라에서조차 사정은 마찬가지였다. 그때만 해도 약의 유효 성분이 살아 있는 조직과 어떻게 상호작용하는지, 약이 어떤 조건에서는 독으로 변하는지에 관한 제대로 된 이해가 없었다. 설사 그런 이해가 있었다고 해도 현장의 의료 시술자들은 알지 못했다. 그런 것은 수련 과정의 일부가 아니기 때문이었다.

그들이 가장 먼저 손을 뻗은 약병 중 하나는 아스피린이 담긴 병이었다. 이 '기적의 약'은 열을 줄이고 통증을 없애는 것으로 알려져 있었다. 그때 의사들이 처방한 아스피린의 양이 얼마나 많았는지 2009년 캐런 스타코라는 이름의 의사는 당시 독감 희생자의 상당한 비율이 아스피린 중독으로 숨졌을 수 있다는 당혹스러운 이론을 내놓았다. 아스피린 과다 복용이 폐에 물이 차게 할 수 있다는 지적이었는데, 1918년 의사들은 그런 사실을 몰랐고, 그들이 일상적으로 처방해 준 아스피린의 양은 오늘날 안전하다고 보는 최대치의 두 배였다. 하지만 아스피린 중독 이론은 논쟁의 여지가 있다. 다른 과학자들이 많은 나라의 경우 아스피린

게 특정 정보를 공개하지 않는 방식의 실험.
*** 피험자 집단과 병행해 별도의 대조 집단에게는 효과가
없는 가짜 약을 처방해 결과를 비교하는 임상 시험 방법.

이 그리 흔치 않았을 거라고 지적했다. 가령 인도 사람 대부분은 구하기 어려운 형편이었다는 것이다. 따라서 아스피린 과다 복용이 미국과 다른 부자 나라에서는 상황을 더 나쁘게 만들었을 수 있지만 전 세계 차원에서는 사망자 수에 중대한 방식으로 영향을 주었을 가능성이 낮아 보인다.[2]

그럼에도 스페인독감으로 고생한 사람의 상당수가 의사들이 증상을 덜어 주려고 처방한 물질을 과다 복용한 데 따른 후유증으로 고역을 치러야 했을 수는 있다. 이를테면 키니네는 말라리아와 그 밖의 '말라리아성 담즙열'의 치료약으로 알려져 있었다.[3] 이 약이 독감에도 효과가 있다는 증거라고는 전혀 없었지만 이 약은 대량으로 처방되었다. "그 병의 징후에는 이제 만병통치약 때문에 생긴 귀울림과 어지러움, 청력 손상, 혈뇨와 구토 같은 증세까지 추가되어야 했다"라고 브라질의 페드루 나바는 썼다. 키니네 과다 복용의 후유증으로 드물긴 해도 색각 이상도 생길 수 있었다. 이에 따라 어떤 독감 환자에게는 이 약이 감각을 악화시켜 세상이 창백하고 색이 바래 보이도록 했다.

비소 제재는 강장 효과와 진통 작용으로 인기가 높았다. 숨이 가쁜 증상을 치료하는 데 애용되는 장뇌유에 비길 만했다. 디기탈리스와 스트리크닌은 혈액 순환 촉진제로, 황산마그네슘인 사리염과 피마자유는 설사약으로 처방되었다. 요오드에서 추출한 다양한 약은 '체내 소독'에 쓰였다. 이 중 아무것도 듣지 않으면 의사들은 오랜 기술에 의지했다. 어떤 환자의 경우 코피나 생리를 심하게 겪거나 심지어 정신적 외상으로 유산을 한 다음에 상태가 호전되는 것처럼 보이는 데에 주목한 의사들은 예전에 사용됐던 피 뽑기 시술을 되살리기도 했다. 히포크라테스와 갈레노스 전통의 내과 의사들은 이 방법이 불순한 피를 정화시킨다고 생각했고, 1918년에는 독감 환자로부터 나온 혈액이 이상할 정도로 진하고 탁하다는 말까지 나왔다. 그러나 피 뽑기 시술에 대해 회의적인 의견도 적지 않았다. "이 방법은 어느 누구의 고통을 덜어 주거나 완치하지 못했지만 환자와 가족에게 위안을 주었다"라고 한 스페인 의사는 썼다.[4]

그보다 훨씬 더 큰 논란거리는 술이었다. 특히 알코올 금지 운동이 힘을 얻으면서 처방전 없이는 구할 수 없었던 나라에서 그랬다. 어떤 의사들은 소량의 알코올에 각성 효과가 있다고 주장한 반면 또 다른 의사들은 금주를 권했다. 판매 회사는 이 틈새를 놓치지 않고 자신들의 상품이 가진 의학적 효능을 선전하기 위한 기회로 삼았다. 이로 인해 다른 종류의 유행병이 돌게 될까 걱정이 된 스위스 보 지역의 보건 관리들은 의사들에게 "다량의 알코올이 독감을 막는다는 사고가 뿌리내리는 데 단호히 반대하도록" 촉구하는 메모를 돌렸다. 하지만 같은 관리들이 환자가 열이 많고 혼자 음식을 먹을 수 없을 때는 알코올이 도움이 될 수도 있다고 허용했다. 어떤 의사들은 담배 연기를 들이마시면 균이 죽는다는 주장까지 했고, 자연스럽게 사람들은 자기 입맛에 맞는 조언만 골라 취했다. 스위스 태생의 건축가 르코르뷔지에는 파리의 자기 방에 틀어박힌 채 코냑을 홀짝이고 담배를 피우며 범유행병 최악의 시기를 지내면서 사람들의 주거 방식에 일으킬 혁명에 대해 골몰했다(사실 그는 건축에 관한 정규 학위도 없던 사람이었다).

기업가 정신에 찬 어떤 '실험주의자'는 자신의 관찰을 근거로 한 새로운 질병 예방법을 제시하기도 했다. 캘리포니아 샌베니토의 뉴이드리아 수은광에서 환자를 돌보던 내과 의사 밸런타인 맥길리커디는 광석에서 금속이 추출되는 용광로에서 작업하는 사람들이 모두 독감에 걸리지 않았다는 사실에 주목했다. 그는 그 이유가 수은의 살균 특성 때문이거나 수은 증기가 침샘을 자극한다는 사실과 관련이 있을 거라고 추정했다.° 프랑스 군의관들은 그들 나름대로, 독감이 군의 성병 치료실을 공격했을 때 매독 환자만 피해 간 것을 보고, 이 환자들이 매일 맞는 수은 주사가 방어 역할을 한 건지 궁금해했다. 빈의 한 의사는 직접 작은 시험까지 해 봤다. 자신의 독감 환자 21명을 상대로 수

° 맥길리커디는 나중에 알래스카 이야기에서 다시 등장한다.

은 치료를 한 후 아무도 죽은 사람이 없었다면서, 이 치료가 독감에 효과적이라고 결론을 내렸다.[5] 하지만 불행하게도 많은 매독 환자가 알게 되었듯이 수은 역시 독성이 있었다. 수은 중독자는 조정 능력 상실과 피부 밑으로 개미가 기어가는 듯한 느낌을 호소했다. 이런 경우에는 병보다 치료가 더 나쁘다고 할 만했다.

이런 상황에서 특허 의약품 제조업자는 어렵지 않게 수용적인 새 고객에게 다가갈 수도 있었고, 미심쩍은 제품을 일반 의약품으로 팔아 꽤 많은 돈을 벌 수도 있었다. 이들이 파는 강장제와 영약이란 것도(미국에서는 킬머 박사의 스웜프루트가 당시 유명한 비방이었다) 대체로 식물 재료를 기본으로 옛사람의 비법이라고 전해져 오는 것이었다. 지금이야 민족 집단의 야생 식물 사용을 연구하는 민족식물학이 독자적인 분야로 존중받고 있을 뿐 아니라 제약 회사도 그와 같은 토종 약전에서 크게 성공을 거둘 만한 신약을 찾고 있지만, 1918년에만 해도 특허 약품에 대한 규제가 비교적 허술했고, 약이 효과가 있다는 증거도 드물었다. 정규 의사들은 그들부터가 부실한 근거에 서 있다는 말까지 듣는 처지였지만, 그런 제약업자들이 돌팔이 의사 짓을 한다고 고발했다. 어느 쪽도 이용하지 않는 사람들은 대신 비정규 의술을 찾았다. 재래식 약품의 과다 복용에 따른 부작용을 겪어 본 사람은 '자연치료'나 극도로 희석한 동종요법 혼합물에 대한 기대에 마음이 더 끌렸을 수도 있었다. 또 다른 대안으로 가정 치료약을 믿는 사람도 있었다. 이를테면 겨자 찜질제, 등유에 적신 각설탕, 오랜 집안의 처방전에 따라 끓인 수액, (미아스마를 제거하기 위해) 향이 나는 식물에 불을 붙여 하루 두 번 집 앞에서 태우는 것 등이었다.

산업화된 세계를 살면서도 사람들은 여전히 전통 치료사를 찾아갔다. 어떨 때는 서양식 의사를 찾기 전에 갔고, 어떨 때는 그 후에 가기도 했다. 당시 사람들로서는 서양 의술에 대한 신뢰가 있었다고 해도 이용하기가 쉽지 않았다. 그런 상황에서 약초를 이용한 고대 치료법인 일본의 캄포라든가 인도의 아유르베다 같은 것은 비용이 저렴하면서도 믿을 만한 대안이었다. 인도의 산속에 사는 주술사는 악귀를 유인해 낸다며 밀가루와 물로 인형을 빚어 환자 위에서 흔들었다. 중국에서는 용왕의 형상을 앞세우고 마을 사이로 행진하는가 하면, 땀을 흘려 악한 기운을 뽑아낸다며 공중목욕탕을 찾거나, 아편을 피우거나, 청나라 때 개발된 '겨울 병' 치료제로 인동과 개나리 분말을 섞어 만든 은교산을 복용했다.

이런 '치유법'의 대다수는 플라세보 효과밖에 없었

다. 플라세보 효과는 긍정적 사고의 힘이 발현되는 것이다. 그것은 어떤 약이나 다른 개입이 자신을 낫게 해 줄 거라는 기대감에서 나오는데, 그 자체만으로 대단한 효과를 발휘할 수 있다. 어떤 추산에 따르면 오늘날에도 모든 의료 처방의 35~40퍼센트가 플라세보 효과를 크게 넘지 못한다.[6] 플라세보에 관한 흥미로운 사실은 그것이 환자와 의사 간에 확립된 신뢰에 대단히 민감하다는 것이다. 환자가 의사에 대한 신뢰를 잃으면 혹은 의사가 환자에 대한 존중심이 없다고 느끼면 플라세보의 긍정적 효과는 줄어든다. 물론 줄어든다고 해서 반드시 효과가 전무하다는 뜻은 아니다. 다만 그럼으로써 부정적인 단계로 돌입해 오히려 해로운 '노시보' 효과*를 일으킬 수도 있다.

1918년에 처방된 치료법 중에 어떤 것은 증상을 악화시켰다는 기록도 있다. 실제로 그랬을 수 있는데, 원인은 생화학적인 것일 수도 있지만, 노시보 효과 때문이었을 수도 있다. 이는 서양 의술이나 전통요법이나 마찬가지였다. '노시보'라는 용어가 일반 의학 사전에 포함된 것은 1960년대에 와서의 일이지만 어떤 치료사는 그 개념을 본능적으로 파악했을 수도 있다. 어떤 주술사는 자신의 행동이 아무런 효험이 없다는 사실을 알았을 때는 달아났다는 보도도 있다. 그들이 자신의 목숨을 걱정했을 수도 있지만, 자

---

* 환자에게 실제로는 무해하지만 해롭다는 암시나 믿음 때문에 해로운 영향을 끼치는 경우.

신들의 행동이 이로움보다 해로움을 더 많이 끼칠 위험이 있음을 이해했기 때문이었는지도 모른다. 반면 서양식 의술을 쓰는 의사들은 그와 다른 행동 수칙에 따라 자기 자리를 지켰다. 그러면서 결국 효과가 있는 치료법을 찾아낼 거라는 기대를 품고서 이런저런 치료법을 시험했다. 사실 당시 내과 의사가 환자의 생존율을 개선하기 위해 할 수 있는 일이라고는 두 가지밖에 없었다. 환자의 탈수를 막는 것과 세심한 간호였다.

물론 사람들이 서양 의술에 기대한 것은 그 이상이었다. 애당초 서양 의술이 그 이상을 약속했기 때문이기도 했다. 실망한 많은 사람이 보다 높은 권위에 의지하려 했다. 무슬림은 이슬람 사원에서 성소를 구했고 전 세계 유대인 공동체는 '검은 결혼식'이라는 오랜 의식을 거행했다. 이 의식은 러시아 오데사에서 전해져 오는 것이 가장 상세한데, 다음 장에서 소개하겠다. 뉴욕은 용광로답게 별난 일이 한꺼번에 나란히 벌어지기도 했다. 로어이스트사이드의 이탈리아계 이민자는 성모의 치유 은총을 빌었는가 하면, 이웃에 사는 동유럽 출신 유대인은 마운트히브런 공동묘지의 비석 사이에서 두 사람이 결혼식을 올리는 광경을 목격했다. 하느님마저 무력한 것으로 판명 났을 때 사람들은 모든 것을 포기하고, 병든 오소리처럼 집 안에 틀어박혀 두

문불출했다.

검은 의식

1918년 5월 스페인독감의 첫 번째 파도가 러시아를 강타했을 때 사실상 대부분의 지역은 알아차리지도 못한 채 지나갔다. 오데사만 예외였다. 이곳 올드시티 병원에서 근무하던 뱌체슬라프 스테판스키라는 이름의 의사는 119건의 발병 사례를 기록했다.

놀라운 점은 이 파도를 다른 곳에서는 감지하지 못했다는 것이 아니라 오데사 사람들이 알았다는 사실이었다. 1918년 러시아는 전년도에 일어난 혁명에 이어 내전 중이었다. 지금은 오데사가 우크라이나에 속해 있지만 1918년에는 러시아 제국에서 모스크바와 페트로그라드 다음으로 세 번째 중요한 도시였으며 내전 중에도 남부 러시아의 핵심 격전지였다. 러시아에도 짓궂은 유머 감각으로 유명한 오데사 사람들은 자신들의 도시를 하루는 이 손님과 잠자리에 들었다가 다음 날 아침에는 다른 손님과 함께 잠을 깨는 매춘부에 곧잘 비유했다. 1918년 한 해 동안에만도 이 도시는 볼셰비키의 손에서 (브레스트-리토프스크 조약이라는 이름하에) 독일과 오스트리아 수중으로, 다시 우크라이나 민족주의자의 손으로, 다시 마지막에는 프랑스와 러시아 백군 동맹국*의 수중에 넘어갔다.

오데사에도 볼셰비키의 비밀경찰인 체카가 교사한 살인과 고문, 탄압이 없지는 않았지만 그래도 오데사는 북부 도시를 갈가리 찢어 놓은 이른바 적색 테러를 겪지 않았다. 그러나 생활을 떠받쳐 주던 관료제적 기반이 와해된 상태였다. 음식과 연료 부족에 시달려야 했고, 치안 공백을 틈타 지방의 토착 범죄 조직이 매섭게 비집고 들었다. 미샤 야폰치크라는 별명의 범죄 수괴°는 2만 명에 이른다는 대원과 포주와 매춘부로 이뤄진 조직과 함께 시내 거리에 대한 통제권을 장악하고는 마치 현대판 로빈 후드처럼 부자들을 공포에 떨게 했다.

오데사가 북부의 다른 두 도시와 달랐던 점은 또 있었다. 이곳 주민은 성품이 온화하고 범세계주의적인 데다 서방에 개방적이었다. 또한 유대인이 많았다. 공식 집계에 따르면, 유대인은 50만 명에 달하는 전체 인구 중 3분의 1, 비공식 집계로는 절반 이상을 차지했다. 감염 질병에 관한 이해나 감시에서도 다른 도시보다 앞서 있었다. '러시아의 마르세유'로 알려진 이 흑해 연안의 항구 도시는 수 세기 동안 동방의 비단과 향신료가 서방의 콘스탄티노플과 그 너머로 운송되는 무역로에서 쉬어 가는 곳으로 활용되어 왔

---

* 러시아 반혁명 세력을 지원한 영국과 미국, 일본.
° 러시아 작가 이사크 바벨이 1921년에 출간한 『오데사 이야기』(The Odessa Tales)에 나오는 유대인 깡패 베냐 크리크의 모델.

다. 그렇다 보니 뱃길을 따라 들어오는 병원균에 늘 취약해, 1794년 예카테리나 2세가 이곳에 도시의 지위를 부여했을 즈음부터 검역 체계를 가동해 왔다. 그렇지만 검역으로 병이 완전히 차단되는 때가 드물었다는 사실은 도시 안의 숱한 유행병 묘지를 보면 알 수 있다. 그중에서도 가장 눈에 잘 띄는 춤카라는 이름의 유행병 무덤 더미는 지금도 도시 외곽에 자리 잡고 있다.

따라서 1886년 일리야 메치니코프가 러시아 최초의 유행병 통제 시설을 둘 곳으로 오데사를 택한 것은 논리적인 생각이었다. 그렇게 해서 생긴 오데사 세균학 연구소는 파스퇴르가 에밀 루와 함께 광견병 백신 개발에 기울인 노력의 결실이었다. 주어진 임무는 모든 종류의 백신을 생산하고 완성도를 높이는 것이었다. 연구소는 첫 6개월 동안 광견병 퇴치 주사를 326명에게 접종시키는 성과를 올렸다. 러시아와 루마니아, 터키 전역에서 광견병에 걸린 동물에게 물린 사람이었다. 하지만 메치니코프는 얼마 있지 않아 러시아 동료들과 사이가 틀어지고 말았다. 그는 러시아 동료와 달리 의사가 아닌 과학 연구자였고, 자신의 권위를 그들에게 행사하기가 어렵다는 사실을 알았다. 2년 후 자신이 사랑했던 러시아를 떠나야 한다는 사실에 우울해하며 파리로 옮겨 갈 때, 그는 연구소를 자신의 유능한 (그리고 의학도로도 자격이 있는) 조수인 야코프 바르다흐에게 물려주었다.

바르다흐의 지도 아래 연구소는 탄저병과 장티푸스, 콜레라, 말라리아, 결핵에 관한 중요한 연구를 수행했다. 그가 식수 검사를 도입했을 때였다. 시험 결과 장티푸스 박테리아가 검출되자 시의 식수 공급을 책임지고 있던 위생사들이 그를 공격하며 그 병이 수인성이라는 사실을 인정하려 하지 않았다. 나중에는 그의 진단이 옳은 것으로 판명되었다. 하지만 가난한 사람들이 치료를 받기 위해 연구소 밖에 길게 줄을 서기 시작했을 때는 이미 너무나 심각해진 상태였다. 오데사는 예전부터도 혁명적인 반정부주의자의 온상으로 여겨져 오던 터였다. 당국은 연구소를 경찰 감시하에 두었다.

어쩌면 그 후줄근한 행색으로 줄을 선 사람들 때문일 수도 있고, 아니면 그가 치명적인 병으로 실험을 했기 때문이었을 수도 있고, 아니면 그가 유대인이었기 때문일 수도 있으나, 1891년 바르다흐는 소장직에서 물러나야 했다. 러시아 법에서 유대인은 기관의 수장을 맡는 것이 금지되어 있었다. 또한 유대인은 교육과 고용 기회에서도 엄격한 정원제에 따라 제한을 받았다. 그런 제한을 피하기 위해 어떤 유대인은 러시아 이름을 사용하기도 했다. 바르다흐는 그러지 않았다. 그는 출신 민족을 적도록 돼 있는 모든 공식 문서마다 '나는 유대인'이라고 자랑스레 써넣었다. 메치니코프는 그의 사임을 두고 "과학계는 재능 있는 일꾼을 잃었다"라며 안타까워했다. 하지만 파스퇴르가 바르다흐에게 파리의 어떤 자리를 제의했을 때 그는 그냥 조국에 있으면서 봉사하는 게 낫다며 제의를 거절했다.[7]

연구소의 소장 직위는 그의 제자인 스테판스키가 물려받았다. 바르다흐는 개업의가 되었다. 그럼에도 그의 평판은 커져만 갔다. 당국도 막을 수 없었다. 그는 환자를 시내 유대인 병원과 자신의 집에서 받았다. 비록 변변치 않은 집안 출신이긴 했어도 그는 유대인 학자이자 교사의 아들이었다. 그의 아내 헨리에타는 은행가의 딸이었다. 레프톨스토이 거리에 있는 이들의 집으로 많은 방문객이 끊임없이 밀려들었다. 부부는 집 안의 참나무로 장식된 큰 식당에서 이들을 맞았다. 헨리에타는 사모바르*로 끓인 차를 대접했다. 오데사 기차역에는 바르다흐에게 도움을 청하기 위해 오는 사람이 얼마나 많았던지 이곳의 버스 운전수 모두가 그의 주소를 기억할 정도였다. 바르다흐는 시내 대학에서 세균학을 가르쳤다. 러시아에서 그런 강좌는 최초였다. 그리고 대중을 상대로 한 이 과학 강연은 그때부터 오데사의 전통으로 자리 잡았다. 대규모 청중이 와서 페스트

---

* 찻물을 끓일 때 쓰는 큰 주전자.

의 기원과 파스퇴르의 발견에 관한 그의 이야기에 귀를 기울였고, 자정이 되어서야 자리에서 일어나곤 했다. 1918년 무렵 이미 바르다흐는 남부 러시아에서 가장 유명한 의사가 되어 있었다. 보다 서쪽에 있는 도시에서도 그는 존경받는 인물이었다.

'이스판카'*의 발병 건수는 5월에 급증한 후 6월과 7월에 떨어졌다. 그해 여름 카르페 디엠**이 오데사 사람들의 모토가 되었고, 그들이 골칫거리를 잊는 것을 우주도 돕는 듯했다. 6월에 한 오스트리아 장교는 유행병에 점령된 도시에 있으면서도 이곳 사람들이 보여 주는 활달함과 부주의, 열정에 대해 언급했다. 같은 달 이곳에 베라 홀로드나야가 도착했다. 스물네 살의 이 여배우는 모두가 인정하는 러시아 영화계의 여왕이었다. 배신당한 미모의 여인 역할과 함께 잿빛의 최면을 거는 듯한 시선으로도 유명했다. 그녀는 모스크바와 페트로그라드에서 대거 탈출하던 예술인 무리의 일원으로 이곳에 온 것이었다. 당시 두 도시에 닥친 정치적 경제적 혼란으로 영화 산업은 질식 상태에 있었다. 군중은 그녀를 열렬히 환영했고 그녀의 시선은 그녀의 최신작 『사랑을 발명한 여인』이 극장에서 상영되는 8월 내내 그들에게 머물렀다. 스타의 지하세계 연루 의혹

---

* 러시아어로 스페인 여자라는 뜻. 스페인독감을 지칭하는 말로 사용됐다.
** 호라티우스의 라틴어 시에서 유래한 말로 현재를 잡으라는 뜻이다.

에 관한 소문은 이곳 사람에게 또 다른 기막힌 소일거리를 제공했다. 작가 콘스탄틴 파우스톱스키에 따르면, 키예프에서는 그녀가 잔 다르크처럼 자신의 군대를 모집한 데 이어, 승리의 군대 선두에서 흰색 군마를 타고 프릴루키 마을로 진격해 자신이 우크라이나 제국의 여제임을 선언했다는 이야기까지 돌았다.[8]

스타가 품고 있던 화려함과 로맨스의 환상은 부가옙카의 가난한 교외에 있던 탄약 창고에서 일어난 강력한 연쇄 폭발과 함께 산산조각이 났다. 범행을 자인한 백색 러시아인들은 독일과 오스트리아에 포탄을 넘겨주기로 한 계획을 막기 위해서 그랬다고 주장했다. 이 폭발로 7킬로미터 길이의 좁은 땅 안에 있던 곡물 저장고와 설탕 공장, 가옥 수백 채를 포함한 건물 대부분이 파괴되었다. 로이터는 사망자 수는 "제한적"이었으나 수천 명이 먹을 것과 거처를 잃고 거리로 나앉게 되었다고 보도했다. 9월 첫째 날 이스판카 발병 건수는 세 배로 뛰기 시작했고 독감의 파도는 유대인 병원에도 밀려들었다.

이스판카 말고도 도시는 콜레라와도 씨름하고 있었다. 콜레라는 8월 오스트리아 군인 수송선을 타고 온 것이었다. 게다가 전국적으로 티푸스까지 유행하고 있었다. 독일과 오스트리아의 점령자는 도시의 범죄 문제와 마찬가지로 보건 문제를 해결하는 데도 무관심했다. 이들의 유일한 목표는 각 지역의 곡물 저장고를 징발해 자국의 굶주린 동포에게 보내는 것이었고, 그 임무를 수행하는 데 필요한 최소한의 치안만 유지했다. 그 결과 이 도시는 격리의 기술에는 그토록 훈련이 잘되어 있었음에도(5월 이후 독감 발병을 추적했다) 봉쇄를 위한 전략이 부재했다. 카페와 극장은 계속해서 문을 열었고, 모든 것을 잊거나 최소한 잠시라도 공포에서 벗어나고픈 사람들로 가득 찼다. 이들이 집을 비운 사이 야폰치크의 갱단은 그 집을 털었다. 심지어 집에 머물러 있을 때도 그랬다.

바르다흐는 자신이 할 수 있는 일을 했다. 그는 오데사의사협회 회원을 대거 불러 모은 자리에서 시 차원의 봉쇄 프로그램이 없는 상황에서는 빈곤층과 노동자 계층의 독감 퇴치를 위해 벌이는 개별적인 노력이 별 소용이 없다고 연설했다. 뉴욕의 코플랜드가 그랬던 것처럼, 그는 학교 문을 닫는 것은 아이들이 집에 있을 때보다 학교에서 병에 걸린다는 확실한 증거가 있는 경우에만 권할 만한 조언이라고 했다. 또 '공기를 통한 감염'이라는 표현을 너무나 많은 사람들이 오해하고 있다고 지적했다. 그는 도시의 가난한 지역의 집이 어둡고 습하고 과밀함(이런 환경은 세균의 천국을 뜻했다)을 알았다. 부유층과 교육을 많이 받은 사람조차 신선한 공기를 의심했다. 그는 모인 의사들 앞에서, 기침을 하는 사람은 피해야 하지만 신선한 공기는 건강을 유지하는 데 필수적이라는 점이 강조되어야 한다고 역설했다.

시 차원에서 대중적인 모임을 금지하지 않은 상황에서, 바르다흐는 자신이 해 오던 공중교육 프로그램을 이어나가는 것이 좋겠다고 결심한 것처럼 보인다. 아마도 그런 방법을 통해 '아래로부터의' 유행병 대응을 촉발하겠다는 목표를 염두에 두었을 수도 있다. 그해 가을 그와 다른 지도적 의사들이 직접 영화관과 극장, 유대교 회당 그리고 유명한 프리보츠 식품 시장으로 찾아가서 연설했다. 시내 오페라하우스까지 가서 『파우스트』 공연의 중간 휴식 시간을 이용하기도 했다. 그는 청중을 향해 이스판카가 많은 사람이 두려워하는 것처럼 무시무시한 페스트의 어떤 새로운 유형이 아니라 독감의 악성 유형일 뿐이며, 무엇보다 집안의 환기를 통해 누구든지 자기방어가 가능하다고 말했다. 그런 합리적인 설명조차 어떤 사람은 듣고 싶어 하지 않았다. 그리하여 10월 1일, 오데사에도 검은 결혼식이 등장했다.

이디시어로 슈바르체 카세네라고 하는 검은 결혼식은 치명적인 유행병을 막기 위한 고대 유대 민족의 의식이었다. 여기에는 공동묘지에서 두 사람이 결혼식을 올리는 것도 들어 있었다. 전통에 따르면 신랑과 신부는 그 사회에서 가장 불행한 사람, "이를테면 그 구역에서 가장 끔찍한 불구자, 천대받는 극빈자, 안타깝도록 아무짝에도 쓸모없는 자 중에서" 중에서 선택되어야 했다고 19세기 오데사 출신 작가 멘델레 모체르 스포림은 그런 결혼식을 다룬 소설에서 설명했다.

검은 결혼식의 파도가 키예프와 다른 도시를 한바탕 휩쓸고 간 후 콜레라와 이스판카 두 가지 유행병이 고조되고 있던 9월 오데사의 한 상인 상조회에서 자기들도 별도의 검은 결혼식 행사를 조직하기로 결의했다. 유대인 공동체의 일부는 그것이 이단이며 신성모독의 관행이라며 강하게 반대했다. 그러나 시의 랍비는 축복을 베풀었고, 시장도 동조했다. 공공질서에는 위협이 되지 않는다고 본 것이다. 상조회는 유대인 공동묘지들로 사람을 보내 이곳에 출몰하며 구걸을 일삼는 거지 중 두 명의 후보를 물색했다. 행사에 맞게 요란하면서도 너저분한 신랑과 신부가 선발됐다. 이들이 자신의 '일터'에서 결혼식을 올리는 데 합의하자 상인들은 곧바로 축제에 필요한 경비를 마련하기 위한 모금에 돌입했다.

수천 명의 사람들이 결혼식을 보기 위해 모여들었다.

식은 제1 유대인 공동묘지에서 오후 3시 정각에 거행되었다. 그 후 행렬은 도심으로 향했고 음악대가 뒤를 따랐다. 환영 연회가 예정돼 있던 시청에 행렬이 도착했을 때 신혼부부는 그들을 보려고 밀려드는 사람 수가 너무나도 많아 마차에서 내릴 수가 없었다. 한참 만에야 군중이 물러났고 부부는 시청 안으로 들어갈 수 있었다. 이들을 위한 축하연이 벌어졌고 값비싼 선물이 쏟아졌다.[9]

1910년만 해도 유대인 병원은 러시아 주변부에서 가장 부유한 병원으로 이야기되었지만 이제는 급기야 지방지에 병원 유지에 필요한 후원금을 요청하는 공지문이 등장했다. 아동 병원은 그곳대로 포화 상태에 이르러 비극적인 일이 속출했다. "간호사에게 죄가 있나요?" 오데사의 주요 일간지인 『오데스키 리스토크』는 이런 질문을 1면 제목으로 뽑기도 했다. 열이 있던 아이가 2층 발코니에서 떨어져 사망한 후 간호사에게 비난이 쏟아진 사건을 두고 한 말이었다. 이 기사를 쓴 기자는 간호사가 용서받아야 한다고 느꼈다. 그 병원은 두 개 층에 모두 75명의 어린이 환자가 입원해 있었으나 아이를 돌보는 간호사는 두 명뿐이었다. 간호사들은 24시간 내내 일했지만 모든 아이를 늘 따라다니며 챙길 수는 없었다.

스테판스키는 가을 내내 이 유행병을 추적했다. 대다

수 사람은 병에 걸려 나을 때까지도 집에 머물렀지만, 그는 입원 자료를 기초로, 9월 말경 도시에서 가을 파도가 꼭짓점을 찍었다고 판단했다. 10월 8일 바르다흐가 유행병이 절정을 지났다고 선언했다. 그러자 검은 결혼식을 조직했던 사람들은 자신들의 노력이 효과를 본 것이라고 주장했다. 바르다흐는 날씨가 추워지면서 콜레라는 소멸될 것이며, 스페인독감은 아주 조금 더 지속될 것이라고 전망했다. 그의 예측은 둘 다 적중했다. 10월 둘째 주 오데사 사람들이 신문을 통해 영국 총리 데이비드 로이드 조지가 이스판카로 앓아누웠다는 소식을 접했을 때, 어떤 이는 그를 위해 검은 결혼식을 열자고 제안했다. 이 지역의 랍비는 그래 봐야 소용없다며 의식이란 그 자리에서나 통하는 것이지 원거리에서는 어림없다고 되받았다.

11월 휴전협정이 체결되자 독일과 오스트리아 군은 도시를 떠났다. 우크라이나 민족주의 세력이 키예프를 장악했다. 하지만 몇 주 동안 오데사 통제권을 놓고 다양한 분파가 경쟁했고, 그런 힘의 공백기를 틈타 야폰치크 휘하의 깡패들이 계속해서 활개 쳤다. 전기는 나가기 일쑤였고, 전차는 운행이 중단됐으며, 연료도 턱없이 부족했다. 하지만 병원은 직원 유출에도 불구하고 운영을 계속했다. 의사들은 직원 유출이 이스판카 탓이라고 생각했다. 11월 22일 바르다흐는 오데사의사협회에 이번 것이 1890년대 유행병, 이른바 '러시아'독감보다 더 악성이라고 말했다. 또한 스페인 변종은 신경계와 호흡기 합병증이 동반되는 경우가 유독 많은 것이 특징이라고 덧붙였다. 12월에는 프랑스군이 도착한 데 이어, 백색 러시아 세력의 도움을 받아 오데사에서 우크라이나 병력을 소탕했다. 도시는 난민이 대거 유입되면서 '만원 버스'처럼 붐볐다. 국내 물자 공급로도 끊겨 음식 값도 폭등했다.[10] 가난한 사람을 위한 무료 급식소가 문을 열었다. 1919년 초 오데사를 지나갔던 시온주의자 핀하스 루텐베르크는 당시 상황을 "미친 듯이 오르는 생활비와 굶주림, 추위, 어둠, 역병, 뇌물, 강도, 습격, 살인"의 시절로 회상했다.[11]

종말이 임박했다는 느낌에도 불구하고, 아니면 그런 느낌 때문인지 오데사 사람들은 계속해서 쾌락을 추구했다. 그런 갖가지 살인과 방탕의 나날 중에 스페인독감이 다시 돌아왔다. 2월 초 배우 베라 홀로드나야는 실직 예술인을 위한 모금 행사로 문예 클럽에서 열린 자선 공연에 찬조 출연했다.[12] 무대를 빛낼 공동 스타로 섭외된 오시프 루니치와 함께 자신들이 출연한 영화 『마지막 탱고』의 한 장면을 연기했다. 클럽 안은 쌀쌀했고, 관객은 모피를 입고도 몸을 웅크려야 했지만 그녀는 얇은 이브닝 가운만 걸친 상태웠다. 공연이 끝난 후 호텔로 돌아가는 도중 마차를 끌던 말이 휘청했다. 남은 길은 내려서 걸어가야 했다. 다음 날 결국 그녀는 아파서 일어나지 못했다. 명망 있는 의사가 차례로 병상으로 불려왔지만 아무도 그녀를 살리지 못했다. 마지막 공연을 마친 지 8일 만에 그녀는 숨을 거뒀다. 가족은 시신을 방부 처리해 달라고 요구했다. 그들이 믿고 있던 것처럼 구체제가 복원되면 고향인 모스크바로 시신을 다시 옮기기 위해서였다. 올드시티 병원의 영안실 운영자였던 병리학자 M. M. 티젠가우센은 그들과의 약속을 지켰다. 사망 진단서에 적힌 그녀의 사인은 이스판카였다.

홀로드나야가 죽고 이틀이 지난 2월 18일 러시아 정교회에서 고인을 위한 기도 예배를 시의 대성당에서 열었다. 참석 인파는 어마어마했다. 그중에는 유대인도 많았다. 여기서 갈등이 일어났다. 예배를 집전하는 사제도, 여배우의 몇몇 지인도 유대인이 그곳에 오는 것을 원치 않았다. 유대인들은 버텼다. 그들도 자신을 기쁘게 해 주었던 아름다운 스타에게 존경심을 표시하고 싶어 했다. 결국 좀 더 연장자인 사제가 나서서 사태를 수습했다. 예배는 그대로 진행되었고 유대인들도 머무를 수 있었다.

다음 날 그녀의 장례식이 같은 성당에서 거행됐고, 카메라에 담겼다. 러시아 영화 산업의 임시 수도에 유일하게 걸맞은 장면이었다. 그 자리에 참석했던 기자는 훗날 그때 자신이 마치 은막의 여왕이 출연하는 영화 세트장에 있는 것처럼 느껴졌다고 썼다. 그는 자신이 본 그녀의 영화 중 최신작을 떠올렸고, 그녀가 처음 등장하는 장면에서 관객들이 얼마나 큰 박수를 보냈는지를 회상했다. 그날 대성당도 또 한 번 사람들로 만원을 이룬 데 이어 모여든 인파는 장지인 제1 기독인 공동묘지로 가는 길을 따라 장사진을 이뤘다. 홀로드나야는 모스크바로 옮겨지기 전까지 이곳 묘지 교회에 안치될 예정이었다. 관은 뚜껑이 열린 채로, 그녀를 흠모했던 이들에 의해 운구되었는데, 그 안에 누운 그녀는 자신이 출연한 영화 중 가장 인기가 많았던 작품 속에서 입었던 드레스 차림이었다. 비운의 사랑을 이야기했던 그 작품의 제목은 『화롯가에서』였다.

　홀로드나야의 유해는 끝내 모스크바로 돌아가지 못했다. 어느 시점에선가 사라지고 말았다. 장지였던 제1 기독인 공동묘지에 있던 교회가 1930년대에 와서 파괴될 때까지는 그 안에 있었을 거라는 설명이 가장 유력하다. 교회가 있던 자리는 그 뒤 아스팔트로 덮이고 말았다. 그러나 그 불가사의한 실종으로 그녀의 죽음을 둘러싸고 생겨난 숱한 음모론은 지금까지 사그러들지 않고 있다. 그중에는 그녀가 볼셰비키 혁명 지지 세력인 적군파의 스파이라고 의심한 프랑스 외교관이 흰 백합을 선물해 그녀를 독살했다는 주장도 있다. 흰 백합은 그녀가 가장 좋아했던 꽃이었다. 장례식이 있은 지 며칠 지나지 않아 그녀의 출연작 『사랑을 발명한 여인』을 지난해 여름에 개봉했던 바로 그 영화관에서 그 음모론을 담은 영화가 상영되기도 했다. 파우스톱스키는 약탈에 싫증이 난 야폰치크 일당이 오데사의 나이트클럽을 가득 메우고는 "베라 홀로드나야의 죽음에 관한 가슴이 미어지는 노래를 불렀다"라고 썼다.

전쟁과 역병이 끝나자, 지칠 줄 모르는 바르다흐는 자신의 집을 장티푸스와 콜레라를 뿌리 뽑기 위한 전국 캠페인의 지역 본부로 바꾸었다. 그러면서 자신의 연구도 이어나갔다. 계속된 지원 부족에도 굴하지 않은 채, 늘 그래 온 것처럼 처한 환경에 적응했다. "1921~1922년 오데사의 겨울은 혹독했다. 실험실은 난방도 되지 않았다"라고 그는 썼다. "그러다 보니 아주 낮은 기온에서만 자랄 수 있는 박테리아를 연구하는 것만 가능했다."[13] 그의 지도하에 시의 노보로시야대학교는 소련의 지도적인 세균학 연구를 주도하는 중심 중 하나가 되었다.

바르다흐는 1929년에 사망한 후 오데사의 제2 유대인 공동묘지에 안장되었다. "아슈케나지, 게센, 에프루시—윤기가 흐르는 수전노와 철학적 쾌락주의자, 부와 오데사

일화들의 주인공 사이에"* 묻혔다고 바벨은 기록했다. 그 묘지도 1970년대에는 철거되었고 그곳에 잠들어 있던 고인도 망각 속으로 사라졌다. 유족의 항의 끝에 아주 소수의 시신만 보존되었다가 제2 기독인 공동묘지로 이장되었는데, 그중에는 바르다흐도 있었다. 그의 묘지는 지금은 정교회 십자가가 바다를 이룬 공동묘지에서 또 한 명의 걸출한 오데사 유대인의 무덤 옆에 자리 잡고 있다. 그 유대인은 작가 멘델레 모체르 스포림이었다. 그는 자신의 책 『외판원 멘델 이야기』Tales of Mendele the Book Peddler에서 당시 검은 결혼식을 열었던 사람들의 믿음을 이렇게 적었다. "숨진 교구인의 무덤 사이에서 결혼식이 거행되면 마침내 전염도 멈추겠지요."

---

* 모두 유력 유대인 가문.

10장. 착한 사마리아인

당시 사람들이 택한 최선의 생존술은 철저히 이기적이 되는 것이었다. 만일 집이라 부를 수 있는 거처가 있다고 가정하면, 최적의 전략은 그곳에 머무르면서 (하지만 혼자 중얼거리지 않고) 밖에서 문을 두드려도 응답하지 않고, 경계심에 차서 비축해 둔 음식과 마실 물을 지키고, 도와달라는 요청은 모두 무시하는 것이었다. 이것은 자신의 생존 가능성을 높일 뿐 아니라, 만약 모두가 그런 식으로만 행동하면, 머지않아 감염 가능한 개인의 밀집도도 유행병의 지속 문턱 아래로 떨어져 병이 사라질 것이었다. 하지만 일반적으로 사람들은 그렇게 하지 않고 서로에게 손을 뻗었다. 심리학자들이 '집단회복력'이라고 부르는 현상이

었다.[1]

"이 끔찍한 시기에도 수많은 강도와 사악한 짓이 저질러졌다는 사실을 나는 부인하지 않겠다." 1722년 대니얼 디포는 1665년 런던에서 페스트가 발병했을 때 상황을 그렇게 묘사했다. 그러나 동시에 이런 사실도 기록했다. "바로 옆 마을 주민들은 동정심에 가득 차서 음식을 가져와 먼 발치에 놓아 두고 그들이 가져갈 수 있으면 가져가도록 했다."[2] 그와 비슷한 양상이 스페인독감 기간에도 목격되었다. 분명히 반사회적인 행동 사례도 있었다. 이를테면 남서부 탄자니아의 원 메이저 웰스 경관은 범죄와 소 도둑질이 늘어났다면서 이것이 범유행병 때문인 것 같다고 보고했다. 또한 음식과 의약품, 관이 부족해지면서 부당이득에 관한 보고도 속출했다.[3] 하지만 전체적으로 봤을 때는 예외에 해당했다.

대부분의 사람이 위기 상황에서 행동을 '잘' 한다는 사실을 알고 나면 마음이 따뜻해져 올지 모르겠다. 그러나 그것은 우리가 유행병에 관해 생각할 때 보여 주는 근본적인 불합리성을 드러낸다. 1915년 노벨 문학상을 수상한 프랑스의 평화주의자이자 작가인 로맹 롤랑이 스페인독감 증상을 보였을 때였다. 그가 제네바 호수 인근의 호텔에 묵고 있는 동안 호텔 직원들이 그의 방에 들어가려 하지 않았다.

마침 그를 방문했던 노모의 헌신적인 보살핌이 아니었다면 그는 목숨을 잃고 말았을지 모른다. 이 경우 우리는 호텔 직원들의 냉담한 태도를 비난하고 싶은 마음이 들게 마련이다. 하지만 사실은 그들의 그런 행동이 병의 확산을 제한했을 가능성이 클뿐더러 그의 목숨을 구했다고도 할 수 있다. 그들은 자신도 모르는 사이에 그 불운했던 롤랑 주변에 아주 작고도 국지적인 방역선을 쳤던 셈이다.

의사들은 유행병이 도는 기간에는 병에 걸린 개인으로부터 떨어져 있으라고 말하지만 우리는 반대로 행동한다. 왜일까? 신의 징벌에 대한 두려움이 한 요인일 수 있다. 특히 예전 시대에는 그랬다. 3대 유일신 종교인 이슬람교, 유대교, 기독교는 가족과 자선 그리고 다른 사람에 대한 존중의 중요성을 강조한다. 병이 지나간 후에는 사회적으로 외면당할 수 있다는 두려움이 마음 다른 한편에서 작용한다. 그도 아니라면 그저 관성적인 것일 수도 있다. 평소에도 혹은 심지어 지진과 같은 다른 종류의 재난 상황에서조차 남을 돕는 것은 가장 적절한 반응일 수 있다. 그런 이유를 뒤집어 생각해야 하는 경우는 유행병이 닥쳤을 때가 유일하다. 그러나 우리는 그런 사실을 알아차리기에는 너무 느리거나 멍한 상태가 된다. 이런 현상을 두고 심리학자들은 대단히 흥미로운 설명을 내놓는다. 이 설명에 따르면,

집단회복력은 사람들이 생명을 위협받는 상황에서 자신을 인지하는 방식에서 나온다. 이럴 때 사람들은 자신을 더 이상 개인으로 보지 않고 집단의 일원으로 본다. 이때 귀속 집단은 그 재난의 희생자가 된다는 사실에 의해 정의된다. 이 이론에 따르면, 그 집단에 속한 타인을 돕는 것은 여전히 일종의 이기심이다. 보다 넓게 정의된 자기인식에서 나온 이기심일 뿐인 것이다. 그것은 우리 모두가 이 재난 속에 함께 처해 있다는 생각에서 비롯한다. 이때 재난은 지진이든 범유행성 독감이든 차이가 없다. 하지만 그와 같은 반응은 지진인 경우에만 합리적일 뿐 범유행병 상황에서는 아니다.

가령 보건 업무를 맡은 사람을 예로 들어 보자. 이 사람들은 유행병이 발병할 때마다 최전선에서 일하게 된다. 정부는 이들이 자기 생명이 위험에 처했음을 아는 순간 자신의 직무를 저버리고 '치료의 의무'를 어길까 우려할 때가 많다.[4] 스페인독감 때는 그 반대 현상이 나타났다. 대다수 의사가 육체적으로 한계에 이르거나 자칫 자신의 환자에게 위험을 초래할 상황에 이르기 전까지는 업무에서 떠나지 않았다. 뉴저지 러더포드의 시인 의사인 윌리엄 칼로스 윌리엄스는 당시를 이렇게 회상했다. "그때 독감이 우리를 강타했다. 우리 의사들은 하루에 전화를 많을 때는 60통까지 받았다. 우리 중 몇몇은 나가떨어졌고, 젊은 동료 한 명은 숨졌으며, 또 다른 이들은 그 병에 걸렸다. 우리는 세계를 휩쓸고 있던 그 막강한 독을 검사해서 알아내는 데 효과가 있는 것이라고는 아무것도 가진 게 없었다."[5]

"우리는 모두 한배를 타고 있었다. 그렇게 역병의 바다 위에 내던져진 것이다. 가슴에는 고통과 좌절감이 가득했다." 잉글랜드의 도시 헐의 내과 의사 모리스 제이콥스의 기록이다. "유행병이 계속되는 동안에는 감방에 있기 위해 경미한 죄를 저지를 용의가 있다고 한 의사가 한둘이 아니었다. 물론 그 생각이 실행에 옮겨지지는 않았다."[6] 일본에서는 도쿄의사회 소속 자원봉사자들이 야간에 가난한 사람과 부라쿠민*에게 무료 백신 주사를 놓아 주었고, 독일 바덴에서는 가톨릭교회가 젊은 여성을 간호사로 교육시키는 프로그램을 열었다. 이 여성들은 가정 방문을 해야만 했는데, 이런 의무를 열성적으로 받아들인 것 같다. 1920년 한 익명의 독일 의사는 가톨릭 간호사의 열의가 지나쳐 권한 밖의 일까지 해 지방 의사에게는 골칫거리라고 불평까지 한 걸 보면 짐작이 간다.

의사가 없을 때는 선교사나 수녀, 다른 종교인이 공백을 메웠고, 이들마저 여의치 않으면 보통 사람이 나섰다.

---

* 전근대 일본의 신분제에서 최하층이었던 불가촉천민을 뜻하며 신분제 폐지 후에도 차별받던 소수 집단에 속한 사람을 가리킨다.

평소에는 깊은 사회적 격차로 갈라져 있던 사람들이었지만 개의치 않았다. 리처드 콜리어의 통신원이었던 남아프리카공화국의 한 백인은 웨스턴케이프의 시골에 사는 그의 젖먹이 여동생의 생명을 옆집에 사는 '유색인' 가족의 엄마가 구해 줬다고 썼다. 아기의 부모가 다 병에 걸렸을 때 마침 자기 아이들에게 수유 중이던 이 여인이 아기를 데려가서 부모가 회복될 때까지 대신 젖을 먹여 주었다는 얘기였다.

물론 여기에도 예외는 있었다. 하지만 그들이 어떤 사람이었는지를 알면 흥미롭다. 한 영국 병사는 인도에서 스페인독감에 걸렸다가 나은 자신의 경험에 대해 이렇게 기억했다. "병원 청소부는 자신들이 '백인 남자의 역병'이라 부른 것을 외면하고 근처에도 가려 하지 않았다." 아마 그 병원에서 4년 넘게 일한 직원은 1896년과 1914년 사이에 인도인 800만 명의 목숨을 앗아간 페스트 발병 때 영국이 어떻게 대처했는지 기억하고 있었을 것이다. 그들은 영국인에게서 아무런 연대감을 기대할 수 없다는 것을 알았다. 그와 마찬가지로 리우데자네이루에서 무덤 파는 인부로 고용되었던 기결수들은, 만일 그때 소문이 사실이라면 시신이 있는 곳에서 온갖 흉악한 죄를 저질렀고, 자신들로서는 더 잃을 게 없다고 느꼈을 수 있다.

집단회복력 이론에 따르면, 집단은 어느 시점에 가면 분열을 감지하고, 사람들은 다시 자신을 개인으로 인식하기 시작한다. 정말 '나쁜' 행동이 나타날 가능성이 가장 높은 시기는 바로 이 시점일 수 있다. 최악의 상황이 지난 후 삶이 정상으로 되돌아가는 시점. 스위스 적십자사는 당초 무자격 여성이 간호사로 대거 자원하는 것을 보고 고마워했지만, 그중 일부는 그동안 "도덕적으로 의심스러운" 이유에서 자원한 것처럼 보인다는 사실을 개탄해 마지않았다. 이 사기꾼들은 흔히 유행병이 지나가고 난 후에도 자신의 새로운 역할에 달라붙어 "자신을 경험 많은 간호사로 소개하고, 다양한 근무복을 착용한 채 어떨 때는 가짜 의료 자격증까지 만들어 대중과 의료 집단을 속였다."[7]

1919년 리우데자네이루의 카니발은 신의 징벌을 주제로 잡았고, 역대 최대 규모의 관객이 모여들었다. 독감이 도시에서 아직 완전히 가시지 않은 상태로, 그로 인한 사망은 현재진행형이었다. 카니발 음악은 트라우마를 영구히 치유했다. 어떤 블로코bloco(구역별 카니발 집단)는 '신성 가옥 블로코', '자정의 차 블로코'와 같이 독감을 주제로 집단명을 짓기도 했다. 카니발 토요일에 흥청망청하는 사람들 위로 변화가 찾아들었다. 아마 카타르시스의 욕망 때문이었을 것이다. 신문들은 "특이한 기쁨"이 온 도시를 삼켰다고 기록했다. 한 신문은 다소 우스꽝스럽게 절제된 표현으로 "우리는 축제를 벌였다"라고 했고, 또 다른 신문은 "모두 만취 상태였다"라고 했다. "카니발이 시작되자 관습과 조신함은 하룻밤 사이에 늙고 낡은 유령이 되었고 (……) 사람들은 전례가 없던, 심지어 악마 같은 것을 직접 행동으로 옮기고 생각하고 느끼기 시작했다."8

　그와 비슷한 일이 14세기 흑사병 이후에도 일어났는지 모른다. 조반니 보카치오는 『데카메론』에서 피렌체의 막간*을 이렇게 묘사했다. "아니다. 수도원에 갇혀 있으면서 남들에게 걸맞고 합법적인 것이 자신에게도 선별적으로 적용될 수 있고 허용된 것이라고 자신을 설득하던 사람들마저 복종의 계율을 깨고 스스로 육신의 기쁨을 취하고, 그런 식으로 도피할 생각을 하면서 점점 외설적이 되었고 음탕해져 갔다."

　리우데자네이루도 그런 특이한 분위기 속에서 곳곳의 경계가 흐려졌다. 꽃봉오리 꺾기**에 관한 언급이 수없이 많았다. 이는 다시 '독감의 아들'이라 불린 아이들의 등장으로 이어졌다. 그런 보도 내용은 사실 여부를 확증하기 어려웠다. 그러나 역사가 수앤 콜필드는 관련 문헌을 샅샅이 뒤진 끝에 다음과 같은 사실을 발견했다. 리우에서 유행

---

* 보카치오는 피렌체에 창궐한 흑사병을 피해 시골의 별장에서 청년 셋과 처녀 일곱 명이 열흘간에 걸쳐 차례로 이야기한 기록이 『데카메론』이라고 소개했다.
** 강간을 뜻한다.

병 직후 기간에 정말로 강간 신고가 급증했으며 그 규모는 여타 범죄 건수를 한동안 앞지를 정도였다. 어떤 이는 이런 외설의 파도를 사랑받지 못한 망자의 복수라 했고,[9] 또 어떤 이는 억제되지 않는 생명의 힘의 충격적인 재주장이라고도 했다. 그것이 무엇이었든 결국에는 끝이 났다. 범유행병이 지나간 것이다. 이제 인류는 포스트-독감 세계로 들어와 있었다.

배회하는 늑대들

인간 행동의 '최선'과 '최악'을 보여 주는 가장 좋은 사례는 알래스카의 브리스틀만에서 찾아볼 수 있다. 스페인독감이 알래스카를 휩쓴 것은 1918년 가을이었고, 두 에스키모 집단만 화를 면했다. 하나는 알류샨 열도의 바깥쪽 섬에 사는 사람들이었다. 그곳은 북아메리카에서 발이 젖지 않은 채 서쪽으로 가장 멀리 갈 수 있는 지역이다. 또 하나는 브리스틀만의 유피크족이었다. 알류샨 열도의 알류트족은 태평양에 천혜의 방역선이 있었다. 반면 베링해의 가장 동쪽 끝에 있는 브리스틀만은 멀리 떨어져 있긴 해도 양상이 달랐다. 남쪽으로는 알래스카반도에 묶여 있고, 북쪽으로는 산맥이 즐비한 데다 내륙은 물을 잔뜩 머금은 툰드라 지대여서 지금도 접근이 쉽지 않다. 교통수단이라고는 증기선과 개썰매가 유일했던 과거에는 훨씬 접근이 어려웠다. 겨울이면 베링해는 얼음으로 뒤덮이기 일쑤였고 그럴 때는 바닷길이 완전히 두절됐다. 그러나 1919년 봄, 바다의 얼음이 부서지기 시작하면서 그 철의 첫 낚싯배가 도착했을 때 독감도 함께 들어왔다.

그해 봄 자신의 눈으로 브리스틀만을 보는 것이 평생 처음이었던 시애틀의 정규 간호사 캐서린 밀러는 이렇게 썼다. "사방이 진짜 북극이다. 식물이라고는 풀과 이끼밖에 없는 광활한 습지 평원, 툰드라가 사방으로 무한정 뻗어 있다."[10] 두 해 전 알래스카 해안을 답사했던 한 신부의 평도 조금 더 관대했을 뿐 비슷했다. "대체로, 횡으로 뻗은 이 고장은 내 생각에 지상에서 가장 삭막하고 헐벗었으며 더없이 매서운 기후로 저주받은 곳이다. 하지만 대단한 아름다움과 숭고함마저 느껴지는 광경이 없는 것은 아니다. 또한 이곳의 겨울로 말하자면 종종 거의 형언할 수 없는 매력을 발산한다. 환하게 퍼지는 빛과 함께 하늘색과 분홍색의 섬세한 광택이 삐죽삐죽한 얼음과 바람에 얼어붙은 눈을 대리석과 설화석고와 수정으로 바꾸어 놓는다."[11]

사실 브리스틀만은 북극이 아니라 아북극*에 속한다. 여름에는 잠시 온화할 때도 있지만 겨울에는 기온이 영하 40도 아래까지 내려갈 때도 있다. 이런 조건의 땅을 남쪽

---

* 북극권 아래쪽으로 기후로는 냉대 혹은 아한대.

사람이 봤을 때는 사람이 살 수 없는 곳이라는 인상을 받았을 수도 있다. 하지만 천연 자원이 풍부했다. 브리스틀만으로 흘러드는 강은 세계에서 가장 큰 규모의 붉은 연어 산란장이다. 1778년 결국 실패로 끝난 북서항로** 탐사에 나섰던 쿡 선장도 이곳을 지나다가 직감했다. 강어귀를 본 그는 "틀림없이 연어가 많을 것"이라고 상상했다. "우리는 강 초입 앞 바다에서 많은 연어가 파닥대는 것을 보았다. 우리가 잡은 대구의 배 속에도 있었다."[12] 그 땅은 곰과 무스, 카리부의 고향이기도 했다. 유피크족은 알래스카의 다른 부족에 비해 이동성이 덜했다. 필요한 것을 상당 부분 집 근처에 두고 살았다. 지리적 고립성과 더불어 그런 점 때문에 그들과 외부인의 접촉은 비교적 늦게 찾아왔다.

수천 년 동안 그들의 삶은 계절의 변화를 따랐다. 10월 첫눈이 내릴 때부터 이들은 마을에 모여 따뜻했던 시기에 저장해 둔 비축분에 의지해 겨울을 났다. 봄에는 작은 가족 집단으로 흩어져 사냥을 하거나 덫을 놓았고, 덤불이나 캔버스 천으로 임시 거처를 지어 그 안에서 살았다. 6월 즈음엔 자신들의 마을로 돌아와 연어를 잡았고, 8월이 되면 남자들은 다시 마을을 떠나 눈이 올 때까지 사냥을 했다.

마을은 통나무 골조에 뗏장을 덮은 집인 바라바라로 이뤄졌는데, 높이의 3분의 2 정도가 땅속에 있었다. 마을

** 북대서양에서 북극해를 지나 태평양으로 나가는 항로.

중앙에 카스기크라 불리는 대형 바라바라가 자리 잡고, 그 주변의 비교적 작은 바라바라에 여자와 아이가 살았다. 카스기크는 남자 영역으로, 혼자인 남자가 잠을 자는 곳이지만 겨울에는 종종 공용 공간이 되었다. 1950년 인류학자 마거릿 랜티스가 기록한 것처럼, 주민들은 이곳에서 어두운 낮과 밤을 보내는 동안 "잔치와 춤과 가면으로 동물들의 정령을 즐겁게 했다."[13] 유피크족은 자신들이 거주하는 세상이 인간과 동물의 정령으로 가득하다고 믿었다. 한 연장자가 설명했듯이, "유피크족은 밖으로 걸어 나가 툰드라로 들어갈 때나 카약을 타고 강이나 베링해로 나아갈 때 정령의 영역 속으로 들어갔다."[14]

이 세계에 처음 끼어든 것은 러시아인이었다. 1818년 이들은 브리스틀만의 지류로 이어지는 누샤가크강 어귀의 알렉산드롭스키 보루에 모피 무역 기지를 세웠다. 오늘날 미국령인 딜링햄의 자리다. 1867년 미국이 러시아로부터 알래스카를 사들이고 몇십 년이 지나지 않아 샌프란시스코에 본부를 둔 알래스카수산물가공협회APA 후원하에 상업적인 수산업이 브리스틀만에서 시작됐다. 이 지역의 종교로 보자면 러시아인은 정교회를, 미국인은 개신교를 들여왔지만, 질병을 들여온 것은 양쪽 다 같았다. 이들로 인한 파괴적인 유행병이 이어지다가 1900년 가장 치명적인 독감과 홍역이 동시에 유행하면서 절정에 달했다. 알래스카인에게 엄청난 병으로만 알려진 이 겹돌림병은 서부 알래스카 에스키모인의 4분의 1 내지 절반 가까이를 쓸어버렸다.

1919년이 될 즈음 유피크족은 과도기에 있었다. 그때까지도 주로 사냥과 낚시로 먹고살았고, 특히 아플 때면 무당에게 부탁해 정령의 세계를 자신들에게 해석하게 했다. 그러나 이제는 다수가 현대식 주택에 살았고, 상점에서 산 옷을 입었으며, 누샤가크 지역에서는 러시아 정교회의 신앙을 고백했다. 1918년 여름 연어 이동이 부진했는데° 이는 그해 겨울 유피크족의 비축분이 줄었고, 이듬해 봄이 왔을 때는 그들이 평년보다 더 굶주린 상태였음을 의미했다.

독감이 알래스카로 들어온 경로는 어널래스카섬이었다. 알래스카반도의 꼬리를 이루는 알류샨섬 사슬에서 내륙 쪽에 가장 가까운 섬 중 하나이다 보니 북쪽으로 가는 선박이 자연스럽게 거쳐 가는 곳이었다. 그곳에서 북동부 브리스틀만까지 어떻게 퍼졌는지는 알래스카의 전설에 속한다. 줄거리는 이렇다. 신도들에게는 뜨거운 위스키 신부로 알려진 러시아 정교회 사제 디미트리 호토비츠키 신부가 그 무렵 정교회 부활절 축하 예배를 집전하기 위해 어널래스카에서 브리스틀만까지 다녀갔다. 그리고 이 예배에

° 이 지역 양식장 관리청 견해에 따르면 남획 탓이었다.

참석한 사람 전원이 집에 돌아가 앓아누웠다.[15] 위스키 신부가 브리스틀만의 주민에게 병을 옮겼을 수도 있다. 하지만 가능성은 낮아 보인다. 독감의 잠복 기간은 보통 하루에서 나흘 사이인데, 당시 정교회 부활절은 간혹 '서방의' 부활절과도 겹치는 1919년 4월 20일이었고, 브리스틀만의 첫 발병 사례는 그보다 3주 후인 5월 12일쯤 신고되었다. 몇몇 초기 사례가 신고도 되지 않은 채 넘어갔을 수도 있지만 3주는 잠복기치고는 불합리할 정도로 길다. 따라서 위스키 신부의 뒤를 따라 들어간 누군가가 바이러스를 들여왔을 가능성이 더 크다.

1919년에는 알래스카가 미국 땅이었지만 아직 완전한 주는 아니었다. 따라서 이곳의 준주지사 토머스 릭스는 연방 의회에서 투표권이 없었다. 그렇다 보니 그의 목소리는 48개 주 대표의 더 큰 목소리에 묻히기 일쑤였다. 1918년 가을 파도 기간에는 간신히 연방 정부를 설득해 알래스카 자치령 전역에 격리 조치를 취할 수 있는 재원을 지원받을 수 있었다. 그러나 격리 조치는 3월에 해제되었고, 몇 달 뒤 병이 재발해 다시 지원을 요청했을 때는 외면당하고 말았다. 이 세 번째 파도는 48개 주에서 그 전보다 약했다. 결국 알래스카에 닥친 새로운 유행병을 관리해야 할 책무는 APA에서 브리스틀만 주변 연어 통조림 공장에 고용한 의사들과 딜링햄의 정부 병원의 어깨 위에 떨어졌다.

이 정부 병원의 운영자는 라이너스 하이럼 프렌치라는 이름의 의사였다. 그는 알래스카의 그 지역을 잘 알았고 사랑했다. 그전에는 통조림 공장의 의사로도 근무한 적이 있었다. 1911년 정부 직책을 맡은 후에는 자기 관할에 있는 집수集水 지역 조사에 나서 겨울 내내 개와 순록이 끄는 썰매를 타거나 눈신발을 신고 걸어서 여행했다. 1912년 여름에 돌아와 정부 상관들에게 보고하기를, 그가 방문했던 집들이 대체로 덥고 습하고 어두웠는데 이는 "원주민이 장작 패기를 피하려고 집 안에 더운 공기를 계속 유지하기 때문"이며, 또한 개와 사람이 주거 공간을 같이 쓴다고 했다. 결핵과 매독이 흔했고 눈병인 트라코마*도 마찬가지였다. 그는 환자 중 일부는 직접 치료했고, 일부는 병원으로 보냈다. 예방 가능한 병은 어떻게 하면 예방할 수 있을지 지침을 제시했다. 그가 놀란 사실은 만나 본 사람 다수가 알래스카가 아직도 러시아 땅이라고 생각한다는 것이었다. "집집마다 러시아 신부나 차르의 사진이 걸려 있었고, 러시아 달력에 따라 날짜를 계산하고 있었다."[16]

프렌치는 독감이 나타나자마자 해당 지역을 격리했다. 평소처럼 낚시 철이 시작되는 때에 맞춰 마을에 도착하지 못한 유피크족은 자신들이 마을로부터 차단됐다는 사

---

* 균의 감염으로 각막에 손상을 주는 질환으로 영구적인 흉터가 남거나 실명하기도 한다.

실을 알았다. 게다가 오는 길에 감염 지역을 지나왔다면 자기 비용으로 열흘 동안 '격리 오두막집'에 머물러야만 했다. 이와 함께 APA 의사들은 개별 마을마다 주변에 격리 구역을 공표하고, 피해 지역에 음식과 연료와 의약품을 공급했다. 이런 조치에도 불구하고 딜링햄의 병원은 얼마 못 가 포화 상태에 이르렀다. APA 의사들이 목재 기반 위에 텐트를 쳐서 만든 임시 병원들도 같은 상황이었다. 5월 하순 유행병은 최고조에 달했고 프렌치와 그를 돕던 두 간호사마저 병에 걸리고 말았다. 프렌치는 미국 해안경비대 쾌속정 우날가호 선장에게 무선으로 긴급 지원을 요청했다.

우연하게도 우날가호는 평소 임무인 해안 순찰 이외에 마침 항로상의 기항지 사이에 승객과 우편물과 상품을 실어 나르기 위해 한 달 이상 일찍 샌프란시스코를 떠나 운항하던 중이었다. 선장 프레더릭 도지는 알래스카도 잘 알았다. 하지만 우날가호의 신참 요리사와 당직 사관은 그 해역으로 항해하는 것이 처음이었다. 공교롭게도 당직 사관의 이름마저 불운하게 유진 코핀*이었다. 그는 나중에 도지 선장이 알래스카의 많은 집에서 발견되는 러시아 성화와 사모바르 애호가였고 가는 길에도 수집했다고 기록했다. "내 짐작에 그는 틀림없이 그것들의 대가를 지불했을 것이다."[17]

---

* 영어 단어 관(coffin)과 철자가 같다.

우날가호에는 의사가 한 명 타고 있었다. 5월 26일 배의 선원들이 어닐래스카섬의 중심 도시인 어닐래스카에 도착했을 때는 도시 전체가 독감에 휩싸여 있었다. 도지 선장은 구호 작전을 짰다. 코핀은 그의 일기 5월 30일 자에서 "우날가호가 온 도시를 먹이고 간호하고, 시신도 묻었다"라고 썼다. 그 무렵 배의 공식 일지에 따르면, 선장은 프렌치에게 우날가호는 지금 손이 모자라 그를 도우러 갈 수 없다는 내용의 메시지를 보냈다. 그 메시지를 프렌치는 끝끝내 받지 못한 것처럼 보인다. 두 통조림 공장의 관리자 역시 우날가호에 구조 신호를 쳤지만 둘 다 답신을 받지 못했다고 주장했다. 어닐래스카의 유행병은 6월 7일 즈음 절정을 지나고 있었다. 하지만 도지 선장은 릭스 주지사로부터 구호선인 미국 해군 전함 마블헤드호가 미국 적십자사에서 제공한 신선한 물자를 싣고서 6월 16일에야 그곳에 도착할 예정이라는 말을 들었다. 그는 다른 배가 도착하기를 기다렸다.

마블헤드호와 또 다른 배 한 척은 알래스카에서 새롭게 번지기 시작한 비극에 대해 연방 정부가 양여해 준 유일한 추가 지원이었다. 그리고 마블헤드호에 타고 있었던 승객 중에는 주목할 사람이 한 명 있었으니 밸런타인 맥길리커디였다. 내과 의사인 그는 인디언 보호관으로 명성을 떨쳤는데, 여느 보호관과 달리 자신이 당초 "교화하도록" 되어 있던 수우족*에게 최소한 어느 정도 동정적이었던 인물이었다. 그는 크레이지 호스**를 친구로 삼았으며, 1877년 그 위대한 수우족의 족장이 숨을 거둘 때도 곁에서 지켜봤다. 미국이 제1차세계대전에 참전했을 때는 새로운 모험의 기운을 느껴 국방부의 전신인 육군부에 자신을 군의관이나 정찰 장교로 유럽에 보내 줄 것을 요청했으나 나이가 너무 많다는 이유로 퇴짜를 맞았다. 다시 적십자에 봉사를 자원했지만 돌아온 답변은 같았다. 미국공중위생국만 유일하게, 그것도 스페인독감이 터진 후에야 그에게 관심을 보였고, 샌프란시스코에 나가 있는 주재원 중 한 명을 돌보는 임무를 맡겼다. 하지만 그는 그 주재원에게 자신이 "독감에 관해서는 제기랄 아무것도 모른다"라고 털어놓았다. 그 주재원도 "당신에게 해 줄 조언이 없소"라고 답했다. "우리 중 누구도 그것에 대해 빌어먹도록 아는 게 없다니."[18] 그리하여 이 일흔 살의 노인 의사는 은퇴 생활을 뒤로하고 처음에는 캘리포니아의 뉴이드리아 수은 광산으로 가서 독감 퇴치 활동을 시작했다. 그곳에서 그는 수은 증기의 예방 효과로 추정되는 현상을 관찰했고, 그런 다음 이제 알래스

---

* 북아메리카 원주민 중에서도 지금의 사우스다코타 평원 지대에 거주했던 부족으로 백인에게 마지막까지 저항한 것으로 유명하다.
** 전설적인 인디언 추장의 영어 이름. 본명은 타슈코 위트코로 '성난 말'이라는 뜻이다.

카로 오게 된 것이었다.

마블헤드호가 어닐래스카에 도착한 다음 날, 맥길리커디는 다른 의사 두 명, 약사의 동료 세 명, 간호사 네 명과 함께 우날가호에 승선했다. 자신들이 가져온 물자도 얼마간 함께 실었다. 쾌속정은 이틀 여정으로 브리스틀만을 향해 출발했다. "배가 항구에 이르렀을 때 그 의사는 갑판에 서서 해안을 훑어보았다"라고 의사의 아내이자 전기 작가인 줄리아 블랜차드 맥길리커디는 썼다. "해안에서 산들바람이 불어오는데 시체 썩는 악취가 함께 실려 왔다. 뭔가 문제가 있어. 의사가 말했다. 내륙으로 채 들어가기도 전이었다."[19]

우날가호는 6월 19일 딜링햄에 닻을 내렸다. 그 뒤를 따라 도착한 마블헤드호는 나머지 의료 인력과 함께 물자를 싣고 만의 다른 지역으로 향했다. 그러나 한 통조림 공장 의사에 따르면 두 배 모두 "너무 늦게 와서 별 도움이 못 됐다." 배가 도착했을 때는 이미 최악의 상황을 지났기 때문이었다. 프렌치와 정부 병원의 두 간호사인 로더 레이와 메임 코널리는 모두 건강을 회복한 상태였고, 다른 간호사 두 명이 알래스카 항구 도시 밸디즈에서 와 있었다. 이들은 보트와 개썰매를 타고 800킬로미터 거리를 여행했는데, 이 중 한 명이 앞에서 이야기한 캐서린 밀러로 딜링햄에 오는 동안 자신이 관찰한 것을 기록으로 남겼다. "이곳과 우드강(또 다른 브리스틀만의 지류) 위쪽 지역이 독감으로 인한 피해가 가장 심각했다. 어떤 마을은 완전히 파괴되어 버렸다. (……) 온 가족이 병에 걸려 오두막집 바닥에 누워 있는 모습이 구호팀에게 발견되었다."[20]

우날가호의 일지에는 구호가 필요한 곳이 있으면 선원들이 가서 지원했다고 기록되어 있다. 그러나 그 지역 어장 관리인은 당시 상황을 다르게 이야기했다. 그의 기록에 따르면, 쾌속정은 감염된 마을 해안에 닻을 내리고는 상륙팀을 뭍으로 들여보냈고, 이들은 구호 활동에 나서기보다 기념품 사냥을 일삼곤 했다는 것이다. "에스키모 집이 공략 대상이었다. 어떤 경우에는 약탈당하기도 했다. 만행에 가까운 행동을 저질렀다." 또 딜링햄에서는 우날가호를 타고 온 간호사 네 명이 출근 보고를 했다. "하지만 그들은 채 한 시간도 되지 않아 정부 병원에서 일하는 간호사 두 명에게 가서 그들을 그날 저녁 쾌속정 선상에서 있을 댄스파티에 초대했다."[21]

레이와 코널리는 네 간호사에게 밸디즈의 추가 지원에도 불구하고 자신들은 한계에 달했다고 설명했다. 환자는 물론 유입이 점점 늘고 있는 고아도 돌봐야 하고 세탁과 병원 청소도 해야 하기 때문이라고 했다. 결국 그들은 초대를 사양했고 방문객은 떠났다. 며칠 뒤 이들이 다시 찾아왔을 때, 레이와 코널리는 그들에게 말했다. 자신들이 먹여 살려야 할 사람이 더는 필요하지 않으니 그들의 봉사가 필요 없다고. 어장 관리인은 구조팀에서 익명의 의사 한 사람만큼은 칭찬을 했는데 아마 맥길리커디였을 것이다. 그는 잠시 병원을 책임지고 있으면서 "효율성과 직무에 헌신적인 모습"을 보여 주었고, 덕분에 프렌치는 자유롭게 마을로 나가 일을 볼 수 있었다.

브리스틀만에서 우날가호가 보여 준 모습은 영광으로만 장식되지는 않았지만 마지막으로 한 가지 공헌은 했다. 6월 25일 코핀과 맥길리커디를 포함한 지원팀이 프렌치의 대형 보트 애투호를 타고 우드강 상류로 올라가, 다음 날 이른 시간 마을이 보이는 지점까지 다가갔다. 아마 이기아라무이트였을 것이다. 이 지명은 '목구멍에 사는 사람'이라는 뜻인데, 우드 호수에서 강이 흘러나오는 지점 인근에 자리 잡고 있기 때문이다. 애투호를 당시 연어 개체수를 조사하려고 그곳에 정박 중이던 정부 바지선에 묶어 두고, 승선자는 사방에서 달려드는 모기떼에도 불구하고 모두 한숨 잠을 청했다. 아침이 되어 뭍으로 내려가 봤더니 버려진 마을이 있었다. 바라바라 한 곳에서 악취를 풍기고 있었다. 위험을 무릅쓰고 안으로 들어가 조사를 시작했다. 그다음 일을 코핀은 다음과 같이 기술했다. "아래쪽 좁은 문 안으로 들어갔다가 연결된 두 개의 방 중 첫 번째 방에서 뜻밖에도 세 마리의 대형 맬러뮤트와 마주쳤다. 곧바로 문을 닫고 물러난 후 지붕의 창문을 깨고 개를 사살했다. 두 개의 두개골과 큰 뼈들이 살이 깨끗이 발라먹히고 남은 채로 바닥에 흩어져 있었다. 흔적을 보니 개들은 남은 것을 두고 싸우고 있던 중이었다."[22] 1900년 큰 병이 돌던 시기에 또한 명의 미국인이 목격한 엽기적인 자취였다. "배회하던 개들이 시체를 뜯어 먹고 있는 동안 언덕 너머로 길게 늘어지는 무시무시한 울음소리가 들려왔다. 지척에 늑대가 와있었다."[23]

조사팀은 그날 잠시 후 다시 마을로 돌아와 곳곳에 등유를 뿌리고 불을 질렀다. 얼룩이리만 한 개 세 마리도 추가로 사살했다. 불이 붙자 조사팀은 다시 강 아래로 내려갔다. 6월 28일 우날가호는 어널래스카로 향했다. "모두가 후련해했다"라고 요리사는 썼다. 그는 그 후로도 베링해에 두 차례 더 오게 될 터였지만 도지 선장과는 그때가 마지막이었다. 사흘 후 마블헤드호는 남쪽 샌프란시스코로 떠났다. 이로써 맥길리커디의 알래스카 모험도 끝이 났다. 그는 구순에 사망할 때까지 남은 20년 동안 캘리포니아 버클리의 클레어몬트 호텔에서 전속 의사로 일했다.

유행병은 7월에 접어들어서도 서서히 사라졌다. 그때쯤 연어 이동이 재차 실패했음이 분명해졌다. 알래스카에서 스페인독감 피해가 가장 컸던 브리스틀만은 인구의 40퍼센트 가까이를 잃었다. 살아남은 유피크족 사람은 그 시기를 '큰 죽음의 시대'쯤으로 번역될 수 있는 '투쿠나팍'이라는 말로 회상하곤 했다. 누샤가크 지역은 특히 큰 타격을 입은 것처럼 보였다. 이기아라무이트를 비롯해 몇몇 마을이 완전히 사라져 버렸고, 어떤 곳은 너무나 황폐해져 남은 주민들이 포기해야만 했다. 1912년 답사 기간 동안 프렌치는 누샤가크강을 따라 마을이 19곳 있는 것으로 파악했다. 주민 수는 평균 15명에서 150명 사이 규모였다(그중 지도에 표시된 곳은 3곳뿐이었다). 주민 수를 마을당 평균 70명으로 잡으면 전체 인구는 1400명으로 추산된다. 1920년 호토비츠키 신부의 보고에 따르면 누샤가크 교구에서 "마을 전체를 통틀어 200명 정도의 교구민만 남아 있었다."[24]

그는 알류샨 열도와 북미 지역 대주교인 알렉산더 네몰로프스키에게 보이기 위한 알류샨 주임사제 교구의 회계감사를 준비했는데, 자신의 부활절 여행에 계속해서 붙어 다닌 흉측한 소문은 잊어버린 듯했다. 보고문에서 그는 순교자이자 치유자이신 성 판탈레온의 자애로운 도우심에도 불구하고 자신이 책임지고 있는 교구민이 1919년에 많이 줄었다고 설명했다. "살아남은 교구민은 그해를 경건하게 보냈습니다. 신의 은총 덕분입니다." 여기에 그는 이렇게 덧붙였다. "누샤가크의 교회가 문을 닫았습니다. 남은 정교회 신도가 없어서입니다. 유행병 기간 동안 미국인에게 교회의 많은 물건을 도난당했습니다."[25]

유행병이 기승을 부리는 동안 만의 곳곳에서 구조된 고아의 수는 150명 가까이 됐다. "아이들은 추운 오두막 안에서 얼어붙은 채 떨고만 있었다. 불도 음식도 없었고, 입을 것도 덮고 잘 것도 없었다. 상당수가 죽은 식구 곁에 옹송그리고 울고 있었다"라고 APA 감독관이 보고했다.[26] 유행병이 물러간 후에도 고아는 더 나왔다. 수치는 믿을 수 없지만 딜링햄 병원에 맡겨진 아이의 최종 집계치는 300명에 가까웠을 것이다. 한 마을의 주민 수가 200명이 안 되던 때의 일이었다.[27]

무엇보다 우선 간호사의 주된 고민은 아이를 어떻게 입힐 것인가 하는 문제였다. "많은 아이가 주변에 산재했던 교역소에서 구한 밀가루 포대로 만든 옷만 입고 있었다"라고 밀러는 썼다. 프렌치는 고아원을 짓기 위한 정부 기금을 요청했고 이 요청은 받아들여졌다.[28] 이는 프렌치가 보인 마지막 선의의 몸짓이 될 것이었다. 유행병 이후 몇 달이 지나 그는 브리스틀만을 떠났고 다시는 돌아오지 못했다. 반세기 가까이 지나 인류학자 제임스 밴스톤은 유피크족을 연구한 후에 이렇게 기록했다. 스페인독감 고아 대부분은 성장한 후에도 자신이 태어났던 곳으로 돌아가기보다 딜링햄 시내나 주변에 머물러 사는 경향을 보인다고. 오늘날 딜링햄의 원주민 거주자는 모두 자신이 그들의 후예라고 주장한다.

V

부검

11장. 0번 환자 찾기

"우리는 이 예비 메모에서 지금의 유행병이 1910년 10월 중국 하얼빈에서 발병해 북중국 전역으로 빠르게 지속적으로 퍼진 폐페스트 유행병과 유사한지 검토한 내용을 제출하는 한편, 이 유행병이 아마도 동일한 질병이 인종적 지형적 차이로 인해 변형된 것일 수 있다는 의견을 제시하고자 한다."[1]

1918년 10월 12일 미국 육군 의료 지원단의 제임스 조지프 킹 대위는 이런 보고를 남겼다. 1918년에도 이곳 의사들은 펀스턴 캠프°가 '스페인'독감의 발원지라는 사실을 의심했다. 범유행병이 아직도 한창일 때 그것을 대신한 설이 등장했는데, 모두가 처음에는 중국을 지목했다. 킹 대

° 1918년 3월 4일 요리병 앨버트 지첼이 앓아누운 캔자스의 군 캠프.

위가 앞장섰고 다른 이가 그 뒤를 따랐다. 신속하게 동쪽을 향해 손가락질한 것은 비록 무의식중에 그런 적이 많았다고는 해도 십중팔구 동아시아인에 대한 당시 서방의 태도에 영향을 받은 것이었다. 이른바 '황화론'黃禍論*의 신화로 알려진 집단 심리의 표현이었다. 이 외국인 혐오는 가장 극단적인 경우 유럽의 출산율 저하부터 범죄 증가, 백인 노예무역을 위한 여성 납치에 이르기까지 모든 책임을 아시아인에게 돌리는 형태로 나타났다. 심지어 흡혈귀마저 중국에서 비단길을 거쳐 트란실바니아로 왔다는 식이었다.[2]

물론 킹 대위는 나름대로 진심이었다. 하지만 범유행병이 자기 모국에서 파종되었을 가능성은 생각조차 하지 않았다. 너무나 자연스럽게 미국인은 희생자일 뿐이었다. 그는 "우리의 병사와 선원이 프랑스 전쟁터에서 돌아오는 중이었기 때문에 (그 병이) 이 나라 전역에 걸쳐 우리 군 기지와 도시에서 대단히 만연해지고 심각해졌다"라고 썼다. 그렇지만 중국 기원설은 최근 몇 년 사이에 다시 되살아났다. 제1차세계대전에서 중국이 했던 역할에 관한 새로운 역사적 증거를 배경으로 한 움직임이었다. 황화론에도 불구하고, 범유행병이 동방에서 시작됐을 가능성은 남아 있다. 그 이유를 이해하려면 우리는 1910년 만주에서 일어났

---

* 황색 인종이 서양 문명을 압도한다는 백색 인종의 공포심. 기원은 독일 제국 황제 빌헬름 2세로 알려졌으며 미국으로 와서 중국과 일본을 비롯한 아시아계 이민자에 대한 경계심으로 증폭됐다.

다는 질병의 기원으로 거슬러 올라가 봐야 한다. 킹이 그의 '예비 메모'에서 언급했던 바로 그 발병 말이다.

1910년 중국은 아시아의 환자로 알려졌다. 엄청난 공공보건 문제를 안고 있다는 점에서 문자 그대로 병든 환자였고, 이전 세기 중반 이후로 외국 열강에 영토와 자율성을 잃어 가고 있다는 점에서 은유적인 의미로도 환자였다. 더욱이 민감한 만주 국경 지역에서 유행병이 발생하면서 그런 실제와 은유 사이의 미약한 구분마저 사라지고 말았다. 발병 소식이 베이징의 관리들에게 가 닿았을 때 그들은 그것이 무엇을 뜻하는지 알아챘다. 첫 번째는 지배 권력인 청 왕조에 죽음이 다가오고 있음을 알리는 조종이었다. 사방에 혁명의 기운이 감돌았고 제국은 허약했다. 러시아와 일본은 이미 광물이 풍부한 만주 안으로 철도를 깔아 놓았고, 일본은 조선을 합병함으로써 바야흐로 숙적이었던 나라의 본토와 국경을 맞대고 있었다. 역병은 이들 나라뿐 아니라 제각기 중국에 관심이 있었던 유럽과 미국에도 위협적이었지만, 이 두 나라로서는 어쩌면 흰 가운을 입은 사람을 앞세워 중국에 침입할 명분을 얻을 수도 있는 것이었다. 중국 정부는 외국의 개입 없이 역병을 통제해야 한다는 사실을 알았다. 그들이 신뢰할 수 있는, 즉 중국인 의사 중에서 누군가의 수중에 권한을 맡겨야 했다. 그들이 선택한 사람은 우롄더였다.

중국 금세공인의 아들인 우는 지금은 말레이시아 땅인 영국 식민지 페낭에서 1879년에 태어났다. 1902년 케임브리지대학교를 졸업했는데, 중국계로는 첫 의대생이었다. 이어 파리에서는 메치니코프, 독일 할레에서는 코흐의 제자 카를 프렝켈과 더불어 공부했다. 1908년 아시아로 돌아온 후에는 톈진에 있는 제국군 의과 대학교에서 군의관을 훈육하는 자리를 맡았다. 1910년 11월 중국 외무부로부터 전보가 날아든 것은 바로 이곳에 있을 때였다. 북쪽으로 가서 유행병을 다스리라는 지시였다.

우가 러시아 국경 인근의 만주 하얼빈에 도착했을 때 그곳 상황은 만족스럽지 않았다. "지방 치안판사는 확실한 아편쟁이였는데 스스로 아마추어 내과 의사임을 자랑했고, 세균 이론이나 서양 의학을 믿지 않았다"라고 훗날 그는 회고했다.[3] 병원이라고는 없었고, 의심 환자만 몰아넣는 '불결한' 역병 가옥만 있었다. 많은 사람이 이미 겁에 질려 달아난 상태였다. 다른 사람도 음력설을 가족과 쇠기 위해 남쪽으로 여행을 준비하고 있었다. 우는 꼭 필요하지 않은 철도 여행은 모두 중단시켰고, 학교와 극장과 대중목욕탕을 소독소로 바꿨다. 절과 버려진 여관은 유행병 전담 병원이 되었으며 놀고 있는 기차 객차는 격리실이 되었다. 경찰 700명과 병사 1000명도 그의 지휘하에 놓였다. 그는 이들을 활용해 집집마다 강제 수색과 격리 작업을 벌였다. 만주는 비협조적이었다. 격리되는 것에 겁을 먹은 데다 천륜의 의무감에 묶여 있었기 때문이었다. 그들이 한번 격리되면 돌아올 가능성이 거의 없다는 사실을 안다는 점을 감안하면 이해할 만한 반응이었다. 환자가 발생해도 살아 있는 동안에는 신고하지 않을 때가 많았다. 때로는 죽고 난 후에도 시신을 숨기기까지 했다.

우는 곧바로 자신이 상대하는 병이 폐페스트가 아닐까 의심했다. 그가 본 환자들은 열과 가슴의 통증을 호소하고 있었다. 이내 이들은 기침 끝에 피를 토했고 피부는 자줏빛을 띠었다. 병에 걸린 사람 중에 생존자는 없었다. 전형적인 경우 며칠 이내에 사망했다. 그럼에도 페스트로 의심하는 것만으로는 충분치 않았다. 그는 질병을 확정적으로 파악하려면 병을 옮기는 박테리아를 고립해야 한다는 사실을 알았다. 사망자의 부검이 필요하다는 뜻이었다. 혁명 이전 중국에서 시신을 훼손하는 것은 중대한 범죄였다. 그런 행위만으로도 사형에 처해질 수 있었다. 그가 부검을 할 수 있는 황제의 특별 허가를 얻었다는 것은 당시 중국 정부가 그 유행병을 얼마나 심각하게 생각하고 있었는지를 보여 준다. 우는 하얼빈 인근 여관 주인인 일본인 여성의 시신을 부검한 후, 폐 조직에서 배양된 박테리아를 분석하고 이 여성이 실제로 페스트균에 감염되었다는 사실을 발견했다. 그러는 동안 병으로 숨진 사람의 시신이 도시 외곽에 쌓여 가고 있었다. 바깥 기온은 영하 20도였고 땅은 꽁꽁 얼어붙어 있었다. 매장은 물론 불가능했다. 우는 두 번째로 황제의 특별 허가를 얻어 시신들을 화장했다. 이 역시 또 한 번 중국 관습에 전적으로 반하는 행동이었다. 화장의 불길은 1월 말 음력설 이틀 내내 계속되었다.

유행병은 4월이 되면서 점차 사그라들었다. 우의 황실 상관들은 기뻐했다. 비록 병이 남쪽으로는 허베이와 인근 산둥까지 번졌고, 사망자도 모두 6만 명에 달했지만, 중국 국경 너머까지 확산되지는 않은 덕분에 외세 침입의 위협을 피할 수 있었다. 우는 "하룻밤 사이에 푸른 단추와 함께 제국의 육군 소령이라는 높은 계급이 내게 하사되었다"라고 자랑했다. "이제는 불필요한 절차를 거치지 않고도 황제의 접견을 허락받을 수 있게 되었다."[4] 그러나 청 왕조에 허락된 집행유예 기간은 짧았다. 그해 10월 왕조는 무너졌고 중국 공화국이 탄생했다. 자그마하고(양말만 신었을 때 키가 160센티미터였다) 언변이 좋은 우는 새 정부로부터도 호의를 샀고, 1917년 12월 또 다른 치명적인 호흡기 질병의 수습을 위해 호출을 받았다.

이번에 발병 신고가 들어온 곳은 옌 성장의 관할지인 산시성이었다. 우의 역병 퇴치 전사 동료 중에는 선교사 퍼시 왓슨이 있었다. 이곳에서 우는 자신의 생각이 시골에서는 7년 전과 마찬가지로 인기가 없다는 사실을 깨닫게 되었다. 특히 보수적인 산시성에서는 그러했다. 그가 사망자의 친척으로부터 먼저 허락을 구하지 않은 채 부검을 실시하려 하자 성난 군중이 그가 숙박용으로 쓰는 대형버스를 에워싸고는 불을 질렀다. 일 년 후 왓슨이 왕차핑에서 부검을 하려다 생각을 바꾸게 된 원인도 바로 이 사건이었다. 부검을 했으면 확정적인 진단을 내릴 수도 있었지만 "지난해 북부 (산시성) 지방에서 우렌더가 그까짓 시료를 채취했을 때 일어난 엄청난 소동 때문에" 그는 포기하고 말았던 것이다.

우는 그곳을 빠져나와 베이징으로 달아났다. 그래도 몇 가지 조직 시료를 채취해 가져올 수 있었다. 1918년 1월 12일 그는 그 속에서 페스트균을 발견했다고 발표했다. 발병의 진원지에 직접 가 봤던 다른 의사들은 그의 진단에 즉각 이의를 제기했다. 산시성 관리들도 마찬가지였다. 이번 병에도 페스트의 대표적 특징이 많은 것은 사실이었다. 가령 피 섞인 가래라든가 가슴 통증이 비슷한 증상이었다. 하지만 1910년 유행병보다는 약해 보였다. 게다가 놀랍게도 환자가 사망하는 경우가 일반적이기보다 예외에 가까웠다. 관리들은 독감과 더 유사한 '겨울 병'의 심한 유형일 뿐이라고 우겼다.

만일 독감이라면 한 가지 사실만큼은 분명했다. 우로서는 그것을 입증할 방법이 없었다. 그럼에도 그는 페스트균을 봤다고 주장했다. 어떤 이는 그가 자신이 너무나 중요하게 여긴 봉쇄 조치를 당국에서 취하도록 확신시키려는 목적에서, 요컨대 자신이 페스트를 대적하고 있다고 이미 확신했기 때문에 자신의 진단에 대한 믿음을 과장했다는 의견을 제시했다. 진실이 무엇이건 간에 1917년 겨울 산시성을 할퀸 병의 정체를 두고 의문은 가시지 않았고, 그러한 의문은 그것이 사실상 스페인독감의 첫 발현일지 모른다는 추측을 더욱더 부추겼다. 그렇다면 어떻게 고립된 산시성에서 생겨난 병이 세계의 다른 지역으로 옮겨 갈 수 있었단 말인가? 되살아난 동양 기원설에 따르면 중국노동지원단이 열쇠를 쥐고 있다.[5]

유행병이 산시성에서 창궐하는 동안 세계의 다른 편에서는 전쟁이 맹위를 떨치고 있었다. 중국은 1914년 중립을 선언했는데, 당시 전쟁의 양 당사국에서 중국 국경 내 영토의 양여를 주장해 어쩔 수 없는 상황이었다.° 그렇지만 전쟁이 시작된 직후부터 중국의 지도부는 중립성을 훼

° 결국 1917년 8월에 가서야 독일에 전쟁을 선포했다.

손하지 않으면서도 전쟁에 기여하는 방법을 찾으려고 애썼다. 그래야 언젠가 평화가 닥쳤을 때 협상 테이블에서 한 자리를 차지할 수 있을 거란 계산 때문이었다. 그들은 그때를 지난 청 왕조의 황제들이 외국 열강에 넘겨준 영토를 어떻게든 되찾아 올 기회라고 봤다. 그래서 영국과 프랑스 정부와 협력해 제시한 계획이 전투에는 참가하지 않고 전선 후방에서 힘든 일을 떠맡는 노동자 지원단의 결성이었다. 가령 참호를 파거나 탱크를 수리하거나 포탄을 조립하는 작업이었다. 이것이 중국노동지원단이었다. 1916년부터 중국노동지원단의 원조하에 대규모 비밀 작전을 통해 모두 13만 5000명에 이르는 남자가 프랑스와 벨기에로 이송되었고, 그와 별도로 20만 명이 러시아로 갔다.

이 노동자들은 신중하게 선발되었다. 중국에서도 키가 평균 이상이고, 추운 기후에 대한 적응력이 남부 사람보다 뛰어나다고 여겨지는 북부인이 대상이었다. 대다수가 산둥성과 허베이성에서 온 소작농이었고, 산시성처럼 멀리서 온 사람도 있었다. 허베이는 산시성과 해안에 있는 산둥성 사이에 끼어 있는 곳으로, 세 성 모두가 1917년 겨울 '페스트'로 해를 입은 곳이었다. 영국은 중국 노동자를 충원할 때 종종 선교사를 활용했다. 미국의 저널리스트이자 비밀 요원이었던 조지프 워싱턴 홀은 산둥성을 여행하던 중 우연히 성직자가 "절 앞 광장에서 기가 막힌 웅변술로 노동자를 충원하는" 장면을 보게 되었다. 그 성직자는 그 일대에서 유명했는데 중국인 사이에서는 페이 목사로 불렸다. 흄은 페이 목사가 군중에게 한 말을 다음과 같이 기억했다.

나는 여러분에게 세계를 볼 기회에 대해 이야기하려고 왔습니다. 여러분 중에 신체 건강한 사람이면 누구나 두 대양을 배로 건너 여러분과 반대편에서 하늘을 보는 사람들의 땅에 이르게 될 것입니다. 그곳에는 타작마당처럼 깨끗한 도시 안에 성벽으로 에워싼 마을만큼이나 거대한 건물들이 서 있습니다. 그곳에서 여러분은 매일 24시간의 3분의 1만 일을 할 것이고, 각자 세 사람 몫의 임금을 받을 것이며, 집에 있는 가족에게도 매달 음식 값이 지급될 것입니다. 여러분은 위험으로부터도 안전할 것입니다. 3량집만 한 철공 노동자 숙소가 여러분을 보호해 줄 테니까요. 만일 위대한 영국의 왕이 전쟁에서 승리하면, 여러분은 각자 새로운 밭을 살 만큼 충분한 돈을 가지고 고향 집으로 돌아가 마을 사람과 후대의 존경을 받게 해 줄 명성도 얻게 될 것입니다. 이 모든 것이 진실임을 저의 명예를 걸고 맹세

합니다. 만일 이것이 진실이 아니라면 여러분이 돌아왔을 때 저를 찾아오세요.[6]

불행히도 그 말은 진실이 아니었다. 물론 역사는 그 목사가 마음을 흔들어 놓았던 사람들이 돌아와서 그를 찾아갔는지는 이야기하지 않는다. 그들은 인종적으로 열등한 '칭크'*로 멸시받고 착취당했으며 전선에서 안전한 거리를 두고 일한 것도 아니었다. 이들은 1917년 봄부터 주로 영국 점령지 산둥성의 칭다오에서 충원되었는데, 이곳에서 건강 검사를 받은 후 세계 전역으로 배치되었다. 이곳의 검사는 충원자 수가 너무 많아져 체계가 무너지기 전까지는 꽤나 엄격했다. 그러나 주로 '아시아' 질병, 가령 실명을 유발할 수 있는 트라코마 같은 병을 추려 내려고 설계되었을 뿐, 흔해 빠진 감기는 관심 밖이었다(어쨌거나 그런 검사는 없었다). 프랑스나 벨기에로 가게 되어 있었던 노동자는 캐나다를 거쳐 동쪽으로 가거나 희망봉을 거쳐 서쪽으로 향했다. 동쪽 경로를 택하면 브리티시컬럼비아의 빅토리아항을 통해 캐나다로 들어갔다. 배로 그곳까지 가는 데 3주가 걸렸다. 중국 노동자는 통풍도 잘 되지 않는 짐칸에 욱여넣은 정어리 신세였고, 밴쿠버섬에서 격리 수용된 윌리엄헤드 검역소의 형편도 특별히 나을 게 없었다. 이들은

---

* 중국인을 낮춰 부르는 말.

다시 무장 경비가 지키는 폐쇄된 열차에 태워진 후, 연락선에 실려 국토를 가로질러 몬트리올이나 핼리팩스로 이동했다. 그곳에서 마지막 항해에 올라 유럽의 인간 도살장까지 갔다. 서쪽으로 간 노동자는 마르세유를 통해 프랑스로 들어갔다.

중국 기원설을 지지하는 정황적 증거의 조각은 분명히 존재한다. 칭다오 정류장에 모여든 사람의 수는 1917년에서 1918년으로 넘어가는 겨울 사이에 부풀어 올랐다. 1월 즈음 그중 다수가 인후통을 호소했다. 페이 목사가 산둥에서 충원 활동을 벌이고 있을 때 독감 같은 것이 떠돌고 있었다. 홀이 그를 본 정확한 날짜는 언급하지 않았지만 1918년 봄이었다. 그날 밤 홀은 오한에 잠이 깼다. "그다음 날 아침, 나는 독감의 온갖 증상을 느꼈다. 그걸 중국인은 '작은 페스트'라 부른다. 일이백만 명이 죽는데도." 그해 봄 수천 명의 중국노동지원단 충원자가 칭다오를 떠났고, 밴쿠버섬에서 이들을 경비하는 임무를 맡은 군인 사이에서 호흡기 질환이 급증했다는 증거가 있다. 물론 이 병이 그저 계절성 독감에 지나지 않았을 수도 있다. 하지만 어느 쪽이 됐건 이 군인들이 그 지역 민간인과도 어울리며 병까지 옮겼을 수 있다.

그렇지만 어디까지나 정황 증거일 뿐이다. 지금까지

도 우리는 1917년 후반 산시성에서 발병한 후 1만 6000명
의 사망자를 낳고 이듬해 4월에 물러간 병의 정체를 알지
못하기 때문이다. 우렌더는 그것을 식별할 수 있는 가장 가
까이까지 다가가는 데는 성공했다. 하지만 공정하든 그렇
지 않든, 그의 신뢰도 위에는 그림자가 떠다닌다. 그리고
그가 생명을 무릅쓰고 채취했던 조직 시료는 우리가 아는
한 더 이상 존재하지 않는다. 그러니 그림자는 앞으로도 영
원히 가시지 않을 것이다.

오랫동안 중국 기원설 하나만 있었다. 그러나 금세기
에 들어와 두 가지 경쟁적인 설이 제출되었다. 그중 하나는
0번 환자 혹은 지표 사례('스페인'독감에 걸린 첫 환자)가
중국에서 병이 걸렸거나 유라시아 초원의 고요한 공간에
서 발병한 것이 아니라, 유럽 전쟁터의 심장부인 서부 전선
에서 오던 단거리 기차 안에서 비롯했다는 것이다.[7]

1916년부터 전쟁이 끝날 때까지 영국은 100만 명 이
상의 전투병을 서부 전선에 실어 날랐다. 그러나 프랑스에
깊숙이 그어진 이 전선은 벨기에서 스위스 국경에 이르
기까지 16킬로미터에 걸쳐 뻗어 있어 물자 수송에 어려움
이 컸다. 프랑스와 독일, 러시아 군은 각각 수천 제곱킬로
미터를 점령하고 있어 그 안에서 증강 병력을 수용하거나

물자를 비축하고 환자와 부상자도 간호할 수 있었다. 반면 영국은 전선과 대서양 사이의 좁고 길쭉한 땅에다 모든 지원 작전을 밀어 넣어야 할 형편이었다. 궁여지책은 프랑스 북부 해안 불로뉴쉬르메르 바로 남쪽의 작은 어항 에타플르에 캠프를 짓는 것이었다.

지금도 에타플르에 가면 그 캠프의 흔적을 볼 수 있다. 도시 북단에서 해안 수십 제곱킬로미터의 땅을 따라 올라가면 그 안으로 군데군데 탄약 창고의 잔해가 시야에 들어온다. 만약 1916년 군용기를 타고 그 위를 날아갔다면 아래로 캉슈강이 에타플르에서 영국해협으로 흘러드는 광경을 내려다볼 수 있었을 것이다. 그리고 어쩌면 그 주변 넓은 모래 언덕에서 신병이 훈련을 받고 있거나 탈영병이 모여 숨어 있는 모습을 보았을지도 모른다. 거기서 북쪽으로 향하면 '투우장'°을 거쳐 사격장, 임시 수용소 그리고 무엇보다 단조롭게 줄지어 늘어선 목재 막사 위를 지나갔을 것이다. 맨 마지막에는 캠프의 북쪽 경계에 이르게 되는데 그곳을 따라 일렬로 서 있는 병원 십여 채의 광경에 감동을 받았을 수도 있다. 아니면 우울해졌거나. 2만 3000개의 병상을 자랑한 이곳으로 인해 에타플르는 당시 세계에서 가장 큰 종합병원 단지 중 하나로 꼽혔다.

제멋대로 뻗어 가던 이 임시 도시는 하루 10만 명의 남

° 악명 높은 훈련장으로, 훈련병을 얼마나 몰아붙였던지 1917년에 반란이 일어났다는 곳.

녀를 수용했다. 대영 제국의 사방에서 매일같이 충원 병력이 도착했다. 그 곁에는 독일인 전쟁포로와 인도차이나에서 온 프랑스 군대를 위한 캠프도 있었다. 거기서 남쪽으로 50킬로미터 떨어진 솜강 어귀 인근의 누와옐르슈호메흐에는 중국노동지원단의 본부와 자체 병원°°이 있었다. 그러니까 모두 합쳐 약 200만 명의 인원이 프랑스 북부 이 작은 구석에 진을 치고 있었다. 1916년 즈음 에타플르는 자신의 죽음이 임박했음을 아는 사람을 위한 포화 상태의 가축우리가 되어 있었던 것이다. 그곳을 지나간 영국 시인 윌프레드 오언은 자신의 어머니에게 보내는 편지에서 그곳 캠프 특유의 "이상한 모습"을 묘사했다. "그것은 절망도 공포도 아니었어요. 공포보다 더 끔찍했어요. 그건 눈을 가린 모습이었으니까요. 표정조차 없는, 마치 죽은 토끼 같았어요."[8]

1916년 7월과 11월 사이 솜강 전투 동안 구급 열차가 하룻밤에 많게는 10대까지 에타플르에 도착했다. 부상자의 다수는 겨자 가스*에 노출된 상태였다. 그럴 경우 폐에 물집이 생긴다. 12월, 그러니까 산시성에서 겨울 병이 폭발하기 꼭 1년 전, 캠프에서 독감과 아주 유사한 병이 폭발했다. 1월 말에 접어들면서 날씨가 추워지자 이 병은 작은 돌림병 수준으로 커졌다가 3월에 서리와 함께 가라앉았다. J.

°° 정확한 이름은 3번 원주민 노동 종합병원.
* 화학전에 쓰이는 독가스.

A. B. 해먼드를 비롯한 영국 군의관 세 사람이 1917년 7월 의학 저널 『랜싯』에 논문을 발표했다. 여기서 그들은 그 병을 "화농성 기관지염"으로 부르면서, 푸르죽죽한 낯빛이 특징이라고 보고했다. 이들이 일부 희생자를 대상으로 부검을 실시한 결과, 폐가 울혈로 막혀 있고 염증이 생긴 것이 발견되었다. 이것은 스페인독감의 대표적인 증상이기도 했다.[9]

화농성 기관지염은 스페인독감의 전구체였을까? 영국의 바이러스학자인 존 옥스퍼드는 그렇다고 생각한다. 제1차세계대전 동안 군의관들의 성실한 기록 관리 덕분에 그는 설득력 있는 가설을 제시했다. 그가 연구한 역사가인 더글러스 길은 프랑스 루앙에 있는 영국 국군병원들의 사망 기록을 조사했다. 이곳은 에타플르 못지않게 중요한 입원 치료의 중심이었는데 그는 여기서도 똑같은 시기를 전후해 유행병이 지나갔다는 사실을 발견했다. 또 거의 동일한 병이 1917년 초 잉글랜드 남부 올더숏의 병영에서도 발생했다.[10]

하지만 이 에타플르 가설에는 한 가지 문제가 있다. 당시 프랑스 북부 지역의 민간인 사이에는 그런 발병 기록이 전혀 없다는 사실이다. 위험한 감염성 질병이 수많은 군 기지에서 동시에 퍼지는 동안 그 사이사이에 있는 민간 공동체가 아무런 피해를 입지 않았다는 것은 이상해 보인다. 특히 에타플르의 캠프가 인근 마을과 '삼투압' 속에 있었음을 알기 때문에 더 그런 생각이 든다.[11] 당시 영국 병사는 그 지방 여성과 "친하게 지냈으며" 마을 상점과 바, 사창가에도 자주 출입했다(이곳에서 가장 인기가 좋았던 여성은 스스로 '백작 부인'이라 칭했다). 하지만 그 점은 간단하게 설명할 수 있다. 즉 당시 프랑스에서 운영되던 민간인 기록 방식은 개인의 프라이버시 보호를 위해 사망 원인을 사망 발표와 별도로 기록했다는 것이다. 공적인 사망 기록이 남아 있다고 해도 의사의 사망 진단서에는 사망 원인이 누락된 경우가 많았다. 다시 말해 민간인 사이에서도 발병이 있었을 수 있지만 그 기록이 남지 않았을 수 있다는 것이다.[12]

해먼드는 화농성 기관지염에 관한 상세한 기록을 남겼다. 하지만 그도 우와 마찬가지로 바이러스를 분리 검출할 장비를 갖추고 있지 못했다. 따라서 에타플르 가설 또한 어디까지나 하나의 추측으로만 남아 있다. 그만큼이나 시간적으로 앞선 선행 사건을 제시한 옥스퍼드로서는 그렇다면 왜 본격적인 범유행병이 확산하는 데 시간이 그토록 오래 걸렸는지에 대해서도 설명해야 할 책임이 있었다. 그의 답변인즉 이러했다. 비록 1916년 프랑스 북부 지역의 여건이 범유행성 독감의 새로운 변종의 출현에 대단히 유리했지만 역설적으로 바로 그런 여건으로 인해 봉쇄도 수월했다. 여행은 기지에서 전선으로 갔다가, 운이 좋으면 다시 돌아오는 왕복 이동으로만 제한되었다. 혹은 기껏해야 영국해협을 잠시 건너갔다 오는 정도가 다였다. 해먼드가 발병을 기록한 그해는 물론 그때부터 범유행병의 1차 파도가 확인된 1918년 봄에 이르기까지 바이러스는 소규모의 국지적 유행병으로만 머물러 있다가 분자 구조가 변하면서 사람 간 전파력이 고도로 높은 유행병으로 커졌을 수 있다는 것이다.

만약 1918년의 범유행병이 시작된 곳이 중국도 프랑스도 아닌 그보다 더 서쪽이라면 어떻게 될까? 처음 기록된 사례에서 좀 더 앞으로 거슬러 올라간 곳 말이다. 세 번째 가설은 0번 환자가 가스에 노출된 후 에타플르에서 회복 중이던 병사도 아니고, 산시성의 벼랑과 골짜기 사이에서 노동을 하던 소작농도 아니며, 미국의 지리적 중심부 가까이에서 노동을 하던 소작농이라고 제안한다. 그곳은 바로 '해바라기 주州' 캔자스다.

펀스턴 캠프는 일정한 권역에서만 신병을 모았다. 여기에는 해스컬 카운티도 포함되었다. 캠프에서 동쪽으로 500킬로미터 떨어진 해스컬은 당시 캔자스에서 가장 가난한 카운티 중 한 곳이었다. 이곳 주민은 뗏장을 얹어 지은 집에서 옥수수를 키우고 가금류와 돼지를 기르며 살았다. 1918년 1월, 이곳에서 환자가 속출하기 시작했다. 어떤 이는 폐렴으로 악화된 끝에 사망했다. 이 지역의 의사 로링 마이너는 발병의 심각성에 너무 놀라 미국공중위생국에 신고했다. 당시만 해도 미국에서 독감은 신고할 만한 병이 아니었다. 돌림병은 3월 중순쯤 가라앉았다. 비탄에 젖은 해스컬 카운티 주민 말고는 아무도 그 병을 두 번 다시 생각하지 않았을 것이다. 하지만 바로 그 무렵 펀스턴 캠프의 의무실이 아픈 병사로 들끓고 있었다.

펀스턴 캠프의 최고 군의관이 워싱턴 D. C. 당국에 전보로 자신의 발병을 보고했던 바로 그날인 3월 30일, 그보다 앞서 해스컬의 발병 보고서가 미국공중위생국의 주간 소식지에 실렸다. 그로부터 근 90년이 지나, 미국인 저널리스트 존 배리는 두 사건이 연결돼 있을지 모른다는 견해를 제시했다. 해스컬 출신의 청년, 아마도 시골 농가에서 자라 다른 삶이라고는 몰랐던 신앙심 깊은 사내아이가 자신도 모르는 사이에 바이러스를 미국의 전쟁 기계 한가운데로 실어 날랐고, 거기서 다시 세계 나머지 지역으로 퍼져 갔을 거라는 추측이었다.[13]

유행병의 봄철 파도가 펀스턴 캠프의 첫 발병에서 시작해 동쪽 프랑스로 진행된 것을 그림으로 나타내 보면 산뜻한 일직선에다 한쪽으로만 향한 것처럼 보인다. 그러나 우리는 그해 봄 수많은 중국노동지원단 노동자가 북아메리카를 가로질러 이동했다는 사실을 기억한다. 그것도 특별 호송 열차에 실린 채로. 그러니 설령 그들이 지나간 지역의 주민과 그 어떤 접촉이 있었다고 믿을 아무런 이유가 없다 해도 경비병이 잠시 주의를 놓쳤을 가능성이 전혀 없는 것도 아니다. 혹은 경비병이 불쌍한 승객 한 명을 동정해 다리 운동이라도 할 수 있게 출입을 허락했을 수도 있다. 그가 받은 지침은 어디까지나 그 노동자들을 최대한 분리해 동쪽으로 이송하는 것이었으니까. 그는 동시에 자신이 방역선을 수호하고 있다는 생각은 하지 못했다.

1918년 4월, 중국은 독감과 유사한 또 다른 병에 사로잡혀 있었다. 보기에는 새로운 유행병이었지만 시간적으로는 전년도 겨울에 산시성에서 시작된 것과 겹쳤다.[14] 중국 의료협회의 집계에 따르면, 이 신종 유행병은 확실히 겨울 병이지 페스트는 아니었다. 치명적이지도 않았고 대체로 나흘이면 지나갔다.° 따라서 독감을 북미 동부 해안으로 옮겨 온 것이 중국노동지원단이었을 가능성은 여전히

<hr>

° 우는 견해를 달리했다. 그는 그 병이 산시성에서 일어난 것과 같은 병이며 둘 다 페스트라고 확신했다. 하지만 그런 의견은 아주 소수에 속했다.

남는다. 문제를 한층 복잡하게 만드는 것은 1918년 2월 말부터 뉴욕 사람이 병에 걸리기 시작했다는 증거가 있다는 사실이다. 이것은 지첼이 펀스턴 캠프 의무실에서 진단을 받기 전의 일이었다. 이 때문에 뉴욕은 프랑스에서 돌아온 병사들로부터 감염균을 옮겨 받았다는 의견도 제시된다.

그러므로 당분간은 '스페인'독감의 기원에 관한 세 가지 가설 모두가 후보로 남아 있을 것이다. 셋 중에서 정답을 가려내려면 선행 사건으로 추정되는 발병을 유발한 독감 변종과 1918년 가을에 돌았던 변종을 비교해 볼 필요가 있다. 지금까지는 가능하지 않았던 작업이다. 21세기에 와서 과학자들은 새로운 종류의 증거를 산출했다. 이것은 어느 한 가설이 다른 둘보다 더 설득력이 있음을 시사한다(앞으로 살펴볼 것이다). 그러나 이 증거 역시 감질나기는 해도 확정적이지는 않다. 따라서 2017년 현재, 그나마 비교적 확실히 단언할 수 있는 것은 오직 한 가지다. 스페인 독감이 스페인에서 시작되지 않았다는 사실이다.

현재로서는 만약 중국 기원설이 옳다면 엄격히 말해 범유행병을 전쟁의 산물이라고는 기술할 수 없다는 점에 유의해야 한다. 0번 환자는 중국 내륙의 외딴 시골에 사는 가난한 농부였고, 병에 걸렸을 때 그의 조상들이 수 세대 동안 해 왔던 것과 똑같은 일을 하고 있었을 뿐, 전쟁이 벌어진 줄도 몰랐을 수 있다. 병이 캔자스의 농가에서 시작됐더라도 마찬가지다. 오직 기원이 프랑스일 경우에 한해서만 범유행병은 진실로 분쟁의 결과물이었다고 기술될 수 있다. 그런 경우에만 다른 사람을 살해할 명시적인 목적으로 남자(그리고 어떤 여자)가 소집된 캠프에서 병이 발효되었다고 할 수 있다. 마지막으로 한 가지 가능성이 남아 있다. 세 가지 가설 어느 것도 맞지 않는다면, 범유행병의 진짜 기원은 아직 제시되지도 않았다는 것이다.

12장. 사망자 집계

얼마나 많이 죽었을까? 병이 끝난 순간부터 사람들은 알고 싶어 했다. 그 범유행병이 인류에게 안긴 충격을 가늠하고 역사적 기록을 바로잡기 위해서만이 아니었다. 그로부터 미래를 위한 교훈을 얻기 위해서였다. 이전의 범유행성 독감이었던 1890년대 러시아독감의 규모에 관해서는 알고 있었다. 당시에는 사망자가 약 100만 명에 달했다. 만약 스페인독감도 그런 범주에 있다면 어쩌면 범유행성 독감이라는 것도 그저 주기적으로 일어나는 일에 지나지 않는 것이고 그것을 관리하는 법을 배우기만 하면 됐다. 그러나 만약에 그보다 훨씬 큰 것이라면 결론은 달라야만 했다. 바로 그 독감만의 특별한 무엇이나 1918년 세계 상황의 특별한 무엇, 아니면 그 두 가지가 함께 치명적인 변종을 만들어 냈을 것이기 때문이다.

1920년대에 와서 미국 박테리아학자 에드윈 조던은 스페인독감으로 인한 사망자를 2160만 명으로 추산했다. 따라서 집계가 시작된 직후부터 스페인독감은 별개의 범주에 속한다는 사실이 분명했다. 사망자 수는 제1차세계대전 전사자보다도 많았고 러시아독감 때의 20배가 넘었다. 지금 우리는 조던의 수치마저 과소평가된 것이라는 사실을 안다. 하지만 그 수치는 70년 가깝도록 그대로 유지되어 왔다. 그 말은 그 사건 이후에도 오랫동안 인류는 그로 인한 희생이 얼마나 되는지 너무나 어렴풋하게만 알고 있었다는 뜻이다.

조던의 과소평가는 그럴 만한 사정이 있었다. 1920년에만 해도 역학은 신생 학문이었다. 독감과 폐렴을 구분하는 진단 기준마저 불분명했다. 많은 나라에서 평시에는 사망자 수도 헤아리지 않았다. 경계가 오락가락하고 혼란이 가중되는 전시에는 말할 것도 없었다. 그로서는 데이터가 확보된 곳의 자료가 있어야 초과사망률을 계산할 수 있었다. 초과사망률이란 범유행병이 없는 '정상' 연도에 예상할 수 있는 사망자 수를 넘어가는 정도를 말한다. 그러나 이것은 여러 면에서 진단상의 실책을 가리기도 했다. 1918년에는 독감으로 인한 '실험실 확진 사망' 같은 개념이 없었다. 왜냐하면 독감의 원인이 바이러스라는 사실을 아무도 몰랐기 때문이다. 더구나 범유행성 독감은 진정한 의미에서 시작이 되거나 끝이 나는 게 아니다. 그것은 계절성 독감의 순환 주기를 공략해 이환율罹患率*(발병)과 사망률(죽음)의 곡선을 터무니없을 정도로 왜곡한 다음 물러났다가 다시 그런 곡선을 반복한다. 계절성 독감과 범유행성 변종을 구분하기 위한 도구가 존재하는 지금도 범유행병의 경계를 확정 짓는 것은 본질적으로 임의적인 일에 해당한다.

1991년 두 명의 미국인 역학자 데이비드 패터슨과 제럴드 파일은 조던이 제시한 수치를 3000만 명으로 올렸다. 더 큰 재앙이었다고 본 것이다. 그래도 여전히 사망자가 그 두 배에 이른 제2차세계대전에는 못 미치는 규모였다. 두 사람은 조던의 활동 시기 이후에 공개된 새로운 데이터를 산입했다. 그러나 그들이 계산에 넣은 것은 2차 가을 파도로 인한 사망자뿐이었다. 또 어떤 지역의 것은 조던의 데이터보다 나을 게 없었다. 가령 러시아의 경우 "어림잡은 수치"에 지나지 않는다는 단서를 붙였음에도 45만 명이라는 당초 추산치가 되풀이해서 사용됐다. "중국의 사망자에 관해서는 알려진 게 거의 없다"라는 말과 함께 "하지만 약 4억~4억 7500만 명의 주민을 감안했을 때 사망

---

* 병에 걸린 사람 비율.

자 수는 엄청났을 것"이라고만 했다.[1] 러시아와 중국은 땅덩이가 큰 데다 인구도 많은 나라다. 이들 나라의 사망자 수 계산에 오류가 있을 경우에는 전 세계 차원의 집계에도 심각한 영향을 주었을 것이다. 따라서 패터슨과 파일의 추산치는 좀 더 자세히 들여다볼 필요가 있다.

45만 명이라는 숫자는 당시 러시아 인구의 약 0.2퍼센트에 해당한다. 만약 그런 추산이 옳다면 러시아는 유럽에서 독감 관련 사망률이 가장 낮았다는 말이 된다. 하지만 러시아가 당시 내전에 빠져 있던 나라임을 감안하면 이것은 직관에 반한다. 국민의 일상적인 삶의 기반이 완전히 붕괴되어 있었기 때문이다. 앞에서 오데사의 예를 통해 우리가 보았듯이 분명히 그것은 사실이 아니었다. 실제 사망자 수는 더 많았을 수 있다. 우리는 오데사 사람이 한 번에 한 가지 이상의 병에 걸린 적이 빈번했음을 안다. 게다가 오진율도 높았다. 올드시티 병원의 병리학자 티젠가우센은 수많은 시신 속에서 살아 있을 때 진단한 것보다 폐출혈이 더 많은 것을 발견했다. 숨길 수 없는 스페인독감의 흔적이었다. 티젠가우센은 부업으로 시의 영안소에서도 일을 했는데, 거기서도 콜레라나 그보다 더 모호하게 '페스트'로 오진받았던 시신에서 똑같은 흔적을 발견했다. 또한 스페인독감으로 제대로 진단받은 환자 중 일부는 동시에 장티푸

스, 이질, 폐렴, 기타 중병에도 감염되어 있었다는 사실을
알게 되었다.

야코프 바르다흐에게 배웠던 뱌체슬라프 스테판스키
또한 올드시티 병원에서 일했는데, 그곳에 입원한 독감 환
자의 약 8퍼센트도 같은 병으로 사망했다고 적었고, 유대
인 병원의 다른 의사도 비슷한 비율을 기록으로 남겼다. 이
것은 세계 전체 치명률 2.5퍼센트와 비교된다.[2] 1950년대
에 와서 V. M. 즈다노프를 비롯한 러시아 역학자 연구진이
1918년 10월에 7만 명의 오데사 사람이 스페인독감에 걸
렸다고 추산했다.[3] 이 계산이 맞는다면, 그리고 유대인 병
원의 스테판스키와 그의 동료가 계산한 치명률이 옳다면
그달에만 약 6000명의 오데사 주민이 이스판카로 사망
했다는 말이 된다. 이것은 러시아 전체 인구의 1.2퍼센트와
맞먹는 수치다. 패터슨과 파일이 추산한 가을 파도 기간 전
체 전국 사망자 수의 무려 6배에 이른다.

즈다노프는 오데사의 피해가 러시아의 다른 어떤 주
요 도시보다 컸다고 느꼈다. 따라서 만약 러시아가 도시로
만 구성되었다면 우리는 그 수치를 더 낮춰 잡아야만 했을
지 모른다. 그러나 물론 그렇지 않았다. 도시에 사는 사람
은 사실상 소수로 전체 인구의 10퍼센트와 20퍼센트 사이
에 불과했다. 독감이 오데사에서 그토록 심했다면 주변 시

골 지역에서 그보다 나았을 리가 만무했다. 이런 곳은 수만 명의 사람이 한 명뿐인 의사에게 의존하는 경우가 흔했기 때문이다. 의사에겐 약도 없었다. 우리가 앞에서 봤듯이 약도 듣지 않았다. 물론 의사가 있는 경우, 특히 더 중요한 간호사가 있는 경우 상황에 변화를 줄 수는 있었다. 하지만 턱없이 모자랐다. 1919년 국제적십자위원회는 프랑스 장교 에르네스트 레데리를 우크라이나에 파견해 그곳 위생 상황을 조사하게 했다. 그는 어떤 마을은 지난해에 티푸스와 스페인독감으로 주민의 10~15퍼센트를 잃었다고 보고했다. 설상가상 이질까지 걱정을 더했다.° 겨울로 접어들면서 젬스트보°°의 잔재 기관에서 임시 병원을 세워 도움을 주려고 했다. "하지만 집집마다 격리돼야 하는 병약자가 적어도 한 명씩 있는 상황에 병상 50~60개가 뭐란 말인가. 바다의 물 한 방울에 불과할 뿐!"이라고 레데리는 적었다.[4] 결국 1.2퍼센트의 치명률을 나라 전체에 적용한다면 러시아는 스페인독감으로 모두 270만 명이 숨진 것이 된다.

중국은 여전히 난제로 남아 있다. 주된 이유는 중국의 유행병이 규정하기가 불가능하기 때문이다. 매년같이 돌림병을 겪는 이 나라에서 스페인독감은 두 차례 폐페스트

° 의사들은 스페인독감이 종종 굶주린 사람을 죽게 만든다는 사실에 주목했다.
°° 혁명 이전 지방 자치위원회.

가 발병했던 사이에 일어났을 수 있다. 그러니까 1917년 12월과 1918년 10월, 1918년 12월, 이렇게 세 번에 걸쳐 지나간 똑같은 호흡기 질환의 파도가 모두 독감 바이러스 때문에 일어났거나 아니면 다른 어떤 것, 즉 아직은 식별되지 않은 미생물이 그중 하나 혹은 그 이상의 원인으로 작용했을 가능성이 있다.

미국과 영국 같은 부자 나라는 대략 인구의 0.5퍼센트를 스페인독감으로 잃었다. 패터슨과 파일은 중국의 경우 그보다 가난한 나라를 근거로 삼되, 사망률이 미국의 10배였던 인도보다는 덜 심했다고 가정한 끝에 400만에서 950만 명으로 추산했다. 하지만 그들에게는 근거로 삼을 중국의 데이터가 없었다. 왜냐하면 군벌 시대 중국에는 보건 데이터를 한데 모으는 중앙 관리 체계가 없었기 때문이다. 선교사도 환자를 구호하러 갔을 때 통계 수치를 체계적으로 모으지 않았다. 일부 보건 통계 수치가 일상적으로 집계된 유일한 지역은 외국의 관할하에 있는 곳이었다. 일본 학자 이지마 와타루가 그 자료를 활용한 새로운 추산치를 1998년에 발표했다. 외국 통치하에 있던 홍콩과 남부 만주의 통계 자료를 토대로, 그가 많은 단서를 붙여 제시한 중국의 사망자는 100만 명에 불과했다.[5]

이지마의 추산치에는 많은 문제가 있다. 그의 가정 중

하나는 독감이 항구를 통해 상륙했으며 열악한 교통 사정 때문에 내륙으로는 침투하지 못했다는 것이다. 그러나 산시성의 성도인 타이위안은 아주 깊숙한 내륙 지역에 속했지만 이미 1918년 베이징과 철도로 연결되어 있었다. 증언에 따르면 돌림병은 산시성에서도 결코 약하지 않았다. 그곳에서 1918년 10월 3주가 넘도록 맹위를 떨친 치명적인 돌림병을 직접 겪었던 퍼시 왓슨은 1919년에 남긴 기록에 "올해 지금까지 의학 문헌에 보고된 가장 치명적인 돌림병 중 하나"라고 기술했다.[6] 『노스 차이나 헤럴드』 신문도 1918년 11월 2일 자에서 동일한 병에 관해 보도하면서, 산시성의 타이구에서 수천 명의 사망자가 나왔다고 언급했다. 중국 우정국이 보관해 온 당시 보고서를 보면 인접한 두 개의 성인 동쪽 허베이와 서쪽 산시에서 희생자가 많았다고 나온다. 허베이에서 독감으로 인한 우정국 직원의 사망자 수가 1918년 초 폐페스트 발병 때보다 더 많았던 것으로 기록되어 있었다. 따라서 독감은 최소한 1918년과 1919년 중국에 광범위하게 퍼졌고, 세계 다른 지역과 비슷한 전개 양상을 보였으며(즉 약한 봄 파도에 이어 심한 가을 파도가 닥쳤고 이듬해인 1919년 초에 재발한 곳도 있었으며) 적어도 몇몇 지역에서는 사망자 수가 실로 대단히 많았다는 추론이 가능해 보인다. 요컨대 중국의 경우에는 패터슨과 파일의 추정치가 진실에 가까웠을 수 있다.

1998년 범유행병의 80주년이 되던 날 오스트레일리아 역사가이자 지리학자인 니얼 존슨과 독일의 독감 역사가인 위르겐 뮐러는 세계 사망자 수를 다시 상향 조정했다. 기존 추산치의 상당 부분이 보고조차 되지 않은 전체 빙산의 일각만을 반영했을 뿐이라는 이유였다. 두 연구자는 누락된 보고로 인해 집계 과정에서 시골 주민과 소수민족이 상대적으로 큰 영향을 받았으며, 그들 중 일부가 (부분적으로는 역사적으로 고립됐던 탓에) 상당히 큰 희생을 겪었음을 시사하는 징후들이 있다고 설명했다. 그 무렵 인도 한 곳에서만 사망자 수가 1800만 명이라고 추산되었다. 1919년 인도 사람이 믿고 있었던 수치의 3배였다. 여기에 비하면 조던이 세계 전체 사망자를 2160만 명으로 추산한 것은 "터무니없이 낮아" 보였다. 존슨과 뮐러가 새롭게 제시한 수치는 5000만 명이었다. 이 중 아시아가 3000만 명에 달했다. 그러나 이들은 "이 막대한 숫자조차 실제 사망자 수보다 상당히 낮은 것일 수 있으며, 어쩌면 100퍼센트까지 낮게 잡은 것일 수 있다"라고 했다.[7]

100퍼센트 낮게 집계됐을 수 있다는 말은 전체 사망자 수가 1억 명에 이르렀을 수도 있다는 뜻이다. 1억이라는 수치는 너무나 크고 대략적인 것이어서 그것이 담고 있는 사람들의 고통이 미처 와닿을 새도 없이 미끄러져 지나가는 것 같다. 숫자 0의 기나긴 행렬 속에 담긴 고통을 제대로 상상하기란 불가능하다. 그나마 우리가 할 수 있는 것은 그 수치를 다른 0의 행렬에 비교해 보는 것이다. 특히 제1차세계대전과 제2차세계대전의 사망자 수와 비교해 보는 것이다. 그런 식으로 이 문제를 수학 중의 하나로 축소함으로써 스페인독감은 21세기에서, 나아가 모든 세기에서 가장 많은 사망자를 낳은 재난이었을지 모른다고 결론 내리는 것이다.

그런 점에서 스페인독감은 범유행성 독감의 연대기에서도 독보적이었다. 오늘날 대부분의 과학자는 당시 세계가 전쟁 중에 있었거나 말거나 독감을 유발한 사건°은 일어났을 것이며, 그렇더라도 전쟁이 독감의 예외적인 독성에 일조했을 뿐 아니라, 동시에 세계 전역으로 바이러스가 전파되는 데도 기여했다는 데에 의견을 같이한다. 극심한 유행병의 가을 파도 속에 수많은 병사를 동원하고, 이들을 지구 곳곳으로 이동시키고, 그 후 열광적인 귀향 잔치로 환영 인사를 하는 것보다 더 효과적인 유행병의 확산 기제를 생각하기란 어려울 것이다. 요컨대 스페인독감이 우리에게 가르쳐 준 것은 또 다른 범유행성 독감이 불가피하게 찾아오리라는 것, 다만 그로 인해 1000만 명이 죽느냐 1억

° 범유행성 독감의 변종이 조류에서 인간에게로 넘어간 일.

명이 죽느냐는 그것을 마주한 세계가 어떻게 대응하느냐에 따라 결정될 것이라는 사실이다.

VI

구제된 과학

13장. 수수께끼 독감

1914년 8월 삼복더위 때였다. 러시아 망명객이자 노벨상 수상자였으며, 루이 파스퇴르의 '부관'이자 야코프 바르다흐와 우렌더 같은 인물의 정신적 스승이었던 일리야 메치니코프도 늙어 가고 있었다. 그는 악전고투 끝에 전시 동원령이 한창인 파리를 가로질러 파스퇴르 연구소에 당도했다. 이곳은 감염 질병과 백신 생산 연구를 주도하는 세계적인 기관 중 하나였지만 그가 도착했을 때는 군의 지휘하에 있었다. 젊은 과학자 대다수는 현역 복무를 위해 자리를 떴고 실험용 동물마저 모두 도살되어 있었다. 팔순의 나이에 신에 대한 믿음을 버리고, 인류 문명의 진보가 과학의 발전에 달렸다고 열렬히 믿었던 그는 버림받은 자신의 제국을 둘러본 후 전율했다.

프랑스 작가 루이페르디낭 셀린은 메치니코프를 그의 소설 『밤 끝으로의 여행』에서 세르주 파라핀이라는 불멸의 인물로 길이 남겼다. 여기서 그는 "언제나 볼에 털이 무성해 탈옥수처럼 보이는" 괴팍하고 정신 나간 천재에, 자신이 일하는 유명한 파리 연구소의 냄새 나는 복도를 오가며 분통을 터뜨리고 불평을 해 대는 인물로 그려졌다. 연구소의 다른 직원들은 "머리는 반백에 늘 우산을 챙겨 들고 다니는 모범생처럼, 세세하게 반복되는 일과와 아주 역겨운 실험에 넋이 빠진 상태로, 성인이 된 후의 생계를 위한 박봉 때문에 이 작은 미생물 주방에 붙박여, 그곳에서 채소 부스러기와 질식사한 기니피그, 그 밖의 뭐라 말할 수 없는 쓰레기를 뒤섞은 것을 가열하며 끝없이 이어지는 나날을 보내고 있었다." 그러나 메치니코프가 그 여름날 직감했던 것처럼, 셀린이 그토록 통렬하게 그려낸 시대, 우여곡절 속에서도 대중적인 질병을 상대로 한 중요한 전투에서 승리를 얻고 과학에 대한 믿음이 고조되던 그의 시대는 이제 막을 내리려 하고 있었다.

그럼에도 무엇보다 아직 끝나지 않은 전쟁이 있었다. 유행병 또한 막아야 했다. 전쟁 발발 직후 파스퇴르 연구소를 떠난 젊은 과학자 중 한 명이 르네 뒤자리크 드라리비에르였다. 29세의 페리고르 출신 귀족인 그는 다른 동년배와 마찬가지로 군의 연구소 조직망에 편입되었다. 그로부터 4년 후 스페인독감 2차 파도가 일어났을 때 그는 트루아에 있는 중앙 군 연구소에서 일하고 있었다. "내가 샹파뉴 지역에 있을 때였다. 포병 부대가 그곳을 지나 전선으로 향하고 있었는데, 그들이 떠나지를 않았다. 장교와 병사 모두가 똑같이 쓰러져 급하게 입원해야 했던 것이다."[1] 군은 백신 접종 캠페인을 시작했다. 뒤자리크는 브레슬라우에 있는 리하르트 파이퍼의 실험실에서 지낸 적이 있었다. 그곳 동료들은 파이퍼를 '최고고문관'이라 부르며 깊은 존경심을 나타냈다. 그러나 그는 파이퍼의 바실루스가 독감의 원인이라는 말이 사실인지 의문을 품고 있었다.

그만 의심한 게 아니었다. 파이퍼의 바실루스(학명은 헤모필루스 인플루엔자)는 코와 목구멍에 머물면서 감염을 유발하는데 어떤 것은 지독했다. 그러나 그것이 독감 환자 다수에게서 발견되긴 했지만 모든 환자에게서 발견되는 것은 아니었다. 뉴욕 보건부서의 세균학자였던 윌리엄 파크와 애너 윌리엄스는 독감으로 인한 사망자 시신 십여 구에서 폐 조직을 수집한 후 우무겔 위에 두고 그것에 기생하는 균을 배양했다. 거기에 있는 종의 정체를 파악하기 위해서였다. 그들이 보기에는 파이퍼의 바실루스가 그 안에 있을 때에도 다양한 균주로 존재하는 것처럼 보였다. 뭔가 이상했다. 범유행병의 경우에는 동일한 균주가 줄기차게 발견되어야 했다. 그 혼합물 속에는 그것만 있는 게 아니었다. 연쇄상구균, 포도상구균, 폐렴상구균도 다량으로 존재했다. 이것들도 호흡기 질환을 일으킬 수 있었다. 당시 영국군 의료 지원단의 대위였던 알렉산더 플레밍의 연구 결과도 파크와 윌리엄의 분석 결과를 뒷받침했다. 그의 연구는 특히 에타플르에서 추출한 조직을 사용한 것이었다. 한 걸음 앞선 연구 결과도 있었다. 이미 1916년에 보스턴의 의사 밀턴 로즈노는 독감의 병원체가 바이러스로 의심된다는 의견을 표명했다. 바이러스는 당시 액체에서 세균을 걸러 낼 때 흔히 사용되던 사기沙器 샹베를랑 필터를 통과할 정도로 미세한 유기체이다 보니, 당시에는 다들 '여과성 바이러스'라고 불렀다.

뒤자리크가 플레밍의 연구 성과를 알고 있었을 가능성은 크다. 심지어 파크와 윌리엄스의 연구나 로즈노의 의심도 알았을 수 있다. 그는 1915년 트루아로 옮겨 가기 전, 칼레에서 북부 지역을 담당하는 군 연구소를 운영했는데 그곳에 있는 동안 영국의 장티푸스 백신 개발자인 암로스 라이트 경과도 마주쳤다. 라이트는 그 연구소를 차리기 위해 불로뉴 인근에 있던 카지노를 징발해 게임 테이블을 침상으로 교체하고 샹들리에를 린넨 시트로 감쌌다. 그런 후 젊은 동료 플레밍과 몇몇을 거기에서 일하도록 배치했다. 이들은 그 공간을 하버드대학교에서 세운 미국 병원과도 공유했다. 라이트는 당시 유명 인사였고, 그 카지노에는 방문객이 끊이지 않았다. 그는 프랑스인과도 잘 지냈다. 플레밍의 프랑스인 전기 작가 앙드레 모루아의 책에 그런 이야기가 잘 나와 있다. 모루아는 영국군과의 사이에서 연락 장교이자 통역관으로 활동했다. 당시 전쟁에 대한 영국인과 프랑스인의 태도는 사뭇 달랐다. 프랑스인은 전쟁을 대단히 경건하게 대해야 할 준종교적 의식으로 대한 반면, 영국인은 의무를 수행하면서 휴식으로도 활용할 수 있는 기회로 여겼다. 모루아는 어느 날 플레밍과 다른 남성(아마라이트일 것이다)이 레슬링 시합을 즐기던 순간을 회상했다. 그때 문이 열리면서 고위 프랑스 군의관 대표단이 들어왔다. 레슬링을 하던 둘은 벌떡 일어나더니 곧바로 방문자들과 과학적인 주제를 두고 토론을 벌였다. 그 자리에 있었던 목격자는 "그 장면을 본 프랑스 군의관들의 표정을 나는 결코 잊지 못할 것"이라고 했다.

전쟁이 한창인 지역에서 그런 신체 접촉 운동을 벌인 장소가 적절했는지를 두고서는 그들의 생각이 달랐을지 모르지만 독감의 원인이 파이퍼의 바실루스가 아니라는 데는 의견을 같이할 수 있었다. 그만큼 그 생각은 널리 퍼져 있었다. 1918년 10월 초 뒤자리크는 트루아의 거리를 걸어가다가 옛 친구이자 파스퇴르 연구소 동료였던 앙투안 라카사뉴와 마주쳤다. 전쟁이 시작된 후로는 첫 만남이었다. 라카사뉴는 트루아의 군부대에 백신 접종을 지원하기 위해 파견된 상태였다. 그때의 만남을 라카사뉴는 몇 년 후 이렇게 회상했다. "잠시 이런저런 얘기를 하다가 그가 내게 별난 제안을 했다. 독감 환자의 여과된 것(혈액)을 그에게 주사해 줄 수 있겠느냐는 것이었다. 자신의 감으로는 그 실험이 자신의 가설을 확증해 줄 거라고 했다. 나는 그가 내게 안긴 윤리적 딜레마에 대해 이야기했다. 그러나 그는 내가 거절하면 어차피 자신이 직접 주사할 텐데 그보다는 최선의 조건에서 내가 해 주는 게 낫다고 설득했다. 결국 나는 동의하고 말았다. 10월 8일 화요일 아침, 나는 그의 군 실험실에서 그에게 혈액을 주사했다."[2]

다음 날 라카사뉴는 파리로 떠나야 했기 때문에 몇 개월이 지나고서야 실험 결과를 알 수 있었다. 뒤자리크는 이틀 동안은 아무렇지도 않았다. 그다음 첫 증상이 나타났다. 그는 병의 진행 경과를 기록할 수 있었다. "갑작스러운 발진 후 셋째 날과 넷째 날 계속되는 극심한 앞머리 두통, 전신이 쑤심. (……) 체온 37.8도와 38.2도 사이. (……) 넷째 날 밤 불안, 악몽, 진땀. 다섯째 날 통증 사라짐, 바로 전 이틀 동안 두드러졌던, 설명하기 힘든 불안감이 가시면서 아주 기분 좋은 행복감. (……) 그다음 날부터 모든 것이 정상으로 돌아옴, 단 피로감은 아직 남아 있음, 그 후 일곱째 날 심장에 증상이 나타남, 계속 이어짐. 간헐적이지만 아주 불쾌한 가슴 통증, 불규칙한 맥박, 조금만 움직여도 숨이 참."

며칠 후 두 번째 실험을 했다. 이번에는 독감 환자의 가래를 걸러 낸 유탁액을 자신의 목구멍에 바른 후 기다려 봤다. 하지만 추가 증상이 나타나지 않았다. 그는 첫 번째 실험으로 자신에게 두 번째 실험에 대한 면역이 생겼다고 결론 내렸다. 며칠 내로 그는 자신이 발견한 것을 잘 정리해 파스퇴르 연구소의 에밀 루 소장에게 전달할 수 있었다. 자신의 건강 상태나 주변의 혼란스러운 상황을 감안하면 기적적인 일이었다. 10월 21일 그를 대신해 루 소장이 프랑스 과학원에 제출한 보고서에서 그는 이것이 단지 예비적인 연구일 뿐이라고 시인했다. 그러나 핵심은 그에게 주입된 혈액이 여과된 것이었으며, 따라서 세균이 없었다는 점이었다. 이는 독감이 바이러스 때문에 생겼을 가능성을 제기하는 주장이었다.[3]

바이러스라고 했을 때 뒤자리크가 의미했던 것은 무엇일까? 십중팔구 자신도 그다지 확신하지 못했을 것이다.

그가 사실대로 말할 수 있었던 것은 그것이 박테리아보다 더 작으면서 질병을 전달할 수 있는 무엇이라는 것뿐이었다. 아마 그는 그것을 살아 있는 유기체라고 기술하기 전에도 망설였을 가능성이 높다.° 그리고 그는 자신에게 주입한 것이 독에 더 가까운 무엇일 가능성 정도는 열어 두었던 것 같다.

마침 우연하게도, 프랑스 과학원 회보의 같은 호에 두 명의 또 다른 파스퇴르 연구원인 샤를 니콜과 샤를 르바이가 같은 결론을 보고했다. 이들은 튀니스에 있는 파스퇴르 연구소 분소에서 근무하고 있었다. 이들은 9월 첫 며칠 동안에 걸쳐 원숭이 한 마리와 두 명의 자원자에게 스페인독감 환자의 가래를 접종했다. 원숭이에게는 여과하지 않은 것을, 사람에게는 여과한 것을 사용했다. 원숭이는 눈꺼풀과 (공기 감염 경로의 일부로 간주되는) 콧구멍 내벽을 통해 접종물을 주입받았는데, 며칠이 지나자 독감에 걸렸을 때와 비슷하게 고열과 식욕 상실, 무기력 증상을 보였다. 그에 반해 피하 주사를 통해 접종물을 주입한 사람은 바로 그날 앓아누웠고, 정맥 주사 방식으로 혈액에 주입한 사람은 멀쩡했다. 니콜과 르바이는 병의 원인이 여과성 바이러스이며 이것은 혈액으로 전파될 수 없는 것이라고 결론 내

° 실제로 바이러스가 죽은 것인지 산 것인지를 둘러싼 논쟁은 오늘날까지 계속되고 있다. 유기체가 혼자 힘으로 증식할 수 없다면 살아 있다고 할 수 있을까?

렸다.

뒤자리크 드라리비에르와 니콜과 르바이는 각기 독자적인 실험을 통해 독감의 원인이 바이러스일 가능성이 높다는 사실을 발견한 데 이어, 출판물을 통해 동시에 세상에 알린 최초의 인물이었다. 1918년이 끝나기 전까지 독일과 일본, 영국의 과학자도 유사한 실험을 했고 모두 비슷한 결론에 도달했다. 독일 쾨니히스베르크대학교의 후고 젤터는 뒤자리크처럼 자신을 실험 대상으로 삼았다. 20세기 전반은 자가 실험의 시대였다.°° 그래도 자기 주변의 모든 사람이 목숨을 잃을지도 모르는 상황, 즉 전시 상황에서는 자신의 생명을 무릅쓰는 것마저 좀 더 쉬웠을지 모른다. 1918년 12월 처음으로 자신들의 연구 결과를 발표한 영국 연구진은 자신들을 실험 대상으로 삼지 않았다. 하지만 그중 한 명인 그레임 깁슨은 후속 보고서를 준비하던 중 에타플르 인근 아브빌에 있는 군 실험실에서 장시간 작업을 하다 지친 상태에서 독감에 걸리고 말았다. 그는 3월 자신의 보고서가 출간되기도 전에 목숨을 잃었다.

과학자의 용기는 이처럼 대단했지만, 이들이 얻어 낸 실험 결과의 신뢰도에 오점이 없지는 않았다. 범유행병 기간 중에 실험을 수행하다 보니, 독감 바이러스가 사방에 만연한 상황에서 실험실이 감염으로부터 완전히 차단된 상

°° 메치니코프는 자칫 사망에 이를 수도 있는 질병 중에서도 콜레라를 자신에게 일부러 주입했다.

태인지는 그들로서도 확신할 수 없었을 것이다. 따라서 실험 대상자가 실제로 어떤 경로를 거쳐 감염되었는지 알기란 어렵다. 주의 깊은 사람이라면, 뒤자리크와 니콜과 르바이의 연구 결과가 서로 상충된다는 것을 알아챘을 것이다. 뒤자리크는 여과액을 자신의 혈액 속에 주입해 독감에 감염시켰다고 생각한 반면, 튀니스의 연구조는 혈액을 전파 경로에서 배제했다. 사실은 니콜과 르바이가 옳았다. 독감은 혈액으로 전파되지 않는다. 따라서 뒤자리크는 라카사뉴가 자신에게 주사한 것으로는 병에 걸릴 수가 없었다. 아마 그 역시 통상적인 경로인 공기를 통해 감염되었을 가능성이 크다. 그는 실험을 준비하면서 병을 심하게 앓고 있던 병사 네 명으로부터 혈액을 채취했는데, 이 과정에서 공기가 뒤섞이면서 감염되었고 그로부터 2~3일의 일반적인 잠복기를 거쳐 증상이 나타났을 것이다. 다시 말해, 과학에서 너무나 흔하게 일어나는 것처럼 뒤자리크 역시 틀린 이유로 옳았던 것이다.

보스턴의 로즈노와 그의 동료 존 키건 또한 가을 파도가 한창일 때 독감의 병원체가 여과성 세균임을 입증하려고 했다. 하지만 병균을 옮길 수가 없었다. 다른 연구자도 마찬가지로 실패했다. 게다가 이들의 실험 결과는 프랑스 연구자 것만큼이나 신뢰할 수 없었다. 가령 실험 자원자가 감염에 실패한 이유 중 하나는 이들이 봄 파도 동안 이미 바이러스에 노출되어 얼마간 면역을 얻었기 때문이다. 그럼에도 당시 과학 공동체 내부 사람들은 실험 결과를 자신이 선호하는 이론에 따라 해석했다. 최고고문관 당사자인 리하르트 파이퍼는 여전히 '그의' 바실루스가 가장 유력한 후보라고 확신하고 있었다. 그의 지지자들도 만약 로즈노가 바이러스를 발견하지 못했다면 바이러스가 없기 때문이라고 믿었다.° 어떤 독감 환자 폐에서 파이퍼의 바실루스가 검출되지 않은 곤란한 실험 결과를 해명해야 할 때 파이퍼 진영은 실험 기구와 방법의 잘못으로 돌렸다. 항균성 백신은 얼마간 효능을 보이기도 했다. 그러나 그것은 치명적인 2차 감염을 차단한 데 따른 효과였을 뿐, 독감 주변을 뒤덮은 그늘을 투시하는 데는 도움이 되지 않았다.

그 그늘은 1930년대에 와서야 걷히기 시작했다. 1918년 범유행병의 한 가지 독특한 면은 돼지 사이에서 도는 아주 유사한 전염성 질병과 일치한다는 점이었다. 실제로 너무나 유사해서 그 돼지 질병은 '돼지독감'이라고 불렸다. 당시 수의사들은 그것을 돼지 사이의 새로운 질병으로 여겼다. 하지만 그때부터 그 병은 주기적으로 집단 발병했다. 1931년에 또다시 발병하자 미국인 세균학자인 리처드 쇼

° 로즈노는 자신의 데이터에 신뢰를 두면서 그들과 의견을 같이했다. 이것은 옳은 이유로 틀린 결론에 이른 경우에 해당한다.

프가 앞서 뒤자리크와 젤터 등이 입증하려 했던 것, 즉 독감의 원인이 여과성 바이러스라는 것을 훨씬 더 어려운 상황에서 확증했다. 그로부터 2년 후 런던의 국립의학연구소에서 일하는 영국 과학자들이 사람을 상대로 똑같은 실험을 했다. 연구팀의 일원인 윌슨 스미스는 페럿에게 자신의 얼굴에 재채기를 하게 한 후 독감에 걸렸다. 이어 연구팀은 여과성 병원체가 페럿에서 사람에게로 독감을 옮기고, 다시 반대 방향으로도 옮길 수 있다는 것을 보여 주었다.°

보잘것없는 이 페럿의 재채기로부터 그 방대하고 복잡한 독감의 생물학이 전개되기 시작했다. 바이러스가 사람에게 침투하면 우리 면역 세포는 항체라고 불리는 단백질을 아주 소량으로 분비하는데 이것이 바이러스에 달라붙어 바이러스를 무력화한다. 항체는 감염이 지나간 후에도 수년간 혈액 안에 머무를 수 있고, 그렇게 해서 과거의 감염 기록을 제공한다. 1930년대에 과학자들은 이미 혈청°° 안의 항체 유무를 알아내는 검사법을 개발한 상태였다. 또한 어느 한 가지 독감이 발병하는 동안 생산된 항체가 반드시 다른 독감까지 막아 주는 것은 아닌 것을 보고, 독감이 다양한 변종으로 발생한다는 사실도 알게 되었다.

° 그 병원체가 유기체인지 독성 물질인지 여부는 그때까지도 미지수였다. 1950년대에 이르러서야 런던 연구팀은 자신들이 상대한 것이 유기체라고 올바로 믿게 되었다.
°° 혈액의 다른 모든 구성 요소가 떠다니는 깨끗한 액체.

급기야 A, B, C 세 가지 유형의 독감까지 파악했다.°°° A와 B형은 유행병을 유발하지만 범유행병을 일으키는 것은 A형뿐이다. C형은 다른 두 유형보다 약하고 전염성도 낮다. 스페인독감을 일으킨 바이러스는 말할 것도 없이 A형이었다.

바이러스가 범유행병의 원인이라는 사실을 과학자들이 그토록 믿기 어려워한 데는 이유가 있었다. 그중 하나는 많은 박테리아가 이미 독감에 감염된 환자의 폐를 공격하는 기회주의적 모습을 보인 것과 달리, 바이러스는 어떤 자양분의 젤을 주어도 실험실 샬레에서 배양할 수 없었기 때문이다. 이때 '배양'이란 자기복제품을 더 많이 생산하도록 이끈다는 뜻이다. 그렇지만 우리가 아는 것처럼 바이러스는 숙주 세포 밖에서는 증식할 수 없다. 바이러스가 숙주 세포 속에 들어가기 위해서는 먼저 자기 표면 위의 단백질 구조인 항원을 세포 표면 위의 수용기에 묶어야 한다. 둘은 자물통과 열쇠처럼 아주 잘 맞아야 한다. 둘이 잘 맞는 경우에는 분자 차원의 온갖 사건이 일어나면서 바이러스가 세포 내부로 통과할 수 있게 된다.°°°° 바이러스가 세포 안으로 들어가면 세포의 증식 기제를 징발해 자신을 구성하는 요소의 새로운 복제본을 만들게 한다. 이것들이 다시 새

°°° 네 번째 유형이 아주 최근에 추가되었다.

°°°° 항체 역시 동일한 항원 중 하나에 자신을 붙들어 매는 방식으로 작동한다. 그렇게 해서 바이러스가 숙주 수용기에 달라붙는 것을 막는다.

로운 바이러스로 조립되어 세포 밖으로 빠져나오는데, 이 과정에서 세포는 죽고 바이러스는 새로운 세포를 감염시키러 간다. 독감 바이러스는 사람의 몸 안에서도 기도의 내벽 세포를 공격해 손상을 입히고 죽게 만든다. 그 결과가 독감의 증상이다.

1931년, 쇼프가 돼지독감의 원인이 바이러스라는 사실을 알아낸 바로 그해에 미국의 병리학자인 앨리스 우드러프와 어니스트 굿패스처가 닭의 수정란에서 바이러스를 배양하는 데 성공했다. 이것은 바이러스가 원인인 계두라는 이름의 가금류 질병에 계란도 감염될 수 있다는 사실을 관찰한 결과였다. 이들의 성과는 바이러스가 세균 오염 걱정 없이도 실험실에서 대량으로 배양될 수 있음을 의미했다. 또한 과학자들이 유행병의 위험 밖에서 평온하게 바이러스를 연구하고 그것에 대항할 백신 개발을 시작할 수 있다는 뜻이기도 했다. 최초의 독감 백신은 1936년 러시아인 A. A. 스모로딘체프가 생산했다. 그는 독감 바이러스를 채취해 이것을 계란 속에서 배양한 후 바이러스에서 증식된 것 중 복제율이 가장 떨어지는 것을 추출해 다른 계란에서 배양했다. 이런 과정을 서른 번 반복해 복제가 제대로 되지 않은 바이러스, 다시 말해 독성이 대단히 약해진 것을 얻었다. 그리고 이것을 사람에게 주입했다. 사람을 상대로 한 첫 번째 실험 대상자는 아주 경미한 열만 있었을 뿐 독감에 재감염되는 일이 없었다.

스모로딘체프의 백신은 러시아 공장에 공급되었다. 이곳 직원들이 호흡기 질환으로 결근하는 것을 줄이려는 목적이었다. 그 후로 50년 동안 똑같은 종류의 백신이 소련에서 사용되었고, 모두 10억 명 이상의 러시아인이 접종을 받았다. 그러나 이 백신은 A형 독감 예방에만 효과가 있었고 그 외에 다른 한계점도 있었다. 백신 접종을 받은 사람 체내에서 바이러스가 계속 증식했을 뿐 아니라 전염력을 회복할 수도 있었다. 나중에 과학자들은 화학 물질인 포름알데히드 처리로 바이러스의 복제를 막을 수 있다는 사실을 알아냈다. 이렇게 생산된 '불활성화' 바이러스는 비록 이전보다 훨씬 많은 양이 필요하긴 했지만 재감염을 막을 수 있었다.

한 가지 이상의 독감을 예방하는 이른바 다가多價 백신도 개발되었다. 1944년에 이르러서는 제2차세계대전에 참전하기 위해 유럽에 도착한 미군 부대가 한 가지 이상의 불활성화 바이러스가 함유된 독감 백신을 처음으로 집단 접종받았다. 이 일에 착수한 사람 중 한 명이 훗날 소아마비 백신 개발자로 유명해진 조너스 소크였다(1950년대에는 미국인 사이에서 대통령보다 더 유명했다). 그가 바이러스에 매료된 것은 20세기 초부터였다. 당시 전 세계의 세균학자(일부는 소크의 고향인 뉴욕 출신)가 스페인독감의 수수께끼를 풀려고 애쓰고 있었다.

　그 결과 1940년대에 이를 때까지 과학자들은 독감을 유형별로 분류했고, 온갖 종류의 순진한 동물에게 그것을 시험한 데 이어 예방 백신까지 개발함으로써 인간이 가진 창의성의 성가를 드높였다. 그러나 독감 바이러스의 존재에 관한 모든 의심이 사라진 후에도 그것은 마치 신비로운 야수 레프러콘*이나 2012년에 그 존재가 밝혀지기 전까지의 힉스 보손**으로 남아 있었다. 그때까지도 그것을 본 사람이 아무도 없었기 때문이다. 독감 바이러스는 1903년 에밀 루가 제출한 예비적 논문에서 "이론상의 존재"라고만 불렀던 생명체의 범주, 그러니까 그것의 효과로 추론만 가능할 뿐 그 존재는 직접 감지된 적이 없는 유기체에 속해 있었다.[4]

　문제는 광학현미경의 도움에도 불구하고 눈으로 볼 수 있는 대상의 크기에는 한계가 있었다는 점이었다. 근본적으로 가시광선보다 파장이 작은 것은 우리 눈으로 볼 수

---

* 아일랜드 민화에 나오는 남자 모습의 작은 요정.
** 입자물리학의 표준 모형이 제시하는 기본 입자 중 하나. 1964년 영국의 이론물리학자인 피터 힉스가 기본 입자의 관성과 관성 질량을 만들어 내는 것으로 도입한 후 '신의 입자'로 불렸다. 2012년 유럽입자물리연구소(CERN)에서 처음 검출에 성공한 후 2013년 10월 6일 확정 발표했다.

없다. 적혈구 세포는 볼 수 있었고 그것을 감염시킨 일부 박테리아도 마찬가지였지만 그보다 더 작은 바이러스는 불가능했다. 그 벽을 깬 것은 1930년대 초 두 명의 독일인이었다. 막스 크놀과 에른스트 루스카가 전자현미경을 발명해 새로운 돌파구를 열었다. 전자는 광자와 마찬가지로 파동과 입자 두 가지 성격을 다 가지고 있지만 파장은 광자보다 수백 배나 짧다. 이 점을 이용해 1943년에 사상 처음으로 독감 바이러스를 눈으로 볼 수 있게 되었다. 뒤자리크 드라리비에르가 자신의 목숨을 걸고 그 존재를 입증해 보인 지 25년 만의 일이었다.

독감 바이러스는 바이러스치고는 중간 크기에다 모양은 구형에 가까운데 간혹 막대 모양이 되기도 한다. 아주 작은 단백질 알갱이가 그보다 더 작은 유전 정보 알맹이 주변을 둘러싸고 있는 형상이다. 이 전체를 막이 에워싸고 그위에 가장 중요한 항원인 헤마글루티닌(혈구응집소)이 자리 잡고 있다. 이것을 줄여서 'H'라고도 한다. H는 막대사탕처럼 생겼으며, 줄기는 아래로 뻗어 내려 막 안까지 들어가 있고, 둥글면서도 구불구불한 모양의 머리가 바깥쪽으로 나와 있다. 범유행병을 일으킨 A형 독감 바이러스를 비롯해 어떤 독감 바이러스는 표면에 사실상 하나가 아닌 두 가지 주요 항원을 가지고 있다. 비유해서 말하면, H는 바이러스가 세포 안으로 뚫고 들어갈 때 쓰는 쇠지레이고, 두 번째 주요 항원인 뉴라미니다아제(N)는 바이러스가 다시 세포 밖으로 빠져나올 때 쓰는 유리 절단기에 해당한다.

사람 몸 안의 DNA가 이중 가닥인 것과 달리, 독감의 유전 물질은 외가닥의 RNA로 이뤄져 있고, 이 RNA는 여덟 꾸러미로 분할 포장된다(편의상 각 꾸러미를 유전자라고 부르자). 이 유전자 중 둘은 앞에서 말한 표면 단백질인 H와 N으로 바뀌고, 나머지 여섯 개, 이른바 내부 유전자는 바이러스가 자기복제를 하거나 숙주의 면역 대응을 물리치거나 할 때 그 기능을 조절하는 단백질의 정보를 입력한다. 이 유전자들은 독감 바이러스가 증식을 할 때 복제되어야 한다. 그러나 RNA는 DNA보다 화학적으로 안정성이 떨어지기 때문에 복제 메커니즘이 엉성하고, 그러다 보니 오류가 끼어든다. 이런 엉성함이 독감의 악명 높은 불안정성(끝없이 자신의 새로운 변이를 일으키기 위해 지니고 있는 능력)의 핵심 요인이다. 이러한 유전자 차원의 오류는 그것이 정보를 입력하는 단백질을 구조적으로 바꿔, 아주 작은 것조차 큰 영향을 미칠 수 있다. 가령 독감의 표면 단백질을 구성하는 아미노산이라는 단위체는 매년 약 2퍼센트가 대체되는데, 그로 인한 H 항원의 형태 변화는 너무나 커서 한때 그것에 달라붙어 무력화했던 항체가 더 이상 효력을 제대로 발휘할 수 없게 된다. 그 결과 바이러스는 숙주의 면역력을 적어도 부분적으로는 '벗어나' 새로운 계절성 독감을 일으키게 된다. 독감 백신이 매년 갱신되어야 하는 것은 바로 이 때문이다.

항원의 복제 오류가 서서히 축적되는 것을 두고 소변이 小變異라 부르지만, 독감은 보다 근본적인 방식으로 자신을 재창조할 수도 있다. 이는 두 개의 상이한 독감 바이러스가 단일 숙주 안에서 만나 유전자를 서로 교환해 새로운 바이러스를 생산할 때 일어난다. 가령 신종 H-N 조합 단백질을 가진 바이러스가 탄생하는 경우다. 이런 종류의 변화, 이른바 대변이 大變異 혹은 보다 기억하기 쉽게 '바이러스 섹스'는 범유행병을 일으키는 경향이 있다. 왜냐하면 근본적으로 다른 바이러스를 막는 데에는 근본적으로 다른 면역 방어가 요구되는데 그것을 동원하기까지는 시간이 걸리기 때문이다. 만약 서로 다른 두 숙주, 가령 사람과 조류로부터 두 가지 '부모' 바이러스가 나왔을 때 그 둘이 만나면 새로운 항원이 생기면서 그렇지 않았으면 사람이 적응했을 바이러스 속으로 들어가게 된다. 20세기의 모든 범유행성 독감은 A형 독감에서 새로운 H 항원이 출현하면서 일어났다. 1918년의 H1, 1957년의 H2, 1968년의 H3가 그것이다.

사람의 면역계가 한번 새로운 바이러스에 맞서 작동

하게 되면, 바이러스는 숙주와 보다 안정적인 평형 상태에 진입한다. 그렇게 해서 범유행병은 지나가지만, 바이러스는 유순한 계절성 독감의 형태로 계속해서 도는 가운데, 소변이를 겪고 진화하면서 가끔씩 병을 일으킨다. 이런 평형 상태는 또 다른 신종 바이러스가 출현할 때까지 유지된다. 그러나 오래된 H 또한 새로운 범유행병을 일으킬 수 있다. 그에 대한 면역성이 다시 희박해진 사람 속에 출현하면 그렇게 된다. 즉 그 바이러스에 노출된 적이 한 번도 없는 세대일 경우에 그렇다. 다시 말하면, 바이러스는 대략 사람의 수명 주기를 두고 순환할 수 있다. H3이 1968년 범유행병 '홍콩'독감을 유발한 데 이어 1890년대의 러시아독감을 일으켰고, H1이 1918년 스페인독감에 이어 2009년의 이른바 '돼지독감'(실제로는 인간 독감)까지 유발했다는 얼마간의 증거가 있다. 새로운 N 항원 또한 범유행병을 일으킬 수도 있다.° 지금까지는 모두 18가지 H 변이와 11가지 N 변이가 알려져 있는 상태다. 이에 따라 오늘날 A형 독감 바이러스는 그것이 갖고 다니는 이 두 가지 항원의 종류에 따라 아형亞型으로 구분된다. 이 아형은 다시 내부 유전자의 구성에 따라 변종으로 세분될 수 있다. 스페인독감을 일으킨 아형은 H1N1이었다. 결국 이 모든 것은 프랑스 군의관들이 이름붙인 '11번 질병'의 유령 같은 메아리였고, 지식의

° 이 점은 현재 논쟁적인 주제다.

먼 저편에서 찾은 것이었다.

14장. 농가의 마당을 조심하라

2005년까지는 자취를 감췄지만, 스페인독감을 일으켰던 H1N1 변종은 지금도 멀쩡히 살아(만약 우리가 바이러스를 살아 있다고 부를 수 있다면) 고도의 보안이 유지되는 미국 조지아 애틀란타의 봉쇄 시설에 갇혀 있다. 과학적 연구에 필요하다는 이유로 되살려 낸 것인데 그 조치가 현명한 것인지를 두고 모두가 동의한 것은 아니었다. 동료 과학자들은 "어쩌면 현재 알려진 가장 효과적인 생물무기용 매개체를 되살려 냈다"라며 해당 조치의 책임자들을 비난했다. 특히 H1N1의 재생 방법을 인터넷에서도 구할 수 있게 된 후로 이들은 "불량 과학자에 의한 바이러스의 생산이 현실적인 가능성이 됐다"라고 주장했다.[1]

H1N1 바이러스를 되살린 연구진(지금까지는 두 집단)은 그렇게 하는 것이 1918년에 일어난 일에 관한 결정적인 의문에 답을 하고 그와 유사한 재난이 재발하는 것을 막는 데 도움을 줄 것이라고 반박했다. H1N1 바이러스는 현재 생물학적 위험도 4등급*의 실험실에 안전하게 격리되어 있으며, 지금까지 그것을 세상에 유출한 사람은 없었다. 또한 실제로 1918년 범유행병의 정체를 밝히는 데도 도움을 주었다. 따라서 지금으로서는 비용과 혜택을 따져 봤을 때 그것을 되살려 낸 이들의 주장이 옳은 것으로 보인다.[2]

그럼에도 1990년대까지 스페인독감에 관해서는 해소되지 않은 의문이 여전히 많이 남아 있었다. 우리가 기억하는 모든 범유행성 독감 중에서도, 심지어 역사적 문헌으로만 아는 어떤 것 중에서도 이 병은 유독 별났다. 무엇보다 가장 많은 목숨을 앗아 갔다. 비록 희생자 대다수가 계절 독감보다 크게 심하지 않은 증상을 겪었다고는 해도 그로 인한 사망률은 훨씬 더 높아, 적어도 2.5퍼센트에 이르렀다. 다른 범유행성 독감이 0.1퍼센트 미만인 것과 뚜렷이 비교되는 수치였다. 치명률로 보면 최소한 25배가 높은 셈이었다. 스페인독감은 그 자체로도 악성이었지만, 여기에 폐렴이 더해지면서 상태가 더 복잡해지는 경향이 강했다. 그래서 사망의 최종 원인도 대개는 폐렴이었다. 사망자

---

* 1~4 중에서 가장 높은 등급.

'곡선'도 독감의 전형인 U자가 아니라 W자형이었다. 나이가 아주 어린 아이와 아주 많은 노인은 물론 20세부터 40세까지 성인이 특히 병에 취약했다. 발병의 양상을 보면 꼭 세 번의 파도가 몰아치는 것 같았다. 하지만 먼저 일어난 두 번의 파도는 차이가 크다 보니° 많은 이가 두 병의 원인이 똑같은 유기체라는 사실을 의심했다.°° 예전의 범유행성 독감이 지구를 한 바퀴 도는 데 3년 정도가 걸렸던 데 반해 이번 것은 길어도 2년이면 충분했다. 마지막으로, 이 병은 어디에서 시작되었는지가 불분명했다. 프랑스와 중국, 미국 기원설 모두가 고려할 만한 주장이었다.

그나마 대다수 사람이 유일하게 의견을 같이한 부분은 그 기원이 조류일 거라는 점이었다. 야생 물새류가 A형 독감의 천연 병원소로 여겨진 것은 1970년대부터였다. 당시 미국인 수의사 리처드 슬레먼스가 야생 오리로부터 바이러스를 검출했다.[3] 그의 발견에 자극을 받아 다른 학자도 야생 조류 군집을 조사하기 시작했고, 이들의 노력 덕분에 우리는 물새류가 엄청나게 다양한 독감을 품고 있다는 사실을 알게 되었다. 물새류는 사람처럼 폐가 아니라 소화관 속에 대개는 아무런 부작용 없이 바이러스를 지니고 있다. 물새가 배설물을 통해 바이러스를 물속에 방출하면 다

° 첫 번째 것은 계절 독감, 두 번째 것은 폐페스트와 혼동하기 쉬웠다.

°° 세 번째 파도는 독성이 두 파도 사이의 중간 정도였다. 그러다 보니 그에 대한 호기심도 낮았다.

른 새가 그것을 집어 삼키고, 같은 새의 체내에서 서로 다른 바이러스 변종이 만나 유전자를 교환해 새로운 바이러스를 생산했다. 특히 오리가 조류 중에서도 독감 인큐베이터로는 최적이었다. 슬레먼스의 발견이 있고 난 직후 프랑스 세균학자 클로드 아눙은 솜강 어귀에서 철새 오리 다섯 종을 조사해 이들 사이에 약 100가지 독감 변종이 기생하고 있다는 사실을 발견했다. 오리 한 마리가 한 가지 이상의 변종 바이러스를 지니고 있는 경우가 많았고, 어떤 것은 지금껏 알려진 하위 유형의 어떤 것에도 해당되지 않는 잡종이었다. 다시 말해 아눙은 현행범, 즉 진화 도중의 독감을 잡아낸 것이었다.[4]

그렇지만 1990년대에 와서도 조류 독감 바이러스가 사람을 감염시키거나 범유행병을 일으킬 수 있을 거라고 생각하는 사람은 아무도 없었다. 사람의 폐 내벽 세포의 수용기가 오리의 장 내벽 세포의 수용기와 다르게 생겼기 때문에, 조류 바이러스가 사람에게 옮겨 가려면 수용기 유형을 바꿔 가며 적응하는 과정에서 중간 숙주가 있어야 한다는 생각이 지배적이었다. 그 중간 숙주로 추정된 동물이 돼지였다. 돼지의 기도 내벽 세포에는 조류와 사람의 독감 바이러스 둘 다와 결합할 수 있는 수용기가 있다. 이 말은 돼지가 사람을 감염시키는 신종 바이러스를 조합하는 데 필요한 이상적인 도가니를 제공한다는 뜻이다.

이런 관점에서, 스페인독감의 프랑스 기원설을 제시했던 존 옥스퍼드는 에타플르가 솜강 어귀°에서 50킬로미터밖에 떨어져 있지 않았고, 캠프 안에 양돈장이 있었다는 점을 지적했다. 기지의 식품 조달업자가 주변 마을에서 구입한 살아 있는 가금류를 들여왔고, 이 가금류 중 일부가 만을 지나가던 야생 조류와 어울리면서 감염되었을 가능성이 있다는 얘기였다.°° 조류 사이의 병으로는 알려졌지만 사람에게서는 발견된 적이 없었던 독감의 아형 H5N1으로 사람이 숨진 사례는 1997년 홍콩에서 발생한 어린 소년의 사망이 유일하다. H5N1은 독감 바이러스가 조류에서 사람으로 직접 전파될 수 있는 무시무시한 가능성을 제기했다. 바로 그 시점에 제기되었어야 할 질문은 이것이었다. 1918년에도 이런 일이 일어날 수 있었을까?

1990년대에 들어서 유전자 염기서열 분석이 강력한 도구로 자리 잡으면서 과학자들은 이것이 스페인독감의 퍼즐을 푸는 데 도움을 줄 수 있을 거라고 기대했다. 하나의 유전자는 수천 개의 염기로 이뤄져 있다. 스페인독감 바

° 북극에서 아프리카로 이동하는 물새의 주요 경유지.

°° 비교를 하자면, 범유행병 캔자스 기원설의 해스컬 카운티는 가장 가까이에 있는 주요 습지인 바턴 카운티의 샤이엔 바텀스와 200킬로미터 떨어져 있고, 산시성의 성도인 타이위안에서 가장 가까운 습지는 500킬로미터 떨어져 있는 데다 성 경계 너머에 있다.

이러스의 8개 유전자를 구성하는 모든 염기의 서열을 파악해서 다른 독감 바이러스의 그것과 비교해 보면 왜 그 범유행병이 그토록 이례적이었는지 알아낼 수 있을 것이다. 불행히도 1990년대까지는 스페인독감이 먼 기억 속에 묻혀 있었다. 따라서 첫 번째 과제는 바이러스 샘플을 구하는 것이었다. 이 말은 80년 가까이 보존되어 온 감염된 폐 조직을 찾아야 한다는 뜻이었다. 필요한 것은 지금까지 남아 있는 조직 자체가 아니라 거기에 담겨 있는 기록이었다. 경주가 시작됐다. 병리학자들이 오리무중인 미생물을 찾아 지구 곳곳을 뒤지기 시작했다.

성공의 조짐이 보이기 시작한 것은 1996년이었다. 생물학자 앤 리드와 병리학자 제프리 토벤버거가 자신들이 일하는 워싱턴 D. C.의 미군병리학연구소AFIP에서 거의 빤히 보이는 곳에 숨어 있는 문제의 폐 조각을 발견한 것이다. 이 폐 조각은 1918년 9월 사우스캐롤라이나의 군 캠프에서 군 병리학자가 숨진 스물한 살의 로스코 본 일병으로부터 떼어 낸 후 줄곧 그곳에 보관된 것이었다. 조직은 보존을 위해 포름알데히드로 처리되어 석랍에 묻혀 있었는데, 포름알데히드 때문에 바이러스의 RNA가 손상된 상태였다. 그래서 과학자들은 RNA 파편의 염기서열을 분석할 수밖에 없었다.° 분석 결과의 일부가 1997년에 처음 발표

° 이들은 나중에 미군병리학연구소에서 독감 바이러스가
든 두 번째 시료를 구했다.

되었는데, 마침 이 논문을 샌프란시스코의 의사 조핸 헐틴이 읽게 되었다.

당시 70대에 접어든 나이였던 헐틴은 스페인독감에 오랫동안 관심이 있었다. 1951년 열의에 찬 젊은 의대생이었던 시절에는 바이러스를 직접 찾아 나서기까지 했다. 그는 알래스카에 스페인독감으로 떼죽음당한 곳이 있고, 당시 사망자가 공동묘지에 묻혀 있다는 사실을 알게 되었다. 영구동토층에 묻혔다면 그들의 주검에서 바이러스를 추출할 수 있을 거라는 것이 그의 생각이었다. 그는 1918년 당시 닷새 만에 주민의 85퍼센트를 잃은 수어드반도의 브레빅미션 마을°까지 가는 원정대를 조직했고, 마을 위원회로부터 허락을 얻어 희생자들이 묻힌 무덤을 발굴한 후, 폐조직을 찾아 가지고 돌아왔다. 실험실에서 분석해 볼 생각이었다. 그러나 때는 1951년이었다. 과학자들이 바이러스가 존재한다는 것을 알았고, 그것을 전자현미경으로 관찰도 하고 계란 속에서 배양할 수도 있었지만, ('영구동토'라는 오도하기 쉬운 용어에도 불구하고) 수십 년에 걸쳐 얼었다 녹는 과정이 반복되는 동안 손상될 위험이 큰 조직에서 취약한 유기체를 추출해 낼 수는 없었다. 헐틴은 프로젝트를 보류하고 다른 일로 옮겨 갔다.

그랬던 그에게 근 50년이 지나 하마터면 놓칠 뻔한 기

○○ 딜링햄에서 약 800킬로미터 떨어진 곳.

회가 다시 한 번 주어진 것이었다. 그는 혼자서 그때 그 공동묘지로 다시 돌아갔다. 이번에는 생전에 과체중이었던 여성의 주검을 찾아냈다. 몸통을 둘러싼 지방 덕분에 폐가 부패로 인한 최악의 파괴를 면한 상태였다. 그는 여성의 폐 조직을 포장해 우편으로 토벤버거에게 부쳤다. 자신은 1951년에는 그 무덤을 표시하고 있었지만 지금은 썩어 떨어진 대형 십자가 두 개를 교체한 후 비행기를 타고 샌프란시스코로 돌아갔다. 토벤버거는 조직에서 바이러스 RNA를 추출해(이것 역시 얼고 녹는 과정에 의해 손상됐지만) 파편의 염기서열을 추가 분석하는 데 성공했다. 그와 리드는 9년에 걸쳐 부분적인 염기서열 분석을 '짜깁기'하는 각고의 노력 끝에 2005년 처음으로 스페인독감의 완전한 염기서열 분석을 발표했다.° 추가된 부분 염기서열 분석은 런던의 병원 아카이브에 저장돼 있던 시료들을 가지고 얻은 것이었다.

리드와 토벤버거가 분석해 낸 염기서열에서 가장 먼저 주목한 것은 우리가 알고 있는 조류 독감과 염기서열이 너무나 흡사하다는 점이었다. 이 바이러스는 상당 부분 조류 독감과 비슷한 구조를 유지하고 있었는데, 바로 이 점이 왜 독감의 독성이 그토록 강했는지 설명해 줄 수 있었다. 그러니까 그것은 1918년 사람의 면역계를 강타한 대단히

° 그 후에도 몇 주 만에 토벤버거 연구진은 새로운 강력한 염기서열 분석 기술을 이용해 또 한 번 개가를 올렸다.

낯선 침입자였지만 그럼에도 여전히 면역계가 알아볼 수 있는, 즉 사람의 세포에 결합될 수 있는 것이었다. 그러니 우리 몸으로서는 감당하기 어려운 질병 운반체였다. 연구진의 다음 수순은 자연스럽게 바이러스의 재생성이었다. 이에 대해서는 오랫동안 치열한 고민이 뒤따랐다. 애틀랜타의 질병통제예방센터CDC에서 근무하는 세균학자 테런스 텀피와 동료들은 샬레 안에 든 사람의 신장 세포에 바이러스의 염기서열을 '먹여 가며' 배양했다. 그러면서 바이러스가 평소 감염 과정에서 숙주 세포에 시키는 것과 똑같이 바이러스를 생산하게 했다. 그런 다음 그것을 쥐에 감염시키고, 그것이 실제로 얼마나 가공할 만한 것인지 지켜봤다.

쥐에게 나타난 독감 감염의 주요 신호는 식욕과 체중의 감소였다. 텀피 연구진이 재생 바이러스를 쥐에 감염시킨 지 이틀이 지나자 쥐의 체중이 13퍼센트나 줄었다. 감염된 지 나흘 후에는 폐 속에서 계절 독감에 감염된 쥐의 4만 배 가까운 수의 바이러스 분자가 검출되었다. 감염 엿새 후에는 모두 죽고 말았다. 반면 통제집단의 쥐는 그대로 살아 있었다. 물론 쥐가 사람인 것은 아니지만, 그럼에도 두 집단의 대비는 극적이었다.

바이러스가 사람의 몸을 공격하면 우리 몸의 면역계는 자극을 받아 행동에 나선다. 몇 분 안에 면역 세포가 인터페론이라 불리는 물질을 분비하기 시작하는데, 이것이 새로운 단백질의 합성을 막아 새로운 바이러스 생산을 저지한다. 그러나 독감 바이러스는 천년에 걸쳐 인간과 공진화하면서 인터페론을 막는 자기만의 수단을 진화시켰다. 그 수단으로 숙주 세포의 재생산 기제를 납치했다는 증거를 숨기면 인터페론은 바이러스를 차단할 수 없게 된다. 바로 이 방면에서 1918년의 바이러스가 유난히 뛰어났으며, 그 결과 자기복제에도 월등했다는 사실을 토벤버거 연구진이 알아냈다.

인터페론이 우리 몸의 제1 방어선으로, 몸에 가해진 공격을 막는 일반적인 신속 대응 기제라면, 면역계는 문제의 침입자에 보다 맞춤한 거부 기제를 동원한다. 인터페론이 가동되면 공격은 일단 중단되고 아픔은 거의 느껴지지 않는다. 만약 실패하면 바이러스가 복제에 성공했다는 뜻이 된다. 이때 몸의 두 번째 방어선이 가동된다. 항체와 면역 세포가 감염 부위로 모여든다. 면역 세포는 무엇보다 사이토카인이라 불리는 화학물질을 분비해, 상처 입은 조직에 혈액량을 증가시켜 보다 많은 면역 세포가 그곳에 이를 수 있게 하고, 이때 감염이 퍼지는 것을 막기 위해 필요하다면 숙주의 다른 세포까지 죽인다. 그 결과가 붉은 기운, 체열, 부기, 통증이다. 이것을 합쳐서 염증이라 부른다.

1918년 당시 세계 곳곳의 병리학자가 목격한 것이 바로 엄청난 규모의 염증이었다. 폐가 붉게 울혈이 지고 딱딱해지면서 묽은 핏물이 스며 나왔다. 1940년대부터 면역학자들은 당시 병리학자들의 보고를 다시 읽으면서 그들이 증언한 것이 바로 '사이토카인 폭풍'이라고 생각했다. 제2 방어선인 면역계의 대응이 지나쳐 결국에는 그것이 없애려고 했던 바이러스보다 더 큰 손상을 초래하는 것을 말한다. 이 현상은 토벤버거와 동료가 재생 바이러스를 동물에 감염시켰을 때도 목격한 것이었다. 순한 계절 독감 바이러스만 해도 사이토카인 반응이 일시적이고 폐의 손상도 국지적이며 표면적인 데 반해, 1918년의 변종은 사이토카인 반응이 강하고 오래갔을 뿐 아니라 손상도 심하고 깊었다. 손상의 범위는 폐로 통하는 호흡기의 주 경로인 기관지를 지나 폐의 핵심 부위에 해당하는 허파꽈리(공기주머니) 속까지 뻗어 있었다.

토벤버거 연구진이 그때까지 염기서열을 분석한 바이러스는 모두 1918년 가을(스페인독감 기간 중에서도 사망자가 가장 많았던 시기)에 숨진 개인들로부터 나온 것이었다.[5] 그러나 미군병리학연구소 보관소에는 봄 파도 때 숨진 희생자의 조직도 있었다. 2011년° 토벤버거는 H 항원에 변화를 준 유전자의 염기서열을 분석하면서 봄과 가을

° 이때는 그가 메릴랜드 베세즈다에 있는 미국 국립보건원
(NIH)의 감염병 연구소로 옮겨 와 있었다.

두 시기를 비교한 결과를 발표했다. 이를 통해 봄과 가을 사이에 바이러스가 작지만 결정적인 변화를 겪은 사실이 확연해졌다. 변화와 함께 H 항원의 적응도가 조류에는 낮아진 반면 사람에게는 높아진 것이었다. 봄 파도 사망자의 4분의 3이 조류-적응 H에 의한 것이었던 데 반해, 가을 파도 사망자의 4분의 3은 인간-적응 H에 의한 것이었다.

스페인독감에 걸린 사람의 대다수는 회복했기 때문에 극소수 사망 사례에만 초점을 맞추면 전체 그림이 왜곡될 수 있다. 국립보건원 연구진은 1917년과 1919년 사이 미군 캠프에 보관돼 있던 의료 기록까지 조사했다. 여기에는 사망 사례와 회복 사례가 모두 기록돼 있었다. 이 기록을 보면 1918년 4월과 8월, 즉 봄과 가을 파도 사이에 독감 발병 사례는 전반적으로 줄어든 반면, 같은 기간 동안 폐렴을 동반한 합병증 사례의 비중은 꾸준히 커졌다. 독감 바이러스가 기도 내벽에 낸 병터(손상 부위)는 박테리아에 감염되어 폐렴으로 발전할 수 있다. 토벤버거가 보기에 독감을 심하게 앓을수록 기회를 노리는 박테리아를 불러들일 가능성이 컸다. 그래서 그는 1918년에 나타난 폐렴을 독성이 강한 범유행병 바이러스가 존재했음을 나타내는 표지로 간주한다. 만약 그의 생각이 옳다면 1918년 여름 사이에 바이러스는 사람 사이에 쉽게 옮겨 갈 수 있는 능력을 얻은

것이 된다.[6]

　이 모든 증거를 토대로 토벤버거는 이런 가설을 내놓았다. 바이러스가 1917~1918년 겨울 어느 시점엔가 계절 독감을 배경으로 출현했으며 이듬해 봄에는 이미 낮은 수준에서 사람들 사이에 돌고 있었다. 그것이 새로부터 직접 사람에게 왔는지 아니면 돼지를 거쳐 왔는지는 단언할 수 없다. 1918년 여름 그것은 유전자 변이를 거치면서 사람 사이의 감염력이 높아졌다. 독성이 강해진 이 새로운 변종은 여름 동안 바이러스 군집 사이에 퍼졌고 가을이 되자 유행병이 폭발했다. 그즈음 계절 독감은 물러난 상태였고, '순수' 범유행성 변종 독감을 완화시킬 것은 아무것도 없었다.

　무슨 이유에서 바이러스가 그해 여름에 변이를 일으켰는지는 불분명하다. 하지만 앞에서 봤듯이 독감 바이러스가 변하는 데는 별 자극이 필요하지 않은 데다, 당시 여건은 그런 일이 일어나는 데 유리했던 것이 확실해 보인다. 그때 세계는 많은 지역이 기근에 시달리고 있었는데, 몇몇 증거에 따르면 숙주의 영양 부족이 독감 바이러스의 유전적 변화를 재촉할 수 있고 그럴 경우 독성이 더 강해질 수 있다(그와 동시에 숙주의 면역 반응에도 손상을 초래할 수 있다).[7] 만약 두 번째 파도가 서부 전선이나 그 가까이에서 출현했다고 본다면, 당시 전선은 화학제로 뒤덮여 있었고,

그중 어떤 것, 특히 겨자 가스는 돌연변이 발생률을 높이는 것이었다. 즉 바이러스를 비롯한 살아 있는 유기체에 유전적 변화를 유발할 수 있었다는 뜻이다. 가스가 그곳에 모여 있던 많은 청년의 폐를 손상시켰고, 그로 인해 그들의 폐는 바이러스 공격에도 취약해졌을 것이다.

진화생물학자 폴 이월드는 여기서 한 발 더 나아가 그해 여름 독감 바이러스의 독성이 강해진 것이 서부 전선의 상황에 대한 직접적인 반응이었다고 주장했다.[8] 일반적으로 숙주에서 숙주로 직접 옮겨 가는 감염성 병균의 최적화 전략은 독성을 약화시켜 감염된 숙주가 충분히 오래 살아서 병을 최대한 광범위하게 퍼지도록 하는 것이라고 알려져 있다. 그러나 숙주가 모여 있는 집단의 이동성이 낮고 (가령 참호 속에 갇혀서 이동이 제한될 경우) 그래서 숙주가 다른 원인 때문에 급사하는 경우에는 바이러스가 굳이 독성을 낮출 진화적 압력이 약해진다. 그런 상황에서는 숙주를 계속 살아 있게 할 아무런 유인이 없다는 게 이월드의 설명이다. 오히려 독성이 강한 균주가 자연선택을 통해 살아남아 증식할 가능성이 가장 높기 때문에 바이러스 군집을 지배하게 된다.

사람의 면역계는 다 자라기까지 몇 년이 걸린다. 그리고 나이가 들어서는 다시 힘을 잃는다. 독감의 연령별 사망

곡선이 U자형을 그리는 것도 바로 그 때문이라고 일반적으로 이야기된다. 그러나 1918년에는 한창나이의 성인층에서도 사망자가 많이 나왔다. 이를 두고 어떤 학자는 바로 이들의 면역계가 너무 팔팔해서 오히려 신종 독감에 취약했다고 설명한다. 사이토카인 폭풍이 가장 거세게 나타난 층이 이들이었기 때문이라는 것이다. 그렇지만 이런 설명에는 문제가 따른다. 우리가 아는 한, 면역계는 열다섯 살때에도 스물여덟 살 때만큼이나 팔팔하다. 그런데도 1918년에 15세 연령층의 사망률은 W자형 곡선을 그리는 동안첫 번째 파도에서 낮았다. 병에 걸린 사례는 많았지만 사망자는 상대적으로 적었다는 말이다. 추가 설명이 필요한 부분은 또 있다. W자는 대칭적이지 않았다. 오른쪽 상승 곡선이 약세를 보였다. 고연령층이 대체로 평소보다 더 보호받았다는 뜻이다. 그 전 10년을 통틀어 계절 독감이 돌 때와 비교해 보면 1918년 범유행병이 돌 때 숨질 가능성이 실제로 더 낮았다.

이런 수수께끼에 대한 답은 서로 다른 연령층마다 그전에 독감에 노출된 경험이 달랐다는 사실에 있는지도 모른다. 어떤 학자는 면역계가 독감 대응에 가장 효과적일 때는 맨 처음 만나는 바이러스의 첫 버전을 상대할 때라고 본다. 그 뒤로 독감에 노출될 때마다 최초 대응의 변이가 일어나는데, 이는 결코 새로운 변종의 완벽한 맞수가 되지는 못한다. 20세기 전반기에 살았던 사람들로부터 추출해서 보관해 온 혈액 속의 항체를 시험한 것을 보면, 1890년대 러시아독감을 일으킨 아형이 H3N8이었다는 단서가 있다. 만약 그게 사실이라면 1918년에 20~40세 사이의 연령층은 러시아독감이 그들로서는 처음 겪는 독감이었을 터이고, 이들의 면역계는 스페인독감과 판이한 아형을 상대하는 데 최적화돼 있었으므로 1918년 스페인독감이 닥쳤을 때 이들의 면역 대응이 적절하지 않았을 것이다. 똑같은 논리에서 (이런 가설을 뒷받침하는 혈청학적 데이터는 아직 없지만) 아주 나이가 많은 연령층이 1918년 독감 때 어느 정도 보호를 받을 수 있었던 것은 1830년경에 돌았던 H1이나 N1을 포함한 독감 아형에 이미 노출된 경험이 있었던 덕분이었다고 할 수 있을 것이다.

스페인독감의 기원에 관한 질문에는 어떻게 답할 수 있을까? 우리가 그 답을 알고 싶어 하는 이유는 이른바 '유출' 사건(바이러스가 종간 벽을 '뛰어넘는' 일)이 일어나게 된 조건을 파악해 그런 일이 재발할 확률을 최대한 줄이는 데 도움을 얻을 수 있지 않을까 해서이다. 현재 경합 중인 세 가지 설 중에서 어느 것을 택하거나, 아니면 아직까지 제시되지 않은 새로운 지리적 기원을 알아내기 위해서는 스페인독감 바이러스의 염기서열을 분석한 것을 그 전에 같은 곳에서 일어난 호흡기 질환 바이러스의 염기서열과 비교해 볼 필요가 있을 것이다. 과학자들이 아직도 그렇게 하지 못하는 것은 기록이 남아 있는 가장 오래된 인간 독감 바이러스의 염기서열이 바로 스페인독감에 속한 것이기 때문이다. 그럼에도 지금까지 과학자들이 찾아다닌 곳 거의 어디서나 바이러스를 발견해 온 사실을 감안하면 (결국에는 대담한 조핸 헐틴 같은 독감 사냥꾼의 도움에 힙입어) 그런 비교를 가능하게 해 줄 쓸 만한 시료가 언젠가는 세상의 빛을 볼 수 있을 것이다. 그리고 그 시료는 제프리 토벤버거에게 성배聖杯가 될 것이다. 하지만 그사이에도 과학자들은 가만있지 않았다. 다른 연구자들은 새로운 기술을 사용해 세 가지 기원설 중에서 가장 그럴 듯한 것이 어느 것인지를 두고 좀 더 근거 있는 추론을 펼쳤다.

여기서 새로운 기술이란 '분자시계' 개념에 기초한 것이다. 살아 있는 유기체는 어떤 것이든 증식하기 위해 자신의 유전 물질을 복제해야만 한다. 그러나 우리가 앞에서 봤듯이, 그 메커니즘은 완벽하지 않다. 독감의 복제 메커니즘은 특히 오류가 나기 쉽다. 어떤 오류는 바이러스 형성에도 영향을 준다.° 하지만 다수는 '조용하다.' 바이러스의 구조나 기능에 아무런 영향을 주지 않는다는 말이다. 그럼에도

° 이것이 누적되는 것을 소변이라고 부른다.

이 조용한 오류는 어떤 숙주 안에서 꾸준한 비율로 쌓이게 된다. 이럴 경우 관련이 있는 두 바이러스의 유전적 차이를 헤아려 보면 이 둘이 공통된 조상에서 갈라져 나온 이후 시간이 얼마나 흘렀는지 알 수 있다. 이것이 분자시계다. 시간을 계산한다는 점만 빼면 실제 시계와 아무런 관련이 없다.

독감은 많은 동물을 감염시킨다. 여기에는 사람과 조류, 돼지뿐만 아니라 개, 말, 박쥐, 고래, 바다사자까지 포함된다. 애리조나대학교의 진화생물학자인 마이클 워로비는 지난 세기 동안 다양한 숙주 사이에서 유행했거나 현재 유행하고 있는 독감 바이러스를 최대한 구한 다음 각각의 염기서열을 비교해 독감 가계도를 작성했다. 바이러스의 오류 누적률은 저마다 또 숙주마다 다르다. 그는 이 사실에 착안해 각 비율을 계산함으로써 언제 어떤 결합에 의해 다양한 역사적 독감 변종이 태어났는지 시간을 역으로 추적할 수 있었다. 2014년 워로비는 1918년 독감 바이러스의 유전자 8개 중 7개가 서반구, 보다 정확히는 북미 지역의 조류에게서 발견된 독감 유전자와 아주 흡사하다고 보고했다.[9]

이 설명이 스페인독감의 기원에 관한 그간의 모든 열띤 추측을 잠재울 수 있을까? 결국에는 모든 것이 캔자스에서 시작된 걸까? 워로비의 작업은 시사하는 바가 있다. 하지만 확정적이라고는 할 수 없다. 분자시계는 일반적으로 실제 염기서열을 비교한 결과만큼 믿을 만한 것으로 여겨지지는 않기 때문이다. 그럼에도 과거에 옳았던 적이 있었다. 1963년 마이애미에 있는 경주마 마구간의 말 사이에서 독감이 돌기 시작해 급기야 미국 전역의 말로 퍼져 나갔을 때였다. 워로비는 말 독감의 균주가 당시 남아메리카의 조류 사이에서 유행하고 있던 것과 관련이 있다는 사실을 발견했다. 이는 당시 아르헨티나에서 공수되어 온 순종 말들과 함께 독감이 마이애미에 상륙했을 가능성이 높다고 한 수의사의 보고와도 맞아떨어지는 것이었다.

그래도 의문은 남는다. 특히 말썽 많은 바이러스의 여덟 번째 유전자(H1 항원을 바꿔 놓는 유전자)는 또 다른 이야기를 들려주는 것처럼 보이기 때문이다. 독감의 가계도는 그것이 1918년 이전부터 10년에 걸쳐 사람들 사이에 유행하고 있다가, 1918년에 이르러 7개의 조류 독감 유전자와 재조합되어 대변이를 일으키면서 스페인독감이 발생했을 수 있음을 보여 준다. 만약 그것이 사실이라면, 스페인독감 때 병에 걸리긴 했지만 죽지는 않은 5~15세 아동 집단의 수수께끼는 풀릴 수 있다. 그들이 아기였을 때 H1 항원에 노출된 적이 있었고 덕분에 미리 대비가 된 상태였다고 볼 수 있다는 얘기다. 하지만 이런 시나리오에도 나름의 의문이 따른다. 무엇보다 사람에게 그런 항원이 출현했다면 왜 그 전에는 범유행병이 일어나지 않았느냐는 것이다. 이 문제를 두고 과학자들은 여전히 고심하고 있다. 다만 이 점에 관해 분자시계는 몇 가지 통찰을 추가로 제시한다. 이 부분이 어쩌면 지금까지 나온 이야기 중에 우리로서는 가장 곤혹스러운 것일지 모른다.

현재 모두가 동의하는 점은 야생 조류가 수백만 년까지는 아니더라도 수십만 년 동안 독감 바이러스로 가득한 일종의 원시 수프를 몸 안에 품고 살아 왔다는 사실이다. 이 바이러스 중에는 간혹 사람을 감염시키는 것도 있다. 한 가지 가설은 HIV가 아프리카 숲속에서 살던 원숭이로부터 나온 것처럼, 우리는 우리도 의식하지 못하는 사이에 이미 존재하고 있던 병원소를 교란시켰고, 그 와중에 바이러스가 사람의 몸속으로 들어왔을 수 있다는 것이다. 그러나 그와 다르게 상황이 전개되었을 수도 있다. 우리는 지금 독감 생태계에서 우리가 생각하는 것보다 훨씬 더 중심적인 주역인지도 모른다.

독감 가계도를 알아내려 애쓰는 과정에서 워로비는 조류 독감 계보에서 뻗어 나온 가지의 상당수가 비교적 최근 것이라는 사실에 주목했다. 진화적인 관점에서 조류는 오래되지 않은 병원소라는 뜻이다. 기원전 212년 시칠리아에서 로마와 시라쿠사 군대가 독감으로 황폐해졌을 때만 해도 사람은 말한테서 독감이 옮았을 가능성이 크다. 말은 농업혁명 이래 사람 가까이에서 함께 살아온 동물 중 하나였다. 그러다 지난 2000년 사이 어느 시점에선가 조류가 더 중요한 병원소의 자리를 차지했다. 1918년에 발생한 인간 독감 변종 대부분의 유전적 원인이 된 조류 독감 계통이 북미에서 자리를 잡아 간 것은 1872년 토론토에서 말 독감이 유행하기 시작해 대륙 전체로 번진 것과 같은 시기였던 것으로 보인다.° 그 독감이 말에게서 조류로 옮겨 간 건지, 그 반대인지는 워로비로서도 아직 알 수 없었다. 하지만 그런 전환이 19세기 후반과 20세기 초 말이 기계화된 교통수단으로 교체되고 양계 산업이 팽창함에 따라 일어났다는 추측은 누구나 할 수 있었다. 전환은 1918년에 이르러 거의 끝이 났지만 과거에서 넘어온 한 가지 유산이 있었다. 말도 사람과 마찬가지로 조류 독감의 감염에 취약하다는 사실이었다. 전쟁에 뛰어들었던 몇몇 나라(이와 함께 중립을 선언했지만 전쟁에 휩쓸린 나라들)의 참전 용사들이 실제로 인간 독감과 같은 시기에 기병대 마구간에서도 말 독감이 유행했다는 보고가 있었다.[10]

° 당시 신문에는 거의 버려지다시피 한 워싱턴 D. C. 거리 그리고 병든 노새와 말이 근무 순번에서 빠지면서 적재 화물이 쌓인 필라델피아 철도 터미널 풍경이 실렸다.

이런 사실은 우리 인간이 야생 동물의 가축화를 통해 독감의 동물 병원소를 우리 한가운데로 적극적으로 끌어들였으며, 심지어 새로운 것을 만들기조차 했음을 시사한다. 만약 그게 사실이라면, 다음 범유행성 독감에 관한 한 우리 건강에 대한 최대 위협은 야생 조류가 아니라, 그보다 우리에게 훨씬 가까운 것일 수 있다. 오리만 유일하게 날개 달린 독감 인큐베이터인 것은 아니지만, 1970년대에 클로드 아눙과 동료들은 오리가 그 방면에 특히 효과적인 조류라는 사실을 발견했다. 고고학적 증거에 따르면, 오리가 처음 가축으로 길들여진 곳은 약 4000년 전 남중국이었다. 오늘날 전 세계의 가축 오리는 모두 10억 마리로 추산된다. 이미 야생 오리의 수를 넘어섰을 것이다. 가축 오리와 야생 오리 사이에 생태학적 장벽은 없다. 가령 중국인은 오리 떼를 논 사이로 풀어 벌레와 각종 해충을 잡아먹게 하는데, 그곳에서 가축 오리는 야생 조류와 서로 어울리게 된다. 적어도 150년 동안(스페인독감이 발생하기 전부터) 독감 유전자는 야생 조류와 가금류 사이를 양 방향으로 오갔을 가능성이 크다. 다시 말해 우리는 가축을 기름으로써 지금 독감 유전자를 자연 속으로 불어넣고 있는 것이다. 1918년 독감 바이러스는 야생 조류로부터 인간에게 (직접 혹은 돼지를 거쳐서든) 넘어왔을 수도 있지만, 그에 못지않게 농가의 마당에서 기르던 가축에게서 옮겨 왔을 수도 있다.

우리가 남을 탓할 권리는 확실히 약해 보인다. 만약 분자시계가 옳다면 인간은 1918년과 그 이후에도 번번이 불행을 자초했다. 20세기에만도 범유행성 독감은 두 차례 더 있었다. 1957년 '아시아'독감으로 200만 명이 숨졌고, 1968년 홍콩독감은 아마도 그 두 배의 사망자를 낳았다. 그 둘의 병원균은 각각 아형 바이러스인 H2N2와 H3N2이었지만, 둘 다 1918년 독감 바이러스로부터 내부 유전자의 핵심을 물려받은 것이었다. 그런 뜻에서, 토벤버거와 그의 동료인 역학자 데이비드 모렌스는 스페인독감에 '모든 범유행병의 어머니'라는 별명을 붙였다.[11] 1930년대에 독감의 원인이 바이러스임을 입증했던 영국과 미국 연구진은 스페인독감이 돼지가 사람에게 옮긴 것이 아니라 그 반대였을 수 있다고 주장해서 동료들을 놀라게 했다. 그 후 사람 독감과 돼지독감의 염기서열을 비교한 결과 그들의 의심은 사실로 확인되었다. 1918년 이후 돼지 사이에 유행하고 있었던 아형 바이러스 H1N1이 2009년 사람들 사이에서 변형된 형태로 재발했고, 그것이 21세기의 첫 범유행성 독감을 일으킨 것이었다. 그것의 별명이 '돼지독감'이었다. 그렇게 부른 이유는 뻔했다. 하지만 더 긴 기간으로 봤을 때 독감을 사람에게 전파한 것은 바로 사람이었다. 돼지는 단지 매개였을 뿐.

15장. 인간이라는 요인

아직도 풀리지 않은 아주 큰 수수께끼가 하나 있다. 20대가 스페인독감에 취약했다고 치자. 하지만 왜 그중의 일부는 다른 또래보다 더 취약했을까? 왜 독감의 충격은 시간은 물론 공간에 따라 달랐을까? 가령 같은 연령층의 경우에도 왜 스코틀랜드 사람보다 케냐 사람이, 네덜란드 사람보다 인도네시아 사람이 더 많이 죽었을까? 앞으로 범유행병이 닥치면 나도 죽게 될까? 다른 대륙에 사는 내 여동생은? 자녀 중에서는 누가 살아남을 확률이 클까? 누가 취약한지 알 수만 있다면 그들을 보호하기 위한 조치를 취할 수 있을 것이다.

　왜 어떤 사람은 독감에 굴복했고 다른 사람은 가볍게

앓고 끝났는지 이해하려면 숫자를 추적해 볼 필요가 있다. 1918년 사람들은 독감이 희생자를 택하는 과정에서 보여 주는 듯한 끔찍한 무작위성에 충격을 받았다. 과학자들조차 이환율과 사망률을 비교하기 시작하고서야 비로소 거기서 어떤 패턴을 알아보기 시작했다. 그런 노력 끝에 과학자들은 범유행병을 형성한 것이 바로 인간 자신이었다는 결론에 이르렀다. 즉 불평등한 사회적 지위, 집을 지은 장소, 식습관, 의례, 심지어 DNA에 이르기까지 모든 것에서 사람이 변수였다.

우선 독감으로 인한 피해가 지리적으로 얼마나 불균등했는지 살펴보기 위해 숫자, 좀 더 정확히는 초과사망률로 주마간산식으로나마 세계 여행을 해 보자. 지역별 수치를 보면 놀라울 정도로 편차가 심했다. 아시아에서 사는 사람은 유럽에서 사는 사람보다 독감으로 숨질 확률이 30배나 높았다. 전반적인 사망률은 아시아와 아프리카가 가장 높았고 유럽과 북미와 오스트레일리아가 가장 낮았다. 그러나 같은 대륙이라도 그 안에서 다시 지역별로 차이가 컸다. 덴마크는 전체 인구의 약 0.4퍼센트를 잃었던 데 비해 헝가리와 스페인의 희생자는 그 3배 가까이나 됐다. 사하라사막 이남의 아프리카 국가는 북쪽 나라보다 사망률이 2배에서 3배까지 높았다. 아시아에서는 필리핀이 약 2퍼센트의 사망률을 기록한 반면 페르시아는 8퍼센트와 22퍼센트를 오갈 정도로 편차가 다양했다.° 인도는 당시 파키스탄과 방글라데시를 포함하고 있었는데, 전체 인구의 약 6퍼센트가 희생됐다. 비율이 아닌 사망자 숫자로만 보면 세계 어느 나라보다 많았다. 1300만에서 1800만 명에 이르는 인도인의 사망자 수는 제1차세계대전 때 숨진 사람을 모두 합친 것보다 많은 것이었다.

　　시골 지역보다는 도시의 피해가 큰 경우가 많았다. 하지만 한 나라 안에서도 어떤 도시는 다른 도시보다 피해가 더 심했다. 시카고는 워싱턴 D. C.보다 피해가 경미했는가 하면, 워싱턴 D. C.는 샌프란시스코에 비하면 그래도 나았다. 도시 사이에서도 편차가 다양했다. 가령 노르웨이 수도 크리스티아니아(지금의 오슬로)의 경우 아파트 크기가 작을수록 사망률이 높았다.¹ 리우데자네이루에서 사망자가 가장 많이 나온 곳은 급격히 커지고 있던 수부르비우°°였다. 새로 도착한 이민자는 오래전부터 자리를 잘 잡고 있던 집단보다 독감으로 사망하는 경우가 더 많았다. 간혹 두 집단 간의 차이가 불분명한 경우도 있는데 이는 이민자 데이터가 상대적으로 적기 때문이었다. 그럼에도 1920년 미국 코네티컷의 상황을 조사한 보고서는 "유행병 기간 동안 주에

° 페르시아의 수치 범위가 이토록 큰 것은 당시 국내 상황이 위태로워 통계에 신경 쓸 여력이 없었기 때문이다.
°° 시 외곽에서 무질서하게 뻗어 나가던 판자촌.

서 발생한 전체 사망자 중 이탈리아계 주민이 평균의 두 배에 가까운 비중을 차지했다"라고 기록했다. 알다시피 이탈리아인은 미국에서 가장 최근에 도착한 이민자 집단이었다. 실제 통계상으로도 이탈리아 출신 코네티컷 주민은 아일랜드계나 영국, 캐나다, 독일, 러시아, 오스트리아, 폴란드 출신자보다 독감에 숨질 확률이 더 높았다.[2]

무엇이 사망률에 이런 차이를 가져왔을까? 그중 일부는 부와 사회계층 그리고 (이런 것을 반영하는 한에서는) 피부색이었다.[3] 우생학자들은 '퇴화한' 인종의 체질적인 열등성을 지목했다. 이들의 의욕 부진이 불결한 임대주택과 파벨라*의 삶으로 이끌었고, 이곳에서 걸리기 쉬운 질병이 그들에게 자연스럽게 따라왔다는 얘기였다(다시 말해, 이탈리아인이 이탈리아인이기 때문에 병에 걸리기 쉬웠다는 주장이다). 나쁜 식습관이나 협소한 주거 환경, 의료 혜택의 제한 등이 이들의 체질을 약하게 만들었고, 그결과 가난한 이민자와 소수민족이 병에 더 잘 걸리게 된 것은 사실이었다. 일제 강점기의 한국에서 한국인과 일본인이 독감에 걸린 비율은 대략 비슷했으면서 사망률은 한국인이 일본인의 두 배나 됐던 것도 그 때문이었다.[4] 또한 인도에서 구자라트의 외딴 삼림 지역인 댕의 사망자 비율이 인도의 다른 대다수 도시보다 높았던 이유도 같다.° 댕 지

---

* 브라질의 슬럼가를 가리키는 말.
° 1911년과 1921년 사이 사망률이 16.5퍼센트에 달했는데 주

역 사례는 '시골의 이점'을 보여 준 일반적인 추세와는 배치되는 것이었는데, 아마 이곳이 영국은 물론 다른 인도 사람까지 낙후된 정글 부족이라고 낮춰 본 원주민 아디바시의 고향이었기 때문일 것이다.[5]

통계학자들은 프랑스의 수도에서 최고 사망률을 기록한 곳이 가장 부유한 동네였다는 사실을 두고 처음에는 혼란스러워했다. 하지만 그곳 사망자의 면면을 알고서 의문을 풀었다. 대대적인 파리 개조 사업**의 무대 뒤에서 기침을 하고 있었던 이들은 고급 아파트에 살던 주택 소유자가 아니라 원룸 아파트에 사는 하인이었던 것이다. 테레사 맥브라이드가 자신의 저서 『가내 혁명』The Domestic Revolution에서 설명한 것처럼, "하인은 주인의 눈에 띌 필요는 없지만 언제라도 부르면 대령할 수 있을 만큼 가깝게, 주인이 사는 아파트 아래층에서 그들만의 무리를 이루어 함께 살았다." 이들은 하루 15~18시간씩 일을 했고, 다른 하인과 침실을 함께 써야 했다. "하인의 방은 대체로 작았고, 천장은 기울었으며 어두웠고 환기도 신통치 않았고 난방도 되지 않았으며, 프라이버시는커녕 안전조차 기대할 수 없었다"라고 맥브라이드는 적었다. 어느 프랑스 역사가가 지적했듯이, 독감은 민주적이었을지 몰라도 일격을 당한 사회의 상처는 그렇지 않았다. 파리에서 숨진 여성의 4분의 1이

된 원인이 스페인독감이었다.
** 1853년부터 20세기 초까지 진행된 파리 재건설 사업.

하녀였다.[6]

역설은 또 있었다. 아프리카계 미국인은 평소에 극심한 차별에 시달렸지만 스페인독감의 피해가 경미했던 것으로 보인다. 자신들도 그런 사실에 주목했다. J. 프랭클린 존슨이라는 사람이 지역 신문『볼티모어 아프로아메리칸』에 이런 기고문을 보냈다. "'독감'에 관한 한, 백인이 북치고 장구 치고 다한다"라고 하면서 그렇지 않으면 "우리는 계속해서 그 타령을 들어야 했을 테고, 유색인을 겨냥한 건강 이야기가 일간지마다 72포인트 크기 활자로 대문짝만 하게 실렸을 것이다."[7] 아프리카계 미국인의 경우는 지금까지도 궁금증을 자아낸다(그들이 유독 남과 달리, 독성이 약했던 봄 파도에 많이 노출되었기 때문에 가을 파도로부터 어느 정도 보호를 받을 수 있었던 걸까?). 반면, 또 다른 수수께끼는 풀렸다. 남아프리카공화국의 란트 금광과 킴벌리 다이아몬드 광산의 사망률 차이 말이다. 열쇠는 길게 뻗은 철도망의 검은 촉수에 있었던 것으로 보인다.[8]

두 광산 사업장 중에서도 금광이 훨씬 커서 다이아몬드 광산보다 20배 가까이 많은 사람이 일을 했다. 이곳을 지원하기 위해 건설된 도시였던 요하네스버그 역시 철도 허브로서 더 큰 규모를 자랑했다. 철도망은 이곳과 동부 해안, 특히 나탈의 주요 항구인 더반까지 이어져 있었다. 비록 남아프리카는 흔히 말하는 스페인독감의 '전령'으로 기록되지 않았지만, 데니스 샹크라는 이름의 역학자가 문헌 속에서 찾아낸 보고서를 보면, 1918년 7월 더반에도 약하지만 독감 비슷한 병에 걸린 환자들이 배를 타고 온 사례가 있었다. 거기서부터 감염병은 철도를 따라 북쪽으로 여행을 시작해 란트까지 갔다. 그래서 몇 달 후 독감이 란트에 다시 상륙했을 때는 금광의 광부들이 어느 정도 보호를 받았을 수 있다. 그에 반해 킴벌리는 상대적으로 철도망의 지원을 제대로 누리지 못했고, 요하네스버그에서는 남서쪽으로 500킬로미터 떨어져 있으면서 케이프타운과 연결돼 있었다. 그렇다 보니 독감에 사전 노출될 기회라고는 없이 케이프타운에 감염된 군인 수송선인 야로슬라프호와 베로네즈호가 도착한 후 그곳에서 퍼지기 시작한 독감의 첫 세례를 받았다. 독감은 이곳 산업 중심지들의 광부를 공포에 빠뜨리고 물러갔지만, 그래도 나탈은 더반–요하네스버그 철도 구간에 포함되지 않은 다른 도시에 비하면 보호를 받은 편이었다. 특히 케이프의 트란스케이와 시스케이 같은 곳은 사망률이 나탈 지역의 세 배에 달했다.

고립 또한 피해의 원인이기도 했다. 지구상에서 가장 외딴 어떤 곳들이 그랬다. 역사적으로 바이러스에 노출될 기회가 없었던 것이 오히려 높은 사망률로 이어졌던 것이다. 피해는 가난이나 단절과 관련된 문제로 더욱더 증폭될 때가 많았다. 증기선 탈룬호는 감염자를 태운 채 뉴질랜드 오클랜드를 떠나 항해하는 동안 태평양 제도의 섬마다 차례로 병균을 실어 날랐다. 그 결과 피지에서 인구의 약 5퍼센트가 숨졌고 통가에서는 그 2배, 서사모아에서는 무려 22퍼센트가 목숨을 잃었다.

　도시가 시골 지역에 비해 감염에 더 취약했던 것은 주로 높은 인구 밀도 때문이었다. 하지만 도시 간에도 편차가 컸던 것은 왜일까? 약한 봄 파도에 노출된 것이 경험자에게는 완충 역할을 했을 수도 있다. 그러나 효율적인 질병 봉쇄 전략 또한 뚜렷한 효과를 발휘했다. 2007년 연구에 따르면, 다중의 모임을 금지하거나 집단적인 마스크 착용을 의무화한 것과 같은 공중보건 조치가 미국의 몇몇 도시에서 사망자 수를 50퍼센트까지 낮췄다(그런 조치를 취하는 데는 미국이 유럽보다 훨씬 나았다). 그러나 그와 같은 조치를 취하는 시기가 결정적으로 중요했다. 그런 조치는 조기에 도입되어서, 위험이 지나갈 때까지 유지되어야 했다. 너무 일찍 해제할 경우에는 바이러스에 면역이 약한 숙주가 새로 공급되면서 해당 도시가 사망자 곡선에서 두 번째 꼭짓점을 찍기 마련이었다.[9]

　스페인의 사모라는 다중의 모임을 긍정적으로 권장

했다가 주민 사망률이 전국 평균치의 2배 이상인 3퍼센트에 달하면서 도시 중 최고치를 기록했다. 실제로 어디서나 종교적인 의례(혹은 종교 의례의 외양을 띤 세속적인 의례)가 범유행병의 양상은 물론 어떤 경우에는 지속 기간까지 좌우했다. 가령 어떤 이는 1918년 스페인독감의 파도가 (북반구 기준으로) 봄과 가을 두 차례만 있었으며, 1919년 초에 세 번째 파도처럼 보였던 것은 두 번째 파도가 길게 이어진 끝에 연말 축제로 잠시 중단되었다가 나타난 꼬리였을 뿐이라고 주장했다. 크리스마스와 하누카* 즈음 기독교인과 유대인의 자녀는 학교에 가지 않은 경우가 많았는데, 바이러스로서는 소중한 잠재 숙주군을 새해 신학기까지 빼앗긴 셈이 되었다.

기저 질환이 있는 사람은 스페인독감에 걸리기가 더 쉬웠다. 의학사학자인 아미르 아프카미는 영국군에 속해 싸웠던 페르시아인의 독감 피해가 영국인 병사보다 더 심했던 이유가 이들이 말라리아와 그 합병증인 빈혈에 걸릴 가능성이 더 높았고 그로 인해 면역력이 저하되었기 때문이라고 풀이했다.[10] 전 세계에서 범유행병으로 숨진 결핵 환자 수도 과도하게 많았는데 그렇지 않았으면 그 뒤 10년에 걸쳐 보다 천천히 죽어 갔을 사람들이었다. 사실 세

---

* 과거 유대인이 시리아의 폭압에 맞서 예루살렘 성전을 탈환한 것을 기념하는 유대교 최대 명절이다. 유대력 키슬레브월 25일부터 8일간 지내는데 11월이나 12월에 해당한다.

계적으로 독감으로 숨진 남성이 여성보다 많았던 주요 원인 중 하나가 바로 결핵(19세기와 20세기 상당 기간 내내 그것이 초래한 불행 때문에 '이 모든 살인자의 대장'으로 불렸던 병)이었다는 설명도 가능하다. 독감에 취약했던 20~40세 연령층 중에서도 남성 결핵 환자가 여성보다 많았던 것은 이들이 일터에서 병균에 노출될 가능성이 더 높았기 때문이기도 했다.[11]

이렇게 볼 때 생물학의 양상을 규정한 것은 문화였다. 많은 나라에서 남자는 일터로 나가고 여자는 가정에 머물러 있는 경우가 많았다. 이로 인해 전반적인 사망자 수는 여자보다 남자가 많았지만, 어떤 나라의 경우에는 어떤 연령 집단에서 반대 현상을 보이기도 했다. 놀랍게도 인도에서는 모든 연령 집단에서 남녀가 역전되어 나타났다. 인도 여성 역시 전통적으로 가사 노동자였는데도 그때는 어떻게 해서 남자보다 여자가 더 많이 희생됐을까? 여기에는 이런 해석이 제시된다. 위기가 닥쳤을 때 인도는 소녀와 여성(이미 남성에 비해 영양 상태도 나쁘고 무시당하기 쉬웠던 이들)이 환자까지 돌보도록 돼 있었다. 따라서 이들은 병에 가장 많이 노출되는 동시에 저항력도 가장 약한 사람이었다. 여기에 더해 식습관의 터부마저 이들의 취약성을 더 악화시켰을 가능성이 있다.

인도의 주요 종교는 그때나 지금이나 힌두교다. 힌두교인이라고 해서 반드시 채식주의자는 아니지만 채식주의 식단은 영적인 평정과도 관련이 있어서, 남성보다 여성이 채식주의자인 경우가 많았고, 전통적으로 홀어미는 채식을 해야 했다. 미국의 인류학자이자 선교사인 샬럿 비알와이저는 1920년대 북부 인도의 한 마을에 사는 사람들의 생활을 면밀히 관찰한 적이 있었다. 와이저는 주민들 식단이 밭에서 거둔 것, 즉 곡물과 콩 종류, 채소류가 대부분이었는데도 주민 대부분이 철분 결핍증을 보이지 않는다는 사실을 알고 깜짝 놀랐다.° 알고 보니 이들은 자신이 먹는 음식에서 철분의 마지막 원자 하나하나까지 뽑아내 섭취하고 있었다. 가령 곡물은 도정하지 않은 채 철분이 풍부한 겉껍질 그대로 통째 먹는 식이었다. 그가 보기에 이곳 주민은 결핍의 경계선상에서 살고 있었다. 여기에 약간의 교란이라도 일어나면 경계선 밖으로 밀려날 수 있는 처지였다.[12] 그런 교란이 바로 1918년에 있었다. 그해 여름 남서계절풍이 약해져 강우량이 줄면서 가뭄이 닥쳤던 것이다.

두 집단 사이에 다른 모든 조건이 동등한데도, 그러니까 경제적인 부, 식습관, 명절 시기, 여행 습관이 다를 게 없는데도 여전히 참담한 차이를 낳은 사례가 남아 있다. 한 집단은 떼죽음을 겪은 반면 다른 집단은 대부분 멀쩡히 살

° 철분 부족은 빈혈의 공통 원인이다.

아남은 경우다. 흡사 신이 마구잡이로 벼락을 내린 것처럼. 가령 알래스카만 해도 사망자가 전역에 걸쳐 아주 불균등하게 발생했다. 최악의 피해 지역인 브리스틀만은 주민의 40퍼센트 가까이가 숨진 반면, 다른 지역은 1퍼센트 미만에 그쳤고° 그에 비해 많은 수의 알래스카인은 5명에 1명 꼴로 아무런 해를 입지 않았다. 이 점이 바로 규칙에서 벗어나는 변이의 핵심이었고, 오랫동안 설명되지 못한 부분이었다. 많은 연구자가 그 해답이 혹시 인간 유전자에 있는 것은 아닌지 (그것이 숙주와 바이러스가 만났을 때 어떤 반응을 일으킬지를 규정한다는 점에서) 궁금해했다. 그러나 그것을 어떻게 증명할 것인가? 유전자를 공유하는 사람들은 환경도 공유할 때가 많다. 바꿔 말하면, 한 가족은 한곳에서 같이 살기 십상이다. 따라서 같은 병균에 노출되기도 쉽다. 유전자와 환경, 이 두 요인의 영향을 따로 분리해내기란 쉽지 않은 일이다.

해결의 실마리는 모르몬교 신자에게서 나왔다. 그것도 우연한 계기에서였다. 예수그리스도후기성도교회* 교인은 식구가 모두 세례를 받으면 죽고 난 후에도 가족 관계가 그대로 유지된다고 믿는다. 살아 있을 때 세례를 받지 않은 사람은 죽어서 세례를 받을 수도 있다. 그래서 이들은 성실한 족보학자처럼 가계도를 아주 세밀하게 기록해서

° 이는 미국의 몇몇 주요 대도시와 맞먹는 수준이었다.

* 모르몬교의 공식 명칭.

남긴다. 그 기록이 담긴 수백만 롤의 마이크로필름은 솔트레이크시티에서 가까운 워새치산맥의 봉우리인 그래닛산 아래 보관소에 저장돼 있다. 1965년에 지어진 이 저장고는 핵폭발에도 끄떡없게 설계된 13톤짜리 강철 문으로 보호받는다. 하지만 요즘은 인터넷으로 누구나 자료실에 접근할 수 있다. 훨씬 더 유용한 점은 그 기록이 디지털로 관련자의 사망 진단서와도 연결되어 있다는 것이다. 자판의 키만 한 번 눌러도 어떤 모르몬교인이 무엇 때문에 사망했는지 알 수 있다. 2008년 유타대학교의 프레더릭 올브라이트와 동료들은 과거 수백 년 동안 독감으로 숨진 모르몬교인을 5000명 가까이 찾아봤다. 이들의 가계도를 재구성해 본 결과 독감 증상이 처음 나타난 사람의 혈족은 환경을 공유한 적이 한 번도 없었음에도 그와 무관한 사람보다 독감으로 사망할 확률이 높은 것으로 나타났다.[13]

이것은 독감에 유전적 요인이 작용한다는 대단히 흥미로운 암시였지만 다른 연구에서는 그런 결과가 반복해 나오지 않았다. 그 후 2011년 1월 프랑스에서 연례 독감 철이 한창일 때 두 살짜리 소녀가 급성호흡곤란증후군으로 파리의 네케르 아동병원의 집중치료 병동에 입원했다. 의료진이 소녀의 생명을 구했고, 의료진의 일원이었던 장로랑 카사노바가 소녀의 유전체 염기서열을 분석해 봤다. 그는 왜 다른 곳은 멀쩡한 아이가 대부분의 아이는 아무렇지 않게 피해 가는 병에 걸려 사경을 헤매는지 의문을 풀어 줄 열쇠가 거기에 있는지 알고 싶었다. 분석 결과, 그 소녀는 유전적 결함을 물려받은 것으로 나타났다. 선천적으로 바이러스에 대항하는 가장 중요한 제1선 방어 기제인 인터페론을 생산하는 능력이 없었던 것이다. 그 결과 궁지에 몰린 소녀의 면역계는 곧바로 플랜B, 즉 1918년에 병리학자들이 목격했던 것과 유사한 어마어마한 염증 반응 단계로 돌입한 것이었다. 이 아이가 갖고 있는 유전적 결함은 드문 것이었다. 그러나 카사노바는 연구를 계속해 그 외에도 인터페론 생산 불능을 낳는 유사한 유전적 결함군을 알아냈다. 그는 이런 결함을 가진 사람이 합쳐서 1만 명당 1명에 이르며, 이들이 매년 독감철마다 급성호흡곤란증후군 비슷한 증세를 보이게 된다고 추산했다.[14]

카사노바의 연구 결과가 의미하는 것은 문화나 식습관, 사회적 지위, 수입과 상관없이 1만 명당 1명은 유독 독감에 걸리기 쉬우며, 그 취약성을 부모로부터 물려받는다는 것이었다. 1918년 범유행병이 돌 때도 이런 사람이 가장 먼저 사망한 집단 속에 속해 있었을 가능성이 크다. 그러나 100년이 지난 지금, 우리는 유전적인 운동장을 평평하게 만들고, 그런 사람에게도 병과 싸워 이길 기회를 줄 힘을 갖게 되었다. 그 이유는 어떤 개인의 인터페론 생산 능력을 막는 유전적 결함이 항체 생산 능력에까지 영향을 미치는 것은 아니기 때문이다. 따라서 이론적으로는 그런 사람도 매년 갱신되는 표준 독감 백신을 예방접종하면 독감에 걸리지 않을 수 있다. 카사노바가 네케르 아동병원의 집중치료 병동에서 처음 만난 그 소녀도 2011년 이후 매년 독감 백신 주사를 맞았고, 그 후에 찾아오는 독감 철을 또래와 마찬가지로 수월하게 헤쳐 나갈 수 있었다.

카사노바가 발견한 독감의 유전적 요소는 어쩌면 스페인독감의 고르지 않은 피해에 얽힌 퍼즐의 마지막 조각인지 모른다. 그의 발견은 비옥한 토양에 떨어졌다. 마침 당시 과학자들은 감염성 질병을 새로운 방식으로 생각해보기 시작하던 참이었다. 그 병이 부분적으로는 유전적인 것이라는 생각이었다. 이들의 연구를 이끈 생각의 방향은 이런 것이었다. 모든 감염성 질병은 유전적 요소를 갖고 있다. 하지만 어떤 사람의 경우에는 하나 혹은 몇몇 유전자가 그 질병에 대한 취약성을 통제하지만, 다른 사람의 경우에는 수많은 유전자의 작은 효과가 모여 함께 힘을 발휘한다. 첫 번째 경우에는 소수의 유전자 중 하나만 빠져도 병에 대한 취약성이 크게 높아지지만 두 번째 경우에는 미미한 수준에 그친다. 만약 이런 생각이 옳은 것으로 판명된다면 우리는 병에 관한 사고방식을 다시 한 번 조정해야만 할 것이다. 즉 감염성 질병만 부분적으로 유전적인 것일 뿐 아니라, 우리가 오랫동안 그 기원을 두고 유전적이거나 '환경적'이라고 여겨 온 질병 또한 부분적으로는 감염성인 것으로 밝혀질 수 있다는 얘기다. 가령 알츠하이머병에 관한 한 가지 이론은 이 병이 '프리온'이라는 감염원에 의해 생긴다고 주장하는데, 프리온은 마치 1918년 바이러스가 그랬던 것처럼 최근까지도 신비에 가려져 있었다.

150년 전 조르주 상드가 마요르카섬 팔마의 주민들로부터 추방을 요구받아 상심했을 때도, 주민들이 내건 이유는 상드의 연인이 앓던 병이 유전성이 아니라 전염성이라는 것이었다. 오늘날 우리는 결핵의 원인이 마이코박테리움 투버쿨로시스라는 세균이라는 것을 알지만 그 균에 대한 감수성은 유전적이다. 이와 비슷한 설명이 독감에도 적용된다. 100년 전만 해도 독감은 세균이 원인이라고 생각했다. 그러나 2017년 우리가 아는 최선의 지식으로 보자면, 독감은 바이러스가 원인이지만, 또한 부분적으로는 사람이 갖고 있는 유전자의 통제하에 있다. 이런 사실을 알고 나면 1918년 독감의 발현 양상이 왜 그만큼 다채로웠고, 보는 사람을 왜 그토록 당황스럽게 만들었는지 이해하는 데도 도움이 된다. 당시 사람들은 현상의 표면 너머를 볼 수

없었다. 하지만 이제 우리는 '보닛 아래'까지 들여다볼 수 있다.°

이와 같은 독감에 관한 사고방식의 수정이 급진적인 것처럼 보이지만, 어쩌면 그렇게까지 급진적인 것은 아닐 수 있다. 19세기에 루이 파스퇴르는 병든 누에를 관찰하면서 두 가지 사실을 발견했다. 첫째, 그 벌레가 앓고 있던 무름병°°은 감염성이었다. 둘째, 그 병은 새끼가 어미로부터 물려받을 수 있었다. 사람들은 첫 번째 발견에만 열광하느라 두 번째 발견은 간과했다. 파스퇴르의 두 번째 통찰의 시간은 이제야 도래한 것인지도 모른다.

° 같은 이유에서 지금은 우리를 혼란스럽게 만드는 자폐범주성장애 같은 질병도 언젠가는 과학의 도움으로 설명할 수 있게 될지 모른다.

°° 오염된 뽕잎을 먹는 바람에 설사가 일어나서 쇠약해지는 증세.

VII

독감 이후의 세계

16장. 회복의 조짐

1919년 2월 애덤 에비가 아내 앨리스와 함께 기차에 몸을 실었다. 목적지는 구자라트의 산악 지대였다. 거기에 도착해, 두 사람은 걸어서 티크나무와 대나무 정글을 통과해 40킬로미터를 더 들어갔다. 도착한 곳은 아와의 형제 교회 선교회로, 앞으로 이 부부가 맡기로 되어 있었다. 마침 그때부터 범유행병의 세 번째 파도가 유행하기 시작했다. 많은 전통치료사가 그냥 달아났다. 나중에 이곳 사람에게는 '의사 나리'로 알려진 에비는 도착하자마자 의료 지원 활동으로 바삐 불려 다녀야 했다. 그래도 병이 지나간 후에는 일리노이의 고향 교회에 편지를 썼다. 그 안에는 이곳에서 만난 교인 라크스만 하이파트의 이야기도 들어 있었다.

하이파트는 스물다섯 살의 농부로 기독교로 개종한 사람이었다. 이미 부인과 한 번 사별한 적이 있었고 1919년 1월에 재혼을 했다. 두 번째 결혼식이 있고 얼마 지나지 않아 그는 사업차 마을을 떠났다. 며칠 후 돌아와 보니 마을은 버려져 있었고 새 신부는 나무 아래에서 앓고 있었다. 스페인독감으로 죽기 직전이었다. 그는 아내가 숨을 거둘 때까지 곁에 있었다. 그런 다음 직접 무덤을 팠다. "그녀는 몸이 무거운 여인이었다. 그는 그녀를 안아서 옮길 수가 없었다. 결국 그는 밧줄을 가져와서 무덤까지 그녀를 끌어다 묻었다. 그에게 달리 어떤 방도가 있었겠는가? 그는 1919년 성탄절 다음 날 세 번째 아내와 결혼했다."[1]

범유행병이 닥치기 전만 해도 사망률은 세계 전역에서 떨어지는 추세였다. 여기에는 세균 이론으로 힘을 받은 의료 개선도 한몫했다. 하지만 범유행병은 3년에 걸쳐 그런 추세를 뒤집어 놓았다. 인도가 치른 대가가 특히 컸다. 오죽했으면 1964년 노벨상을 받은 미국 경제학자 시어도어 슐츠가 이 나라에서 일어난 일을 가지고 전통 농업 체계에 잉여 노동이 있다는 이론을 검증하는 데 활용했을 정도였다. 그는 그 이론이 틀렸다고 결론 내렸다. 독감 이후 인도의 농업 생산이 1918년 이전 수준에 비해 오히려 3퍼센트 떨어졌다는 근거에서였다. 그럼에도 인간의 회복력은 비할 바 없이 강했다. 독감의 충격이 가시자마자 곧바로 복구가 시작되었던 것으로 보인다. 인도는 1919년에 출산율이 30퍼센트나 줄었지만 1920년에 들어서면서 다시 늘기 시작해 독감 이전 수준을 회복했을 뿐 아니라 그마저 넘어섰다. 바야흐로 인구 혁명이 시작되었다는 말이 나올 정도였다.[2]

반등이 시작된 곳은 인도만이 아니었다. 1918년을 전후해 출산율이 급락했던 유럽도 2년이 지나서는 뚜렷한 회복세를 보였다. 한때는 1914년 이전보다 높은 수준까지 치솟기도 했다. 대다수 관측통은 이런 현상을 전쟁과 그 후 남자들의 귀향에 따른 임신 물결 탓으로 돌렸다. 그러나 그럴 경우 중립국이었던 노르웨이에서도 1920년에 베이비붐이 일어났다는 사실을 설명할 수 없다. 노르웨이 남성은 전쟁을 하러 떠난 적이 없고, 다른 노르웨이 국민과 마찬가지로 독감으로 고생했을 뿐이었다. 노르웨이에서는 1만 5000명이 독감으로 숨졌고, 1918년 임신율은 기대치보다 4000명이 적었지만 이듬해에는 그 부족분을 메워야 할 수준보다 50퍼센트를 초과했다. 다시 말해, 1918년에는 여성이 모자랐던 아기 2명당 3명꼴로 1919년에 임신을 했다는 뜻이다.[3] 그러면 이런 전 세계의 베이비붐에 독감이 일조한 것일까? 실제로 그랬을 수 있다. 독감이 주로 어떤 사람을 희생시켰는지 들여다보면 그런 설명도 가능하다.

범유행병이 물러가기까지는 오랜 시간이 걸렸다. 사망자 수를 가리키는 곡선은 W자를 그렸는데, 가운데 꼭짓점은 지역에 따라 달랐지만 마지막에는 U자를 그리며 끝이 났다.[4] 스페인독감은 진정되었지만 그 과정에서 인류를 크게 바꿔 놓았다. 이미 말라리아나 결핵 같은 다른 질병에 걸려 몸이 허약했던 사람을 제거함으로써 이제 수는 줄었지만 더 건강한 인구가 남아 이전보다 높은 비율로 자손을 낳을 수 있게 한 것이다. 이것은 출산율이 그만큼 극적으로 반등하게 된 이유를 설명하는 한 가지 이론이었다. 앞서 봤듯이 라크스만 하이파트 같은 생존자는 다른 생존자와 결혼했고, 이들은 말 그대로 죽은 사람보다 더 건강하고 튼튼한 사람이었다.

그렇다면 우리는 과연 인류가 스페인독감의 결과로 더 건강해졌다고 말할 수 있을까? 이상하게 들릴 수도 있겠지만 아주 개략적으로는 그렇다고 말할 수 있다. 실제로 사람들의 생물학적인 출산 능력은 더 커졌고 더 많은 자녀를 낳았다. 개략적이라고 말하는 것은 생물학 이외의 다른 요인도 태어나는 자녀의 수에 영향을 주기 때문이다. 가령 종교적 경제적 고려 사항도 여기에 포함된다. 그러나 출산력이 강해졌음을 보여 주는 다른 지표도 있다. 특히 남성의 경우 이전보다 더 건강해졌다. 즉 기대 수명이 늘어난 것이다. 1918년 이전만 해도 여성이 남성보다 평균 6년 가까이 더 오래 살았다. 스페인독감 때는 남성이 여성보다 10만 명당 170명꼴로 더 많이 사망했는데, 범유행병이 끝났을 때 남녀 간 기대 수명의 격차는 1년으로 줄었다. 여성은 1930년대에 와서야 다시 이전과 같은 수준의 우위에 이를 수 있었다. 그렇게 된 것은 그 무렵 심장 질환이 이전에 비해 훨씬 넓게 퍼졌고 특히 남성의 발병률이 높아진 결과였다.[5]

따라서 전체적으로 볼 때, 독감 이후 인구가 더 건강해졌다는 주장은 합리적이라고 할 수 있다. 그러나 좀 더 면밀히 들여다보면 보다 미묘한 차이가 드러난다. 어떤 집단은 오히려 이전보다 더 나빠진 것이 확연해 보이는 것이다. 먼저 1918년 하반기에 어머니의 배 속에 있었던 아기들을 생각해 보자. 앞에서 말했듯이, 임신부는 스페인독감에 극도로 취약했다. 이것은 세계 어디서나 사실이었다. 1919년의 한 추산에 따르면, 임신한 여성은 그렇지 않은 여성에 비해 폐렴에 걸릴 확률이 50퍼센트나 더 높았고, 병에 걸렸을 때 숨질 확률도 50퍼센트 더 높았다.[6] 이유는 불분명했다. 다만 한 가지 가설은 범인이 바이러스 자체가 아니라 바이러스가 촉발하는 사이토카인 폭풍이라는 것이다. 화학적인 비상 신호가 쇄도해 혈액과 면역 세포를 폐로 향하도록 하는 것 말이다. 임신에 따른 생리적 스트레스에 시달리는 임신부는 이런 신호에 더 쉽게 굴복할 수 있으며, 그 결과 혈액이 자궁에서 대거 빠져나간다면, 이것이 당시 그토록 잦았던 유산을 설명해 주는 이유가 될 수 있다. 그때 유산된 아이들의 결원으로 생긴 인구의 빈자리는 우리가 이제 이들의 기대 수명 기간을 막 지나가면서 거의 메꿔지고 있다. 그러나 그중의 일부는 태어나기도 했다. 그렇다면 이런 질문도 해 볼 수 있다. 독감은 그들에게 흔적을 남겼을까? 남겼다면 그 흔적은 어떤 것일까?

어머니의 배 속에 있을 때 스페인독감의 온갖 가혹한 공격으로 인한 고비를 견뎌 내고 1919년에 태어나서 자라 1941년 군 모병소에 모습을 나타낸 남성들은 출생 전 독감에 노출되지 않았던 신병에 비해 키가 평균 1.3밀리미터 정도 작았다. 알아보기 힘들 정도로 미세한 차이였다. 대수롭지 않게 보일 수도 있지만 이것은 스트레스가 태아의 뇌를 비롯한 모든 기관에 영향을 주었음을 보여 주는 지표였다. 이런 아이는 그 후 나이를 먹어 가면서도 학교를 졸업하거나 직장에서 적정한 임금을 받을 가능성도 낮았다. 또한 죄를 지어 교도소로 가거나 장해 급여를 받거나 60세 이전에 심장 질환에 걸릴 확률도 더 높았다.[7]

1941년에 징집된 이는 남성뿐이었지만, 이런 사정은

1918년 첫 몇 달 사이에 태아가 된 불운아 모두에게 해당되는 것이었다. 남녀의 성도 피부색도 상관없었다. 이들 모두가 약해진 세대였다. 제1차세계대전 동안 에타플르에서 간호사로 일했던 영국 작가 베라 브리튼은 좋은 집안에서 태어나 교육까지 잘 받은 후 영국군으로 복무하다가 무사히 귀환했다면 훗날 위대한 일을 할 수도 있었지만 전사하고만 청년들을 두고 '잃어버린 세대'라고 불렀다. 그러나 스페인독감이 공격할 때 어머니 배 속에 있었으면서, 훗날 왜 임신부의 건강에 대한 투자가 중요한지를 보여 주는 실례로 종종 거론되는 이들이야말로 20세기의 진정한 잃어버린 세대였다.

그보다 더 못한 경우도 있었다. 가령 스페인독감 자체가 만성적인 질병이었을 뿐 아니라, 심지어 처음에는 독감 정도에 불과한 증상이 진정되고 난 후에도 몇 달 혹은 몇 년씩 건강에 부정적인 영향을 미쳤다는 증거도 적지 않다. 헝가리 작곡가 벨러 버르토크는 독감을 앓고 난 후에도 귀가 심하게 감염된 상태로 남아 평생 귀머거리가 되는 것은 아닌지 걱정했다. 아이러니하게도 그의 음악 영웅인 베토벤의 운명이 그랬다. 그는 고통을 이기느라 아편제를 복용했지만 그 후에도 한동안은 그를 괴롭힌 환청에서 벗어날 수 없었다. 그런가 하면 미국의 비행사 어밀리아 에어하트는 후유증으로 평생 축농증에 시달렸다. 이것이 그녀의 균형감과 비행 능력에도 영향을 주었다고 보는 사람도 있다. 1928년 그녀는 여성으로는 최초로 대서양 횡단 비행에 성공했지만 그로부터 9년 후 태평양 횡단 비행에 도전했다가 실종되고 말았다.

앞에서 우리는 스페인독감이 급성기일 때 환자가 느끼는 불안감을 봤다. 정신이 혼미한 상태에서 자살까지 하는 경우도 있었다. 행여나 그 단계에서 벗어나 회복된다고 해도 어떤 환자는 뒤이어 무력감과 절망감에 빠져들기도 했다. 이러한 '우울증'의 파도는 어느 정도까지가 독감의 후유증이고 어느 정도까지가 전쟁의 여파였을까? 답하기 어려운 문제다. 독감 바이러스가 뇌에 작용해서 우울증을 유발할 수도 있지만, 우울증은 가까운 사람을 잃었을 때나 사회적 격변에 직면했을 때도 일어나기 쉽다. 그 둘을 어떻게 구분할 수 있을까? 여기서 또 한 번 우리는 중립국이었던 노르웨이에서 나온 연구에서 도움을 받을 수 있을지 모른다.

노르웨이 역학자 스베네리크 마멜룬은 1872년부터 1929년 사이에 노르웨이로 망명 온 사람들의 기록을 조사했다. 이 중 범유행성 독감이 없었던 해에는 매년 독감과 관련된 정신 질환으로 진단받은 사례가 몇 건씩 있었다. 그러나 1918년 범유행병이 돌고 난 후에는 그런 사례가 6년 간 해마다 범유행병이 없었던 해에 비해 평균 7배나 높았 다. 그 환자들이 정확히 무슨 병을 앓았는지는 알 수 없는 데다 그들의 정신적인 증상과 독감의 관련성을 소급해서 입증하기란 불가능하기 때문에 이 데이터에서 도출한 결 론은 잠정적일 수밖에 없다. 하지만 그런 한계를 전제로, 마멜룬은 6년 동안 정신 질환으로 진단받은 환자들이 스 페인독감을 앓고 살아남은 사람이었을 거라고 추정했다. 그러니까 오늘날 바이러스 감염 후 증후군 혹은 만성 피로 증후군이라 부르는 사례에 해당한다는 것이다. 또한 그는 이런 사람들이 단지 빙산의 일각에 지나지 않는다고 봤다. 당시 우울증을 앓고 있던 사람 대부분이 정신과 의사를 찾 아가지는 않았을 것이라는 이유에서다.

흥미롭게도 그 시기를 전후해 노르웨이 사람 한 명은 우울증을 면했던 것처럼 보인다. 바로 에드바르 뭉크였다. 어떤 사람은 그가 범유행성 독감에 두 번이나 걸렸을 만큼 불운했다고 여길지도 모른다. 그러나 그가 러시아독감에 걸렸는지는 확실치 않다. 따라서 그의 그림 「절규」가 그 영향을 받았다는 생각도 순전히 상상일 뿐이다. 그런가 하 면 그가 스페인독감을 앓았던 것은 거의 확실하다. 그는 몸 이 회복되는 동안 일련의 초상화를 그렸는데, 그중 하나를 보면 안색은 누렇고 수척한 데다 고리버들 의자에 몸을 파묻고 있는 모습이다. 어떤 이는 이런 그림이 뭉크 자신의 바이러스 감염 후 증후군을 묘사한 것이라고 해석했다. 그러나 그의 전기 작가인 수 프리도는 의견을 달리했다. 뭉크가 천성적으로 우울하긴 했지만 독감을 앓고 난 후에는 대단히 생산적인 시기에 돌입했다고 프리도는 말한다. 그는 1919년에만 적어도 14편에 이르는 중요 작품을 그렸으며, 이 작품들은 낙관주의와 자연에 대한 찬미로 가득하다. "그림의 색상은 선명하고, 붓끝은 견실하며, 시야와 힘이 조금도 줄지 않았다"라고 프리도는 썼다.[8]

얼마나 많은 사람이 스페인독감에 따른 우울증을 앓았는지 우리로서는 알 수 없다. 그러나 노르웨이 사람이 겪은 파도가 유별났던 것 같지는 않다. 탄자니아에서는 바이러스 감염 후 증후군이 100년 만에 최악인 기근을 낳기도 했다. 독감으로 이미 인구가 격감한 상태에서 사람들이 심각한 무기력증에 빠져 1918년 연말에 비가 왔을 때 파종조차 할 수 없었다. 그 바람에 이른바 '알줄기 기근'*이 2년이나 이어졌다.

정신의학적인 증상은 일시적인 경우가 많았다. 가령 1919년 보스턴 정신 병원에서는 독감에서 '회복된' 후에도

---

* 아프리카의 바나나는 알줄기 식물로 뿌리를 잘라 옮겨심기만 해도 바나나가 열린다. 우리 식으로 보자면 구황작물로 연명하는 시기를 말한다.

망상과 환각 증세에 시달리던 환자 200명이 입원한 적이 있었다. 이 중 3분의 1가량이 조현병의 옛 명칭인 조발성 치매로 진단받았다. 조발성 치매증은 불치병으로 간주되었지만 5년 후 환자 대부분은 건강을 완전히 되찾았다. 보스턴의 환자들을 지켜보았던 정신과 의사 칼 메닝어는 독감에 뒤이어 닥치는 이런 회복 가능한 급성 정신분열 증상을 지칭할 새 진단명이 필요하다고 생각했다.[9]

스페인독감과 결부되어 이야기돼 온 신경학적 상해는 하나 더 있다. 바로 기면성 뇌염 혹은 좀 더 부르기 쉽게 '수면병'이라 불리는 것이다. 기면성 뇌염은 1917년부터 1925년 사이 스페인독감의 파도가 일 때 세계를 휩쓸었고 1921년에 절정에 이르렀다. 증상은 독감 비슷했으며, 이름이 말해 주듯 심한 졸음을 동반했다. 하지만 졸음치고는 이상했다. 환자는 겉보기에는 비몽사몽이었지만 자기 주변을 뚜렷이 자각하고 있는 것처럼 보였다. 1925년 독일에서 녹화된 영상에서 한 여성 환자는 조정력 검사 중에 자신의 손가락을 코 쪽으로 움직이다가 잠이 들었는데, 그 상태에서도 불규칙적인 동작이긴 했지만 끝까지 임무를 완수했다.[10] 기면성 뇌염에 걸린 환자의 3분의 1°은 몇 주 이내에 사망했다. 또 다른 3분의 1은 회복되었지만, 나머지는 증세가 계속되어 몇 년까지도 끌다가 나중에는 중증 파킨슨병

° 전 세계에 50만 명 정도가 있다고 추정된다.

비슷한 유형의 마비 증세로 발전했다.

기면성 뇌염 유행병이 스페인독감과도 관련이 있었을까? 이 문제는 1920년대 이후로 줄곧 논쟁거리였다. 관련이 있다고 보는 사람 쪽에서 드는 '확실한 증거'는 다음과 같다. 기면성 뇌염 사례는 역사상 다른 시기에도 보고된 적이 있지만, 유행병으로 기록된 것은 1920년대에 폭증한 것이 유일하다. 또 그것이 유행하기 시작한 최초의 몇몇 발병 사례는 1916년 겨울 서부 전선에서 기록되었는데 바로 그 무렵 화농성 기관지염(스페인독감)이 발병했다. 독감이 극심했던 서사모아는 기면성 뇌염 파도까지 겪었지만, 미국령 사모아는 둘 다 면했다. 병에 걸린 환자의 평균 나이는 29세였다.

뚜렷한 증거와 확실한 증거는 다르다. 지금까지도 과학자들은 두 유행병 간의 인과적 연결고리를 확정 짓지 못했다. 독감 바이러스가 코에서 뇌로 후각 신경을 타고 올라가 그곳에서 염증을 일으킬 뿐 아니라 발작과 마비까지 유발할 수 있다는 사실은 안다.° 또한 기면성 뇌염이 초기 단계에서는 바이러스로 인한 질병처럼 의심되게 행동한다는 사실도 인정한다. 그러나 결국에는 기면성 뇌염 환자의 부검에서 채취한 뇌 조직에서 바이러스의 RNA를 찾아야만 한다. 그렇다고 해서 두 병의 연결고리가 없다는 말은 아니

° 뇌염의 다른 이름이 뇌 염증이다.

다. 단지 아직은 과학자들의 기술이 그것을 포착할 정도로 세밀하지 않다는 뜻일 수 있다. 따라서 당분간 판결을 유보할 뿐이다.[11]

독감 환자 중 오랜 기간 신경증이나 정신병증을 앓다가 사망한, 말 그대로 집단에서 '제거된' 사람은 아무도 없었지만, 다른 방식으로 사회에서 배제될 때는 많았다. 가령 논테사 응크웬크웨*는 열정에 찬 자신의 꿈을 이야기했다가 사회로부터 격리되었다. 그녀에 관해서는 다음 단락에서 이야기하기로 하고, 지금은 대표적 사례인 롤란도 P. 이야기로 글을 맺을까 한다. P씨는 기면성 뇌염 환자 중에서도 불운했던 3분의 1에 속한 사람이었다. 이들은 독감 후유증으로 자기 몸속에 갇힌 채 대개는 보호 시설에 수용되거나 사람들로부터 서서히 잊혀 갔다. 나이가 들어서도 얼굴에 주름 하나 없이. 이런 환자 집단의 이야기(그리고 파킨슨병 약인 L-도파 덕분에 얻는 일시적 유예)는 영국의 신경학자 올리버 색스가 그의 베스트셀러 저서 『깨어남』에서 소개한 바 있다. 롤란도 P.는 그중 한 명이었다.

P씨는 1917년 이탈리아에서 뉴욕으로 이민 온 지 얼마 되지 않은, 대단히 음악적인 가정에서 태어났다. 그가 세 살 때부터 앓기 시작한 열병은 심한 졸음과 함께 넉 달도 넘게 지속되었다. 그리고 그가 병에서 '깨어났을' 때 부

---

* 1920년대 아프리카 독립 교회 운동을 이끈 여성 종교 지도자.

모는 그에게 심각한 변화가 일어났음을 알았다. 그의 얼굴은 표정을 잃었고, 몸을 움직이거나 말을 하는 것도 거의 불가능했다. 그는 여러 해 동안 정신 장애 학교에 다녔다. 그러나 몸에 균형감이 없어 학교를 다니기가 점점 곤란해졌고 결국 부모는 그의 학업을 중단시켜야만 했다. "그는 열한 살부터 열아홉 살 때까지는 집에서 커다란 빅트롤라 축음기의 스피커 앞에 몸을 떠받친 채 앉아 있었다. (그의 아버지가 보기에는) 음악만이 그의 유일한 즐거움이자, '그에게 생기를 불어넣는'" 유일한 것인 듯했다. 1935년 P씨는 뉴욕의 마운트캐멀 병원에 입원했다. 그곳에 근무했던 색스가 적었듯이, "다음 30여 년간 그 병원의 뒤쪽 병동에서는 정말이지 말 그대로 아무런 일도 일어나지 않았다."[12]

논테사의 꿈

1918년 가을 움바탈라라(스페인독감, 코사족 말로 '재난'이라는 뜻이다)가 남아프리카 시스케이 지역에 상륙했을 때 병에 걸린 사람 중에는 논테사 응크웬크웨라는 이름의 코사족 여성이 있었다. 열병을 앓다가 의식을 되찾은 그녀는 자신이 죽었다가 되살아난 걸로 생각했다. 사람들이 그녀에게 몸을 숙이고 그녀의 손을 잡고서 얼굴에 물을 끼얹고

있었던 것이다. 그녀는 앓고 있던 중에 자신에게 찾아온 일련의 꿈을 사람들에게 들려주기 시작했다.[13]

한번은 꿈속에서 그녀는 때 묻은 천에 싸인 어떤 물건이 노브우드 나무 가지에 걸려 있는 것을 보았다. 이때 음성이 들려왔다. 그것이 『성서』이고 썩어 있다고 했다. 그녀는 예수께 자신이 본 것을 증명할 수 있도록 그것의 일부라도 달라고 청했다. 하지만 그는 거절하며 "우리는 이미 『성서』를 사람들에게 주었으나 그들은 그것을 홀대했다"라고 말했다. 또한 지금 사람들의 아들들이 금광에서 죽어가고 있다면서, 그들이 기도를 멈췄기 때문이라고 했다. 그리고 그녀에게 대부족의 족장들이 있는 곳으로 가서 자신들의 해방과 자치를 위해 협력할 준비가 돼 있는지 물어보라고 지시했다. 또 그들에게 그들 자신의 삶을 돌아보고, 자신들의 걱정거리를 유럽인 탓으로 돌리는 일을 멈추라고 설교하라고 했다.

이어 음성은 움바탈라라가 하느님이 사람들의 죗값으로 내린 벌의 전조에 지나지 않는다고 했다. 심판의 날이 온 것이었다. "하늘을 쳐다본 순간 하늘이 꼭 잔혹한 남자의 얼굴처럼 어지럽게 흔들리고 있었다. 동쪽에서 태양이 땅 위로 떠오르는데 마치 불타는 숯처럼 붉었다. 태양 안에서 한 사람이 주먹을 휘두르고 있었다. 하늘이 모여들고 있었고 나는 겁에 질려 울었다. 음성이 들려와 내게 울지 말고 기도하라고 했다." 그녀에게 자신의 부족을 옛 사회의 폐허에서 구출해 내고 새로운 사회로 인도하라는 임무가 주어진 것이었다.

논테사가 병에 걸렸을 때는 40대였다. 남편을 여읜 데다 열 명의 자녀가 딸린 어머니였다. 그녀가 사는 쿨릴레라는 마을은 예전에 그녀의 조상들 소유였다. 코사족은 19세기 내내 네덜란드와 영국에서 온 정착민과 전쟁을 치렀다. 간혹 극적인 승리를 거둘 때도 있었지만 결국에는 패했고 지금은 그로 인한 값비싼 대가를 치르고 있었다. 1913년의 토지법은 남아프리카 전체에서 흑인이 차지하는 몫을 고작 7.3퍼센트로 제한했다. 시스케이와 트란스케이 지역 (둘의 경계가 케이강)의 원주민 보호구역 안으로 내몰린 많은 코사족은 더 이상 자급자족해서 먹고살 수가 없었다. 남자들은 일자리를 찾아 이주 노동자가 되어야 했고, 그 바람에 여자들은 1년 중 6~9개월 동안을 혼자서 가정과 식구를 부양해야 했다. 논테사의 남편 붕구 응크웬크웨는 처음에는 킴벌리 다이아몬드 광산에서, 그다음에는 케이프타운 북쪽의 산업 단지 살다냐만에서 일을 하다가 사망했다.

논테사는 글을 읽을 줄 몰랐지만 마을에서는 식물의 약효 성분을 아는 사람인 주술사(익스웰레)로 존경을 받았다. 주술사의 역할 중에는 사건, 특히 악몽 같은 것을 풀이하는 일도 있었는데, 지난 세기에는 그런 사건이 많았다. 시스케이 사람들은 전쟁과 기근, 홍수, 심지어 메뚜기 떼가 창궐하는 일까지 겪었고, 이 중 상당수가 사람들의 기억 속에 생생히 살아 있었다. 1918년 하반기에는 심한 가뭄으로 고생하던 중에 움바탈라라까지 닥쳤다. 광산에서 무서워 달아난 남자들을 실은 열차 선로를 따라 내려온 것이었다. 논테사가 살던 지역에서는 대략 10명 중 1명꼴로 독감에 목숨을 잃었고(모두 1만 명이 넘었다) 거의 모든 가정이 피해를 입었다(논테사 자신도 자녀 한 명을 잃었다).

목격자들은 시신이 숲속이나 길가 쓰러진 자리에 누워 있었다고 전했다. 전국에 으스스한 정적이 내려앉았다. "소와 양과 염소는 뿔뿔이 방황했으며, 너무나 절실하게 필요했던 우유조차 불안해하는 젖소로부터 짜서 보관해 둘 사람이 없었다"라고 한 선교사는 기록했다. 아픈 사람이 너무 많다 보니 농작물을 심지도 거두지도 못해 기근은 더 악화되었다. 이런 상황에서 논테사가 자신의 꿈 이야기를 들려주자 사람들은 귀를 기울였다. 어떤 이는 웃고 말았지만 어떤 이는 진지하게 받아들였다. "코사족 사람들이 꿈에 큰 의미를 부여한다는 사실을 알아야 한다." 코사족 시인 제임스 졸로베는 1959년 시 「대학살」Ingqawule에서 이런 말을 했다. "그것은 이 세상과 다음 세상 사이의 중재 수단이다." 그녀의 이야기를 경청했던 사람들은 그녀를 다시 찾아와 귀를 기울였고, 점차 따르는 사람이 늘었다. 논테사는 예언자가 되었다.

그녀는 야외에서 설교를 할 때 흰 가운에 머리쓰개를 하고, 손에는 나이 든 기혼 여성이 들고 다니는 검은 제의용 지팡이인 움은카이를 들었다. 흰색은 코사족에게는 치유와 변화를, 기독교인에게는 정화를 의미했다. 논테사의 설교 메시지도 두 가지 모두에 호소했다. 설교 속에 『성서』와 코사족의 사례를 모두 인용해 한데 결합했다. 가령 코사족에게 노브우드 나무란 젖을 먹이는 여성의 유두에 문지르면 아이가 젖을 잘 빨게 하는 물질이 들어 있는 것으로 알려져 있었다. 논테사가 꿈속에서 그 나무에 『성서』가 매달려 있는 것을 보았다고 한 것은 하느님으로부터 멀어진 사람들이 그에게로 다시 인도되어야 한다는 뜻을 담고 있었다. 논테사 자신의 복장부터가 늘 전통과 서양 옷을 뒤섞은 것이었다. 자신은 특정 교단에 속하지 않았지만 자녀는 모두 세례 받은 감리교인이었으며, 선교 교육에 대한 존중심도 컸다.

그 시기에 출현한 예언자는 논테사만이 아니었다. 하지만 그녀는 정치 조직과 아무런 관계가 없었던 데 반해 다른 많은 예언자는 달랐다. 이들은 자신이 마주한 청중 속의 깊은 불안감과 보다 나은 세상을 바라는 일반의 염원에 응답했다. 1917년부터 1920년 사이 란트에서는 광부들이 노동조합 운동과 신생 조직인 아프리카국민회의에 휩쓸리면서 파업이 속출했다. 요세피나라는 이름의 줄루 여성은 범유행병 기간 중에 예언을 시작했는데, 1923년에는 란트에서 아프리카국민회의와 같은 연단에 올라, 사람의 머리와 전갈의 꼬리를 한 메뚜기 떼가 창궐할 거라고 예언했다.

아프리카너*는 그들대로 불안감에 휩싸여 있었다. 백인 인구의 절반 이상을 차지하고 있던 이들은 남아프리카의 산업과 군대, 예술을 비롯한 삶의 대부분을 소수자인 영어 사용자가 지배하고 있는 것에 반발했다. 20세기로 넘어올 무렵 2만 6000명의 아프리카너가 숨진 앵글로 보어 전쟁**이라든가, 1914년 영국의 지배에 맞선 또 한 번의 반란이 실패한 아픈 기억도 그때까지 깊이 사무쳐 있었다. 1916년에는 요한나 브란트라는 아프리카너 여성이 장차 큰 역병이 일어나 지금보다 나은 새 사회가 도래할 것이라고 예언했다. 2년 후 그녀의 예언은 적중했다. 그러나 아프리카

---

* 남아프리카공화국의 백인 중 아프리칸스어를 제1언어로 쓰는 사람. 네덜란드 이민자를 중심으로 종교의 자유를 찾아 유럽에서 아프리카 남부에 정착한 개신교도가 합류하여 형성된 집단.
** 아프리카에서 종단 정책을 추진하던 영국과 당시 남아프리카 지역에 정착해 살던 네덜란드계 보어족 사이에 일어난 전쟁.

너 역시 스페인독감에 희생되면서, 비록 그 수는 흑인에 비하면 아주 적었지만, 동족이 위험에 처했다는 불안감은 더욱 고조되었다.

1922년 당국에서 논테사의 활동을 의식하기 시작했다. 그녀가 전하는 메시지의 많은 것, 가령 사악한 마술과 음주의 위험에 대한 경고는 호감을 갖고 들어 보면 끌리는 데가 있었다. 하지만 그 무렵 당국은 새로운 종교 운동이나 종교적인 것으로 위장한 정치 운동을 극도로 경계했고, 종교 운동도 정치 운동으로 볼 때가 많았다. 그보다 몇 년 앞서 쿨릴레에서 200킬로미터도 채 떨어지지 않은 불호크에서 이스라엘인*이라고 부르는 기독교 운동의 추종자 수천 명이 집결해 세상의 종말을 기다린 적이 있었다. 그들의 예언자가 예측했던 일이 일어나지 않았음에도 그들은 무작정 그곳에 머물렀다. 이들을 해산하려던 얼마간의 외교적 시도가 무산되자 경찰은 폭력을 동원했고, 뒤이은 학살 과정에서 160명이 넘는 이스라엘인이 사망했다. 당국의 관계자들은 불호크를 바라본 시각에서 논테사를 주시했고, 체포에 나서도 좋을 만큼 그녀가 전복적이며 반백인적인 소지가 다분하다고 봤다. 이들은 그녀가 제정신이 아니라는 이유를 들어 재판에는 부적격자라고 선언하고 쿨릴레에서 80킬로미터 떨어진 포트보퍼트의 정신병원에 수

---

* 고대 히브리인. 자신들이 『성서』에 나오는 이스라엘의 잃어버린 10지파 자손이라 믿는 사람들.

용했다.

　그녀는 조발성 치매로 진단받았고, 입원하자마자 앞으로는 설교를 하지 않는다는 조건으로 풀려났다. 지방 판사는 코사족 원로들에게도 설교 금지의 엄수를 요청했다. 하지만 원로들로서도 그것은 불가능했다. 한 가지 이유는 그녀를 따르는 여성 제자들이 원로들의 말을 듣지 않았기 때문이다. 논테사는 설교를 했고 추종자는 들으러 왔다. 그녀가 다시 체포되어 포트보퍼트에 수용되어도 신도들은 굴하지 않았다. 병원 행정실로서는 너무나 성가시게도, 이들은 그곳에 상주하다시피 했다. 결국 논테사는 1924년 프리토리아의 악명 높은 웨스코피스 정신병원으로 이감되었다. 그녀의 고향에서 1000킬로미터 가까이 떨어진 곳이었다. 이곳에서 그녀는 이주 노동 시스템의 어두운 이면을 직접 목격했다. 웨스코피스는 돈을 벌기 위해 광산으로 갔다가 그곳에서 정신이 망가진 사람들을 위한 일종의 수용소였기 때문이다.

　논테사로서는 어떻게도 해 볼 수 없는 상황이었다. 자신이 하느님의 영감을 받았다는 주장을 고집할 때마다 의사들은 그것을 자신의 진단이 옳았으며 그녀를 퇴원시킬 수 없다는 근거로 삼았다. 하지만 추종자들은 그녀를 잊지 않았고, 그녀가 실성했다는 말도 받아들이지 않았다. 1927

년 그들 중 한 무리가 두 달 동안 걸어서 프리토리아까지 왔다. 그녀를 풀어 달라는 요구는 거절당했지만 면회는 허용되었다. 하지만 그 뒤에 이곳을 찾은 '은총의 순례단'은 병원 측에서 돌려보냈다. 논테사는 1935년에 암으로 사망했다. 병원 밖을 한 번도 나가 보지 못했던 그녀는 고향 사람과도 단절된 채, 고통 속에서 죽어 갔을 것이다. 그녀가 묻힌 무덤에는 아무런 표시도 없었고, 당국은 신도들의 시신 인도 요청마저 거부했다.

1948년 우파 국민당은 집권한 후 전국에 인종차별 정책을 시행했다(이와 함께 아프리카너 문화를 증진하고 아프리카너의 건강을 개선하려 했다). 1960년에는 아프리카국민회의 금지령이 내려져 1990년까지 유지되었다. 인종차별 정책이 폐지된 후, 미국 역사가 로버트 에드거는 남아프리카공화국에서 그 전까지는 막혀 있었던 조사를 진행할 수 있었다. 논테사 응크웬크웨의 시신을 찾는 일이었다. 그는 추적 끝에 프리토리아의 한 극빈자 무덤에 그녀의 유해가 있다는 사실을 알아냈다. 그녀는 그곳에 이름 모를 남자와 함께 안장돼 있었다. 남자는 비록 조잡한 상자일망정 관 속에라도 묻혀 있었지만, 그녀에게는 덮개조차 없었다. 그리고 남자의 관이 점차 분해되면서 두 사람의 뼈가 뒤섞이고 말았다. 아마도 서로가 낯설었을 두 사람의 유해는 그녀의 시신을 발굴할 때 다시 분리되어야 했다. 그녀의 시신은 쿨릴레로 돌아가 가족과 추종자가 보는 앞에서 다시 매장되었다. 1998년 10월 25일 장례식에는 수천 명의 사람이 참석했다. '검은 10월'*의 80주년이 되던 해의 일이었다.

---

* 1918년 10월 스페인독감이 아프리카 전역으로 퍼지면서 대규모 사상자가 발생한 것을 말한다.

17장. 대체역사

"고통스러운 재조정, 풍속의 문란, 무법 상태. 이런 것이 역병의 충격에서 회복 중인 사회에서 볼 수 있는 익숙한 증상이다."[1] 역사가 필립 지글러가 이렇게 썼을 때 이 글은 흑사병 이후의 나쁜 결과를 묘사한 것이었지만, 스페인독감에도 그대로 해당되었다. 지구상에서 3명 중 1명이 이 병에 걸렸고, 그로 인해 10명 중 1명, 많게는 5명 중 1명 가까이가 목숨을 잃었다. 그로부터 인류가 회복력을 발휘했다고 해도 그것은 아주 멀찍이 떨어져서만 (인구 차원에서나) 알아볼 수 있는 것이었다. 가까이 다가가 그 속의 개인들을 들여다봤을 때는 곧바로, 이 병에서 회복되기까지 사람들이 치른 대가에 충격을 받지 않을 수 없다.

가족은 재구성되어만 했다. 100년이 지난 자리에서 보면, 모든 일은 마땅히 그래야만 했던 대로 일어난 것처럼 보인다. 왜냐하면 그 강요된 의자 앉기 게임*의 결과로 바로 우리 중 다수가 오늘날 이렇게 살아 있기 때문이다. 우리 자신을 거슬러 올라가 보면 그때 재난에서 살아남은 조상들과 곧바로 연결된다. 그러나 그들의 시선에서 앞을 내다봤을 때 그들은 지금과 다른 미래, 다른 가족을 상상했을지 모른다. 1982년 스웨덴의 순스발 인근에 살던 농부 안데르스 할베리는 집을 개조하다가 벽돌로 쌓은 벽 안에서 편지 꾸러미를 발견했다. 그 주택은 그의 집안이 여러 세대를 이어 살아온 곳이었다. 꾸러미를 풀어 보니, 할아버지 닐스와 그의 첫 아내 클라라가 주고받은 연애편지임을 알 수 있었다. 그녀는 동네에서 '아름다운 클라라'로 유명했다. 닐스는 그녀에게 피아노를 연주해 주는 것을 무척 좋아했다. 1918년 1월 17일 클라라가 쓴 편지에는 이렇게 적혀 있었다. "내 사랑 닐스. (……) 당신을 품에 안고서, 내가 당신을 얼마나 그리워해 왔는지 들려줄 수 있기를 간절히 바라고 있답니다. 내가 타고 갈 기차는 토요일 5시 정각에 도착해요. 1000번의 따뜻한 인사와 키스를 보내며. 당신의 클라라. 추신: 오늘 엥글라와 이야기했어요. 당신께 안

---

* 참가자보다 적은 수의 의자를 놓고 음악과 함께 원을 그리며 돌다가 음악이 멈추면 의자에 앉는데 앉기에 실패한 사람이 차례로 탈락하는 게임이다.

404

부를 전해 달래요."[2] 닐스와 클라라는 1918년 8월에 결혼했으나 이듬해 4월 클라라가 스페인독감으로 숨지고 말았다. 몇 년 후 닐스는 엥글라와 재혼했다. 1924년 엥글라는 아들을 낳았고, 그 아이가 앤더스의 아버지였다. 닐스는 피아노에 다시는 손대지 않았다. 예전의 그 편지들을 없앨 수 없었던 것이 분명했다.

"펠라가 가장 예뻤을 텐데." 폴란드 작가 야로스와프 이바슈키에비치는 그의 소설 「빌코의 아가씨들」에서 이렇게 썼다. 이 작품 속에서 펠라는 스페인독감으로 숨을 거두는데, 이 기억은 그 뒤 살아남은 다섯 자매를 유령처럼 따라다녔다. 이 이야기는 폴란드 영화감독 안제이 바이다가 1979년에 영화로도 제작했다. 그 후 수십 년간 사람들은 달리 일어날 수도 있었던 일, 그러니까 일종의 '대체역사'에 대한 미련을 떨치지 못했다. 너무나 많은 사람이 죽었는데, 그 죽음이 너무나도 자주 마구잡이로 일어나는 것처럼 보였다. 만약 상황이 달리 전개되었다면 어떻게 됐을까? 생존자들은 내내 이런 생각에 사로잡혔다. 어쩌면 살아남은 자의 죄책감 같은 것인지도 몰랐다. 장성한 자녀를 잃은 노부모는 그것을 침묵 속에서 견뎠고, 또 그래야만 했다. 그렇다 보니, 우리는 실레의 그림 「가족」에 찬사를 보내지만, 아들을 잃고도 17년을 더 살았던 그의 어머니 마리의 비탄에 관해서는 아무것도 알지 못한다.

　온 세상이 재편되는 지각 변동 속에서 어떤 이는 그 갈라진 틈새로 추락했다. 이를테면 더 이상 일을 할 수 없어진 데다 '플랑드르 블루'*에 시달리는 참전용사로 오인받은 (하지만 그들보다 수적으로는 더 많았을) 우울증 환자를 비롯한 장기 병약자라든가, 새 짝을 찾을 희망이라고는 사라진 과부 그리고 아무도 원치 않았던 고아가 그랬다. 독감의 표적이 된 사람도 주로 스무 살부터 마흔 살까지의 연령대이다 보니, 허다한 식구들이 생계 부양자를 빼앗긴 처지에 놓여 있었다. 어떤 이는 너무나 허술해서 올이 다 드러난 안전망에 간신히 걸려 있기도 했다. 개중에는 생명보험 정책의 운 좋은 수혜자도 있었다. 미국의 생명보험업계가 범유행병에 따른 보상금으로 1억 달러에 가까운 돈을 지급했던 것이다. 지금의 환율로 계산하면 200억 달러에 이르는 거금이었다. 유언장에 이름이 오른 행운도 있었다. 가령 독일에서 미국으로 건너간 이민자가 독감으로 사망하면서 그의 부인과 아들이 꽤 많은 돈을 물려받은 일도 있었다. 이들은 그 돈을 부동산에 투자했고, 지금은 그 이민자의 손자가 수십 억대의 자산가로 알려진 부동산 재벌이 되어 있다. 바로 도널드 트럼프다. 그렇지만 대부분의 사람은 그런 장밋빛 미래를 기대할 처지가 못 되었다. 한 스웨

---

* 제1차세계대전 때 장기 격전지였던 플랑드르 지역에서 복무했던 사람의 정신적 후유증을 일컫는 말.

덴 연구에 따르면 독감 사망자 한 명당 네 명이 구빈원으로 들어갔다.[3] 당시 스웨덴의 공립 구빈원에 수용된 사람은 음식과 의류, 의료 구호품과 장례 비용을 지급받았지만, 법적으로는 무능력자 판정을 받았다.

이런 연구는 흔치 않다. 이런 피해에 관해 지금까지 남아 있는 정보의 대부분은 단편적인 일화다. 게다가 그 점을 감안하더라도 일화에 담긴 목소리가 희미하다. 부모 잃은 아이의 곤경은 특히 파악하기가 어렵다. 이들에 관한 확고한 데이터가 없다고는 해도, 그리고 평시보다 전시에 태어나는 아이가 적기는 하지만, 독감의 주요 표적이 젊은 부모를 포함한 한창때의 사람이었다는 사실을 감안하면 대단히 많은 수의 고아가 그때 발생했을 수 있다. 입양은 지금처럼 조직적이지 않았다. 그때는 상당수가 그저 대가족에 흡수되거나 국가의 피후견인이 되고** 말았을 것이다. 안테 프라니체비치도 그런 고아 출신이었다. 크로아티아의 네레트바 강변에 있는 작은 마을에서 네 자녀 중 한 명으로 태어난 그는 독감으로 며칠 사이에 부모와 할머니까지 잃고, 무신경한 친척들 손에서 자랐다. 그는 성년이 되자 친구와 함께 크로아티아를 떠나 아프리카에서 새로운 삶을 시작했다. 두 사람이 북로디지아(지금의 잠비아)에 도착한 것은 마침 앵글로아메리칸 광산 회사가 구리 산출 지대를 따

***

** 고아원에 맡겨진다는 뜻.

라 광산을 개발하기 위해 이곳에 들어온 직후였다. 이들이 정착한 곳은 사실상 사람이 살지 않는 곳이었다. 처음에는 뱀이 들끓는 밀림 속에서 야영을 했지만, 회사와 더불어 그들의 재산도 늘어 갔다. 특히 제2차세계대전을 앞둔 시기여서 구리 수요가 오를 때였다. 안테는 25년간 앵글로아메리칸에서 일하면서 결혼도 하고 가족을 먹여 살린 데 이어, 퇴직한 후 넉넉한 상태에서 남아프리카로 갔다.

받아 줄 사람이 없을 때 고아는 정말이지 미래가 암울했다. 1970년대에 나이가 지긋한 독일 여성 파울리네 하머가 리처드 콜리어에게 보낸 편지에는 이런 사연이 담겨 있었다. 1919년 그녀는 독감으로 양친을 다 잃었고, 열여덟 살 난 누이가 남은 식구(여덟 살 난 파울리네와 다른 두 동기 그리고 한 명의 젖형제까지)를 모두 먹여 살리려 애를 썼다. "하지만 아홉 달쯤 지나서는 뿔뿔이 흩어져야만 했다." 그 후 이들에게 어떤 일이 일어났는지에 관해서는 편지에 적혀 있지 않았다. 부모를 여읜 것이 인생에 그림자를 드리웠다는 사실만 전했다. 몇몇 정부에서는 양심에 가책이라도 느꼈던 걸까? 증명해 보이기는 어려워도, 1923년 프랑스에서 미성년자 입양이 합법화된 데에는 독감 고아가 대거 발생한 사실이 일조했다는 해석이 가능하다. 그로부터 3년 후 영국에서도 입양을 합법화했다. 그 전까지는 100년에 걸친 입법 청원 운동에도 성과가 없었던 터였다. 이러한 법은 수백만 어린이에게 도움이 되었다. 그러나 정작 스페인독감의 고아 상당수에게는 애석하게도 뒤늦은 조치였다.

에이즈도 수백만 명의 고아를 낳았고 에볼라도 수천 명의 고아를 만들었다. 복지 기관의 보고에 따르면, 이런 고아는 학교를 중퇴하거나 영양실조에 걸리거나 노숙자가 되거나 성인에게 착취당하거나 매춘과 범죄에 끌려 들어갈 가능성이 더 크다. 지금도 마찬가지인데 하물며 1918년에는 더 말할 것도 없었다. 검은 10월 동안, 남아프리카 한 곳에서만 50만 명의 아이가 부모를 잃은 것으로 추정되었다. 남아프리카 정부는 경찰청을 비롯해 우체국과 철도청, 몇몇 종교 기관과 함께 야심 찬 고아원 짓기 사업을 시작했다. 그러나 혜택은 주로 소수자인 백인에게 돌아갔을 뿐 수십만의 흑인이나 유색인 고아는 별 도움을 받지 못했다. 이 아이들은 입양되지 않았을 경우 계약 노동자(가정의 하인이나 머슴)나 부랑자가 될 때가 많았다.

1919년 케이프타운의 검사가 한 유색인종의 어린 피고를 '독감 잔류자'라 부르면서 절도죄로 기소했을 때 한 말을 보면 그 모습이 생생하게 잡힌다. "그는 집도 없고, 부모가 어찌 되었는지도 알지 못합니다. 나이도 정식 이름도 성도 모릅니다. 그가 다른 아이와 같이 잠을 자는 곳도 잔교 밑이나 낡은 상자 안입니다. 기차 칸에서 자기도 하는데 기회만 되면 일등석을 선호하지요. 행색은 굶어 죽을 상에, 쓰레기든 뭐든 손에 잡히는 대로 먹고, 학교라고는 가 본 적도 없습니다." 그는 "도시를 배회하며 아무 데서나 자는 또래 소년 수십 명 중 한 명"이었다. 재판관은 그 소년에게 유죄 판결을 내리고 4년간 소년원에서 복역하도록 했다.

사회가 회복으로 나아가는 도중에 방해가 되는 골칫거리는 한쪽으로 밀려났다. 새로운 아기가 태어났고(1920년대는 기록적인 시기였다) 인구는 예전 수준을 회복했다. 적어도 일부 국가는 경제도 다시 좋아졌다. 미국에서는 1918년 독감 때문에 산업 생산과 상업 활동이 심각한 타격을 받았다(의료 생산품 전문 사업만 예외였다). 그러나 경제학자 엘리자베스 브레이너드와 마크 시글러가 그 후 10년 동안 주별 독감 사망률을 개인 소득 추정치와 비교해 본 결과 놀라운 상관관계가 발견되었다. 사망률이 높을수록 1인당 소득 성장률도 높게 나타났던 것이다. 이런 경향은 1920년대 내내 이어졌다. 이 경향이 새로운 부의 현상이라고는 할 수 없었지만, 사회가 격동을 겪은 후에는 반등하는 힘이 있음을 보여 주는 지표였다.[4]

모든 공동체가 회복에 성공한 것은 아니었다. 섬나라

인 바누아투는 오늘날 영어와 프랑스어, 민족 공용어인 비슬라마어 이외에 130개가 넘는 구어의 고향이면서, 세계에서 언어학적으로 가장 밀도가 높은 곳이다.° 바누아투 군도의 지역은 스페인독감 기간에 90퍼센트의 사망률을 겪었다. (1900년대 초 군도를 휩쓴 또 다른 돌림병인 천연두, 나병과 함께) 이 유행병은 약 20개 토착어를 멸종으로 내몰았다. 이 재앙적인 몰락을 겪고 난 후 인구는 아직도 회복 중이지만 그 20개 언어(그리고 그와 연관된 문화)는 영원히 사라지고 말았다.[5]

그러다 보니 어떤 이는 오늘날 많은 소규모 사회에서 안고 있는 사회적 질병의 원인을 스페인독감을 포함한 유행병에서 찾기도 한다.° 1997년 조핸 헐틴이 알래스카의 브레빅미션에 있는 독감 희생자의 공동묘지를 다시 개봉하러 돌아갔을 때 그 마을은 서글프게도 희망이 없는 곳이 되어 있었다. 1951년에 방문했을 때와 딴판이었다. 예전에 그곳 사람은 고래잡이와 사냥을 하며 자족적인 삶을 살고 있었지만 지금은 복지 지원금에 의존해 살아가고 있었다.[6] 물론 고래잡이와 사냥은 위험한 일이었고, 따라서 헐틴의 인상이 틀렸을 수도 있다. 영리한 주민들이 정부가 주는 것이라면 어떤 돈이든지 받고서, 대신 덜 위험하면서도 성취

° 각 토착어의 사용자는 평균 1000명에서 2000명에 이른다.

°° 외부자와의 접촉이 새로운 질병의 유입 말고도 더 다양한 방식으로 그들의 삶을 바꿔 놓은 것은 사실이다.

감을 주는 활동에 시간과 에너지를 쓰는 삶을 택했을 수도 있다. 하지만 알래스카 원주민 위원회가 작성한 보고서에 따르면 사실은 그렇지 않았다. 3년 전에 나온 이 보고서는 알래스카 사람을 남이 먹여 주고 교육시키고 안내하는 데 길들여진 "문화적으로나 영적으로 장애가 있는 사람"으로 기술했다.[7]

위원회는 그 책임이 유행병에도 어느 정도 있다고 봤다. 그 병이 알래스카 토착 문화에 관한 지식과 전통의 보고였던 주술사와 원로를 앗아 간 동시에 고아를 양산했다고 본 것이다. 20세기 초에는 그런 고아를 공동체에서 데려다 중앙집권적인 기관에 맡기는 것이 상례였다. 그렇게 하는 것이 아이를 더 크고 다양한 공동체에 동화시키고 이들의 시야를 넓히게 하는 데 도움을 줄 거라고 보았다. 하지만 보고서는 아이들이 체험한 것은 오히려 "장기적인 문화 상실"이었다고 주장했다. 이 문제는 천연자원과 지역 산업의 일자리를 둘러싼 외부인과의 경쟁으로 더 악화되었고, 결국 "원주민을 도우려는 의도에서 마련된 정부 프로그램이 늘어날수록 그들의 사회적 심리적 환경은 더 나빠지는" 최악의 상황에 이르고 말았다. 다시 말해, 정부가 돈을 많이 쏟아부을수록 알코올 중독과 범죄, 자살률의 수치는 더 치솟게 되었다는 얘기였다.

1994년에 나온 그 보고서를 작성하는 데 참여한 사람 중에는 유피크족의 원로인 해럴드 나폴리언도 있었다. 보고서가 나온 뒤 2년이 지나, 그는 술에 취해 그의 젖먹이 아들을 살해한 죄로 페어뱅크 교도소에 수감되었다. 그는 복역 중 감옥에서 「유야라크」라는 제목의 에세이를 썼다. 토착어로 '인간이 되는 길'이라는 뜻의 유야라크는 유피크족이 전통적으로 거주했던 세상, 즉 동물과 사람의 정령으로 가득한 세계를 부르는 이름이기도 했다. 나폴리언의 에세이는 잃어버린 세계에 대한 비가이자, 그곳 사람에게 일어난 일을 이해하려는 노력이었다. 자신과 동료 재소자들의 체험을 토대로 쓴 글에서 그가 전한 메시지는 200년 가까이 그들을 난타한 유행병이 그들의 문화를 파괴하고 정신적 외상을 초래했다는 것, 그 상처가 너무나 큰 나머지 그에 관해 이야기조차 할 수 없는 지경이 되었다는 것이었다. "지금까지도 '날룽구아크'는 유피크족이 살아가면서 일어나는 문제나 불쾌한 사건에 대처하는 법으로 남아 있다"라고 그는 적었다. "어른들은 젊은이에게 날룽구아크, '그런 일이 일어나지 않은 체하라'라고 조언한다." 그들이 모르는 체해야 할 것은 허다했다. 결국 사랑하는 사람들이 죽어갔다는 사실뿐 아니라 자신들의 세계가 몰락하는 것을 보았다는 사실마저도 그들은 모르는 체해야 했다.[8]

18장. 반과학, 과학

1901년 구스타프 클림트가 「의학」이라는 그림을 공개했을 때 빈 사회는 충격에 휩싸였다. 이 작품은 빈대학교에서 대강당 천장을 장식하기 위해 의뢰한 연작 중 하나였다. 연작의 주제는 어둠에 대한 빛의 승리였지만, 클림트의 그림은 생명의 강을 뜻하는 나체의 폭포수 중앙에 해골 형상의 죽음을 배치했다. 그의 의도는 분명했다. 치유의 기술에 관한 한 어둠이 빛에 계속 승리하고 있다는 뜻이었다. 교육부는 이 작품을 천장에 매다는 것을 거부했고, 클림트는 그 그림을 자신이 갖고 있겠다면서 납품 계약을 파기했다. 그가 그림을 해외에서 전시할까 봐 겁이 난 교육부에서 그 작품이 국가 재산이라고 주장하면서 중개인들을 보내 그림

을 압류하려 했다. 클림트가 엽총으로 그들을 위협했고, 그들은 빈손으로 돌아갔다.[1]

클림트는 아버지와 형과 누이가 죽어 가는 것을 지켜봤을 뿐 아니라 그의 어머니와 또 다른 누이는 정신이상자가 되었다. 많은 남녀 유명 인사 그리고 이름이 알려지지 않은 더 많은 사람과 마찬가지로 병은 그의 삶을 망쳐 놓았다. 21세기 초 의료인의 자만심에 대해 경고한 사람은 클림트만이 아니었다. 1906년 조지 버나드 쇼는 희곡『의사의 딜레마』The Doctor's Dilemma를 썼다. 이 작품 속에서 저명한 의사로 나오는 콜렌소 리전 경은 마치 신처럼 환자의 운명을 가지고 논다.° 하지만 세균 이론의 발상지였던 유럽조차, 그런 사람은 주류에 역행하는 소수에 불과했다. 그런 반발이 일반화된 것은 스페인독감을 거친 후였다. 1918년 10월 28일 런던의 일간지『타임스』는 관계자의 태만과 예측 부재를 험악한 어조로 불평하면서, "국가의 보건에 대해 누군가 책임지기를" 기대했다.『뉴욕타임스』는 지구상에서 가장 열렬한 과학 국가 축에 드는 나라를 겨냥해 "과학은 우리를 보호하지 못했다"라고 단언했다.[2] 사방에서 서양 의학의 반대자들이 "약물은 이제 그만!"이라고 외쳐댔다.

의료계의 자만심은 벌을 받았다. 적어도 산업화한 세

° 이 인물의 실제 모델이었던 암로스 라이트 경은 공연 도중에 나갔다고 전해진다.

계에서는 그랬다. 비정규 치료법은 저마다 정규 의술보다 치유율이 높았다고 주장했고, 이들의 추종자는 늘어만 갔다. 그 후 20년이 넘도록 과학자들이 스페인독감의 원인을 두고 논쟁하는 사이, 비정규 의료 시술자는 세력과 위상을 키워 갔다. 나아가 이들은 '대체의학'이라는 보다 존경심을 유발하는 상표까지 얻었다. 1920년대에 미국의 몇몇 도시에서는 일반 의사를 찾아간 사람들의 3분의 1이 대체 의료 시술자도 찾았다. 또한 척추지압술이 유럽 대륙에 상륙한 것이 1920년대 초였는데 1920년대 말에는 남극을 제외하고 모든 대륙에 퍼져 있었다. 동종요법의 경우, 범유행병이 돌던 동안 뉴욕 사람의 건강을 주재했던 사람이면서, 내과 의사이자 동종요법 치료사로서 양다리를 걸친 인물인 로열 S. 코플랜드가 정식으로 합법화했다. 자신이 뉴욕 상원 의원이 되어 1938년 연방 식품, 의약품 및 화장품 법에 따라 허가받을 수 있게 했던 것이다.

비정규 의술의 건강 개념은 일리야 메치니코프의 것과 근본적으로 달랐다. 이 파스퇴르의 부관이 봤을 때 자연 상태는 본질적으로 조화롭지 못했다. 따라서 건강으로 이끌기 위해서는 도움의 손길, 특히 백신 접종이 필요했다. 반면, 비정규 의료인에게 질병이란 자연적 조화가 교란된 결과였다. 그들은 백신 접종도 교란으로 보았고, 그래서 격렬히 반대했다. 자연요법의 아버지인 베네딕트 루스트는 세균 이론을 "현대의 가장 거대한 농간"이라고 불렀다.[3] 비정규 요법이 위상을 키워 감에 따라 이들의 생각은 대중의 의식 속으로 침투해 들어갔고, 마침내 일반 의학계에서도 받아들여지게 되었다. 그중에서도 가장 중요한 것은 위생을 넘어 운동과 몸에 관한 의식 그리고 식습관까지 아우르는 예방의 강조였다. 이런 생각이 대중에게 다가가는 과정에서 사회 엘리트도 이것을 축복하고 권장했다. 이들은 이런 방법을 통해 하위 계급 사람이 공산주의의 위험한 유혹에 빠지지 않도록 주의를 분산시킬 수 있을 거라고 봤다. 그래서 자신이 병에 걸리면서 범유행병이 스페인독감으로 불리는 데도 일조했던 바로 그 스페인 국왕 알폰소 13세는 1920년 마드리드 축구 클럽에 왕가의 칭호를 하사했고, 레알(왕의) 마드리드 FC가 창단되어 축구는 국민 오락이 되었다.

자연으로 돌아가려는 운동이 시작된 것은 19세기였다. 이 운동은 산업화의 해독제로 시작되었지만 순전히 엘리트주의적인 움직임이었다. 1920년대에는 독일의 생활 개혁 운동° 같은 운동이 범위를 넓혀 가며, 스페인독감으로 최악의 피해를 입었던 영역의 사람들을 끌어들였다. 1918년 뉴욕의 이탈리아계 미국인은 오데사의 유대인처럼

° 채식주의와 나체, 동종요법을 주창.

창문을 꼭꼭 닫아 두고 지냈다. 이들도 정령이나 나쁜 공기가 질병을 유발한다고 믿었다. 이제는 햇빛과 신선한 공기가 건강의 대명사가 되었다. 1930년에는 사람들의 정신 속에 자연과 청결의 개념이 확고하게 연결되어 있었다. 직관에는 반하는 일도 있었다. 전쟁 이후, 한때 활발했던 금연운동이 와해된 것이다. 군부대에서 흡연은 다른 죄악을 대신할 가장 덜 나쁜 대체품이었을 뿐 아니라, 스페인독감을 물리칠 예방약으로 적극 권장되었다. 이제 담배는 긍정적인 특성과 연결되면서 널리 유행하게 되었다. 여기에는 여성도 합세했다.

정규 의학의 철천지원수 중에는 기독교과학자들이라는 교파도 있었다. 이들은 의학적인 개입을 거의 다 거부했다. 범유행병이 지나가자, 이들은 기도만으로도 정규 의술보다 더 뛰어난 효과를 거둘 수 있다는 사실이 입증되었다고 주장했다. 이 시기에 이들의 본산인 미국은 물론 해외에서도 추종자가 빠르게 늘어났다. 새로운 신앙-치유 운동이 탄생했다. 필라델피아는 스페인독감이 특히 심했던 곳이었다. 1918년 10월(『뉴욕타임스』에서 과학의 실패를 요란하게 외친 바로 그때) 필라델피아의 교파인 믿음교회 기관지인 『영혼의 검』은 "신의 치유에 대한 하느님의 증언"이라는 제목으로 스페인독감에서 '치유받은 사람'의 증언들을 발행했다. 바로 그해에 믿음교회는 지금의 가나인 골드 코스트°에도 진출했고, 토고와 코트디부아르로도 빠르게 퍼져 갔다. 믿음교회는 1920년대 말 서아프리카에서 하락세를 보였으나, 아프리카의 복음주의 운동 속에서 계속해서 생명을 이어 가고 있다. 두 교파는 똑같이 신의 치유와 방언을 강조한다.

많은 아프리카인이 1918년 이해력에 위기를 겪었다. 서양 의학과 결부된 기독교 선교사는 물론 자신들의 전통 치료사도 재앙을 물리치지 못했던 것이다.[4] 새로운 세대의 예언자들이 출현해 이전과 다른 세계관을 제시했다. 남아 프리카에서 독감을 앓고도 살아남았던 논테사 응크웬크웨도 그중 한 명이었다. 그녀의 이야기는 서양 의학과의 충돌 속에서 비극으로 끝이 났다. 그러나 지적 위기를 겪고 있었던 것은 아프리카 사람만이 아니었다. 1921년 아서 코넌 도일도 이런 글을 썼다. "빅토리아 시대의 과학은 세계를 단단하고 깨끗하면서도 벌거벗은 상태로 남겼을 수도 있다. 마치 달의 풍경처럼." "그러나 사실, 이런 과학은 어둠 속의 작은 빛에 지나지 않으며, 우리는 한정된 지식의 제한된 둘레 밖으로 거대하고 환상적인 가능성의 희미한 윤곽과 그림자가 주변을 에워싸고 있는 것을 본다. 이것은 우리의 의식을 가로질러 끊임없이 자신을 던지고 있어서 외면하기

° 이곳에도 독감 피해가 커서 6개월 만에 10만 명이 숨진 것으로 추정되었다.

어렵다."[5]

코넌 도일은 가장 과학적인 탐정 셜록 홈스를 창조한 영국의 작가였지만, 아들을 스페인독감으로 잃은 후에 소설 쓰기를 중단했다. 대신 심령술°에 몰두했다. 심령술은 19세기에 유행했지만 1918년 이후 다시 인기를 누렸다. 여기에는 시간을 네 번째 차원이라고 말한 알베르트 아인슈타인도 얼마간 기여했다(네 개의 차원이 있다면, 그 이상도 있을 수 있고, 그중에는 영면하지 못한 영혼이 숨어 있는 곳도 있지 않겠는가?). 1926년 코넌 도일이 케임브리지 대학교의 과학 모임 회원들 앞에서 초청 강연을 했을 때, 참석자들은 심령체를 모든 정신 현상의 물질적 기초로 설명하는 그의 말에 회의적이긴 해도 정중한 태도로 귀 기울였다.[6]

전반적으로 1920년대는 지적인 개방과 시험의 시대이자, 경계를 허무는 시대였다. 1915년 일반 상대성이론을 발표하면서, 아인슈타인은 관찰자의 주관성 개념을 도입했다. 닐스 보어와 베르너 하이젠베르크는 스페인독감이 세상을 휩쓴 지 10년이 채 안 되던 시기에, 모든 지식에 불확실성이 존재한다고 주장했다. 스페인독감을 몸소 겪었던 과학자라면 누구나, 특히 에밀 루의 이유의 존재êtres de raison°°에 관한 통찰력 있는 사색을 기억한다면, 좋은 과학

° 살아 있는 사람이 죽은 사람과 교신할 수 있다는 믿음.
°° 그것의 존재가 효과로부터만 추론될 수 있는 유기체.

421

에 개방성과 실험의 엄정성, 적정 정도의 겸손이 요구된다는 사실을 알 수 있었다.

그때 그런 생각이 유행하는 데는 교황도 한몫했다. 제1차세계대전 이전만 해도 번창했던 과학계는 1919년에는 남아 있는 게 없었다. 만약 그해에 국제 과학 회의가 열렸다면 독일인과 오스트리아인은 배제되었을 것이다. 바티칸은 1914년에 중립을 선언함으로써 양쪽 참전국을 모두 화나게 했다. 1921년 평화를 재확립하고 다시 국제사회의 환심을 사고 싶었던 교황 베네딕토 14세는 죽어 가던 린체이 아카데미°를 되살렸다. 그리고 여기에 국제 과학계의 관계를 복구하는 사명을 맡겼다. 그는 이해관계에서 초연한 진리의 추구를 대화의 완벽한 도구로 보았지만, 어떤 추구를 대화에 참여시킬지를 두고서는 까다로웠다. 오직 '순수' 과학이나 실험 과학에만 자격이 주어졌다. 그러니까 물리학과 화학, 생리학 같은 학문이었다. 인간적인 문제의 해결을 목표로 하는 응용과학은 그가 보기에 주관적이었고, 따라서 무엇보다 전쟁을 낳은 긴장을 다시 조성하기 쉬웠다.[7]

그럼에도 평화협정의 범위는 결국 모든 과학으로 확장되었다. 1930년대에 이르면 의학이 어느 정도까지는 위상을 만회했다. 세균학이 개별 학문으로 자리를 잡았고,

---

° 교황청 과학원의 전신.

처음으로 독감 백신이 유통되기 시작했다. 앞서 플레밍은 파이퍼의 바실루스를 접시에서 배양하기 위해 시험과 실패를 거듭하다가 페니실린을 발견했다. 하지만 그 무렵 미국의 자연요법주의자이자 레슬러인 제시 머서 게먼이 자연치유 잡지를 발행해 성공을 거둬, 신문왕인 윌리엄 랜돌프 허스트°°보다 더 큰 재산을 모았다. 독일에서는 나치가 집권한 후 자연의 청결 개념을 독일 국민의 정화를 정당화하는 데 전용했다. 이 사업은 제2차세계대전으로 극에 달했다. 전쟁 막바지에 히틀러 친위대가 퇴각하면서 오스트리아의 한 성에다 불을 질렀다. 그곳에는 빈의 벨베데레 박물관에서 가져온 작품들이 안전을 위해 보관되어 있었다. 여기에는 클림트의 「의학」도 포함돼 있었다. 그중 오늘날까지 남아 있는 것은 스케치 몇 점과 품질이 떨어지는 사진 몇 장뿐이다. 클림트는 자기 그림의 비운을 알지 못했다. 1918년 2월에 이미 사망했기 때문이다. 그는 뇌졸중을 겪고 병원에 입원한 동안 폐렴에 걸리고 말았다. 어떤 이는 그가 스페인독감의 초기 희생자였다고 주장했다.

°° 그의 어머니 피비가 스페인독감으로 사망했다.

19장. 모두를 위한 의료

범유행병으로부터 보건 당국이 배운 것이 있다면, 감염성 질병에 걸리는 것을 개인 탓으로 돌리거나, 감염자를 고립된 개인으로 대하는 것은 더 이상 사리에 맞지 않는다는 사실이었다. 1920년대 많은 정부에서 사회화된 의료°의 개념을 수용했다.

　모두에게 혜택이 돌아가는 보편적 의료 서비스 체계가 단번에 도입될 수는 없다. 그런 체계가 발전하는 데는 시간이 필요하다. 진정한 국민 보편의 것이 되려면, 무엇보다도 가장 중요한 시작은 어떻게 비용을 지불할 것인지 방법을 강구하는 것이다. 이 분야에서는 독일이 개척자였다. 오토 폰 비스마르크 수상이 국민 의료보험 프로그램을 마

° 건강보험 등을 통해 모든 환자에게 무상으로 의료 서비스가 제공되는 체계.

련한 것이 1883년이었다. 국가 재정에 의한 중앙 관리 체계에서 독일 국민은 13주까지 치료비와 함께 병가 중 급여를 받을 수 있었다.° 영국과 러시아는 보험 체계를 1910년대에 확립했지만, 중서부 유럽의 대다수 국가에서 뒤를 따른 것은 그로부터 10년 뒤의 일이었다.

재원이 확보되고 나면 그다음 수순은 의료 서비스를 제공하는 방법을 재조직하는 것이다. 스페인독감이 유행하던 때만 해도 독일의 의료 서비스는 뿔뿔이 조각 나 있는 상태였다. 전국적인 의료 정책의 구상은 1914년에도 퍼져 있었지만 실행에 옮겨지지는 않았다. 의사들은 자기비용으로 일을 하거나, 자선 단체나 종교 기관의 후원을 받았다. 이런 양상은 산업화된 세계 어디에서나 똑같이 반복되었다. 1920년에는 바덴에서 에른스트 퀸츠라는 사회위생사가 전면적인 개혁을 제안했다. 정부에서 각 지역의 내과 의사 수련과 경비 지원을 맡고, 전국의 모든 행정 단위마다 보건위원회를 선출하게 하는 방안이었다.¹ 퀸츠의 제안은 무시됐다. 어떤 이가 지적했듯이, 변화의 필요성을 인정할 경우 독일 내과 의사로서는 스페인독감 대처의 실패를 자인하는 꼴이 되는 것을 우려했기 때문인지도 모르지만, 제안을 받아들일 준비도 돼 있지 않았다.

1920년 중앙관리식의 완전한 공공의료 체계를 실행

에 옮긴 나라는 러시아였다. 전 국민을 대상으로 한 것은 아니었다. 농촌 인구는 포함되지 않았다.°° 그럼에도 대단한 성취였다. 막후의 추진력은 블라디미르 레닌이었다. 그는 비록 혁명에는 성공했지만, 그것이 기근과 유행병, 내전으로 인한 노동계급의 전멸에 가까운 희생 위에 이루어졌음을 잘 알고 있었다. 의사들은 새로운 체제에서 박해받을까 두려워했지만(볼셰비키는 지식인을 좋아하지 않았다) 레닌은 새로운 보건 행정 기관의 모든 단위에 의사가 참여하도록 요청해 오히려 의사들을 놀라게 만들었다. 출범 초기 이 기관은 특히 유행병과 기근을 예방하는 데 역점을 두었다.

미래의 내과 의사에 대한 소비에트의 공식 청사진은 1924년에 제시되었는데, 정부는 의과대학에서 무엇보다도 "병을 일으키는 직업적 사회적 요인을 공부해서, 병의 치료는 물론 예방법까지 제시하는 능력"을 가진 의사를 배출하도록 요구했다.[2] 레닌은 의과대학이 생물학적이고 실험적일 뿐만 아니라 사회학적이어야 한다는 사실을 깨달았다. 그와 같은 시기에 역학°°°도 과학으로서 완전한 인정을 받았다.

역학에는 데이터가 필요하다. 범유행병 이후 몇 년에

°° 이들은 1969년에 가서야 포함되었다.
°°° 질병의 원인과 효과, 유형을 연구하는 과학으로 공공의료의 초석이다.

걸쳐 의료 데이터의 보고 방식은 더 체계를 갖추게 되었다. 미국의 경우 1925년까지 모든 주가 전국 질병 발생 보고 체계에 참여하는 수준에 이르렀다. 1918년에는 애석하게 도 존재하지 않았던 조기 경보 기구가 모양을 갖춰 가기 시 작했고, 공공의료 관료들도 국민의 '기초' 건강에 더 많은 관심을 보이기 시작했다. 1935년 미국은 처음으로 전국 건 강 실태 조사를 실시했다. 과거 '끔찍한 표본'이 발표된 후 18년 만의 일이었다. 당시 징집 대상자를 대상으로 한 대규 모 신체검사에서 예방이나 치료가 가능한 질병과 기형의 수준은 충격적일 만큼 높았다.

각 정부는 유행병 대비 태세를 한층 강화했다. 그중에 서도 중국이 가장 주목할 만했다. 이곳에서는 1911년 만주 페스트가 발병한 후 몇 년에 걸쳐 우롄더가 거의 혼자서 근 대 의료 체계의 기초를 닦았다. 1912년에 북만주 페스트 예 방소를 세웠고, 이듬해에는 의과대학에서 해부가 합법화 되었다. 1915년에는 중국에서 서양 의학을 증진하기 위한 국가의학협회가 창립되면서 우롄더가 초대 사무총장을 맡 았다. 장제스가 군벌들로부터 권력을 장악한 후에는 정부 가 보건 데이터의 수집을 중앙집중화했고, 1930년에는 국 립검역소가 세워져, 첫 소장인 우롄더의 지휘하에 중국의 모든 주요 항구의 검역 방식을 감독하는 한편, 제네바에 있는 국제연맹에 정기적인 역학 보고서를 보냈다. 그런가 하면, 페르시아의 레자 칸은 스스로 왕위에 오른 지 2년이 되지 않아 영국으로부터 페르시아만의 검역소를 되찾아 왔다. 이 과정에서 1923년과 1936년에 충돌이 있기는 했지만, 그의 정부는 국가의 위생 기반 시설에 대한 재정 지원을 25배 인상했다.[3]

보다 많은 질병 데이터를 이용할 수 있게 되고 보다 많은 사람이 국민 의료'망'에 포함되면서 역학의 범위도 확대되었다. 처음에는 감염성 질병에만 초점을 맞췄지만 얼마 있지 않아 비감염성 혹은 만성 질병까지 아우르게 되었다. 1970년에 이르러 역학자들은 건강에 관련된 것이라면 모든 결과에 관심을 보였다. 여기에는 심지어 살인까지 포함되었다. 이와 같은 진화는 그사이에 일어난 과학의 진보와 인구학적 변화를 반영했다. 즉 심장 질환과 암이, 그리고 보다 최근에는 치매가 감염성 질병을 대신해 최대 살인자로 등극한 데 따른 변화였다.

1948년 영국에서 국립보건서비스가 설립되었을 때까지도 많은 사람이 폐렴과 결핵, 소아마비, 성병으로 숨졌다. 아기도 20명 중 1명꼴(지금의 10배 이상)로 만 한 살이 되기도 전에 사망했다. 의학도 요즘 같지 않았다. 하지만 1918년 이후에는 장족의 발전이 있었다. 현대적인 항생제가 나왔고 1955년부터는 소아마비 백신도 보급되었다. 국립보건서비스를 비롯한 유사한 시스템이 큰 변화를 낳을 수 있었던 것은 그 덕분이었다. 그 전까지 가난한 사람은 아무런 의료 혜택을 받지 못한 채 혼자 알아서 해결하거나, 때로는 위험한 민간 의학이나 의사의 자선에 의존할 수밖에 없었다. 하지만 이제는 많은 병을 치료받을 수 있었다. 그중에서도 고령자는 가장 큰 변화를 경험한 축에 속했다. 예전에는 많은 노인이 '뒤쪽 병동'이나 구빈원에 방치되어 삶을 마감하는 비운에 처해 있었다. 국립보건서비스는 영국에서 노인 의학의 발달을 개척했다.

지금은 많은 사람이 무상 의료를 당연하게 여긴다. 그래서 이 개념이 1940년대만 해도 어떤 사람에게는 극도로 인기가 없었다는 사실을 잊기 쉽다. 바로 국립보건서비스가 출범하기 전 두 해에 걸쳐 막으려고 했던 의사들이다. 자신들의 수입과 독립성에 위협이 될 거라고 여긴 탓이었다. 의사들은 국립보건서비스를 사회주의('사회주의자들의 음모')와 동일시했다. 한번은 하원에서 보수당의 윈스턴 처칠이 노동당의 어나이린 베번 보건부 장관을 공격하면서 '국가의 불행'이라고 부르기도 했다. 사실 '사회주의자들의 음모'에 대한 두려움은 오늘날 미국인이 아직도 보편적인 의료 체계를 누리지 못하고 있는 이유이기도 하다.

그 대신 미국에서는 1930년대부터 계속해서 고용주 기반 보험 체계가 확산되었다.

1920년대에 많은 나라에서 보건부를 설립하거나 재편했다. 범유행병의 직접적인 결과였다. 범유행병 기간에는 공중보건 지도자들이 내각 회의에서 완전히 배제돼 있거나 다른 부에 필요한 재원과 행정력을 간청해야 할 처지에 있었다. 하지만 이제는 최고회의에도 참석하게 되었고, 공중보건이 점차 국가에서 책임지는 일이 되었다. 동시에 정치인들은 공중보건 조치가 자신들에게 국민에 대한 영향력을 확대하는 수단이 된다는 사실을 깨달았다. 보건은 점점 정치적인 문제가 되었고 독일에서 절정에 달했다.

비록 에른스트 퀸츠의 개혁안은 무시되었지만, 독일에서 보건에 대한 강조는 바이마르 공화국(1919~1933)에 와서 개인의 실천에서 공공의료 쪽으로 조금씩 옮겨 갔다. 나치당이 집권했을 무렵에는 의사들이 의료 서비스 제공에서 정부와 협력하는 데 익숙해진 상태였다. 물론 우생학은 오래전부터 사상계에서 강력한 흐름으로 존재했지만, 1930년대에 와서는 나치가 공포한 우생 이론이 의료 현장에서 주류가 되었다.

1933년 나치가 맨 처음 통과시킨 법 중 하나가 유전적 질병을 가진 후손을 예방하기 위한 법이었다. 이것은 '불임

법'으로도 알려졌는데, 입법 목적이 유전적으로 열등하다고 규정된 사람이 자식을 낳는 것을 금지하는 것이었다. 판사와 의사('국가의 변론인'으로 활동하는 의사)로 구성된 '유전적 보건 법원'이 그런 개인의 강제 불임화에 관한 결정을 내렸다. 재판 과정은 일반인의 방청이 금지되었고, 어떤 때는 10분도 채 걸리지 않았다. 이 법은 그 뒤에도 범위가 확장되면서 법원이 임신 6개월까지 낙태를 지시할 수 있도록 했다.[4]

이제는 국민의 보건 상태를 그 나라의 근대화 또는 문명화의 지표로 보게 되었다. 재난 감시가 개선되고, 아프리카와 아시아 식민지의 보건 문제가 눈에 띄게 되면서 식민지 열강에게는 치부가 되었다. 그와 동시에 식민지의 원주민은 자신들의 상황에 분개했고 적절한 보건을 제공하지 않은 식민 국가를 비난했다. 이들은 러시아와 러시아의 국민 의료 시스템을 동경의 눈길로 바라보았다. 자본주의 서방은 자신들의 해결책을 제시해야만 했는데, 그 해결책이란 주로 록펠러 재단이 제공하는 것이었다.

록펠러 재단은 1913년 5월 뉴욕에서 창업주 존 D. 록펠러와 그의 자선사업 고문인 프레더릭 테일러 게이츠 그리고 아들 존 D. 록펠러 주니어가 설립한 스탠더드오일 산하의 자선사업 기구였다. 그로부터 6주 후에 만들어진 재단의 국제 보건 사업부는 양차 대전 사이 국제 공중보건 분야에서 주역 중 하나가 되어 많은 식민지와 신생 독립 국가뿐 아니라 서유럽에서 질병 퇴치를 지원했다. 예컨대 1922년에는 스페인 정부와 현대적인 보건 시스템을 구축하는 협정을 체결했고, 중국에서도 특히 베이징 셰허의학원에 대한 재정 지원을 통해, 우롄더가 의학 교육을 정비하는 것을 지원하는 데 힘을 쏟았다.

록펠러만이 아니었다. 파스퇴르 연구소도 그 무렵 날개를 펼쳤다. 1922년 테헤란에 전초기지를 세웠다. 이는 에밀 루가 파리 평화회의에 온 페르시아 대표단과 주고받은 대화의 직접적인 결실이었는데, 대표단은 스페인독감으로 나라가 황폐화된 것에 충격을 받은 상태였다. 전쟁이 끝난 직후 유럽이 독감뿐 아니라 티푸스와 결핵 같은 유행병으로 피폐해져 있었을 때에는 종교 단체들이 피해 지역에서 인도주의 구호 활동을 조직했다. 1919년에는 쇠약하고 질병에 시달리는 오스트리아와 독일 아동(전쟁과 연합국의 봉쇄로 인한 희생자)에게 구호를 제공하기 위해 세이브더칠드런 재단이 설립되었다.

이 모든 활동이 의도는 좋았다. 하지만 상호조율성은 비교적 떨어진다는 점에서 새로운 종류의 국제 보건 기구의 필요성이 제기되었다. 이에 따라 1907년 유럽 23개국의 후원하에 파리에 본부를 둔 국제공중위생사무소가 창설되었다. 다만 기능은 주로 감염성 질병에 관한 정보를 모아 전파하는 것이었고, 공중보건 프로그램을 수행하지는 않았다. 이제는 보다 적극적인 기구가 필요한 상황이었고, 1919년 제네바에 본부를 둔 국제적십자사의 지원을 받아 빈에서 유행병 퇴치를 사명으로 내건 국제기구가 문을 열었다.

공중보건을 좌우하는 두 가지 반대되는 힘(사회화와 정치화)이 급기야 국제적 차원에서 충돌했다. 유행병 퇴치를 위한 기구가 문을 열자마자 여기에 패전국도 포함시킬지 여부를 두고 국가들이 다투기 시작했다. 반유대주의 세력은 유대인 난민을 동유럽의 강제수용소에 격리시키기 위한 로비를 시작했다.° 또한 그때까지 러시아에 남아 있던 독일인 전쟁포로에 대한 질문도 제기되었다. 그중에 볼셰비키 선동가가 있다면 귀국을 허용해야 하는가?

이런 문제를 두고 논쟁이 벌어지는 동안 세이브더칠드런의 영국인 창설자인 에글렌타인 젭은 포용을 고집한 인물로 단연 돋보였다. 그녀는 심지어 볼셰비키까지 포용해야 한다고 주장했다. 정치적 목적에 포획된 것은 유행병 퇴치 기구만이 아니었다. 록펠러는 자선을 가장한 신식민

° 그때에도 이미 '강제수용소'라는 용어는 새로운 게 아니었다. 그보다 20년 전에 영국이 2차 앵글로 보어 전쟁 기간에 보어 여성과 아동을 수용하기 위해 지은 수용소를 부르기 위해 사용한 말이었다.

주의의 실행가라는 의심을 받았다. 록펠러 재단은 '억압받고 소외된 인종'에게 미국식 계몽주의를 전하는 것을 사명으로 삼았는데, 계몽주의를 전달하는 나라에서 사업가와 선교사 간의 긴밀한 결속을 유지했다.°°

1920년대 초 국제연맹은 독자적인 보건 기구를 설립했다. (유행병 퇴치 기구와 그보다 오래된 범아메리카 보건 기구 그리고 파리에 본부를 둔 기구와 함께) 이 기구는 오늘날 세계보건기구의 전신이 되었다. 1939년 제2차세계대전이 터지면서 국제연맹과 산하의 보건 기구가 함께 와해된 것은 미래의 세계보건기구의 설계에 분명한 메시지를 주었다. 새 기구의 존립이 모체인 국제연합의 존립에 좌우되어서는 안 된다는 것이었다. 그에 따라 세계보건기구는 1946년 독립 기관으로 출범했다. 그때에는 이미 우생학의 위신이 추락한 상태였고, 세계보건기구는 헌장에 보건에 관한 철저히 평등주의적인 관점을 새겨 넣었다. 헌장은 그때나 지금이나 이렇게 선언한다. "도달할 수 있는 최고 수준의 건강을 향유하는 것은 인종, 종교, 정치적 신념과, 경제적 또는 사회적 조건의 구별 없이 만인이 가지는 기본적 권리의 하나이다."

° 재단의 평판은 나중에 재단에서 나치 우생학 프로그램에 관여하면서 퇴색한다.

20장. 전쟁과 평화

전쟁에서 독일군을 진두지휘했던 장군 에리히 루덴도르프는 스페인독감이 자신의 승리를 훔쳐 갔다고 생각했다. 제 1차세계대전을 두고 '만약 이랬다면 어땠을까?' 같은 상상이 무수히 쏟아졌다. 만약 허버트 애스퀴스의 자유당 정부가 1914년에 그럴 뻔했던 것처럼, 영국이 계속해서 전쟁에서 중립을 유지했더라면 어떻게 되었을까?* 그로부터 3년 후 미국이 전쟁에 개입하지 않았으면 어떻게 되었을까? 만약 프리츠 하버가 질소로 암모니아를 제조하는 법을 발견하지 못했다면? 그리하여 독일이 연합국의 해양 봉쇄로 초석(질산칼륨)을 배로 공급받지 못하는 와중에도 계속해서 폭탄을 만들 수 있는 상황이 벌어지지 않았다면 어떻게 되

---

* 영국은 처음에 중립을 지키려 했지만 독일이 벨기에의 중립을 무시하고 침략하자 독일에 선전포고했다.

었을까? 지난 일이 그렇게 일어난 것은 모두가 복합적이고 상호작용을 일으키는 수많은 과정으로 인한 것이기 때문에 그 속에서 하나만 뽑아내려 하면 사람들을 오도할 위험이 있다. 그럼에도 루덴도르프의 주장만큼은 한번 면밀히 살펴볼 가치가 있다. 그만 그런 주장을 한 것은 아니기 때문에라도 그렇다. 그와 똑같은 주장이 금세기에 와서 전쟁을 전문으로 연구하는 학자들에 의해서도 반복해서 재기되었기 때문이다.

1918년 3월 말 춘계 공세를 시작했을 때만 해도 동맹국은 우위에 있었다. 동부 전선이 무너진 후 전투 경험으로 다져진 부대가 대거 그곳에서 풀려나 이제는 적진 침투 같은 최신 전술에 따라 재훈련을 받았다(이들이 그 민첩한 돌격대원이었다). 연합국의 봉쇄로 본국이나 참호 안이나 다 식량이 귀했지만 독일은 임계점에 거의 다 왔다고 느꼈고 승리를 낙관했다. 반면 연합국의 사기는 바닥을 기었다. 병력 면에서 이미 한계를 넘어선 상태였고 수년간의 공격 실패로 지쳐 있었다. 그 전해 가을에는 에타플르에서 반란이 일어났다가 무자비하게 진압되기도 했다.

공세의 1단계는 성공적이었다. 4월 초 독일은 연합국을 60킬로미터 이상 뒤로 밀어붙였다. 4월 9일, 2단계인 게오르게테 작전 때는 좀 더 전진했다. 암울한 분위기 속에서도 영국 총사령관 더글러스 헤이그는 마지막 한 사람까지 '끝까지 싸우라'고 독려했다. 그러나 바로 그때 게오르게테가 힘을 잃기 시작했고, 4월 말에는 작전이 취소됐다. 5월 27일 3단계인 블뤼허 작전이 시작됐지만 블뤼허는 6월 초에 이미 비틀대고 있었다. 프랑스의 반격이 성공하면서 7월 카이저 전투*는 중단되었고, 연합국은 8월부터 연속 공격에 나서 동맹국을 프랑스에서 몰아내고 전쟁에 종지부를 찍었다.

동맹국은 6월쯤 병참선이 부대의 진격을 따라가지 못하는 상황이었고 병사 또한 기진맥진한 상태였다. 그러나 앞에서 일정이 보여 주듯이, 이미 그 전인 4월 중순쯤부터 상황은 그들에게 불리하게 돌아가기 시작했다. 참호에서 독감이 처음 출현한 것이 바로 그 무렵이었다. 양측 모두 독감으로 인한 피해가 막심했다. 그러나 당시 독일 돌격부대원으로 자신의 중대와 함께 아라스 남쪽 20킬로미터 지점의 작은 숲(영국군은 로시그놀 숲이라 불렀고, 독일군은 잡목림125라 불렀다)을 방어하기 위해 파견되었던 에른스트 윙거는 독일의 피해가 더 컸다고 느꼈다. 그의 회상에 따르면 매일같이 부대원 몇 명이 아프다고 보고했다. 그들을 구호하기로 돼 있었던 대대조차 거의 "녹초가 된 상태"였다. "그러나 우리는 그 병이 적 사이에서도 퍼지고 있다

는 사실을 알았다. 하지만 배급 식량이 부실한 우리가 병에 걸리기가 더 쉬웠다. 특히 어린 병사는 간혹 밤사이에 숨지기도 했다. 우리는 언제라도 전투에 나설 준비가 돼 있어야 했지만, 잡목림125 상공에는 늘 마녀의 가마솥 위처럼 검은 연기 구름이 끊이지 않았다."[1]

대부분의 역사가가 독감이 적대 행위의 종결을 앞당겼다는 데는 의견을 같이한다. 하지만 독감이 전쟁의 승자를 결정 지었다고 말하는 데는 주저한다. 그러나 이들과 달리, 두 명의 역사가는 독감이 연합국보다 동맹국을 더 호되게 "벌했으며", 이 때문에 결과가 한쪽으로 기울었다는 의견을 제시한다. 군사학자인 데이비드 자베키는 독일군의 영양실조가 독감을 악화시켰다는 윙거의 주장에 동의하는가 하면,[2] 정치학자인 앤드루 프라이스미스는 치명적인 가을 파도가 위태롭던 오스트리아-헝가리 제국에 마지막 결정타였을 수 있다고 주장한다.[3] 루덴도르프는 독일이 우려했던 재앙의 징조를 보았는지도 모른다. 9월 말쯤 그는 신경쇠약 비슷한 것을 앓았다. 그의 부관은 정신과 의사를 불렀다.

1918년 가을이 되었을 때 동맹국의 상황은 대단히 나빴다. 상황의 진정한 심각성은 전쟁이 끝나기 전까지는 국경 너머에 있는 사람들 눈에 보이지 않았다. 작가 슈테판

츠바이크는 그 심각성을 일찍 느꼈다. 그가 평화협정 이후 몇 달이 되지 않아 모국인 오스트리아로 돌아가던 여행길이었다. 그가 탄 기차가 스위스 국경에 멈춰 섰을 때, 그는 안내에 따라 "말쑥하고 청결한" 스위스 객차를 떠나 오스트리아 객차로 옮겨 타야 했다.

> 그 안에 들어서자 곧바로 그 나라에 무슨 일이 일어났는지 알아차릴 수 있었다. 우리에게 좌석을 안내한 경비원들은 초췌하고 굶주린 기색에 누더기 차림이었다. 찢어지고 낡아빠진 제복을 구부정한 어깨 위로 헐렁하게 걸치듯 입은 그들은 여기저기를 쏘다녔다. 창문을 열고 닫기 위한 가죽 끈은 잘려 나간 상태였다. 물자 하나하나가 귀했기 때문이다. 좌석에는 칼과 총검 자국이 나 있었고, 덮개 전체가 마구잡이로 잘려 나가 있었다. 구두를 수선하는 데 필요하거나, 가죽만 보이면 가지려 드는 사람들의 소행 같았다. 마찬가지로 재떨이도 온데간데없었다. 니켈이나 구리 조각을 취하려고 훔쳐간 것이었다.[4]

영국 경제학자 존 메이너드 케인스는 그의 책 『평화의 경제적 결과』에서 패전국들의 절박한 상황에 대해 경고했다. 그는 "지난 몇 달 동안 동맹국의 보건 상황에 관한 보고 내용은 너무나 특이해 상상이 시시해질 정도인 데다, 그것을 인용하는 사람이 감상에 빠지는 죄책감을 느낄 지경처럼 보인다"라고 쓰고, 빈의 한 신문을 인용했다. "전쟁의 마지막 몇 년 사이에 오스트리아 한 나라에서만 적어도 3만 5000명이 결핵으로 사망했고, 빈 한 도시에서만 1만 2000명이 숨졌다. 현재 우리는 결핵 치료가 필요한 최소 35만 명에서 40만 명에 이르는 사람들을 처리해야만 한다. 영양실조 때문에 핏기가 없는 세대가 근육 미발달, 관절 미발달, 두뇌 미발달 상태에서 자라고 있다." 결핵 환자가 특히 독감에 취약했다는 사실을 우리는 알고 있다. 만약 어떤 자료가 시사하듯, 스위스와 프랑스가 동쪽에서 온 범유행병의 두 번째 파도를 맞은 게 사실이라면, 오스트리아-헝가리는 그 나라들보다 독감에 더 오래 노출되었을 가능성이 있고, 그에 비례해 피해가 더 컸을 수 있다. 따라서 루덴도르프의 주장에는 어느 정도 일리가 있으며 독감이 연합국에 유리했다는 주장도 가능해 보인다.

그렇다면 평화는 어떨까? 여기에서도 독감이 어떤 역할을 했을까? 몇몇 역사가는 그렇다고 생각한다. 세 번째 파도가 파리에 닥쳤을 때는 평화협상이 한창 진행 중이었다. 그로 인해 어렵고 지루했던 협상의 단계마다 관여했던 대표들이 직접 혹은 간접적으로 독감의 피해를 입었다. 중국 대표단의 웰링턴 쿠는 중국의 산둥성 반환(궁극적으로는 중국의 존엄 회복)을 위해 싸우던 도중에 독감으로 아내를 잃었다. 아라비아의 로렌스로 유명한 T. E. 로런스(파이살 왕자가 이끄는 아랍 대표단을 따라 왔다)는 부친이 독감으로 죽어 간다는 소식을 듣고 잠시 자리를 비우고 영국으로 향했다. 하지만 그가 도착했을 때 부친은 숨을 거둔 지 이미 두 시간이 지나 있었다. 그는 돌아서서 곧장 협상장으로 돌아왔다. 아랍인이 압도적으로 많은데도 최근까지 오스만 제국에 속했던 땅의 미래에 관한 논의에 그만큼 관심이 많았기 때문이다.[5] 영국 총리 데이비드 로이드 조지는 지난가을에 걸린 독감 병치레에서 건강을 회복했는가 하면, 프랑스 총리 조르주 클레망소는 3월과 4월 내내 '감기'에 시달렸다. 그는 지난 2월 암살 공격을 받고 살아남았다. 그가 앓은 병은 어깨 뼈 뒤쪽에 박힌 총알 후유증이었을 수도 있지만, 스페인독감이었는지도 모른다.

하지만 당시 파리의 가장 중요한 독감 희생자는 아마도 미국 대통령 우드로 윌슨이었을 것이다. 그는 힘든 일을 계속 견뎠으나 그를 지켜본 사람들은 평소 같으면 침착하고 사려 깊었을 그가 가끔씩 건망증을 보이거나 화를 잘 내고 성급한 판단을 내리는 것에 주목했다.° 윌슨은 기저 질

° 불행히 그의 최측근 보좌관인 에드워드 하우스 또한 상태가 좋지 않았다.

환으로 신경쇠약증이 있었고, 수년 동안 일과성허혈발작(작은 뇌졸중)을 앓고 있었을 수도 있다.[6] 오늘날 그의 사례를 연구한 어떤 신경과 전문의들은 그해 봄 독감이 작은 뇌졸중을 추가로 일으킨 것이라고 주장한다.° 만약 그렇다면 협상의 결과에도 영향을 주었을까?

월슨은 분명히 그 협상에서 핵심 인물이었다. 그는 14개 원칙으로 무장한 채, 복수심이 더 강했던 유럽 측 협상 상대에 맞서 온건한 평화와 국제연맹을 위해 싸우는 과정에서 고군분투했다. 하지만 그의 최근 전기 작가 중 한 명인 존 밀턴 쿠퍼 주니어는 그해 봄 월슨의 위태로운 건강 상태가 협상에 지속적으로 영향을 미친 것은 아니라고 봤다. 산둥이라는 중요한 사안만 예외로 한다면°° 그가 파리에서 자신의 목표를 사실상 모두 달성했다는 것이다. 이른바 독일에 안긴 모멸감과 곤경 때문에 평화협상의 가장 해로운 결과물이었다는 패전국의 배상금 문제만 해도, 대표단은 원칙에만 합의했을 뿐 실제 배상액에 합의하지는 않았다. 그것은 나중에 조약을 비준한 모든 나라의 대표가 조정했다. 나중에 밝혀진 것처럼, 미국은 거기에서 빠져 있었다.[7]

그러나 1919년 봄 월슨의 신경 상태에 관해서는 전문

° 여기에 동의하지 않는 의사도 있다. 후향 진단은 까다롭기로 악명 높다.

°° 국제연맹의 가입 서약을 대가로 일본에 내줌으로써 중국은 격분했고 월슨은 원통해했다.

가의 의견이 달랐다 해도 그해 10월에 그가 겪은 심각한 뇌졸중에 관해서는 어느 정도 견해가 일치한다. 그보다 앞선 독감 병치레가 분명히 한 요인으로 작용했을 거라고 보는 것이다. 쿠퍼는 뇌졸중이 윌슨(좌반신 마비)은 물론 세계 정치에도 지울 수 없는 흔적을 남겼다고 봤다. 그 때문에 윌슨이 미국 정부로 하여금 베르사유 조약을 비준하고 국제연맹에 가입하도록 설득할 수 없었다는 이유에서다.* 결국 독일은 가혹한 배상금을 물어야만 했고, 이것은 독일 국민의 분노를 자극했다. 미국이 국제연맹에서 발언권이 있었다면 일어나지 않았을 수도 있는 일이었다. 윌슨이 내걸었던 목표에 자신이 최대 장애물이 됨으로써 결과적으로 스페인독감은 제2차세계대전에도 간접적으로 일조했는지 모른다.

평화 과정 말고도, 독감은 다른 중요한 정치적 사건까지 틀 지웠다. 1919년 3월 야코프 스베르들로프 전全 러시아 중앙집행위원회 의장도 독감에 걸려 일주일 만에 사망했다. 작지만 고압적인 모습에다 진지한 목소리의 소유자로 머리부터 발끝까지 검은 가죽으로 차려입기를 좋아했던 그는 그 전해 8월 레닌이 암살 미수 사건으로 총에 맞아 중상을 입은 후로 그의 오른팔 노릇을 해 오던 터였다. 레

---

* 윌슨은 국제연맹에 대한 공화당의 반대를 무릅쓰고 비준안을 상원에 상정한 후 지지 여론을 모으기 위해 전국 순회 연설에 나섰으나 뇌일혈로 쓰러졌고 비준안은 상원에서 부결되었다.

온 트로츠키는 전쟁인민위원회에 있던 자신에게 레닌이 전화를 걸어 스베르들로프의 사망 소식을 알린 순간을 기록했다. "'그가 갔어. 그가 갔어. 그가 갔어.' 잠시 우리 둘은 각자 수화기를 손에 든 채 반대편 침묵만 느꼈다. 그런 다음 전화를 끊었다. 더 할 말이 없었다."8 스베르들로프는 볼셰비키 최초의 주요 국가 장례로 치러져 붉은광장에 안치되었다. 스베르들로프의 자리는 여러 사람이 거쳐 갔다. 하지만 어느 누구에게서도 그가 보여 준 활기는 찾아볼 수 없었다. 맨땅에서 공산주의 국가를 건설하는 막대한 과업에는 모두가 역부족이었다. 1922년 마침내 그 빈자리를 차지한 인물이 이오시프 스탈린이었다.

1918년 5월 독감으로 앓아누웠던 스페인 국왕 알폰소 13세는 그보다 두 달 전에는 쿠데타를 가까스로 모면한 터였다. 병상에서 일어난 후에는 새 연립정부를 그럭저럭 구성할 수 있었다. 반대 정파들을 설득해 협상장으로 불러내고, 그렇게 하지 않으면 왕위에서 물러나겠다고 위협한 결과였다. 이것은 그가 지명한 정부를 자유당과 보수당이 교대로 지배하도록 보장해 줌으로써 19세기 혼란에 마침표를 찍을 수 있었던 대타협인 '평화적 전환'을 구하려는 필사적인 시도였다. 어떤 이는 국왕이 병에서 회복하지 못했다면 혹은 회복하는 데 시간이 더 오래 걸렸다면 스페인이 몇 년 더 일찍 독재국가로 전락했을 거라고 주장해 왔다. 사실인즉 1923년 미겔 프리모 데리베라 장군이 이끈 쿠데타에 독재 시대가 개막되었지만, 독재를 향한 스페인 사람의 열망은 1918년 방역 독재를 촉구할 때에 이미 드러난 바 있었다. 국민들은 자신을 낙후된 상황에서 건져 내 유럽의 주류 국가 반열에 되돌려 놓을 강력한 지도자를 간절히 희구했다.[9]

1918년 가을에는 노동자 파업과 반제국주의 시위가 전 세계에 물결쳤다. 불만은 1917년 러시아 혁명 이전부터 들끓고 있었지만 독감이 불길에 부채질을 했다. 이미 절박한 처지였던 물자 공급 상황은 독감 때문에 더 나빠졌고, 불평등이 첨예하게 부각되었다. 지구 전역에 번개가 치면서 식민주의의 부당과 때로는 자본주의의 불공정까지 만천하에 드러났다. 우생학적인 사고방식에 기운 이들은 하층계급의 피해가 막대했다는 점을 들어 이들의 열등한 체질을 탓하는 경향을 보였다. 그러나 하층계급 또한 그런 격차에 주목했고, 그것을 자신들이 부유층의 손에 착취당한 증거로 해석했다. 가령 프랑스 식민지인 세네갈에서는 식민지 의사들이 유럽인에게는 샴페인을, 원주민에게는 와인을 처방한 사실을 간과하지 않았다.[10] 독일에서는 가을 독감 파도가 한창이던 1918년 가을에 혁명이 일어났고, 질서가 잘 잡힌 스위스도 내전까지 갈 뻔했다. 좌익 단체가 군내 독감 사망자가 많은 것을 두고 정부와 군 지휘부에 책임을 물으면서 벌어진 일이었다.

서사모아는 독감 관련 사망률이 세계에서 가장 높았던 나라 중 하나였다. 1918년 11월 독감에 감염된 뉴질랜드 증기선 탈룬호가 수도 아피아에 도착한 후 전체 인구에서 5명 중 1명꼴로 사망자가 나왔다. 이 재앙은 섬의 뉴질랜드 행정청에 대한 원주민의 적개심을 더 악화시켰다. 1920년대에는 섬의 이전 점령국이었던 독일을 상대로 전개되었던 비폭력 저항 운동 마우가 되살아나기에 이르렀다.° 1929년 아피아에서 평화 시위가 일어났을 때, 경찰은 마우의 지도자인 최고 수장 투푸아 타마세세 릴로피를 체포하려 했다. 충돌이 벌어졌고 경찰은 군중을 향해 실탄을 쏴 타마세세를 비롯한 10명의 시위대를 사살했다. 그 후 마우의 지지도는 계속해서 올라갔고, 몇 번의 좌절 끝에 서사모아(지금의 사모아)는 1962년 마침내 독립을 쟁취했다. 이웃한 미국령 사모아는 지금까지 미국령으로 남아 있다.

한국에서는, 앞에서 말했듯이 스페인독감으로 인한 한국인의 사망률이 식민 모국인 일본인의 두 배에 달했다. 그런가 하면 이집트의 독감 관련 사망률도 대략 영국의 두 배였다. 1919년 3월 한국은 독립운동을 펼쳤으나 곧바로

° 뉴질랜드는 전쟁이 터지자 독일로부터 섬을 탈취했다.

일본에 진압되었다.^{○○} 같은 달 이집트와 수단 국민은 '보호국' 영국에 맞서 봉기를 일으켰고, 이 봉기는 1922년 이집트의 독립으로 이어졌다. 한편, 1919년 3월 인도 내부의 긴장도 한계점에 달했다. 여기에는 독감도 크게 작용했다. 하지만 문제가 곪아 터진 것은 달이 바뀌고 난 후의 일이었다.

간디와 풀뿌리

1918년 여름 내내 마하트마 간디는 영국의 전쟁에 인도인 부대를 충원해 지원하느라 분주했다. 가을이 됐을 때 그는 기진맥진한 상태였고, 아마다바드 외곽 아쉬람*에서 병을 다스리고 있었다. 그는 이 병을 약한 이질쯤으로 생각했다. 그래서 단식으로 낯선 기운을 몸 밖으로 빠져나가게 할 작정이었다. 하지만 유혹에 넘어가 아내 카스투르바가 준비해 두었던 달콤한 포리지**를 한 사발 먹고 말았다. "이는 죽음의 천사에게 이끄는 초대라 하기에 충분한 것이었다." 훗날 그는 회고했다. "한 시간도 안 돼 이질 증세가 극심해졌다."¹¹

그것은 이질이 아니라 스페인독감(그의 경우 위장에서 일어난 변종)이었다. 독감은 인도의 독립 투쟁에서 결

○○ 한국은 제2차세계대전 후 마침내 독립했다.

* 힌두교도가 수행하며 거주하는 곳이자 그곳을 기반으로 하는 공동체.

** 곡물을 빻은 뒤 물과 우유를 넣어 끓인 죽.

정적이었던 순간에 간디를 무력화했다. 1918년 그의 나이는 48세였다. 앞서 20년 동안 남아공에서 민권 운동의 요령을 익히고 선조의 땅으로 돌아온 지 3년이 지난 때였다. 그동안 그가 추구해 온 목표는 두 갈래였다. 하나는 영국의 전쟁 활동에 인도인을 동참시키는 것이었고, 다른 하나는 비폭력 저항 운동 사탸그라하*로 인도인을 동원하는 것이었다. 독립운동을 하는 사람 중에는 두 목표가 상호배타적이라는 시각도 있었다. 간디는 그렇게 보지 않았다. 그는 인도가 연합국의 전쟁 활동에 공헌해야 전쟁에서 승리했을 때 협상 과정에서 최소한 얼마간의 자율 통치의 지위를 요구할 수 있다고 생각했다. 그것이 당근이라면 사탸그라하는 채찍에 해당했다. 인도인이 자신들의 정당한 몫을 위해 평화적으로 싸울 준비가 되어 있음을 영국인에게 상기시키는 것이었다.

간디가 인도에 와서 조직한 사탸그라하 운동의 초창기 두 가지 운동은 모두 구자라트에서 일어났다. 이곳은 그가 태어난 주이자, 남아공에서 돌아와 자신의 아쉬람을 지은 곳이었다. 1918년 2월에 시작된 첫째 운동은 구자라트 최대 도시인 아마다바드의 직물 공장 노동자들을 동원해 저임금에 항의하도록 한 것이었다. 몇 달 뒤에는 케다 지역의 농민들을 설득했다. 이들은 장마철 가뭄으로 기아의 벼

---

* 산스크리트어로 '사탸'는 진리, '아그라하'는 노력, 열정을 뜻한다.

랑 끝에 내몰린 상황에서 계속해서 토지세를 내라는 정부의 요구에 맞서는 시위를 벌였다.

두 차례의 사탸그라하 운동은 시위대의 요구가 전부는 아니어도 일부 수용되는 선에서 끝이 났고, 병에 걸렸을 때쯤 간디는 지식인 사이에서 미래의 민족 지도자로 비쳐지고 있었다. 문제는 그에게 풀뿌리 지지자가 없다는 사실이었다. 케다에서 그가 동원한 농민의 숫자는 수만 명이 아니라 수천 명에 불과했다. 그는 그것이 구자라트 농민의 정치적 각성을 알리는 출발점이라 여겼다. 하지만 그가 가야 할 길이 얼마나 먼지 절감한 것은 그해 6월 케다로 돌아와 농민들에게 군 입대를 독려했을 때였다. 그들은 거절했다. "당신은 비폭력 숭배자이면서, 어떻게 우리에게 무기를 들라고 청할 수 있는가?" 농민들의 지적이었다.

스페인독감의 두 번째 파도가 9월에 밀려들었을 때는 가뭄까지 겹쳤다. 무덥고 건조한 가을 날씨에 사람들은 심한 물 부족에 시달렸다. "사람들이 물을 구걸했다"라고 한 미국인 선교사는 보고했다. "그들은 물을 차지하기 위해 서로 싸웠다. 그들은 물을 도둑질했다."[12] 시골에서는 풀이 모자라 소들이 죽었고, 주인들은 거세한 수송아지들이 습한 내음을 좇아 우물 속으로 뛰어들까 봐 늘 지켜봐야 했다. 한해살이 작물의 처음 것은 거둘 때가 되었고, 둘째 것은 씨를 뿌려야 했지만 인구의 절반이 병에 걸려 작업을 끝낼 일손이 없었다. 구자라트가 속해 있던 봄베이 관구의 주요 식량 가격은 두 배로 뛰었다. 정부가 할 수 있는 일이라고는 유행병이 절정에 달한 10월 밀 수출을 중단하는 것뿐이었다. 그즈음 사람들은 곡물의 낟알이라도 훔치기 위해 움직이는 화물 열차에 뛰어들었다. 굶주린 난민이 봄베이로 밀려들었는데, 콜레라가 이들을 제물로 삼았다. 강은 떠내려온 시신들로 막혔다. 화장에 쓸 나무조차 모자란 탓이었다.

식민 당국은 이제 원주민의 건강에 대한 오랜 무관심의 대가를 치렀다. 재난에 대처하기 위한 준비가 전혀 돼 있지 않았던 것이다. 봄베이 관구에서 공중보건 물자 공급은 도시 너머로 확대되지 않았고, 게다가 많은 의사가 전쟁에 나가 있었다. 간호직은 인도에서 생긴 지 얼마 되지 않았고, 수련을 거친 간호사 집단은 봄베이에만 있었다. 시골 지역보다 도시에서 죽어 가는 사람이 더 많기도 했지만, 상황이 그렇다 보니 도시에서밖에 도움을 받을 수 없는 형편이었다. 시골의 마을과 외딴 공동체는 대부분 자력으로 해결하는 수밖에 없었다.

정부는 도움을 호소했다. 때맞춰 응답이 왔는데 대개는 독립운동과 긴밀히 연계된 조직들로부터 온 것이었다.

이 중 다수는 사회 개혁에 적극적이었고, 수십 개에 이르는 지역의 카스트와 공동체 조직을 동원하기 좋은 위치에 있었다. 이들은 기금을 모으는 한편 구호소 설치와 함께 의약품과 우유, 담요를 나눠 주는 사업을 조직했다. 이들의 노력도 도시 중심부를 넘어 멀리까지 뻗지는 못했다. 그러나 구자라트는 예외였다. 가끔 자유 인도의 요람으로 불리기도 하는 바로 그 지역에서 이례적인 일이 일어났다.°

아마다바드의 시 당국에서 학교를 병원으로 전용하는 것을 허가하지 않자(곧바로 지방 언론은 그러면서도 시에서 보건 담당 관리의 봉급을 증액하기 위해 세금을 올린 사실이 있음을 지적했다), 앞서 케다의 사탸그라하 운동 조직을 지원했던 친자치 조직인 구자라트사바에서 아마다바드 지역 외딴 마을의 절박한 요구에 대응하기 위해 독감 구제 위원회를 세운 것이었다. 여기에는 지난 2월 간디가 직물 노동자를 대변해 내세운 요구에 반대했던 제분소의 소유주 중 한 명인 암발랄 사라바이까지 지원금을 내놓았다.

남쪽으로 수백 킬로미터 더 떨어진 수라트 지역에서는 자유의 투사가 정부의 공백을 메웠다. 그중에서도 이상주의자인 세 청년의 활약이 두드러졌다. 형제인 칼리안지와 쿤바르지 메타와 다얄지 데사이였다. 원래 이들은 독립

° 이곳이 간디가 태어난 곳이어서만이 아니라 식민 통치에 저항해 온 오랜 역사를 가지고 있기 때문이다.

운동의 첫 지도자인 발 강가다르 틸라크를 따랐는데, 그는 자치를 달성하는 데 도움이 된다면 폭력에도 반대하지 않았다.° 하지만 시간이 지나면서 이들은 간디의 보다 평화적인 방법에 설복되었다. 세 사람 모두 구자라트 시골의 토착 카스트에 속해 있었는데°° 1910년대에 자신들이 하던 정부 일을 포기하고 수라트에서 아쉬람을 시작했다. 이들의 목표는 청소년을 상대로 각자의 계층적 관점으로부터 인도의 자유를 위한 투쟁과 사회 개혁, 특히 카스트 제도 개혁의 필요성을 교육하는 것이었다.

메타 형제와 데사이가 만든 두 아쉬람은 이제 지역 전반의 독감 구제 활동에 필요한 일손을 충당했다. 메타 형제는 전국의 친독립 조직에서 보내 준 후원금으로 무료 약국을 세웠다. 아쉬람의 학생들이 배달을 맡았다. 칼리안지는 몸소 자전거를 타고 집집마다 찾아다녔다. 시신도 그들이 수거해 화장했다. 틸라크가 이끄는 조직의 수라트 지회인 가정규칙연맹에서 백신 접종 사업을 시작했을 때는 두 아쉬람이 또 한 번 자원봉사자들을 지원했다. 이들의 노력은 수라트 시 위원회의 노력과 조화를 이루었다. 아마다바드보다 더 적극적이었던 수라트의 시 위원회는 두 개의 순회 약국을 가동했고, 지역 병원에 감염성 질병 병동을 따로 설

° 쿤바르지 메타는 폭탄까지 조립했지만 터뜨린 적은 한 번도 없었다.
°° 메타 형제는 중간 계층인 파티다르, 데사이는 높은 계층인 아나빌 브라민이었다.

치했다.

당시 학생 자원봉사자들이 주민들에게 어떤 백신을 접종했는지는 불분명하다. 그해 가을에는 정부 연구소 두 곳에서 만든 두 종의 백신이 준비되어 있었다. 하지만 아주 제한적인 방식으로만 접종이 가능했다. 새로운 백신이 널리 무료로 보급된 것은 12월의 일이었다. 그때는 이미 유행병이 최악의 상황을 지난 시점이었다. 학생들이 나눠 준 약은 아유르베다식이었을 가능성이 크다. 1918년이면 아직 인도에 서양의 의약품이 폭넓게 받아들여지기 전이었다. 여전히 대다수 사람은 아플 때 아유르베다에 의지했다. 이런 약제의 효능은 (백신과 마찬가지로) 의심스러웠다. 하지만 학생들은 그것을 지역의 외딴 마을까지 가지고 갔다. 이 과정에서 학생들은 '낙후된' 사회 집단 사람들을 접할 수 있었는데 그중에서도 아디바시족은 평생 처음 만났다.

아디바시족(이들은 나중에 '지정 부족'*이라 불린다)은 학생들을 의심의 눈길로 바라봤다. 이 외부인들은 오랫동안 자신들을 착취해 온 계층 사람이기 때문이었다. 주민 다수는 학생들이 가져온 약을 거부했다. 어떤 이는 아유르베다의 효능에 의문을 품었고, 어떤 이는 병에 대해 가능한 처방은 자신들 탓이 분명해 보이는 신들의 분노를 달래기 위해 애쓰는 것뿐이라고 주장했다. 그럼에도 칼리안지 메

---

* 인도 정부가 전통적으로 카스트 사회에서 배제된 채 차별받아 온 부족민을 지정해 교육, 구직 등에서 특별 혜택을 주기로 한 것을 말한다.

타의 인내심과 실용주의는 주민들의 마음을 샀고, 결국에
는 다수가 약을 복용했다(그의 형제 쿤바르지 메타는 그들
의 생활을 개선하려는 노력으로 주민들 사이에 기적을 낳
는 사람이라는 평판을 얻기까지 했다). 수라트 지역에서
벌인 구제 활동의 수혜자 수는 보수적으로 잡아도 (힌두교
인, 이슬람교인, 기독교인, 부족인, 불가촉천민 구분 없이)
1만 명에 달한 것으로 추산된다. 덕분에 젊은 자유의 투사
들은 신문에서 그들의 공적을 읽은 수라트와 아마다바드,
봄베이 같은 도시 거주자의 존경심을 얻었다.[13]

그런가 하면, 그해 가을 간디의 아쉬람에서는 독립운
동을 벌이던 몇몇 저명인사가 독감으로 몸져누웠다. 그중
에는 간디가 직물을 통한 인도의 자급자족 희망을 걸었던
물레질 교사인 용맹스러운 과부 강가벤 마지문다르도 있
었고, 그의 친구인 영국 성공회 신부 찰스 앤드루, 케다 독
립운동의 주역이었던 샨칼랄 파리크도 있었다. 간디 역시
열이 너무 심해 말을 하거나 글을 읽을 수가 없었다. 그는
죽음이 다가오는 느낌을 떨칠 수 없었다. "생에 대한 모든
관심이 사라졌다."

의사들이 그에게 와서 조언을 따를 경우의 이점을 이
야기했지만 그는 대부분 거절했다. 많은 의사가 간디가 우
유를 마시지 않겠다고 맹세한 것에 이의를 제기했다. 간

디는 젖소의 질에 공기를 강제로 불어넣어 젖이 나오게 하는 푸카 관행을 역겨워했다. 그러자 카스투르바 부인의 지지를 등에 업은 한 의사가 그런 이유라면 염소에게는 푸카가 적용되지 않으므로 염소 젖을 마시는 데는 반대할 수 없을 거라고 주장했다. 간디는 굴복했지만 나중에는 몹시 후회했다. 생존에 이롭다고 해서 자신의 지도 철학을 포기하는 것은 간디에게 용납될 수 없는 일이었다. "내 인생에서 처음으로 이토록 오랫동안 긴 병을 앓은 것은 내 삶의 원칙을 돌아보고 점검하는 특별한 기회가 되었다." 확언하기는 어렵지만, 그의 회복이 더뎠던 것은 그의 증상이 폐렴으로 발전했기 때문이었을 수 있다. 얼마 있지 않아 그의 병환 소식이 (그의 고집스러움까지 함께) 퍼져 나갔고, 구자라트사바의 대변지 『프라자 반두』는 간디를 크게 책망했다. "간디 씨의 삶은 그의 것이 아니다. 인도의 것이다."

11월이 되어서도 간디의 건강 상태는 여전히 좋지 않았다. 그때 독일이 패전했다는 소식이 날아들었다. 이제는 모병 운동을 포기할 수 있겠다는 생각에 간디는 크게 안도했다. 그러나 신문에서 롤래트 보고서가 발행되었다는 소식을 읽자마자 정신이 들기 시작됐다. 이 자극적인 문서에는 총독부 입법위원회의 시드니 롤래트 판사가 인도에서 군사법을 평시로 연장할 것을 권고했다는 내용이 담겨 있었다. 전쟁 내내 인도에서 시민의 자유는 유보돼, 인도인은 혐의 없이도 체포될 수 있었고, 배심원 없이 기소될 수 있었다. 롤래트는 폭동의 선동과 테러의 수위로 볼 때 지금 상황을 유지하는 것이 정당하다고 주장했다. 인도인은 더 많은 자유를 기대했지만 얻은 것은 더 큰 억압이었다.

롤래트 법안은 1919년 2월 법으로 통과되었다. 불만의 파도가 밀려들기 시작했다. 간디는 여전히 병약한 상태였다. "그때 나는 집회에서 목소리를 충분히 높일 수가 없었다. 집회에서 서서 연설할 수 없는 것은 지금도 마찬가지다. 온몸이 떨리는가 하면, 조금이라고 길게 서서 말하려고 하면 심한 울렁증이 시작되곤 했다." 그러나 그가 그런 위기 상황에서 잠자코 있을 리는 없었다. 그가 "검은 법"이라고 명명한 것에 대한 국민의 환멸감을 결집하기 위해 그는 사탸그라하 운동을 촉구했다. 다얄지 데사이와 칼리안지 메타가 수라트에서 그의 부름에 응답했다. 평소 카스트 장벽으로 갈라져 있었던 이 두 사람은 이제 자치를 위한 투쟁으로 하나가 되었다. 사람들은 둘을 '달루-칼루'라는 별명으로 불렀다.

롤래트법에 반대하는 사탸그라하 운동은 1919년 4월 13일 비극적인 사건으로 절정에 달했다. 암리차르에 모인 비무장 군중을 향해 레지널드 다이어 준장이 군대에 발포

명령을 내린 것이었다. 정부 집계에 따르면 사망자가 400명에 가까웠다.° 영국 역사가 A. J. P. 테일러는 스페인독감이 직접 이 사건의 도화선이 되었다고 주장했다. 영국의 통치에서 인도인이 소외된 "결정적 순간"에 독감이 국내 긴장을 고조시켰다는 분석이었다.[14] 그로부터 열흘 후 친독립 신문 『영 인디아』에 나라의 암울한 분위기를 반영한 사설이 실렸다. '공중보건'이라는 제목의 이 사설은 봄베이의 민심을 다음과 같이 표현했다. 독감으로 600만 명(당시 인도 사망자 수 추산치)을 "기댈 데 없는 쥐처럼" 죽게 한 정부가 총탄에 몇 사람 더 죽는다고 신경이나 쓰겠는가. 그해 5월, 시인 라빈드라나트 타고르는 암리차르 대학살에 대한 항의의 표시로 기사 작위를 포기하기 바로 전 친구에게 편지를 썼다. 그는 "원시인들이 자기 핏속에 병균을 갖고 다니면서도 병의 원인을 이른바 마녀에게 돌리고 이들을 사냥할 때 보여 준 것과 똑같은 종류의 무지의 영원한 법칙"에 해당하는 죄를 영국인이 범했다고 적었다.[15]

1920년 캘커타에서 인도 국민회의당의 특별 회의가 열렸다. 봄베이에서 출발한 특별 열차를 타고 가는 간디의 일행 중에는 메타 형제도 있었다. 간디는 자신이 촉구한 전국적인 사탸그라하 운동 걸기를 국민회의당이 지지해 준다면 일 년 이내 자치를 이룰 것이라고 약속했다. 이 말에

° 다른 추산에 따르면 1000명 이상이었다.

쿤바르지 메타는 한껏 고무되었다. 구자라트로 돌아온 그는 다섯 마을을 사탸그라하 운동으로 이끌었다. 1921년 파업에 참가한 노동자는 모두 50만 명으로 추산된다. 그 뒤에도 몇 해에 걸쳐 참가자 수는 더 늘어났다. 간디의 약속은 결국 시기상조였던 것으로 드러났다. 독립을 향한 혹독한 투쟁은 1947년까지 끌었다. 그러나 1921년 간디는 이론의 여지가 없는 '독립운동'의 최고지도자가 되어 있었고, 풀뿌리 민중의 지지를 받고 있었다. 여기에는 스페인독감의 공도 작지 않았다.

21장. 멜랑콜리 뮤즈

스페인독감에 관해 한 번이라도 생각해 본 사람이라면 대체 왜 세계의 거의 모든 묘지에 당시 희생자의 묘비가 무더기로 남아 있을 정도로 희생이 컸는데 당대 예술에는 그에 상응하는 흔적이 배어 있지 않은지 의아해한다. 0이라는 숫자가 기차 행렬처럼 길게 이어지는 사망자 수를 당시 사람이 겪어야 했던 어떤 고통에 대한 생각으로 이어 보려 했던, 그런 묘사를 시도했던 예술가는 당혹스러울 정도로 드물다. 왜일까? 지금까지 이 질문은 거의 주목을 받지 못했다. 그 이유를 이제는 알아볼 때가 되었다. 우선 우리가 할 수 있는 것이라면 당시 예술계의 지형을 스케치하고 몇 가지 가설을 세워 보는 것이다.

첫 번째로 말해야 할 것은 스페인독감 이후 예술도 변했다는 사실이다. 예술계의 물결은 겉으로만 보기에도 아무 일 없다는 듯 부드럽게 흐르지 않았다. 마치 홍해가 갈라지는 것 같은 격렬한 파열이 있었다. 예술계의 모든 분야에서 1920년대에는 낭만주의와의 연계를 끊고, 이전의 오도된 세기의 현란을 벗겨 내고 깎아 내고 폐기하려는 욕망이 있었다. 화가와 조각가는 고전적인 주제로 되돌아갔다. 건축가는 장식을 버리고 기능적인 건물을 설계했다. 패션계도 비슷했다. 색과 곡선을 거부했다. 음악계도 그와 유사한 혁명을 여러 차례 겪었다. 오스트리아 작곡가 아르놀트 쇤베르크는 완전히 새로운 음악 체계인 12음 기법*을 창조했고 러시아 태생의 작곡가 이고르 스트라빈스키는 (재즈의 영향을 받아) 느낌을 리듬으로 바꿔 가기 시작했다.

그 후 10년은 예술 세계가 과학과 진보에 등을 돌린 기간이었다. 이 시절 예술가들은 결국 우리는 옛사람들 것 위에 더 가진 게 아무것도 없다고 말했다. 이러한 새로운 비관주의를 두고 사람들은 흔히 전쟁을 탓했다. 상상을 초월한 엄청난 규모의 죽음에 대한 인류의 반응이라고 했다. 그러나 같은 시기에 그와는 다른 훨씬 큰 규모의 학살이 있었다. 그 앞에서 과학의 모든 성취는 무기력한 것으로 판명되

---

* 그 전까지 조성 음악에 존재했던 으뜸음을 인정하지 않고 1옥타브 안의 12개 음에 모두 동등한 자격을 주어 이를 일정한 산술적 규칙에 따라 배열하고 진행시키는 작곡 기법.

었다. 바로 스페인독감이었다. 독감과 전쟁이 당시를 살았던 사람들의 정신에 각각 어떤 영향을 미쳤는지 구분을 하기란 불가능하다. 하지만 구태여 그럴 필요까지는 없을 수도 있다. 우리 앞에 놓인 과제는 보다 단순하다. 스페인독감이 앞에서 열거한 정신적 변화에 일조했다는 사실을 입증하는 것이다.

어쩌면 가장 이해하기 어려운 부분은 당시 문학계의 침묵일 것이다. 가령 앨프리드 크로스비는 미국에서 일어난 독감을 연구하면서, 바로 그때 미국에서 등장한 '이른바 과민성' 작가 중 그 누구도 독감을 다루지 않았다는 사실에 주목했다. F. 스콧 피츠제럴드(독감이 끝나 갈 무렵 첫 소설 『낙원의 이편』을 마치던 중에 자신이 걸렸다)나 어니스트 헤밍웨이(그의 여자 친구 애그니스 폰 쿠로스키는 이탈리아에서 독감에 걸린 병사를 간호했다)나 존 더스패서스(대서양을 건너는 군 수송선에서 독감에 걸렸다)나 의사 윌리엄 칼로스 윌리엄스(독감이 절정에 달했을 때 하루 60차례의 왕진을 했다)나 모두 마찬가지였다. 왜 이 작가들은 독감을 외면했던 것일까?

앙드레 모루아의 말을 다시 인용하면, "다른 세대 간의 정신은 라이프니츠의 단자만큼이나 서로 간에 침투가 불가능하다." 하지만 두 가지 사실은 주목할 만하다. 첫째,

1918년에 성인이었던 작가 중에 우리가 이름을 댈 수 있을 만한 사람은 거의 직접 혹은 간접적으로 심한 병으로 영향을 받았다. 피츠제럴드는 결핵을 앓았고, 안나 아흐마토바와 캐서린 맨스필드도 그랬다. 1914년 헤르만 헤세는 헤밍웨이와 마찬가지로 병역 신체검사에서 퇴짜를 맞는 불명예를 당했다. 타고르는 아내와 자녀 여러 명을 병으로 잃었고, 루이지 피란델로와 T. S. 엘리엇은 각각 부인이 정신이상으로 여겨졌다. 클림트가 자신의 그림 「의학」을 가지러 온 사람들에게 엽총을 휘둘렀을 때, 그는 틀림없이 이 작가들 모두를 '대변'하고 있었던 것이다.

둘째, 1918년에 성인이었던 작가는 토마스 만의 『마의 산』으로 대표되는 낭만주의 전통 속에서 성장했다. 만은 이 작품을 1912년부터 쓰기 시작했지만 책은 1924년에야 출간되었다. 이 소설에서 알파인 요양원의 거주자들이 앓고 있는 병은 제1차세계대전이 발발하기 직전 유럽의 도덕적 부패를 나타낸다. 낭만주의자에게 이 병은 상징적인 것으로, 영혼의 병에 대한 은유였다. 그 자체는 흥미로울 게 없었다. 아마도 자신들이 그 속에 잠겨 있었던 탓일 것이다. 그 병에 너무나 가까이 있어서 자신들은 볼 수가 없었던 것이다. 하지만 상황은 변하고 있었다. 『마의 산』이 출간되고 일 년 후 영국 작가 버지니아 울프는 「질병에 관하여」라는 에세이를 썼다. 여기서 울프는 왜 문학이 질병이라는 풍요로운 지대를 탐사하지 않았는지 물었다. "질병은 얼마나 흔한 것인지, 그것이 가져오는 정신적 변화는 얼마나 대단한지, 또 건강의 빛이 희미해질 때에서야 드러나는 미지의 나라들은 얼마나 놀라운지를 생각해 보면 (……) 질병이 사랑과 전쟁, 질투와 함께 문학의 주된 주제로 자리잡지 못했다는 사실이 참으로 이상하게 느껴진다."

울프의 질문은 이제는 제기될 수 없었다. 1920년대부터 질병은 문학의 중심 무대로, 그것도 더 이상 상징으로서가 아니라 (혹은 상징인 동시에) 온갖 수치스럽고 평범하면서도 무서운 실체로서 이동했기 때문이다. 울프 자신이 소설 『댈러웨이 부인』(1925)에서 정신 질병을 탐사함으로써 그런 이동에 기여했다. 『율리시스』(1922)에는 신체의 기능과 기능 부전에 대한 언급이 산재한다. 그런가 하면 유진 오닐이 자신의 결핵 요양원 체험에서 영감을 받아 쓴 극본 『스트로』The Straw (1919)에서, 질병은 지옥을 상징하는 것이 아니라 그 자체로 지옥이었다. 1921년 한 비평가는 오닐에 대해 이렇게 썼다. "그는 불안정하게 본다. 그리고 어둡게 본다."[1]

무엇이 이런 이동을 촉발했던 걸까? 1918년 온 지구를 휩쓸면서 감염병을 사람들의 뇌리에 각인시켰는가 하면,

의학계를 추켜세운 의기양양한 주장과 음울한 현실 사이의 괴리를 부각시킨 것이 과연 바이러스였을까? 사실 당시 사람들에게 불행을 안긴 균은 독감 바이러스뿐만이 아니었다. 다른 것, 특히 결핵의 쌍둥이 저주인 성병도 있었다. 그러나 그것들은 만성적이고 천천히 타오르는 병이었다. 찾아와서는 환자를 초토화시킨 후 다시 떠나 버리고 그 후유증으로 졸음증과 좌절감의 쓰나미를 불러오는 그런 병*과 달랐다.

어떤 이는 1890년대 러시아독감이라는 범유행병이 냉소주의와 권태감이라는 세기말 느낌에 일조했다고 주장했다.[2] 그때 사망자가 100만 명이었는데 스페인독감은 적어도 그 5배 이상이었다. 우리는 얼마나 많은 생존자가 바이러스 감염 후 증후군에 시달렸는지 알지 못한다. 하지만 아주 많았을 것임에 틀림없다. 그들은 독감이 닥쳤을 때 겪었던, 마치 목숨을 건 복권놀이 같았던 그 곤혹스러운 무작위성을 그 뒤로도 잊을 수 없었을 것이다. 심리학자들은 닥치는 대로 일어난 폭력에 속수무책일 수밖에 없었던 사람들의 의식 구조를 학습된 무기력이라는 말로 표현한다. 이것이 우울증으로 이어졌다고 그들은 설명한다.

그 시절을 관통해 살았던 이들의 글을 열심히 들여다보면 그 속에서 스페인독감의 흔적을 찾아볼 수 있다. 그것

---

* 스페인독감을 말한다.

은 어쩌면 다가올 혁명의 전조였다. 그 병으로 D. H. 로런스는 심장과 폐가 약해졌는데, 그것을 『채털리 부인의 연인』(1928)에 나오는 사냥터지기 맬러스에게 이식했다. 캐서린 앤 포터는 스물여덟 살 때 콜로라도 덴버에서 독감을 앓고 난 후 「창백한 말, 창백한 기수」(1939)를 썼다.° 그런가 하면, 지구 반대편의 일본 작가 무샤노코지 사네아쓰°°는 한 청년이 유럽 여행에서 돌아와 보니 여자 친구가 독감으로 숨졌다는 사실을 알게 된 이야기를 썼다. 『사랑과 죽음』愛と死(1939)이라는 제목의 이 소설은 지금도 인기를 누리고 있는데, 행복과 빛으로 가득했던 세계가 어느 순간 갑자기 암흑으로 변하는 과정을 그렸다.

1918년 9월에는 T. S. 엘리엇이 「나이팅게일 무리 속 스위니」Sweeney among the Nightingales라는 제목의 시를 발표했다. 이 속에는 스페인독감을 연상시키는 구절이 나온다.

우울한 오리온과 개자리 별
구름에 가리우고, 움츠린 바다 조용해진다
스페인풍 망토를 걸친 여인
스위니 무릎에 앉으려다

° 그녀의 검은 머리카락이 다 빠졌다가 다시 자랐을 때는 백발이었다.
°° 전위 문학 동인회 시라카바파(白樺派)의 일원.

11월이 되었을 때는 영국의 거의 모든 도시와 마을의 일상이 독감으로 마비되다시피 했다. 엘리엇과 아내 비비언은 둘 다 병에 걸렸는데, 비비언은 눈에 띌 만큼 신경 상태가 나빠져 잠을 이룰 수 없을 정도였다. 그녀는 런던 바로 외곽인 말로에 살고 있었다. 엘리엇은 런던에 살면서 황량하고 겁에 질린 도시의 광경을 시로 쓰고 있었다. 완성작이 바로 「황무지」(1922)인데, 이 시 자체가 당시 그가 흡입했던 기이한 분위기로부터 영향을 받았을 수 있다.

흥미로운 점은 바이러스 감염 후 증후군이 독감 자체보다 더 많은 흔적을 남긴다는 사실이다. 마치 작가들은 그 병을 은유로 오인하고, 그것에 속아 넘어가 적절한 치유를 제시한 것 같았다. 1920년대 유럽의 베스트셀러 소설 중 하나로 한 세대의 상상력을 사로잡은 작품이 마이클 알린의 『녹색 모자』The Green Hat(1924)였다. 이 작품의 주인공 아이리스 스톰은 무모한 쾌락주의자이면서 이상하게도 세상과 거리를 두는 인물이다. 이런 그녀는 근대라는 시기의 많은 주제, 이를테면 소외와 과도한 감수성, 자기의심 같은 것을 상징한다. 이 인물에 영감을 준 것은 상속인 낸시 쿠나드였는데, 그녀는 1919년 초 독감에 걸린 후 폐렴까지 앓았고, 그 후 오랜 회복 기간 중에도 내내 우울증으로 고생했다. 알린이 그녀를 알게 된 때가 바로 이 기간이었다.

이 시기의 또 다른 초연한 외톨이는 대실 해밋의『몰타의 매』(1929)에 나오는 사립탐정 샘 스페이드였다. 스페이드는 그 뒤에 나온 많은 탐정소설의 모델이 되었는데, 작가의 잘 알려지지 않은 단편「휴일」Holiday(1923)에서 이미 그 원형을 찾아볼 수 있다. 이 소품은 결핵 환자이기도 했던 해밋 자신이 스페인독감에 걸렸다가 오랫동안 힘들게 회복한 후에 쓴 작품이다. 줄거리는 군 병원에서 연수 휴가제로 공부를 하는 결핵 병사에 관한 것으로, 오직 순간만을 위해 사는 외로운 사내에 관한 이야기다.『몰타의 매』에서 스페이드는 떨어지는 기둥에 맞아 죽을 뻔한 후 인생이 바뀐 남자 플릿크래프트의 우화를 들려준다. "그는 인간은 그처럼 되는대로 죽고, 눈 먼 운이 그들을 살려 두는 동안에만 살아갈 뿐이라는 사실을 알았다."

전쟁에 선행했던 모더니즘은 예술가와 사상가에게 울프가 말한 풍요로운 지대를 탐사할 수 있는 언어를 제공했다. 덕분에 리얼리즘에서 해방될 수 있었고, 언제나 외부자로서 안을 들여다보던 존재에서 벗어날 수 있었다. 이 과정에서 영향을 준 정신분석은 꿈에 너무나 큰 중요성을 부여했다. 이러한 무의식에 대한 심취는 아마도 그때의 열병 속 꿈의 기억이 남아 있었던 탓일 수 있다. 폴란드 작곡가 카롤 시마노프스키는 1918년 가을 사해 휴양지에 머무는 동안 스페인독감이 걸렸고 그때 영감을 받아 오페라 『로저 왕』King Roger을 썼다. 그가 "시칠리아의 드라마"라고 부른 이 작품은 "잠이 오지 않던 스페인의 어느 밤, 불현듯 내 의식 속에 떠올랐다." 그 전에 그는 그의 사촌과 오페라 대본 작가인 야로스와프 이바슈키에비치와 함께 하늘빛 바닷가를 따라 산책했던 터였다. 훗날 이바슈키에비치는 "내가 보기에는, 이 영원한 대양이라는 동일한 무형의 요소가 마음을 진정시키는 동시에 불안하게도 만들며 음악의 형태를 갖추고 나중에 작곡으로 이어지는 것 같다"라고 기록했다.[3] "빛이라고는 없었다. 앞으로도 빛은 두 번 다시 없을지 모른다. 그것은 그녀가 예전에 거닐었던 낙원의 해안을 따라 그토록 평온히 누워 있던 푸른 바다와 함께 본 빛과 언제나 비교가 될 것이었다." 포터는 「창백한 말, 창백한 기수」에서 그렇게 썼다. 아이리스 스톰의 주문은 "더 나은 꿈들이 있어"였다.

그러나 독감 이후, 전후 시기 몇 년에 걸쳐 전개된 무의식의 탐사 흐름 속에는 새로운 어둠의 지류가 따라 흐르고 있었다. 정신분석학의 아버지인 지그문트 프로이트는 1920년 「쾌락원리 너머」라는 제목의 에세이를 발표했다. 여기서 그는 성적 충동과 나란히 죽음의 충동이라는 개

넘을 도입했다. 당시에만 해도 그는 셋째 아이를 임신 중이던 사랑하는 딸 소피가 스페인독감으로 숨진 것이 이러한 사고의 발전에 영향을 주었다는 사실을 부인했다. 하지만 나중에는 어떤 역할을 했을 수도 있다고 시인했다. 딸이 사망했을 무렵 그는 친구 어니스트 존스에게 편지를 썼다. "당신은 지금처럼 죽음으로 가득했던 때를 기억할 수 있나요?" 상처한 사위에게는 마치 샘 스페이드의 말을 되풀이하듯, "무의미하고도 잔인한 운명의 짓"이라고 썼다.[4]

성과 죽음이라는 정신분석학의 주제는 1920년대에 제작된 최초의 공포 영화에도 스며들었다. 독일 감독 F. W. 무르나우의 『노스페라투』(1922)는 드라큘라 전설을 각색한 작품이었지만, 부차적 줄거리에는 역병 이야기가 들어 있다. 흡혈귀가 사해에서 멀지 않은 트란실바니아의 자기 집에서 독일로 가던 중에 가는 곳마다 병을 퍼뜨린다는 내용이었다(아이러니하게도 스페인독감은 당시 귀국 중이던 전쟁포로에 의해 독일에서 사해로 퍼져 나갔을 가능성이 크다).

반어법이 비애감을 대체했고, 이것은 다시 루이지 피란델로(『작가를 찾는 6인의 등장인물』, 1921)와 그 후 사뮈엘 베케트(『머피』, 1938) 같은 작가 손에서는 부조리로 기울었다. 카프카는 그렇지 않아도 오랫동안 삶의 무작위성과 무의미를 응시해 오던 터, 스페인독감은 그런 장르에 특히나 적합한 사례로 그를 전율하게 했을 것이 틀림없다. "합스부르크 군주제의 신민으로서 열병에 걸렸다가 체코 민주주의의 시민으로서 다시 나타나는 것은 확실히 괴상했다. 물론 동시에 얼마간 웃기는 일이기도 했다."[5] 그의 전기 작가는 그렇게 적었다. 병에서 회복한 후 그가 밖으로 나가 프라하 거리를 돌아보니 불과 얼마 전까지만 해도 적이었던 프랑스인, 이탈리아인, 러시아인이 가득했다. 더 이상 프란츠요제프 철도역은 보이지 않았고(이름도 윌슨 철도역으로 바뀌었다) 이제 체코슬로바키아 건국을 기념하는 10월 28일 거리가 들어서 있었다. 마치 토끼 굴로 떨어진 것 같은 느낌이 든 것은 카프카만이 아니었다. 독일에서 혁명에 가담하고 싶어 근질근질했던 사회학자 구스타프 란다우어와 수상 대행 막시밀리안 폰 바덴 모두 열병에서 깨어난 후에야 자신들이 그것을 놓쳤다는 사실을 알았다. 철학자이면서 시온주의 지도자였던 마르틴 부버는 유럽의 유대인들이 팔레스타인을 두고 자신들이 꿈꿔 온 고향땅이 실제로 될 수 있을지 고심하면서 그에게 지도력을 기대한 바로 그 순간 병으로 앓아눕고 말았다.

본의 아니게 스페인독감과 자신의 정체성이 얽히게 된 스페인의 작가와 사상가 들은 자기 나름의 색다른 방식으로 상황에 대응했다. 봄 파도가 닥쳤을 때 마드리드의 무대에서 공연 중이던 오페레타와 국민들 마음속 깊이 자리 잡고 있던 국가 상황에 대한 불안감 때문에 그 병은 자연스럽게 돈 후안과 연결되었다. 온갖 장단점을 다 가진 이 구제불능의 난봉꾼은 어떤 식으로든 스페인적인 것에 관한 한 모든 것을 대표하는 인물이었다. 스페인에서는 전통적으로 만성절만 되면 돈 후안 신화를 각색한『돈 후안 테노리오』를 공연했다. 하지만 1918년 11월에 그 공연이 순회했을 때는 스페인 사람들이 그 작품을 즐길 기분이 아니었다. 평론가 호세 에스코페트는 "올해 돈 후안은 적절치 않은 때에 왔다"면서 "우리는 공연을 보러 갈 수 없을 것"이라고 썼다.[6]

　범유행병이 지나간 후, 많은 스페인 작가가 돈 후안을 패러디하거나 분석해서 개조하려 했다. 철학자 미겔 데 우나무노도 그 중 한 명이었다. 그의 친구 그레고리오 마라뇬도 마찬가지였는데, 저명한 의사이자 지식인이었던 그는 재난을 관리하는 데도 참여했다. 많은 동시대인이 그랬던 것처럼 우생학을 신봉했던 마라뇬은 스페인 사람이 "인종적으로는 활력이 넘치지만", 주변 환경 때문에, 특히 여성과 어린이의 불운 때문에 많은 피해가 발생했다고 믿었다. 타고난 체질의 잠재력을 충분히 발휘하려면 돈 후안의 숭

배와 함께 그것이 암묵리에 허용하는 남성의 성적 방종이 사라져야 한다고 느꼈다. 그는 1924년에 발표한 에세이에서 그 난봉꾼에게 후손이 없다는 점을 지적하며, 그가 불임일 뿐 아니라 심지어 여자 같은 인물일 수도 있음을 시사했다. 그것은 19세기의 위대한 낭만주의 영웅 중 한 명을 겨냥한 최악의 실언이라고도 할 수 있었다.

유럽에서는 독감보다 전쟁으로 죽은 사람이 더 많았지만, 나머지 다른 대륙에서는 모두 그 반대였다. 따라서 범유행병이 유럽 문학계의 정신적 변화에 일조했다면, 다른 지역에서는 그런 쪽으로 훨씬 더 크게 영향을 주었을 거라고 짐작할 수 있다. 브라질에서는 스페인독감의 시작이 분수령이었다. 1904년 오즈와우두 크루스가 천연두 백신 프로그램을 강제한 이래 이 나라에서 의사의 인기는 곤두박질쳤다. 그러나 독감이 통제 불능 상태로 리우데자네이루 전역을 휩쓸고 있다는 것을 알자 시민들은 또 다른 유명한 위생학자 카를루스 샤가스(크루스의 정신적 아들로 비쳤다)에게 나서 줄 것을 요청했다. 그가 활동에 나서자마자 유행병은 우연하게도 물러가기 시작했고, 그때부터 브라질 국민은 의사를 새로운 존경의 눈길로 보았다.[7]

브라질은 1889년 식민 모국에서 해방된 이래 줄곧 국가 정체성을 모색 중이었는데, 이제 의사들이 그것을 제시한 것이었다. 이들은 브라질인을 규정하는 것은 질병이라고 말했다.[8] (인종이나 기후보다) 질병이야말로 브라질의 모든 사회 계급을 하나로 묶는 유일한 것이었다. 그들은 감염에 의한 브라질화와 거대한 병원으로서의 브라질을 이야기했고, 이런 생각은 문학 속으로 스며들었다. 그리고 이것은 1919년 리우데자네이루의 카니발 중에 벌어진 독감을 주제로 한 행진의 기억으로 강화되었다. 당시 참가 그룹들은 자신들을 '자정의 차'와 '신성 가옥'이라 부르며 '스페인 여인'에 관한 외설적인 노래들을 불렀다.

1928년 작가 마리우 지안드라지는 『마쿠나이마』를 출간했다. 브라질 밀림에서 마력을 지닌 채 태어난 청년에 관한 이야기였다. 검은 피부에 장난기 많고 관능적이며 교활한 주인공 마쿠나이마는 브라질 사람의 인성을 대표한다. 그는 "건강은 너무 부실하고 개미는 너무 많은 게 브라질의 저주"라는 캐치프레이즈를 반복한다. 그러나 어떤 작가는 백인이 압도적 다수인 의사들을 의심했고, '감염에 의한 브라질화'를 속히 빤히 들여다보이는 우생학으로 여겼다. 이들은 만약 브라질 사람이 병에 걸린다면 그것은 브라질 사회 중심부에 깊이 자리 잡은 불평등 때문이라고 응수했다. 그리하여 문학계에서는 반대 흐름이 등장했고, 이 흐름은 불평등 문제에 주의를 돌렸다. 여기에 기여한 인물

중 한 명이 혼혈 작가 아폰수 엔리케스 지리마 바헤투였다. 그의 중편소설 『산 자의 묘지』Cemetery of the Living(1956) 는 작품의 배경인 정신병원을 공동묘지 혹은 지옥에 비유했다.

스페인독감이 중국에 상륙한 것은 신문화운동이 중국의 전통적인 가치에 도전하고 있던 시기였다. 당시 중국을 강타한 허다한 유행병 중에서 어느 하나만을 뽑아내기는 어렵지만, 그것들이 다함께 근대화의 충동을 부채질했다는 주장은 가능할 것이다. 신문화운동은 중국의 전통 의학을 중국 사회가 안고 있는 모든 문제의 상징이라고 보고 조소를 퍼부었고, 권력자에게는 서방의 과학 사상을 수용하라고 촉구했다. 신문화운동의 지도자 중 한 명이 당시에는 거의 알려지지 않은 작가 루쉰이었다. 그는 병든 알코올 중독자인 부친 곁에서 자라면서 중국 의사들을 직접 경험하며 얻은 상처가 있었다. 의사는 방문할 때마다 터무니없는 진료비를 요구했고, 루쉰에게는 가서 약에 쓸 재료를 모아 오라고 했다. 약재에는 귀뚜라미 한 쌍도 있었다. 의사는 조건을 붙였다. "그놈들은 원래부터 짝이어야 한다. 같은 은신처에서 가져온 거라야 해." 부친의 건강은 계속해서 나빠졌고 끝내 숨을 거뒀다. 그 후로 열네 살 먹은 아들이 온 가족을 먹여 살려야 했다.[9]

루쉰은 일본에서 서양 의학을 공부했다. 하지만 나중에는 글로 더 큰 변화를 가져올 수 있을 거라고 판단했다. 1919년에 출간된 그의 단편소설 제목이 「약」이다. 이 작품에서 라오솬 부부는 자신들이 모은 돈을 모두 최근에 처형된 범죄자의 피에 적신 만두를 구입하는 데 쓴다. 그것이 폐결핵 환자인 아들을 구할 거라고 믿었던 것이다. 하지만 그런 노력에도 아랑곳없이 아들은 죽고 만다. "'거기 당신! 돈을 주고 물건 받아요!' 검은 옷 차림의 사내가 라오솬 앞에 섰다. 벨 것처럼 노려보는 그의 눈빛에 라오솬은 움츠러들었다. 큼지막한 손이 앞으로 뻗어 나오더니 그 앞에서 손바닥을 벌렸다. 다른 손에는 엄지와 손가락 사이에 진홍색 찐만두가 들려 있었다. 붉은 피가 뚝뚝 떨어졌다."[10] 오늘날 루쉰은 중국 근대 문학의 아버지로 꼽힌다.

마지막으로, 숨진 국민의 숫자로만 봐도 스페인독감으로부터 가장 큰 타격을 받은 나라 인도가 있다. 1920년대 이 나라에서 출현한 문학 작품 속의 주요 관심사가 바로 질병이었다. 이것은 카스트 제도를 개혁하고 영국 통치의 족쇄를 타파할 필요성에 관한 생각과도 잘 맞아떨어졌다. 당시 중국에서는 근대화 운동가들이 (마치 유럽 르네상스 기간에 라틴어를 프랑스어나 영어로 대체하려 했던 것처럼) 문어를 구어로 대체하려는 운동을 벌이고 있었다. 일반 국민도 중국 문화에 접근할 수 있게 하기 위해서였다. 인도에서도 비슷한 운동이 일어났다. 신세대 작가들은 농민의 냉혹한 삶의 현실을 처음으로 농민이 이해할 수 있는 언어로 묘사하려 했다. 그중에서도 가장 중요한 인물이 문시 프렘천드였다. 그는 노벨상을 받은 타고르와 달리 세계무대에서는 무명에 가까웠지만 인도에서는 더 사랑받았다. 가령 「우윳값」The Price of Milk(1934)에서 그는 아버지는 역병으로, 어머니는 뱀에 물려 죽은 불가촉천민 고아인 망갈의 이야기를 들려주었다. 망갈은 집주인의 집 앞 나무 밑에 살며 쓰레기로 연명한다. 지주의 부인은 망갈에게서 때가 묻을까 봐 손도 대지 않으려 한다. 반면, 그녀의 아들은 망갈의 어머니가 유모가 되어 젖을 먹여 키웠다. 이런 불일치는 설명이 필요 없었다. 왜냐하면 한 신부가 언급했듯이, "라자와 마하라자*는 원하는 것을 먹을 수 있지만 (……) 평민에게는 규율과 제약이 있었다."

프렘천드는 1918년을 전후해 자칭 "시골 생활의 기록자"가 되었다. 그때 그는 영국령 인도 연합주(지금의 우타르프라데시)에 살고 있었는데, 이곳에서만 스페인독감으로 약 200만~300만 명이 숨졌다. 당시 그곳에는 '기이한 시인' 니랄라도 살고 있었다. 그 역시 아내와 다른 식구 여러 명을 독감으로 잃었다. 훗날 그는 갠지스강이 "시신들로 부

풀어 오른" 것을 본 순간을 떠올렸다. "이때가 내 평생에 가장 이상한 시기였다. 나의 가족이 눈 깜짝할 사이에 사라지고 말았다."[11]

그의 나이 스물두 살 때 일어난 이 사건들은 니랄라에게 깊이 각인되었다. 인도 모더니즘 운동을 이끄는 빛이었던 그는 고통을 두고서 업보나 전생의 행실을 들먹이는 종교적 설명을 참지 못했다. 그에게 우주는 잔인한 곳이었다. 감상벽 따위는 들어설 여지가 없었다. 1921년 그는 「거지」 Beggar라는 제목의 시를 썼는데, 이 시는 당시 인도 작가뿐 아니라 전 세계 작가의 기분을 포착했다고도 할 수 있었다. 거기에 이런 시구가 들어 있었다.

> 그들의 입술이 굶주림으로 쪼그라들었을 때
> 자비로운 운명의 주로부터
> 어떤 보상이 주어질까요?
> 글쎄요, 그들 자신의 눈물을 마실 수 있겠지요.

VIII

로스코의 유산

1995년에 개봉된 영화 『아웃브레이크』는 가상의 바이러스 모타바의 발병에 관한 이야기이다. 맨 처음 자이레에서 출현한 후 그다음에는 미국의 작은 마을에서 발병한다. 모타바는 치명적인 출혈열을 일으키는 데다, 우선 적어도 체액을 통해 전염된다는 점에서 실제 바이러스인 에볼라와 흡사하다. 하지만 어느 시점에서 돌연변이를 일으키면서 공기 중으로도 전파가 되는 바이러스로 바뀌는데 이 부분은 독감과 비슷하다. 바이러스가 감염된 마을의 경계를 넘어 퍼지는 것을 막기 위해 미국 대통령은 그 마을에 폭탄을 투하하는 계획을 승인한다. 다행히 그 계획은 무산된다.

이런 소름 끼치는 시나리오가 실제로 실현되지는 않

았다. 에볼라는 감염자의 절반가량이 사망했지만 공기 중으로는 전파되지 않는다. 따라서 독감 바이러스에 비해 전파력은 훨씬 약하다. 그에 반해 기록상으로 최악의 독감인 스페인독감은 사망자가 감염자의 '불과' 몇 퍼센트에 지나지 않았다. 『아웃브레이크』의 과학 자문역들은 시나리오에 현실성이 있어야 한다고 주장했다. 그중 한 명이 역학자 데이비드 모렌스였다. 제프리 토벤버거와 함께 스페인독감에 '범유행병의 어머니'라는 별명을 붙여 준 바로 그 사람이었다. 그는 한술 더 떠 『아웃브레이크』의 시나리오 작가들이 더 강하게 나갈 수도 있었다는 의견을 피력했다. "나는 그들이 영화를 선정적으로 만들었다고 생각하지 않는다. 오히려 그들은 표현 수위를 낮췄다."[1]

미래를 위한 세계 건강 위험 체계 창설위원회GHRF°는 2016년 보고서에서 다음 100년 사이에 범유행병이 4회 이상 일어날 확률을 20퍼센트로 추산했다. 그중에서도 최소한 하나는 독감일 확률이 대단히 크다고 예상했다.[2] 대다수 전문가는 앞으로 또 다른 범유행병이 일어나는 것이 불가피하다고 본다. 남은 질문은 언제 얼마나 큰 범유행병이 일어날 것이며, 그에 대비해 우리 자신이 무엇을 할 수 있을 것인가 하는 것뿐이다. 스페인독감에서 얻은 교훈이 이 세 가지 질문 모두에 대한 답을 찾는 데 도움을 줄 수 있을 것

° 미국 국립의학원에서 소집한 독립적인 국제 전문가 집단.

이다.

먼저 발병 시기의 문제를 생각해 보자. 스페인독감은 독성이 강한 바이러스 변종이 먼저 사람을 감염시키는 능력을 얻은 후 사람 사이에서도 높은 전파력을 갖게 되었을 때 일어났다. 이 후자의 단계가 치명적인 가을 파도를 촉발했던 것이다. 오늘날 과학자들은 독감 변종이 언제 그런 능력을 얻게 될지 예측하기 위해 지금 유행하는 것을 감시한다. 이들이 사용하는 기법 중 하나는 앞서 이야기한 분자시계에 기초한 것이다. 배후의 원리는 단순하다. 시간이 흐르면서 변이가 축적되면 그중 일부는 다른 것보다 적응도가 낮거나 못한 변종을 산출할 수 있다. 적응도의 변화는 독감 가계도의 전체 구도와 분기에 반영된다. 변종의 적응도가 좋을수록 자손이 많아지기 때문이다. 따라서 특정 변종이 언제 범유행병이 될 만한 수준의 적응도를 얻을 가능성이 있는지 예측하는 것은 이론적으로 가능하다.

사실 그런 잠재력을 가진 변종이 이미 출현했을 수 있다. A형 독감의 H5N1 아형에 속하는 것이 그런 부류에 속한다. 1997년 홍콩에서 갓난아기를 살해한 그 아형 말이다. 지금까지 H5N1에 사람이 감염된 사례는 거의 모두가 조류에서 직접 옮겨 온 것이었지만 몇몇은 사람 간에 전파된 것이었다. 어떤 이는 이 바이러스가 사람 사이에서도 전파력이 높아지는 것은 시간문제일 뿐이라고 우려한다.° 아직은 그런 일이 일어나지 않았고, 앞으로 결코 일어나지 않을 수도 있다. 하지만 H5N1 또한 감염자의 60퍼센트를 살해했기 때문에 현재 세계 최대 범유행병 후보군에 들어가 있다.

외부 요인, 특히 기후가 범유행병의 발병 시기에 영향을 줄 수도 있다. 가령 2013년에 발표된 연구에 따르면 스페인독감과 그 뒤에 일어난 세 차례의 범유행성 독감이 유행하기 전에 매번 태평양이 해수면 온도 주기 중에서 라니냐 단계에 있었던 것으로 나타났다.[3] 엘니뇨 남방진동 ENSO*의 '냉각' 단계로 알려진 라니냐 기간 중에는 태평양의 남북회귀선 사이 지역이 차가워진다. 반대로 엘니뇨 기간에는 같은 지역의 해수가 더워진다. 대양과 기류는 서로 연결되어 있는데, 둘 다 지표면 주변의 열을 재분배하기 때문이다. 이것이 지구 전역의 기후 패턴에 연쇄적인 영향을 준다. 기상학자들이 엘니뇨를 그토록 면밀히 추적하는 것도 그 때문이다. 장미가 시들고 올빼미가 새로운 곳에 나타나는 등 스페인독감이 돌기 전에 보였던 전조도 실제 대기의 변화에 대한 사람들의 지각이 고조된 결과였을까?

엘니뇨(스페인어로 '어린 소년') 현상은 불규칙적으

° 똑같은 이유에서 또 다른 변종인 H7N9도 감시하에 놓여 있다.

* 열대 태평양에서 약 5년마다 일어나는 대양과 대기 간 기후 현상.

로 일어나지만 평균적으로는 2~7년에 한 번 꼴로 일어난다. 늘 그렇지는 않지만 가끔씩 라니냐('어린 소녀')가 뒤이어 일어난다. 하지만 지속 기간은 라니냐가 엘니뇨보다 더 긴 경향이 있어서, 어린 소년은 1년이 채 안 되는 데 반해 어린 소녀는 1년에서 3년까지 갈 때도 있는데, 시기는 둘 다 북반구 겨울철과 겹치는 경향이 있다. 라니냐가 왜 범유행병 발병 가능성을 더 키우는지는 아직 아무도 모른다. 그러나 기류의 변화가 철새의 이동 경로에 영향을 주고, 이어서 철새가 가금류 무리에 영향을 미치는 것과 관련이 있을지도 모른다.

2016년 8월에 그런 적이 있듯이, 세계가 라니냐 단계로 접어들려고 한다는 사실을 알면 다음에 올 범유행병을 예측하는 데 도움을 얻을 수 있다. 물론 그 역시 보다 더 크고 복잡한 퍼즐의 한 조각에 지나지 않는다. 그렇긴 해도 새의 이동 경로와 독감 사이의 관계를 이해하면 우리의 화석연료 연소 활동이 장래 범유행병의 발생 시기와 지리적 발원지에 어떤 식으로 영향을 미치는지 파악할 수도 있을 것이다. 어쨌거나 이제 우리는 인류세**에 진입했고, 이 시기는 인간이 지구에 영향을 미치는 것, 가령 우리가 타는 차량과 핵무기, 내다 버린 닭 뼈가 지구상에 남긴 흔적

** 네덜란드의 화학자 크뤼천이 처음 제안한 용어로, 인류의 자연 환경 파괴로 환경 체계가 급변하기 시작한 시대를 뜻한다.

에 의해 규정된다. 이전 세기인 홀로세는 마지막 빙하기와 (공교롭게도) 인간 질병으로서의 독감의 시작을 알린 농업혁명 이후 1만 2000년 동안 지속되었다. 인류세에 와서 우리는 지금까지 한 번도 경험해 보지 못한 미지의 영역으로 접어들기 시작했다. 고기후학자 윌리엄 러디먼은 "우리 인류는 275만 년에 걸친 북반구 빙하기 주기의 역사*를 끝내고 상상을 초월한 미래를 향한 시간 속으로 들어왔다"라고 썼다. 2014년 미국 오듀본 협회**는 지난 48년 사이에 기온이 상승함에 따라 새가 북쪽으로 평균 64킬로미터 더 멀리까지 이동한 사실을 발견했다.[4] 지구 온난화가 독감 바이러스 자체에 직접적인 영향을 미쳤을 수도 있다. 우리는 그 여부를 알지는 못하지만 그럴 수 있음을 보여 주는 단서가 있다. 일반적으로 춥고 건조한 환경이 독감에 유리하지만 현재 돌아다니고 있는 어떤 독감 바이러스 변종은 더워지는 세계에 적응하고 있는 것처럼 보인다. 가령 여름철 아시아에서 H5N1 독감이 발병한 적이 있다.

다음 범유행병이 언제 일어날지의 문제는 이쯤 해 두자. 규모는 얼마만 할까? 이것이야말로 6만 4000달러짜리 질문***이다. 수많은 요인이 범유행성 독감의 규모를 결

---

* 275만 년 전부터 빙하기와 간빙기가 교대로 나타난 것을 말하는데, 4만 1000년이었던 빙하기 주기가 90만 년 전부터는 10만 년 단위로 바뀌었다.
** 19세기 미국의 조류학자 제임스 오듀본을 기념한 비영리 자연보호 단체.

488

정하기 때문이다. 만약 스페인독감을 일으킨 변종이 오늘
날 다시 출현한다 해도 약한 병을 유발하는 데 그칠 가능성
이 크다. 우리 면역계가 이미 다소간에 적응을 한 상태이
기 때문이다. 위험한 상황은 지금 살아 있는 사람 중에 아
무도 노출된 적이 없는 새로운 변종이 우리 가운데 나타나
는 것이다. 그럴 때조차 범유행병이 어떤 형태를 띨지는 예
측하기 어렵다. 인간 역시 1918년 이후 똑같은 상태로 있
지는 않았기 때문이다. 서부 전선을 지배했던 환경이나 제
1차세계대전으로 촉발되었던 사람의 대규모 이동 같은 것
이 다시 반복될 가능성은 낮다. 다른 한편, 지구는 연결성
이 훨씬 커졌다. 그만큼 사람은 물론 사람에게 옮겨 다니는
병균의 이동도 더 빨라졌고, 지리적 고립이라는 형태의 자
연적인 위생 방역선도 거의 다 사라졌다. 물론 우리의 질병
감시는 더 좋아졌고 백신을 비롯한 효과적인 의약품을 보
유하게 된 것도 사실이다. 그러나 세계 인구의 고령화 역시
진행된 상태. 나이가 들수록 면역계는 약해지는데, 그런
가 하면 연장자는 더 많은 유형의 독감에 대한 면역 '기억'
을 갖고 있다. 이 두 가지 효과가 어떤 식으로 상쇄될지 현
재로서는 불분명하다.

2013년 재난 모델 설계가 전문인 기업 AIR 월드와이

드에서 이 모든 변수를 가지고 계산을 시도한 적이 있는데, 독감의 위험도를 1918년 수준으로 가정했을 경우, 사망자가 전 세계에서 2100만~3300만 명에 이를 것으로 추산했다. 1918년 이후 세계 인구가 약 4배로 증가했음을 감안하면, 이것은 스페인독감에 비해 피해가 아주 작은 재난에 해당한다. 그래도 여전히 충격적인 사망자 수이지만. 이 수치는 몇 년 사이에 제시된 몇몇 다른 사망자 추정치, 즉 100만 명 미만에서 최대 1억 명에 이르는 수와 비교해 봤을 때도 낮은 편에 속한다. 대단히 큰 추정치의 편차를 반영하듯, 미래의 범유행병은 조금도 겁낼 게 없다고 말하는 이가 있는가 하면, 우리의 대비가 얼마나 형편없이 부족한지 한숨을 내쉬는 이도 있다. 전자는 후자를 두고 괜한 호들갑을 떤다고 비판하고, 후자는 전자를 향해 진상을 외면한다고 반박한다. 둘 사이의 간극은 우리가 여전히 범유행병 전반에 관해, 특히 범유행성 독감에 관해 배워야 할 것이 많음을 단적으로 보여 준다.

온갖 불확실성 속에서도 우리가 대비할 수 있는 것이 있다. 2016년 GHRF 보고서는 각 정부와 민간, 자선 단체에서 범유행병에 대비하기 위한 기금을 연간 약 40억 달러 정도 모아 네 가지 주요 영역에 투자할 것을 권고했다. 네 가지 영역이란 전문성과 의욕을 겸비한 공중보건 인력, 강력한 질병 감시 체계, 효과적인 연구실 네트워크, 공동체와의 협력 사업을 말한다.

스페인독감과 그 뒤에 찾아온 범유행병의 경험으로 비춰 보면, 올바른 보상과 훈련만 주어진다면 보건 노동자는 종종 개인적인 안전의 큰 위험을 무릅쓰면서까지 자신이 맡은 자리를 지키고 치료의 의무를 중시한다는 사실을 보여 준다. 따라서 그러한 인력을 최대한 지원해야 하고, 병이 발생했을 때에도 배려해야 한다. 이들을 지원하는 최선의 방법은 감시와 예방에 효과적인 도구를 이들이 갖추게 하고, 관련 정보를 숙지한 상태에서 지침을 잘 따르는 공중을 상대할 수 있게 해 주는 것이다. 1918년 이후로 이세 가지 영역에서 큰 진전이 있었지만 개선할 부분은 여전히 많다.

현재로서는 질병통제센터나 세계보건기구 같은 질병 감시 기구가 데이터에 나타난 범유행병 신호를 보고 대응에 나서기까지 족히 일주일은 걸린다. 2009년 미국인 연구자인 니컬러스 크리스태키스와 제임스 파울러는 범유행병이 돌 때 조기에 감기에 걸려 감염 '센서'로 행동하는 개인들을 파악함으로써 범유행병을 물리칠 수 있는지 알아봤다. 로널드 로스의 '발생 이론'을 연상시키듯, 이들은 감염될 만한 것은 무엇이든(바이러스든 밈이든) 집단 속에서 확산되는 방식이 인간의 사회 연결망 구조에 달려 있다는 사실을 알게 되었다.

이들의 접근법에서 핵심은 '우정의 역설'이라는 것이다. 즉 평균적으로 내 친구들이 나보다 친구가 더 많아 보이는 것은 우리가 친구를 헤아리는 방법에 내재된 편향성 때문이라는 개념이다. 기본적으로 인기가 많은 개인은 그렇지 않은 개인보다 여기저기 더 자주 산입된다. 인기가 많은 사람이 더 많은 사람의 사회적 인맥 안에 포함되기 때문인데, 그래서 이들이 평균 숫자를 부풀리게 된다. 모든 사람은 이것을 기준으로 타인과 자신을 비교한다. 실제로 여러분이 무작위로 아무나 택해서 그에게 친구를 지명해 보라고 하면 그 친구는 그를 지목한 사람보다 사회 연결망이 넓을 가능성이 크다. 2009년 돼지독감이 돌 때, 크리스태키스와 파울러는 두 집단에서 감염을 추적했다. 하나는 하버드대학교 학부생 중에서 무작위로 추출한 집단이었고 둘째 집단은 첫째 집단이 친구라고 지명한 사람들이었다. 그 결과 친구로 지명된 사람들이 무작위로 고른 사람들보다 평균 2주 정도 일찍 병에 걸리는 것으로 나타났다. 그 친구들이 감염자들과도 접촉할 가능성이 더 컸기 때문으로 추정된다.[5]

만약 독감 사례가 초기에 폭증하는 것을 포착해서 지

금보다 2주까지 더 일찍 봉쇄 전략을 가동한다면 훨씬 더 많은 생명을 추가로 구할 수 있을 것이다. 2주라는 기간이면 수많은 취약자에게 백신을 접종할 수 있다. 이 외에도 그런 조기 센서가 범유행병의 충격을 줄이거나, 심지어 완전히 모면하는 데 도움을 줄 수 있는 또 다른 방법이 있다. 그러니까 만약 어떤 집단에서 충분히 높은 비율의 사람들이 범유행병에 앞서 백신을 맞으면 나머지 사람에게 '집단 면역'이라는 것을 부여할 수도 있다. 이것은 백신을 맞은 사람들이 바이러스의 확산을 차단하기 때문에 집단 모두가 면역력을 갖지 않더라도 전체 인구가 보호된다는 뜻이다. 크리스태키스와 파울러는 사회 연결망이 좁은 사람보다 더 적은 수의 센서 역할자에게 백신 주사를 놓음으로써 집단 면역이 달성될 수 있음을 보여 주었다. 거듭 말하지만, 이들이 감염 전파자의 경로에 끼어들어 확산을 차단할 가능성이 크기 때문이다.

질병의 예방은 어떤가? 매년 찾아오는 독감의 백신은 늘 개선되고 있다. 하지만 여전히 매년 갱신되어야 한다. 1973년 이후 세계보건기구는 매년 권고문을 발표해, 감시 기구가 현재 인구 집단 속에서 돌고 있다고 지목하는 바이러스를 토대로 백신에 어떤 균주가 들어가야 하는지 알렸다. 하지만 새로운 독감 백신을 생산하는 데는 시간이 걸린다. 따라서 10월에 시작되는 백신 접종 기간에 맞추기 위해, 백신 성분에 관한 최종 결정은 주로 2월쯤 내려진다. 여기에 바로 문제가 있다. 만약 새로운 균주가 2월과 10월 사이에 출현하면 백신은 기껏해야 부분적인 효과만 발휘하게 된다. 이 문제 역시 분자시계로부터 도움을 얻을 수 있다. 아직 위협으로 감지되지는 않았더라도 적응도가 점점 커지고 있는 균주를 미리 파악해 그런 일이 일어나는 것을 막는 것이다.

그런가 하면, 이른바 '범용' 백신°에 관한 연구도 계속되고 있다. 현재로서는 백신이 모든 독감 바이러스를 활용하지는 않고 있다. 백신의 형태로 바이러스에 노출될 경우 어떨 때는 독감 자체보다 더 달갑지 않은 부작용을 유발할 수 있기 때문이다. 현대 백신은 사람의 면역계로부터 반응을 자극하기 위해 H 항원의 둥근 나선형 머리 부분만 제공한다. 하지만 불행히도 매년 변화가 일어나는 것이 바로 이 부분이다. 그래서 토벤버거의 경우 이것을 대체할 수 있는 접근법을 추구하고 있다.

스페인독감을 연구하는 동안 그는 H 항원의 또 다른 부분, 즉 줄기는 매년 변하지 않는다는 사실을 알게 되었다. 왜냐하면 항원이 머리 부분을 고정시키려면 어떤 기계적인 제약에 지배를 받기 때문이다. 현재 토벤버거 연구진

° 매년 갱신할 필요 없이 독감으로부터 사람을 보호하는 백신.

은 무엇보다도 바이러스의 핵심적이면서도 상대적으로 변화가 적은 이 줄기에 초점을 맞추어, 과거 범유행병을 일으킨 모든 독감 균주뿐 아니라 장래에 닥칠 수 있는 것까지 방어할 수 있는 백신을 개발하는 데 주력하고 있다.

앞으로 범유행성 독감이 닥치면, 보건 당국은 격리와 학교 폐쇄, 대중 집회 금지 같은 봉쇄 조치를 취할 것이다. 이것은 다 우리의 집단 이익을 위한 일일 것이다. 그렇다면 모두가 여기에 순응하게 하려면 어떻게 해야 할까? 어떻게 사람들이 매년 백신 주사를 맞도록 설득할 수 있을까? 집단 면역이 범유행성 독감에 대한 최선의 방어라고 했을 때, 지난 경험을 비춰 보면 사람들은 강제적인 보건 조치를 잘 받아들이지 못한다. 그런 조치가 최대의 효과를 발휘하는 때는 자율적일 때이고, 개인의 선택을 존중하고 그것에 의지할 때이며, 경찰력의 사용을 피할 때이다. 2007년 질병통제예방센터는 범유행병 상황에서 사람들이 공중보건 조치에 최대한 따르게 하기 위한 지침을 발표했다. 이 지침은 1918년 경험에서 배운 교훈에 어느 정도 기초해서 환자의 사망률이 1퍼센트를 상회할 때 보건 조치를 강제하도록 권고했다(스페인독감 때는 이 수치가 최소 2.5퍼센트였다는 사실을 기억하라). 2016년 기준으로 환산하면, 300만 명 이상의 미국인이 사망했을 때 질병통제예방센터는 그런 단계의 조치를 권고할 수 있었다. 이것은 질병통제예방센터가 강제력의 역효과를 얼마나 중시하는지 잘 보여 준다.

　　하지만 질병 봉쇄 조치가 사람들이 자율적으로 따랐을 때 가장 효과적이라면 사람들이 그 병의 본질과 그것이 낳는 위험에 관해 잘 알고 있어야만 한다. 이것이 스페인독감의 이야기를 들려주는 것이 중요한 한 가지 이유이다. 또한 『아웃브레이크』 같은 영화를 정당화하는 데 사용되는 논거 중 하나이기도 하다. 이런 영화를 변호하는 이는 사람들에게 최악의 시나리오를 제시하는 것이 백신 주사를 맞게 하고, 세금과 개인적인 기부를 통해 과학적인 연구를 계속해서 지원하도록 설득하는 최선의 방법이라고 주장한다. 그렇지만 이 전략에는 논란의 여지가 있다. 그런 영화가 '종말 피로감'을 불러일으킬 거라는 위험 때문만이 아니다. 과학자들이 최악의 시나리오를 예측하는 능력조차 문제의 현상을 얼마나 잘 이해하느냐에 달렸기 때문이다. H5N1이 허구적인 모타바만큼이나 위험한 것으로 판명날 수도 있지만, 우리는 더 두고 봐야만 할 것이다. 그럼에도 20세기 초 우생학에 영감을 받은 영화들은 잘못된 조언을 따라 선택한 출산이 사회에 초래할 결과(더 정확히 말해 '결함 있는 아이'의 급증)를 상상해서 보여 줌으로써 사람들을 놀라게 했고, 우생학은 그 후로 완전히 폐기되었다.

그러한 충격 요법의 옳고 그름이 무엇이든, 미디어는 앞으로 어떤 범유행병 속에서라도 결정적인 역할을 할 것이다. 1918년의 경험은 이 점에서도 우리에게 값진 교훈을 주었다. 검열이라든가 위험을 작게 취급하는 것은 도움이 되지 않는다. 정확한 정보를 객관적으로 적시에 전달해야 한다. 그렇다고 해서 정보가 실천으로 직결되는 것은 아니다. 사람들은 질병을 봉쇄하는 데 필요한 정보를 알고 있다고 해도 반드시 그것에 입각해서 행동하지 않는다. 몇 년 전 유럽위원회에서 이탈리아 풀리아 지역 주민에게 올리브 나무를 없애라고 지시한 적이 있다. 위험한 식물 병원균의 확산을 예방하기 위해서였다. 이 지방 사람들은 유럽위원회에 항의하고 그 결정을 법정에서 문제 삼았다. 이탈리아에서 올리브 나무는 사람들에게 정서적으로 깊은 중요성을 갖는다. 가족들은 대대손손 생일을 기념하기 위해 이 나무를 심는다. 유럽위원회는 결정을 내릴 때 올리브 나무 주인들을 생각하지 않았던 것이다. 주인들은 유럽위원회에서 개진한 과학적인 주장을 일축했다.[6] 양측 간의 신뢰는 깨졌고, 아니 그보다, 쌓인 적이 없었다. 신뢰는 빠른 시간에 쌓일 수 있는 것이 아니다. 범유행병이 출현했을 때 신뢰가 없다면 아무리 좋은 정보가 유통된다고 해도 사람들은 그것에 유의하지 않을 가능성이 크다.

1918년이 가르쳐 준 또 한 가지는 때로 사람들이 조언을 무시하는 이유가 깊이 묻힌 과거사 속에서 발견된다는 것이다. 금세기에 남아프리카공화국의 타보 음베키 대통령은 에이즈의 원인이 바이러스라는 사실을 부인하고, 그 병의 처방으로 마늘과 비트, 레몬주스를 추천한 사람을 보건 장관으로 임명했다. 얼마 있지 않아 효과적인 치료를 받지 못한 결과로 에이즈 환자들이 병원 앞 잔디밭에서 죽어 갔다. 음베키의 행동은 이해할 수 없어 보인다. 하지만 그 나라에서 백인이 오랫동안 질병을 흑인 탓으로 돌려온 역사의 맥락에 비춰 보면 이해가 된다. 백인이 흑인을 탓하던 행동의 결과는 1918년에 그랬듯이, 남아공의 흑인에게 종종 잔혹했고 상처는 오래갔다. 범유행병을 계기로 백인은 10년간 논의를 끌어 왔던 문제, 즉 피부색에 따른 마을의 분리를 행동에 옮겼다. 1923년 원주민 (도시 구역) 법*이 통과되었고, 이 법은 그 후 60년이 지나서야 폐지되었다.

이와 같은 2차적인 비극을 통해 스페인독감은 인류에게 긴 그림자를 드리웠다. 그런 비극 중의 어떤 것은 질병 감시가 잘됐거나 백신이 있었다고 해도 피할 수 없는 것이었다. 하지만 그 외 다른 것은 피할 수도 있었다. 바이러스 이후 우울증의 증가, 고아의 양산, 배 속 세대의 생존율 저

---

* 도시 구역을 백인 거주지로 정하고 통행증을 가진 흑인만 다닐 수 있게 하여 통행증이 없으면 즉시 체포해 시골 지역으로 보낼 수 있게 한 법.

하 같은 것이 그렇다. 그토록 많은 고통을 이제는 예방할 수 있게 되었다는 것은 토벤버거와 리드가 독감 게놈의 염기서열을 분석할 수 있도록 조직을 내준 로스코 본, 알래스카 묘지 속 익명의 여성, 또 다른 이들의 죽음이 헛되지 않았음을 증명한다. 그러나 우리는 승리의 월계관을 쓴 채 안도해서는 안 된다. 이야기는 여기서 끝난 것이 아니기 때문이다. 한때 사람들은 독감이 먼 별의 인력으로 일어난다고 생각했다. 그다음에는 아주 작은 무엇이 우리 몸을 뚫고 들어와 아프게 한다는 사실을 깨달았다. 그리고 마침내 독감이 숙주와 병균 사이 상호작용의 산물임을 이해했다. 수세기에 걸쳐 인간은 독감을 점점 은밀해져 가는 악마와의 춤으로 인식하게 되었다. 그리고 지식을 더해 가는 지금도 인간과 미생물은 계속해서 서로가 서로를 만들어 가고 있다.

후기. 기억에 관하여

사무엘은 누가 그의 부모님에 관해 물어올 때마다 스페인독감으로 돌아가셨다고 말하곤 했다. 누가 스페인독감이 브라질에 상륙한 것은 20세기 초였기 때문에 그럴 리 없다고 답하면 이렇게 응수하곤 했다. "글쎄, 어쩌면 아시아독감이었는지도 모르겠군. 감기에게 여권을 보여 달라고 하진 않았으니까."
— 루이스 페르난두 베리시무, 『비프스튜자살클럽』

아서 몰은 특이한 시야를 가진 남자였다. 제1차세계대전 동안 그는 흰 깃발과 메가폰으로 무장한 채 미군 병사 수만 명을 동원해 이른바 '살아 있는 사진'을 연출했다. 그렇게 무리 지은 사람을 지상에서 보거나, 바로 위에서 보면 그냥 사람 무리처럼 보일 뿐이지만 거기서 조금 떨어진 곳에 놓인 25미터 높이 조망대 위에 서서 보면 그게 자유의 여신상이나 엉클 샘, 윌슨 대통령 두상 같은 애국적인 형상을 이루고 있음을 알 수 있었다.

의미는 거리에서 나온다는 사실을 몰은 이해했던 것이다. 스페인독감은 잊힌 범유행병이라 불려 왔다. 하지만 잊히지 않았다. 그에 대한 우리의 집단 기억이 지금에야 형성되고 있을 뿐이다. 100년이 지난 지금 우리는 그에 대한 얼마간의 거리를 확보했다. 물론 몰 같았으면 더 걸어가서 그것을 바라보는 시선들이 모여 식별 가능한 형상을 만들어 내는 지점까지 가서야 조망대를 내려놓았을 것이다.

역사에 관한 한, 시선은 결코 하나로 모이지 않는다. 그래서 몰은 자신이 사라질 때까지 영원한 추구의 행진을 계속해 나간다. 역사의 다른 쪽으로 시선을 돌려, 700년 조금 못 미치는 거리까지 물러나 보면 우리 시야에는 흑사병이 들어온다. 14세기 중반, 인류 역사상 최악의 이 범유행병은 약 5000만 명의 사람을 죽였다. 물론 그 수는 스페인독감에 비하면 훨씬 개략적인 것이고, 실제로는 훨씬 더 많았을 수 있다. 흑사병은 확실히 잊히지도 않았고, 우리 마음속에서 그와 같은 시기에 일어났던 전쟁(백년전쟁)의 그늘에 덮이지도 않았지만 우리의 집단 기억이 합쳐지기까지는 시간이 걸렸다. 심지어 1969년이 되어서도, 흑사병에 관한 탁월한 해설서를 쓴 필립 지글러는 "흑사병 전체는커녕 심지어 한 나라나 여러 나라에만 국한된 상세한 연구조차 놀랄 만큼 드물다"라고 썼다. 일부는 사라졌을 수도 있지만, 지금까지 남아 있는 연구 중에서 그가 가장 중요하게 본 여섯 건 중 가장 앞선 것이 흑사병이 출현하고 500년이 지난 1853년에야 출간되었다. 이 범유행병은 16세기 이전까지는 우리가 알고 있는 이름조차 얻지 못한 상태였다. 중세에는 그저 '푸른 죽음'으로만 알려졌다.

전쟁과 역병은 기억되는 방식도 다르다. 전쟁에 관한 집단 기억은 곧바로, 그럼에도 완전한 형태를 갖춘 주제로 탄생하는 듯 보인다. 물론 그것은 끝없는 윤색과 가공을 거치고, 그런 다음에는 시간이 지나면서 점차 희미해져 간다. 반면, 전염병은 그것이 재앙적인 것이어도 그 기억이 더 느리게 쌓여 가는데, 어떤 종류의 평형점에 이르러 안정되고 나면(아마도 사망자 규모에 의해 결정되는 것 같다) 대체로 침식에 대한 저항성이 전쟁보다 더 크다. 6세기 유스티니아누스 페스트는 8세기에서 일어난 중국 안녹산의 난보다 지금은 더 잘 기억되는데, 우리가 가진 최선의 지식으로는 사망자 수는 서로 비슷했다.

우리는 20세기에 관한 한 기억과 망각의 곡선에서 흥미로운 지점에 와 있다. 양차 세계대전은 여전히 날것에 가깝다. 우리는 강박적으로 그것들을 이야기하고, 앞으로도 결코 잊지 않을 거라 확신한다(과거의 경험은 그것들 역시 우리 마음속에서 점차 빛을 잃어 가거나 다른 전쟁으로 흐려질 거라고 말해 주는데도). 그러는 사이 스페인독감은 우리의 역사적 의식 속으로 점점 침범해 들어오고 있지만, 그 앞의 '잊힌'이라는 수식어를 떨쳐 버릴 정도는 아니다.

세계 최대 종합 도서 목록인 월드캣 WorldCat을 보면 현재 제1차세계대전에 관한 책은 40개 이상의 언어로 8만 권 정도가 목록에 올라 있다. 스페인독감에 관한 책은 5개 언어로 400권 정도 된다. 하지만 그 400권은 20년 전 그 주제에 관해 쓰인 것에 비하면 기하급수적으로 늘어나고 있음을 보여 준다. 스페인독감에 관심을 보이는 학자의 범위는 이제 대단히 넓어졌다. 비단 학계에만 그치지 않는다. 21세기에 와서는 작가도 질병을 사랑이나 질투, 전쟁과 함께 충분히 다룰 만한 가치가 있는 주제로 받아들이면서 마침내 스페인독감은 대중문화 속으로 뚫고 들어가 소설과 영화, 텔레비전 드라마를 위한 줄거리가 되어 주고 있다.[1] 가령 영국의 인기 있는 텔레비전 시리즈 『다운튼 애비』에서는 세 명의 주인공이 1919년 4월 스페인독감에 걸리고 그중 한 명이 그로 인해 숨진다. 1921년에는 미국 사회학자 제임스 톰슨이 흑사병의 참혹한 결과를 제1차세계대전의 그것과 비교했다.[2] 다른 역병과 비교해 스페인독감이 더 자연스러운 참고 사례가 될 수 있다는 주장도 가능하지만, 독감이 발생한 지 불과 2년 후였기 때문에 그것이 활용되지는 않았다. 그로부터 50년 가까이 지나서 지글러가 톰슨의 논문을 인용했을 때에도 그의 역사 레이더망에는 스페인독감이 잡히지 않았다. 지금 같으면 그런 식으로 지나쳐버리기 어려울 것이다.

범유행병에 관한 기억이 자라는 데는 왜 시간이 걸릴까? 어쩌면 한 가지 이유는 사망자를 헤아리기가 쉽지 않아서일 것이다. 그들은 군복을 입지도 않았고, 관통상이 있는 것도 아닌 데다 포위된 전쟁터에서 쓰러진 것도 아니다. 짧은 시간 동안 대단히 넓게 퍼진 공간에서 아주 많은 수가 죽는다. 그중 다수는 병을 진단받기도 전에 공동묘지로 사라질 뿐 아니라 많은 경우에는 삶이 기록으로 남겨지기도 전에 그런 신세가 된다. 20세기 대부분의 시간 동안 사람들은 스페인독감으로 2000만 명 정도 사망했다고 생각했다. 실제 사망자 수는 2000만 명, 3000만 명, 심지어 그 5배에 이를 수도 있다.

게다가 스페인독감은 분류가 어려운 범유행병이다.

사망자는 무시무시하게 많았으며 우리가 아는 다른 어떤 독감 범유행병보다 훨씬 많은 희생자를 낳았지만 감염자의 90퍼센트 가까이가 계절 감기 정도에 불과한 증상을 겪었다. 그러다 보니 사람들은 이것을 어떻게 생각해야 할지도 몰랐다. 지금도 마찬가지다. 그때는 많은 사람이 이를 폐페스트로 오인했는데, 이 병은 사람 사이에 직접 전파될 수 있는 것으로, 치료받지 않으면 거의 언제나 사망에 이른다. 오늘날에는 그것과 맞먹는, 공기 전파 감염병인 에볼라에 걸렸다는 생각만으로 사람들은 몸서리를 친다. 하지만 대체로 스페인독감은 두 유행병보다 훨씬 평범한 것이었다. 또한 전파 속도는 대단히 빨라 한 지역에 급속도로 퍼진 후에는 포위당했다는 집단 심리가 자리 잡기도 전에 사라졌다. 반면에 림프절페스트나 에이즈 같은 유행병은 한 지역에 수년 동안 머무른다.

기억은 능동적인 과정이다. 세부 내용은 반복해서 복기해야 남는다. 하지만 범유행병의 세세한 것을 누가 반복해서 복기하고 싶어 할까? 전쟁에는 승자가 있다. 그리고 승자에게는 후대에 전해지는 무용담이라는 전리품도 있다. 그렇지만 범유행병에는 오직 완파된 자만 있을 뿐이다. 19세기까지 범유행병은 신의 행위로 간주되었다. 사람들은 숙명으로 받아들였다. 하지만 세균 이론의 등장과 함께 과학자들은 원칙적으로 예방될 수 있는 것임을 알게 되었다. 1918년에 그렇게 하지 못한 것은 치욕스러운 일이었다. 그것은 아무런 까닭도 없이 찾아왔고 그것을 막기 위해 할 수 있는 것이라고는 아무것도 없었던 이전 시대를 떠올리게 한다. 한 역학자가 말했듯이, "오랜 페스트 중 하나가 되돌아온 것 같았다."[3]

따라서 적어도 어떤 한 집단(그 점에서 힘이 있는 집단)은 스페인독감을 침묵 속에서 지나쳐야 할 이유가 있었다. 철학자 발터 베냐민은 심지어 그런 공적인 침묵이 진보에는 필수적이라는 주장까지 했다. 그런 침묵 덕분에 우리가 과거의 폐허를 뒤로하고 떠날 수 있다는 이유에서였다. 그리하여 브리스틀만의 유피크족은 자신들의 예전 문화를 파괴한 범유행병에 관해서는 말하지 않기로 하는 협약(날룽구아크)을 맺었다. 스페인독감에 관한 이야기가 회자되기 시작했을 때도 그것을 입에 올린 사람은 그 재난에서 가장 가볍게 벗어난 사람이었다. 즉 백인에다 부유한 사람이었다. 아주 드물게 예외적인 경우를 제외하면 범유행병의 피해가 가장 컸던 이들, 게토나 주변부에서 살아가는 사람들은 아직도 자신만의 못다 한 얘기를 남겨 둔 상태다. 자신들의 죽음과 함께 언어까지 사멸된 소수 사람은 앞으로도 영영 말할 기회조차 없을 것이다. 하지만 어쩌면 희생자들이 자신을 표현할 방법을 찾아내 그것이 결국 시위와 항의와 혁명으로 분출됐는지도 모른다.

범유행병의 기억이 무르익기까지 시간이 걸리는 데는 또 다른 이유가 있다. 2015년 미주리의 세인트루이스에 있는 워싱턴대학교의 심리학자인 헨리 뢰디거와 매그덜레이너 에이블은 아직도 많지는 않은, 집단 기억에 관한 연구를 요약한 바 있는데, 그 기억의 서사 구조가 "아주 단순하며, 병의 시작과 전환, 종료 시점에 해당하는 몇몇 두드러진 사건으로만 구성되어 있다"라고 썼다.[4] 또한 그 사건들에 영웅적이거나 신화적인 요소가 들어 있으면 유리하게 작용한다고 덧붙였다. 전쟁은 당사국의 선전포고와 평화협정 그리고 자신들의 뛰어난 용맹을 보여 주는 행동을 포함하고 있기 때문에 그런 구조 속에 쉽게 맞아 들어간다. 반면, 범유행성 독감은 시작도 끝도 불분명한 데다 뚜렷한 영웅도 없다. 프랑스 전쟁부 장관은 질병과의 전쟁에서 헌신적으로 노력한 민간과 군 인사 수천 명에게 특별 '유행병 메달'을 수여하는 방식으로 영웅을 만들어 보려 한 적이 있었다. 그러나 뜻대로 되지 않았다. 전쟁 기념 웹사이트에는 이렇게 적혀 있다. "의아하게도, 그 분쟁을 기리는 중요한 장식 사이에서 그것*의 자리는 전혀 알려지지 않았다."[5]

우리에게는 다른 서사 구조가 필요하다. 그리고 새로

---

* 유행병 영웅.

운 언어도. 과거 자신들이 겪은 수모에 자극받은 과학자들은 우리에게 독감의 언어를 공급해 왔다. 가령 면역 기억이라든가, 유전적 감수성, 바이러스 감염 후 증후군 같은 개념이다. 어쩌면 시적인 언어는 아닐지 몰라도 이런 새로운 언어를 사용함으로써 우리는 예측을 하고 역사적 전례에 견주어 시험해 볼 수 있게 되었고, 개별적인 사건을 서로 연결된 것으로 보기 시작했다. 반면, 한때 분명해 보였던 연결고리는 위축되었고 사멸했다(틀렸다, 그것은 분노한 신의 징벌이 아니었다. 옳았다, 범유행병은 적어도 부분적으로는 그다음에 밀어닥친 우울증의 파도에 대한 책임이 있었다). 범유행병은 근본적으로 새로운 모습을 띠게 되었다. 오늘날 우리가 알아보는 대로의 모습이 된 것이다.

이런 서사가 만들어지기까지는 시간이 걸린다. 지난 20년 사이의 폭발적인 관심으로 판단하자면 소요 시간은 100년 정도인데, 그렇게 되기 전까지는 온갖 종류의 혼돈이 일어난다. 오스트레일리아에서 스페인독감은 사람들 마음속에서 1900년에 유행했던 림프절페스트와 겹쳐 보였는데 여기에는 신문들이 둘 다 '페스트'로 지칭했던 탓도 어느 정도 있거니와, 일본에서 스페인독감은 1923년 도쿄를 파괴한 또 다른 자연 재해인 관동대지진에 가려졌다. 많은 사람이 독감을 생물학전의 산물이라고 생각했고, 독감과 전쟁을 다른 방식으로도 서로 뒤섞이며 혼동을 일으켰다. 영국군에 입대해 복무 중에 사망한 위관급 장교(베라 브리튼의 '잃어버린 세대')*의 수는 3만 5000명에 달했다.6 하지만 그 여섯 배에 이르는 영국인이 스페인독감으로 숨졌는데, 그 절반은 인생에서 가장 좋은 시기에 있던 젊고 건강하면서도 전도가 유망한 남녀였다. 그러니 '잃어버린 세대'라는 명칭은 오히려 이들에게 더 어울리는 것인지도 모른다. 그런가 하면 독감으로 인한 고아와 1918년 가을 어머니의 배 속에 있던 생명 또한 다른 이유에서 똑같은 주장을 할 수도 있을 것이다.

에드몽 로스탕의 죽음은 전쟁과 독감이 만나 합쳐지는 상상을 실례로 보여 준다. 1918년 11월 10일 그는 조만간 파리에서 거행될 휴전협정을 축하하러 가기 위해 바스크에 있는 집을 나서려던 참이었다. 저녁 다섯 시에 그와 그의 아내 마리 마르케를 태우고 역까지 갈 차량이 도착했다. 짐을 싣는 동안 부부는 난로 가까이에 앉아 꺼져 가는 잉걸불을 지켜보고 있었다. 두 사람은 생각에 잠겨 있었고, 침울하기까지 했다. 그때 파리에서는 위험한 병이 창궐해 있었으며, 중대한 사건들이 세계무대에서 펼쳐지고 있었기

---

* 영국 작가 베라 브리튼은 제1차세계대전 때 자신의 남동생을 비롯한 많은 대학생이 입대한 것을 따라 자신도 종군 간호사로 복무하며 체험한 것을 토대로 1933년 자서전 『청춘의 증언』(Testament of Youth)을 출간했다. 이 책은 베스트셀러가 되었고 2015년 영화로도 제작됐다.

때문이다. 그 순간 갑자기 창문에 날개가 부딪혀 파닥거리는 소리가 들려왔다. 로스탕이 가서 창문을 열자 비둘기 한 마리가 안으로 들어와서는 난로 쪽으로 비틀대며 걸어갔다. 그가 몸을 구부려 비둘기를 집어 들었다. 하지만 그가 손안에 비둘기를 감싸 쥐었을 때는 이미 날개가 처진 상태였다. "죽었어!" 그가 외쳤다. 마르케도 충격을 받았고, 불길한 징조라고 중얼거렸다. 그로부터 3주 후 시라노 드베르주라크의 창작자로 유명했던 이 작가는 파리에서 스페인독감으로 사망했다.[7] 그 순간 인류의 머리 위로 어른거리던 두 쌍의 위험을 나타내는 상징으로 아픈 비둘기보다 더 나은 것을 상상하기란 어려울 것이다.

1918년 범유행병은 여전히 제1차세계대전의 그늘에서 벗어나는 중이다. 그러나 곧 모습을 드러낼 것이다. 우리가 이미 그것에 관해 이해하게 된 것이 있기 때문이다. 스페인독감은 오늘날 우리가, 마침 조류를 함축하고 있는, 검은 백조 사건이라 부르는 것의 사례에 해당한다. 네덜란드 탐험가가 1679년 오스트레일리아에서 검은 백조를 발견하기 전까지 유럽 사람은 아무도 그것을 생각하지 못했다. 하지만 그가 발견하자마자 모든 유럽인이 검은 백조가 존재해야 한다는 사실을 깨달았다. 왜냐하면 다른 동물은 다른 색깔로도 출현하기 때문이다. 마찬가지로 그 전까지는 1918년과 같은 범유행성 독감이 결코 없었다 해도 1918년에 한번 일어난 후부터는 과학자들도 그런 것이 다시 일어날 수 있음을 알게 되었다. 그 결과 이제는 재생성된 바이러스를 고도로 밀폐된 시설 안에 두고, 과학자는 더 나은 백신 개발의 기대 속에서 그것을 연구한다. 미술사가는 바이러스 후 감염 증후군의 흔적을 찾아 유명한 생존자의 자화상을 세세하게 들여다본다. 소설가는 유행병을 앓고 난 사람이 가졌던 두려움을 이해하기 위해 그들의 머릿속으로 자신을 이입해 보려 애쓴다. 그들은 스페인독감의 살아 있는 사진에 해당하는 집단 기억을 만들기 위해 수많은 개개의 비극 사이를 오가며 실로 천을 짜느라 일벌처럼 바삐 움직인다. 바로 그 실이 우리의 의식 속에서 집단 기억을 강화하고 또 자유롭게 해 줄 것이다.

머리말 방 안의 코끼리

1. 정확한 인용은 이렇다. "1918년 8~9월 범유행성 독감의 압축성은 당시 의사에게 큰 골칫거리였다. 그들이 그 병에 다양한 치료법을 시험해 보거나 그것으로부터 뭔가를 배울 기회도 갖기 전에 병이 끝나 버린 것이다. 그것은 그 후로도 역사가에게 큰 골칫거리였다." T. Ranger, 'A historian's foreword', in H. Phillips and D. Killingray (eds.), *The Spanish Influenza Pandemic of 1918~19: New Perspectives* (New York: Routledge, 2003), pp. xx~xxi. 이는 또한 레인저가 새로운 유형의 서사가 필요하다고 한 발언의 출처이기도 하다.

2. J. Winter, *Sites of Memory, Sites of Mourning: The Great War in European Cultural History* (Cambridge: Cambridge University Press, 1995), p. 20.

3. Ranger, in Phillips and Killingray (eds.), pp. xx~xxi. 레인저는 특히 짐바브웨 작가 이본느 베라의 소설에 나오는 여성 인물들을 염두에 두고 있다. 베라의 성은 그 나라에서 스페인독감에 붙여진 이름 중 하나였다.

4. L. Spinney, 'History lessons', *New Scientist*, 15 October 2016, pp. 38~41.

1부 방벽이 없는 도시
1장 기침과 재채기

1. N. D. Wolfe, C. P. Dunavan and J. Diamond, 'Origins of

major human infectious diseases', *Nature*, 17 May 2007; 447(7142):279~83.

2   Epicurus, *Vatican Sayings*.

3   Book 25, *The Fall of Syracuse*.

4   W. H. McNeill, *Plagues and Peoples* (Garden City: Anchor Press/Doubleday, 1976), p. 2.

5   D. Killingray, 'A new "Imperial Disease": the influenza pandemic of 1918~19 and its impact on the British Empire', paper for the annual conference of the Society for Social History of Medicine, Oxford, 1996.

6   W. F. Ruddiman, *Earth Transformed* (New York: W. H. Freeman, 2013), ch. 21.

7   C. W. Potter, 'A history of influenza', *Journal of Applied Microbiology* (2001), 91:572~9.

8   *Quick Facts: Munch's The Scream* (Art Institute of Chicago, 2013), http://www.artic.edu/aic/collections/exhibitions/Munch/resource/171.

2장   라이프니츠의 단자

1   P. de Kruif, *Microbe Hunters* (New York: Harcourt, Brace & Co., 1926), pp. 232~3.

2   *Ulysses*, 2: 332~7. 국내 출간명 『율리시스』.

3   Hippocrates. *Ancient Medicine*.

4   T. M. Daniel, 'The history of tuberculosis', *Respiratory Medicine*, 2006; 100:1862~70.

5   S. Otsubo and J. R. Bartholomew, 'Eugenics in Japan: some ironies of modernity, 1883~1945', *Science in Context*, Autumn~Winter 1998; 11(3~4):545~65.

6   G. D. Shanks, M. Waller and M. Smallman-Raynor,
    'Spatiotemporal patterns of pandemic influenza-related
    deaths in Allied naval forces during 1918', *Epidemiology
    & Infection*, October 2013; 141(10): 2205~12.

7   J. Black and D. Black, 'Plague in East Suffolk 1906~1918',
    Journal of the Royal Society of Medicine, 2000; 93:
    540~3.

8   A. D. Lanie et al., 'Exploring the public understanding of
    basic genetic concepts', *Journal of Genetic Counseling*,
    August 2004; 13(4): 305~320.

II부   범유행병의 해부
3장   연못의 파문

1   B. Echeverri, 'Spanish influenza seen from Spain', in
    Phillips and Killingray (eds.), p. 173.

2   E. F. Willis, *Herbert Hoover And The Russian Prisoners Of
    World War I: A Study In Diplomacy And Relief, 1918~1919*
    (Whitefish: Literary Licensing, LLC, 2011), p. 12.

3   D. K. Patterson and G. F. Pyle, 'The geography and
    mortality of the 1918 influenza pandemic', *Bulletin of the
    History of Medicine*, Spring 1991; 65(1): 4~21.

4   R. Hayman, *A Life of Jung* (London: Bloomsbury, 1999).
    그러나 헤이먼은 이 일화의 출처를 밝히지 않았다. 그리고 융
    저작 재단의 토머스 피셔 소장에 따르면, 그에 관한 증거 기록은
    없다.

5   E. Favre, *L'Internement en Suisse des Prisonniers
    de Guerre Malades ou Blessés 1918~1919: Troisième*

Rapport (Berne: Bureau du Service de l'Internement, 1919), p. 146.

6   *My Life and Ethiopia's Progress, 1892 ~ 1937: The Autobiography of Emperor Haile Selassie I*, ed. E. Ullendorff (Oxford: Oxford University Press, 1976), p. 59.

7   R. Buckle, *Diaghilev: biographie*, translated by Tony Mayer (Paris: J-C Lattès, 1980), p. 411.

8   R. Stach, *Kafka: The Years of Insight*, translated by Shelley Frisch (Princeton: Princeton University Press, 2013), pp. 252~5.

9   S. Słomczyńki, "'There are sick people everywhere– in cities, towns and villages": the course of the Spanish flu epidemic in Poland', *Roczniki Dziejów Społecznych i Gospodarczych*, Tom LXXII–2012, pp. 73~93.

10   A. W. Crosby, *America's Forgotten Pandemic: The Influenza of 1918* (Cambridge: Cambridge University Press, 1989), p. 145~50.

11   French Consul General's report on sanitary conditions in Milan, 6 December 1918, Centre de documentation du Musée du Service de santé des armées, Carton 813.

12   R. F. Foster, *W. B. Yeats: A Life, Volume II: The Arch-Poet 1915 ~ 1939* (New York: Oxford University Press, 2003), p. 135.

13   W. Lanouette, *Genius in the Shadows: A Biography of Leo Szilard* (New York: Charles Scribner's Sons, 1992), pp. 41~2.

14   H. Carpenter, *A Serious Character: the Life of Ezra Pound* (London: Faber & Faber, 1988), p. 337.

15   G. Chowell et al., 'The 1918~1920 influenza pandemic in

Peru', *Vaccine*, 22 July 2011; 29(S2):B21~6.

16   A. Hayami, *The Influenza Pandemic in Japan, 1918~1920:
The First World War between Humankind and a Virus*,
translated by Lynne E. Riggs and Manabu Takechi
(Kyoto: International Research Center for Japanese
Studies, 2015), p. 175.

4장   밤중의 도둑같이

1   N. R. Grist, 'Pandemic influenza 1918', *British Medical
Journal*, 22–9 December 1979; 2(6205):1632~3.

2   N. P. A. S. Johnson, *Britain and the 1918~19 Influenza
Pandemic: A Dark Epilogue* (London: Routledge, 2006),
pp. 68~9.

3   L. Campa, *Guillaume Apollinaire* (Paris: Éditions
Gallimard, 2013), p. 764.

4   Letter written to Richard Collier by Margarethe Kühn, 26
April 1972. 미출간. 런던 전쟁박물관 문서고 소장.

5   J. T. Cushing and A. F. Stone (eds.), *Vermont in the world
war: 1917~1919* (Burlington, VT: Free Press Printing
Company, 1928), p. 6.

6   C. Ammon, 'Chroniques d'une épidémie: Grippe
espagnole à Genève', PhD thesis (University of Geneva,
2000), p. 37.

7   M. Honigsbaum, *Living with Enza: The Forgotten Story
of Britain and the Great Flu Pandemic of 1918* (London:
Macmillan, 2009), p. 81.

8   이 책의 원래 제목("Pale Horse, Pale Rider")이기도 한 포터의
소설 제목(『캐서린 앤 포터』(현대문학, 2017))은 미국 흑인

영가에서 따왔는데, 이 영가는 다시 『성서』의 「요한계시록」 6장 8절에서 따왔다. "그리고 보니 푸르스름한 말 한 필이 있고 그 위에 탄 사람은 죽음이라는 이름을 가진 사람이었습니다. 그리고 그 뒤에는 지옥이 따르고 있었습니다. 그들에게는 땅의 사분의 일을 지배하는 권한 곧 칼과 기근과 죽음, 그리고 땅의 짐승들을 가지고 사람을 죽이는 권한이 주어졌습니다."(공동번역성서 개정판) 영어 문장은 다음과 같다. "And there, as I looked, was another horse, sickly pale; and its rider's name was Death, and Hades came close behind. To him was given power over a quarter of the earth, with the right to kill by sword and by famine, by pestilence and wild beasts."

9   M. Ramanna, 'Coping with the influenza pandemic: the Bombay experience', in Phillips and Killingray (eds.), p. 88.

10   P. Nava, *Chão de ferro* (Rio de Janeiro: José Olympio, 1976), ch. 2: 'Rua Major Ávila'.

11   S. C. Adamo, 'The broken promise: race, health, and justice in Rio de Janeiro, 1890~1940', PhD thesis (University of New Mexico, 1983), p. iv.

12   H. C. Adams, 'Rio de Janeiro – in the land of lure', *The National Geographic Magazine*, September 1920: 38(3): 165~210.

13   T. Meade, *'Civilising' Rio: Reform and Resistance in a Brazilian City, 1889~1930* (University Park: Penn State University Press, 1996).

14   A. da C. Goulart, 'Revisiting the Spanish flu: the 1918 influenza pandemic in Rio de Janeiro', *História, Ciências, Saúde-Manguinhos*, January~April 2005; 12(1):1~41.

15   Ibid.

16   R. A. dos Santos, 'Carnival, the plague and the Spanish flu', *História, Ciências, Saúde-Manguinhos*, Januar~March 2006; 13(1):129~58.

III부   만후, 이것은 무엇인가?

5장   11번 병

1   World Health Organization Best Practices for the Naming of New Human Infectious Diseases (Geneva: World Health Organization, May 2015), http://apps.who.int/iris/bitstream/10665/163636/1/WHO_HSE_FOS_15.1_eng.pdf?ua=1

2   R. A. Davis, *The Spanish Flu: Narrative and Cultural Identity in Spain, 1918* (New York: Palgrave Macmillan US, 2013).

3   J. D. Müller, 'What's in a name: Spanish influenza in sub-Saharan Africa and what local names say about the perception of this pandemic', paper presented at 'The Spanish Flu 1918~1998: reflections on the influenza pandemic of 1918~1919 after 80 years' (international conference, Cape Town, 12~15 September 1998).

6장   의사들의 딜레마

1   N. Yildirim, *A History of Healthcare in Istanbul* (Istanbul: Istanbul 2010 European Capital of Culture Agency and Istanbul University, 2010), p. 134.

2   Dr Marcou, 'Report on the sanitary situation in Soviet Russia', Correspondance politique et commerciale, série

Z Europe, URSS (1918~1940), Cote 117CPCOM (Le centre des archives diplomatiques de la Courneuve, France).

3 H. A. Maureira, '"Los culpables de la miseria": poverty and public health during the Spanish influenza epidemic in Chile, 1918~1920', PhD thesis (Georgetown University, 2012), p. 237.

4 B. J. Andrews, 'Tuberculosis and the Assimilation of Germ Theory in China, 1895~1937', *Journal of the History of Medicine and Allied Sciences*, January 1997; 52:142.

5 D. G. Gillin, *Warlord: Yen Hsi-shan in Shansi Province 1911~1949* (Princeton: Princeton University Press, 1967), p. 36.

6 P. T. Watson, 'Some aspects of medical work', *Fenchow*, October 1919; 1(2): 16.

7 N. M. Senger, 'A Chinese Way to Cure an Epidemic', *The Missionary Visitor* (Elgin, IL: Brethren Publishing House, February 1919), p. 50.

8 A. W. Hummel, 'Governor Yen of Shansi', *Fenchow*, October 1919; 1(2):23.

7장 하느님의 분노

1 R. Collier, *The Plague of the Spanish Lady: October 1918 ~January 1919* (London: Macmillan, 1974), pp. 30~1.

2 P. Ziegler, *The Black Death* (London: Penguin, 1969), p. 14.

3 In Phillips and Killingray (eds.), 'Introduction', p. 6.

4 A. W. Crosby, p. 47.

5 리처드 콜리어에게 보낸 1972년 5월 16일 자 편지. 미출간. 런던 전쟁박물관 문서고 소장.

6   퓨리서치센터 2007년 설문 조사: https://www.pewresearch.org/fact-tank/2007/05/07/see-aids-as-gods- punishment-for-immorality/.

7   J. de Marchi, *The True Story of Fátima* (St Paul: Catechetical Guild Educational Society, 1952), https://www.ewtn.com/catholicism/library/true-story-of-fatima- 5915.

8   *Boletín Oficial de la Diócesis de Zamora*, 8 December 1914.

9   J. Baxter, *Buñuel* (London: Fourth Estate, 1995), p. 19.

10 J. G.-F. del Corral, *La epidemia de gripe de 1918 en al provincia de Zamora. Estudio estadístico y social* (Zamora: Instituto de Estudios Zamoranos 'Florián de Ocampo', 1995).

11 *Boletín Oficial del Obispado de Zamora*, 15 November 1918.

IV부   생존 본능
8장   분필로 문에 십자가 그리기

1   V. A. Curtis, 'Infection-avoidance behaviour in humans and other animals', *Trends in Immunology*, October 2014; 35(10):457~64.

2   C. Engel, *Wild Health: How Animals Keep Themselves Well and What We Can Learn From Them* (London: Phoenix, 2003), pp. 215~17.

3   F. Gealogo, 'The Philippines in the world of the influenza pandemic of 1918~1919', *Philippine Studies*, June 2009;

57 (2):261~92.

4   'Ce que le docteur Roux de l'Institut Pasteur pense de la
        grippe', Le Petit Journal, 27 October 1918.

5   G. W. Rice, 'Japan and New Zealand in the 1918 influenza
        pandemic', in Phillips and Killingray (eds.), p. 81.

6   R. Chandavarkar, 'Plague panic and epidemic politics in
        India, 1896~1914', in Terence Ranger and Paul Slack (eds.),
        Epidemics & Ideas: Essays on the Historical Perception of
        Pestilence (Cambridge: Cambridge University Press, 1992),
        pp. 203~40.

7   Ibid., p. 229. 봄베이 보건 행정관 보고서.

8   N. Tomes, '"Destroyer and teacher": managing the masses
        during the 1918~1919 influenza pandemic', Public Health
        Reports, 2010; 125 (S3):48~62.

9   Ibid.

10   E. Tognotti, 'Lessons from the history of quarantine, from
        plague to influenza A', Emerging Infectious Diseases,
        February 2013; 19 (2):254~9.

11   C. See, 'Alternative menacing', Washington Post, 25
        February 2005.

12   F. Aimone, 'The 1918 influenza epidemic in New York City:
        a review of the public health response', Public Health
        Reports, 2010; 125 (S3):71~9.

13   A. M. Kraut, 'Immigration, ethnicity, and the pandemic',
        Public Health Reports, 2010;125 (S3):123~33.

14   L. M. DeBauche, Reel Patriotism: The Movies and World
        War I (Madison: University of Wisconsin Press, 1997), p. 149.

15   J. Stella, New York, translated by Moyra Byrne (undated).

16 A. M. Kraut, *Silent Travelers: Germs, Genes, and the 'Immigrant Menace'* (Baltimore: Johns Hopkins University Press, 1995), p. 125.

17 초과사망률(범유행병이 없는 '평년'에 예상되는 사망자 수 대비 초과 비율)이 보스턴과 필라델피아에서 뉴욕보다 각각 40퍼센트, 55퍼센트 더 높았다.

18 Olson D.R. et al. 'Epidemiological evidence of an early wave of the 1918 influenza pandemic in New York City, *Proceedings of the National Academy of Sciences* 2005 Aug 2; 102(31):11059~11063.

19 A. M. Kraut, 'Immigration, ethnicity, and the pandemic', *Public Health Reports*, 2010; 125(S3):123~33.

20 R. J. Potter, 'Royal Samuel Copeland, 1868~1938: a physician in politics', PhD thesis (Western Reserve University, 1967).

21 Percy Cox to George N. Curzon, Tehran, 8 March 1920, insert #1, Anthony R. Neligan to Percy Cox, FO 371/3892 (London: Public Records Office).

22 W. G. Grey, Meshed Diary No. 30, for the week ending 27 July 1918. British Library, London: IOR/L/PS/10/211.

23 M. G. Majd, *The Great Famine and Genocide in Persia, 1917~1919* (Lanham: University Press of America, 2003).

24 The Meshed pilgrimage, P4002/1918, India Office Records (London: British Library).

25 W. Floor, 'Hospitals in Safavid and Qajar Iran: an enquiry into their number, growth and importance', in F. Speziale (ed.), *Hospitals in Iran and India, 1500~1950s* (Leiden: Brill, 2012), p. 83.

26   W. M. Miller, *My Persian Pilgrimage: An Autobiography*
      (Pasadena: William Carey Library, 1989), p. 56.

27   R. E. Hoffman, 'Pioneering in Meshed, The Holy City of
      Iran; Saga of a Medical Missionary', ch. 4: 'Meshed, the
      Holy City' (archives of the Presbyterian Historical Society,
      Philadelphia, undated manuscript).

28   L. I. Conrad, 'Epidemic disease in early Islamic society', in
      Ranger and Slack (eds.), pp. 97~9.

29   Document number 105122/3, Documentation Centre, Central
      Library of Astan Quds Razavi, Mashed.

30   W. M. Miller, p. 61.

31   Hoffman, p. 100.

9장   플라세보 효과

1   G. Heath and W. A. Colburn, 'An evolution of drug
      development and clinical pharmacology during the
      twentieth century', *Journal of Clinical Pharmacology*,
      2000; 40:918~29.

2   A. Noymer, D. Carreon and N. Johnson, 'Questioning the
      salicylates and influenza pandemic mortality hypothesis
      in 1918~1919', *Clinical Infectious Diseases*, 15 April 2010;
      50(8):1203.

3   Nava, p. 202.

4   B. Echeverri, in Phillips and Killingray (eds.), p. 179.

5   Report by Mathis and Spillmann of the 8th Army, Northern
      Region, 16 October 1918; and 'Une cure autrichienne de la
      grippe espagnole', memo dated 2 November 1918, Centre de
      documentation du Musée du Service de santé des armées,

Carton 813.

6　P. Lemoine, *Le Mystère du placebo* (Paris: Odile Jacob, 2006).

7　V. A. Kuznetsov, 'Professor Yakov Yulievich Bardakh (1857~1929): pioneer of bacteriological research in Russia and Ukraine', *Journal of Medical Biography*, August 2014; 22(3):136~44.

8　A. Rowley, *Open Letters: Russian Popular Culture and the Picture Postcard 1880 ~ 1922* (Toronto: University of Toronto Press, 2013).

9　*Odesskiye Novosti* (Odessa News), 2 October 1918.

10　J. Tanny, *City of Rogues and Schnorrers: Russia's Jews and the Myth of Old Odessa* (Bloomington: Indiana University Press, 2011), p. 158.

11　V. Khazan, *Pinhas Rutenberg: From Terrorist to Zionist, Volume I: Russia, the First Emigration (1879 ~ 1919)* (러시아어) (Moscow: Мосты култъуры, 2008), p. 113.

12　1919년 초 러시아 자료를 두고서는 종종 혼선이 빚어진다. 소련은 1918년 그레고리력을 적용했으나, 1919년 백군파가 집권한 짧은 과도기에는 다시 옛날식 율리우스력을 적용했기 때문이다. 베라 홀로드나야의 병과 사망에 관련된 날짜는 그레고리력에 따른 것이다. 율리우스력으로는 13일을 빼면 된다.

13　Kuznetsov.

10장　착한 사마리아인

1　J. Drury, C. Cocking and S. Reicher, 'Everyone for themselves? A comparative study of crowd solidarity among emergency survivors', *British Journal of Social Psychology*, September 2009; 48(3):487~506.

2   D. Defoe, *Journal of the Plague Year* (1722).

3   J. G. Ellison, '"A fierce hunger": tracing impacts of the 1918~19 influenza epidemic in south-west Tanzania', in Phillips and Killingray (eds.), p. 225.

4   S. J. Huber and M. K. Wynia, 'When pestilence prevails ... physician responsibilities in epidemics', *American Journal of Bioethics*, Winter 2004; 4(1):W5~11.

5   W. C. Williams, *The Autobiography of William Carlos Williams* (New York: Random House, 1951), pp. 159~60.

6   M. Jacobs, *Reflections of a General Practitioner* (London: Johnson, 1965), pp. 81~3.

7   *La Croix-Rouge suisse pendant la mobilisation 1914~1919* (Berne: Imprimerie Coopérative Berne, 1920), pp. 62~3.

8   Dos Santos.

9   S. Caulfield, *In Defense of Honor: Sexual Morality, Modernity, and Nation in Early-Twentieth-Century Brazil* (Durham and London: Duke University Press, 2000), p. 2. 두스 산투스의 논평도 참조하라.

10   K. Miller, 'Combating the "Flu" at Bristol Bay', *The Link* (Seattle, WA: Alumni Association of Providence Hospital School of Nursing, 1921), pp. 64~66.

11   H. Stuck, *A Winter Circuit of Our Arctic Coast: A Narrative of a Journey with Dog-Sleds Around the Entire Arctic Coast of Alaska* (New York: Charles Scribner's Sons, 1920), p. ix.

12   J. W. VanStone, *The Eskimos of the Nushagak River: An*

Ethnographic History (Seattle and London: University of Washington Press, 1967), pp. 3~4.

13 M. Lantis, 'The Religion of the Eskimos', in V. Ferm (ed.), *Forgotten Religions* (New York: The Philosophical Library, 1950), pp. 309~39.

14 H. Napoleon, *Yuuyaraq: The Way of the Human Being* (Fairbanks: Alaska Native Knowledge Network, 1996), p. 5.

15 J. Branson and T. Troll (eds.), *Our Story: Readings from South-west Alaska* (Anchorage: Alaska Natural History Association, 2nd edition, 2006), p. 129.

16 Report of L. H. French to W. T. Lopp, 8 April 1912, Department of the Interior. In Branson and Troll (eds.), p. 124.

17 E. A. Coffin Diary, 1919~1924. Alaska State Library Historical Collections, MS 4-37-17.

18 J. B. McGillycuddy, *McGillycuddy, Agent: A Biography of Dr Valentine T. McGillycuddy* (Stanford: Stanford University Press, 1941), p. 278.

19 Ibid., 재출간된 책으로는 다음을 참조하라. *Blood on the Moon: Valentine McGillyCuddy and the Sioux* (Lincoln and London: University of Nebraska Press, 1990), p. 285.

20 K. Miller.

21 S. Baker. Warden's Letter to the Commissioner of Fisheries, Bureau of Fisheries, Department of Commerce, Seattle, WA, 26 November 1919. National Archives, Washington DC. Record Group 22: US Fish and Wildlife Service. 이와 함께 그 앞의 인용 출처도 보라.

22　Coffin.

23　A. B. Schwalbe, *Dayspring on the Kuskokwim* (Bethlehem, PA: Moravian Press, 1951), pp. 84~85.

24　Report of D. Hotovitzky to His Eminence Alexander Nemolovsky, Archbishop of the Aleutian Islands and North America, 10 May 1920. Archives of the Orthodox Church in America. 이와 함께 그다음에 나오는 인용의 출처도 보라.

25　누샤가크는 누샤가크강을 사이에 두고 딜링햄과 마주 보는 마을이었다.

26　Report of C. H. Williams, superintendent, Alaska Packers' Association, in Branson and Troll (eds.), pp. 130~31.

27　VanStone.

28　K. Miller.

V부　부검
11장　0번 환자 찾기

1　E. N. LaMotte, *Peking Dust* (New York: The Century Company, 1919), Appendix II.

2　A. Witchard, *England's Yellow Peril: Sinophobia and the Great War* (London: Penguin, China Penguin Special, 2014).

3　Y-l. Wu, *Memories of Dr Wu Lien-Teh, Plague Fighter* (Singapore: World Scientific, 1995), pp. 32~33.

4　L-t. Wu, 'Autobiography', *Manchurian Plague Prevention Service Memorial Volume 1912~1932* (Shanghai: National Quarantine Service, 1934), p. 463.

5　이 이론을 설명한 것으로는 다음을 참조하라. M. Humphries, 'Paths of infection: the First World War and the origins of the 1918 influenza pandemic', *War in History*, 2013; 21(1):55~81.

6   U. Close, *In the Land of the Laughing Buddha: the Adventures of an American Barbarian in China* (New York: G. P. Putnam's Sons, 1924), pp. 39~42. 업턴 클로즈는 조지프 워싱턴 홀의 필명이었다.

7   J. S. Oxford et al., 'World War I may have allowed the emergence of "Spanish" influenza', *Lancet Infectious Diseases*, February 2002; 2:111~14.

8   J. Stallworthy, *Wilfred Owen* (London: Chatto & Windus, 1974).

9   J. A. B. Hammond, W. Rolland and T. H. G. Shore, 'Purulent bronchitis: a study of cases occurring amongst the British troops at a base in France', *Lancet*, 1917; 193:41~4.

10 A. Abrahams et al., 'Purulent bronchitis: its influenza and pneumococcal bacteriology', *Lancet*, 1917; 2:377~80.

11 향토사가 피에르 보들리크(Pierre Baudelicque)와의 개인적 서신.

12 더글러스 길(Douglas Gill)과의 개인적 서신.

13 J. M. Barry, 'The site of origin of the 1918 influenza pandemic and its public health implications', *Journal of Translational Medicine*, 2004; 2:3.

14 D. A. Pettit and J. Bailie, *A Cruel Wind: Pandemic Flu in America, 1918 ~ 1920* (Murfreesboro: Timberlane Books, 2008), p. 65.

12장   사망자 집계

1   Patterson and Pyle, pp. 17~18.

2   2.5퍼센트는 스페인독감의 치명률로 종종 인용된다. 하지만
     패터슨과 파일이나 존슨과 뮐러가 추산한 최신 사망자 수와는
     맞지 않는다는 점에 유의하라. 지구상의 인구(약 50억 명) 가운데
     3명 중 1명이 병에 걸렸다고 했을 때, 2.5퍼센트의 치명률이 옳다면
     전체 사망자는 '고작' 1250만 명밖에 되지 않는다. 다른 한편,
     존슨과 뮐러가 최대한 보수적으로 추산한 대로 5000만 명이
     사망했다면 치명률(전 세계 평균)은 실제로 10퍼센트에 근접한
     셈이 된다.

3   V. M. Zhdanov et al., *The Study of Influenza* (Reports on
     Public Health and Medical Subjects, Bethesda: National
     Institutes of Health, 1958).

4   Report of E. Léderrey on the sanitary situation in Ukraine
     in 1919, Centre des Archives Diplomatiques de la Courneuve:
     correspondance politique et commerciale, série Z Europe,
     URSS (1918~1940).

5   W. Iijima, 'Spanish influenza in China, 1918~1920: a
     preliminary probe', in Phillips and Killingray (eds.), pp.
     101~9.

6   Watson.

7   N. P. A. S. Johnson and J. Müller, 'Updating the accounts:
     global mortality of the 1918~1920 "Spanish" influenza
     pandemic', *Bulletin of the History of Medicine*, Spring
     2002; 76(1):105~15.

VI부   구제된 과학
13장   수수께끼 독감

1   R. Dujarric de la Rivière, *Souvenirs* (Périgueux: Pierre

Fanlac, 1961), p. 110.

2　Archives de l'Institut Pasteur, fonds Lacassagne (Antoine), Cote LAC.B1.

3　R. Dujarric de la Rivière, 'La grippe est-elle une maladie à virus filtrant?', Académie des sciences (France). Comptes rendus hebdomadaires des séances de l'Académie des sciences. Séance du 21 octobre 1918, pp. 606~7.

4　É. Roux, 'Sur les microbes dits "invisibles"', Bulletin de l'Institut Pasteur, 1903(1):7.

14장　농가의 마당을 조심하라

1　J. van Aken, 'Is it wise to resurrect a deadly virus?', Heredity, 2007; 98:1~2.

2　흥미롭게도, H1N1은 1977년 세계에 재출현한 것으로 나타났다. 과학자들이 게놈을 분석한 결과 수십 년 동안의 진화 내용이 '빠져' 있었다. 마치 어딘가에서 활동이 정지된 상태로 보관되어 있었던 것 같았다. 사실 아직까지 입증된 적은 없지만, 많은 이가 연구소에 냉동 보관돼 있던 균주가 우발적으로 일반인 사이에 유출되어 전파되었을 것으로 의심한다.

3　R. D. Slemons et al., 'Type-A influenza viruses isolated from wild free-flying ducks in California', Avian Diseases, 1974; 18:119~24.

4　C. Hannoun and J. M. Devaux, 'Circulation of influenza viruses in the bay of the Somme River', Comparative Immunology, Microbiology & Infectious Diseases, 1980; 3:177~83.

5　편의상, 이 책에서 범유행병의 경로를 따른 바이러스의 진화를

이야기하는 중에 언급되는 계절은 북반구를 기준으로 한다.

6   D. S. Chertow et al., 'Influenza circulation in United States Army training camps before and during the 1918 influenza pandemic: clues to early detection of pandemic viral emergence', *Open Forum Infectious Diseases*, Spring 2015; 2(2):1~9.

7   M. A. Beck, J. Handy and O. A. Levander, 'Host nutritional status: the neglected virulence factor', *Trends in Microbiology*, September 2004; 12(9):417~23.

8   P. W. Ewald, 'Transmission modes and the evolution of virulence, with special reference to cholera, influenza, and AIDS', *Human Nature*, 1991; 2(1):1~30.

9   M. Worobey, G.-Z. Hana and A. Rambaut, 'Genesis and pathogenesis of the 1918 pandemic H1N1 influenza A virus', *Proceedings of the National Academy of Sciences*, 3 June 2014; 111(22):8107~12.

10   F. Haalboom, '"Spanish" flu and army horses: what historians and biologists can learn from a history of animals with flu during the 1918~1919 influenza pandemic', *Studium*, 2014; 7(3):124~39.

11   J. K. Taubenberger and D. M. Morens, '1918 influenza: the mother of all pandemics', *Emerging Infectious Diseases*, January 2006; 12(1):15~22.

15장   인간이라는 요인

1   S.-E. Mamelund, 'A socially neutral disease? Individual social class, household wealth and mortality from Spanish influenza in two socially contrasting parishes in Kristiania

1918~19', *Social Science & Medicine*, February 2006; 62(4):923~40.

2 C. E. A. Winslow and J. F. Rogers, 'Statistics of the 1918 epidemic of influenza in Connecticut', *Journal of Infectious Diseases*, 1920; 26:185~216.

3 C. J. L. Murray et al., 'Estimation of potential global pandemic influenza mortality on the basis of vital registry data from the 1918~20 pandemic: a quantitative analysis', *Lancet*, 2006; 368:2211~18.

4 C. Lim, 'The pandemic of the Spanish influenza in colonial Korea', *Korea Journal*, Winter 2011:59~88.

5 D. Hardiman, 'The influenza epidemic of 1918 and the Adivasis of Western India', *Social History of Medicine*, 2012; 25(3):644~64.

6 P. Zylberman, 'A holocaust in a holocaust: the Great War and the 1918 Spanish influenza epidemic in France', in Phillips and Killingray (eds.), p. 199.

7 V. N. Gamble, '"There wasn't a lot of comforts in those days": African Americans, public health, and the 1918 influenza epidemic', *Public Health Reports*, 2010; 125(S3):114~22.

8 G. D. Shanks, J. Brundage and J. Frean, 'Why did many more diamond miners than gold miners die in South Africa during the 1918 influenza pandemic?', *International Health*, 2010; 2:47~51.

9 M. C. J. Bootsma and N. M. Ferguson, 'The effect of public health measures on the 1918 influenza pandemic in US cities', *Proceedings of the National Academy of*

Sciences, 1 May 2007; 104(18):7588~93.

10 A. Afkhami, 'Compromised constitutions: the Iranian experience with the 1918 influenza pandemic', *Bulletin of the History of Medicine*, Summer 2003; 77(2):367~92.

11 A. Noymer, 'The 1918 influenza pandemic hastened the decline of tuberculosis in the United States: an age, period, cohort analysis', *Vaccine*, 22 July 2011; 29(S2): B38~41.

12 C. V. Wiser, 'The Foods of an Indian Village of North India', *Annals of the Missouri Botanical Garden*, November 1955; 42(4):303~412.

13 F. S. Albright et al., 'Evidence for a heritable predisposition to death due to influenza (2008)', *Journal of Infectious Diseases*, 1 January 2008; 197(1):18~24.

14 M. J. Ciancanelli, 'Infectious disease. Life-threatening influenza and impaired interferon amplification in human IRF7 deficiency', *Science*, 24 April 2015; 348(6233):448~53.

VII부 독감 이후의 세계

16장 회복의 조짐

1 A. Ebey, 35th annual report for the year ending 29 February 1920, Church of the Brethren, p. 16.

2 S. Chandra, G. Kuljanin and J. Wray, 'Mortality from the influenza pandemic of 1918~1919: the case of India', *Demography*, 2012; 49: 857~65.

3 S.-E. Mamelund, 'Can the Spanish Influenza pandemic of 1918 explain the baby-boom of 1920 in neutral Norway?', Memorandum No. 01/2003 (Oslo: Department of Economics,

University of Oslo, 2003).

4   예컨대 H. Lubinski, 'Statistische Betrachtungen zur Grippepandemie in Breslau 1918~22', *Zentralblatt für Bakteriologie, Parasitenkunde und Infektionskrankheiten*, 1923~4; 91:372~83.

5   A. Noymer and M. Garenne, 'The 1918 influenza epidemic's effects on sex differentials in mortality in the United States', *Population and Development Review*, September 2000; 26(3):565~81.

6   J. W. Harris, 'Influenza occurring in pregnant women, a statistical study of thirteen hundred and fifty cases', *Journal of the American Medical Association*, 03 April 1919; 72:978~80.

7   D. Almond, 'Is the 1918 influenza pandemic over? Long-term effects of in utero influenza exposure in the post-1940 US population', *Journal of Political Economy*, 2006; 114(4):672~712.

8   수 프리도(Sue Prideaux)와의 개인적 서신.

9   K. A. Menninger, 'Influenza and schizophrenia. An analysis of post-influenzal "dementia precox," as of 1918, and five years later further studies of the psychiatric aspects of influenza', *American Journal of Psychiatry*, June 1994; (S6):182~7. 1926.

10   Wellcome Film of the Month: *Acute Encephalitis Lethargica* (1925).

11   D. Tappe and D. E. Alquezar-Planas, 'Medical and molecular perspectives into a forgotten epidemic: encephalitis lethargica, viruses, and high-throughput

sequencing', *Journal of Clinical Virology*, 2014; 61:189~95.

12   O. Sacks, *Awakenings* (London: Picador, 1983), pp. 105~7.
국내 출간명 『깨어남』(알마, 2012).

13   R. R. Edgar and H. Sapire, *African Apocalypse: The Story of Nontetha Nkwenkwe, a Twentieth-Century South African Prophet* (Johannesburg: Witwatersrand University Press, 2000).

17장   대체역사

1   Ziegler, p. 199.

2   소피 프라츠코비아크(Sofie Frackowiak)와의 개인적 서신.

3   M. Karlsson, T. Nilsson and S. Pichler, 'The impact of the 1918 Spanish flu epidemic on economic performance in Sweden: an investigation into the consequences of an extraordinary mortality shock', *Journal of Health Economics*, 2014; 36:1~19.

4   E. Brainerd and M. V. Siegler, 'The Economic Effects of the 1918 Influenza Epidemic', Discussion paper no. 3791, February 2003 (London: Centre for Economic Policy Research).

5   S. A. Wurm, 'The language situation and language endangerment in the Greater Pacific area', in M. Janse and S. Tol (eds.), *Language Death and Language Maintenance: Theoretical, Practical and Descriptive Approaches* (Amsterdam: John Benjamins Publishing Company, 2003).

6   G. Kolata, *Flu: The Story of the Great Influenza Pandemic of 1918 and the Search for the Virus That Caused It* (New York: Touchstone, 1999), p. 260.

7   1994 Alaska Natives Commission report, volume 1, http://
     www.alaskool.org/resources/anc/anc01.htm#undoing

8   Napoleon, p. 12.

18장   반과학, 과학

1   M. Bitsori and E. Galanakis, 'Doctors versus artists:
     Gustav Klimt's Medicine', *British Medical Journal*, 2002;
     325:1506~8.

2   *New York Times*, 17 October 1918.

3   J. C. Whorton, *Nature Cures: The History of Alternative
     Medicine in America* (Oxford: Oxford University Press,
     2002), p. 205.

4   T. Ranger, 'The Influenza Pandemic in Southern
     Rhodesia: a crisis of comprehension', in *Imperial
     Medicine and Indigenous Societies* (Manchester:
     Manchester University Press, 1988).

5   A. Conan Doyle, 'The Evidence for Fairies', *Strand
     Magazine*, 1921.

6   M. Hurley, 'Phantom Evidence', CAM, Easter 2015; 75:31.

7   M. Launay, *Benoît XV (1914~1922): Un pape pour la paix*
     (Paris: Les Éditions du Cerf, 2014), p. 99.

19장   모두를 위한 의료

1   W. Witte, 'The plague that was not allowed to happen', in
     Phillips and Killingray (eds.), p. 57.

2   S. G. Solomon, 'The expert and the state in Russian
     public health: continuities and changes across the
     revolutionary divide', in D. Porter (ed.), *The History of*

Public Health and the Modern State (Amsterdam: Editions Rodopi, 1994).

3   A. A. Afkhami, 'Iran in the age of epidemics: nationalism and the struggle for public health: 1889~1926', PhD thesis (Yale University, 2003), p. 462.

4   M. Micozzi, 'National Health Care: Medicine in Germany, 1918–1945', 1993, https://fee.org/articles/national-health-care-medicine-in-germany-1918–1945/.

20장   전쟁과 평화

1   E. Jünger, *Storm of Steel*, translated by Michael Hofmann (London: The Folio Society, 2012), p. 239.

2   D. T. Zabecki, *The German 1918 Offensives: A Case Study in The Operational Level of War* (New York: Routledge, 2006).

3   A. T. Price-Smith, *Contagion and Chaos: Disease, Ecology, and National Security in the Era of Globalization* (Cambridge, MA: The MIT Press, 2009).

4   S. Zweig, *The World of Yesterday* (New York: Viking Press, 1943), p. 285. 국내 출간명 『어제의 세계』(지식공작소, 2014).

5   A. A. Allawi, *Faisal I of Iraq* (New Haven: Yale University Press, 2014), p. 223.

6   E. A. Weinstein, 'Woodrow Wilson', in *A medical and psychological biography* (Princeton: Princeton University Press, 1981).

7   존 밀턴 쿠퍼 주니어(John Milton Cooper Jr.)와의 개인적 서신.

8   S. Kotkin, *Stalin, Volume 1: Paradoxes of Power, 1878 ~ 1928* (London: Allen Lane, 2014).

9   Davis.

10　M. Echenberg, "'The dog that did not bark": memory and the 1918 influenza epidemic in Senegal', in Phillips and Killingray (eds.), p. 234.

11　M. K. Gandhi, *Autobiography: The Story of My Experiments with Truth* (CreateSpace Independent Publishing Platform, 2012), p. 379.

12　A. Ebey, 35th annual report for the year ending 29 February 1920, Church of the Brethren, p. 17.

13　A. Bhatt, 'Caste and political mobilisation in a Gujarat district', in R. Kothari (ed.), *Caste in Indian Politics* (New Delhi: Orient Longman, 1971), p. 321.

14　A. J. P. Taylor, *English History 1914~1945* (Oxford: Oxford University Press, 1965), pp. 152~3.

15　타고르가 친구에게 보낸 1919년 5월 11일 자 편지. *Young India*, August 1919, volume 2.

21장　멜랑콜리 뮤즈

1　W. L. Phelps, 'Eugene O'Neill, Dramatist', *New York Times*, 19 June 1921.

2　F. B. Smith, 'The Russian Influenza in the United Kingdom, 1889~1894', *Social History of Medicine*, 1995; 8(1):55~73.

3　J. Iwaszkiewicz, 'The History of "King Roger"', *Muzyka*, 1926, number 6.

4　P. Gay, *Freud: A Life for our Time* (New York: W. W. Norton & Company, 2006), p. 392.

5　R. Stach, p. 262.

6　Davis, p. 109.

7　L. M. Bertucci, *Influenza, a medicina enferma: ciência*

e práticas de cura na época da gripe espanhola em São Paulo (Campinas: UNICAMP, 2004), p. 127.

8 A. Montague, 'Contagious Identities: literary responses to the sanitarist and eugenics movement in Brazil', PhD thesis (Brown University, 2007).

9 S. Wang, *Lu Xun: A Biography* (Beijing: Foreign Languages Press, 1984), pp. 27~9.

10 Andrews, pp. 141~2.

11 S. T. Nirala, *A Life Misspent*, translated by Satti Khanna (Noida, UP: HarperCollins, 2016), pp. 53~4.

VIII부   로스코의 유산

1 D. A. Kirby, *Lab Coats in Hollywood: Science, Scientists, and Cinema* (Cambridge, MA: The MIT Press, 2010), location 1890 (Kindle version).

2 A. Gulland, 'World invests too little and is underprepared for disease outbreaks, report warns', *British Medical Journal*, 2016; 352:i225.

3 J. Shaman and M. Lipsitch, 'The El Niño–Southern Oscillation (ENSO) – pandemic influenza connection: coincident or causal?', *Proceedings of the National Academy of Sciences*, 26 February 2013; 110(S1):3689~91.

4 Audubon, *Birds and Climate Change Report*, 2014, http://climate.audubon.org.

5 N. A. Christakis and J. H. Fowler, 'Social network sensors for early detection of contagious outbreaks', *PLOS One*, 15 September 2010; 5(9):e12948.

6   R. P. P. Almeida, 'Can Apulia's olive trees be saved?',
     Science, 22 July 2016; 353:346~8.

     후기   기억에 관하여

1   H. Phillips, 'The recent wave of 'Spanish' flu
     historiography', *Social History of Medicine*, 2014.
     doi:10.1093/shm/hku066.

2   J. W. Thompson, 'The aftermath of the Black Death and
     the aftermath of the Great War', *American Journal of
     Sociology*, 1921; 26(5):565~72.

3   G. D. Shanks, 'Legacy of the 1914~18 war 1: How World
     War 1 changed global attitudes to war and infectious
     diseases', *Lancet*, 2014; 384:1699~707.

4   H. L. Roediger and M. Abel, 'Collective memory: a new
     arena of cognitive study', *Trends in Cognitive Sciences*,
     2015; 19(7):359~61.

5   http://numismatics.free.fr/FIM/FIM%20-%20Medaille%20
     des%20EpidemiesV3.0.pdf.

6   D. Gill, 'No compromise with truth: Vera Brittain in 1917',
     War and Literature, Yearbook V, 1999:67~93.

7   M. Forrier, *Edmond Rostand dans la Grande Guerre
     1914~1918* (Orthez, France: Editions Gascogne, 2014), p.
     414.

죽음의 청기사
: 1918년의 '코로나19' 스페인독감의 세계문화사

2021년 4월 24일   초판 1쇄 발행

지은이   옮긴이
로라 스피니   전병근

펴낸이   펴낸곳   등록
조성웅   도서출판 유유   제406-2010-000032호(2010년 4월 2일)

                   주소
                   서울시 마포구 동교로15길 30, 3층 (우편번호 04003)

전화   팩스   홈페이지   전자우편
02-3144-6869   0303-3444-4645   uupress.co.kr   uupress@gmail.com

                   페이스북   트위터   인스타그램
                   facebook.com   twitter.com   instagram.com
                   /uupress   /uu_press   /uupress

편집   디자인   마케팅
인수, 이경민   이기준   송세영

제작   인쇄   제책   물류
제이오   (주)민언프린텍   (주)정문바인텍   책과일터

ISBN 979-11-89683-87-0 03900